AMOUR ENTRE ADULTES

du même auteur
au **cherche midi**

La Femme secrète, traduit du danois par Hélène Guillemard, 2017

ANNA EKBERG

AMOUR ENTRE ADULTES

TRADUIT DU DANOIS
PAR **LAILA FLINK THULLESEN ET CHRISTINE BERLIOZ**

COLLECTION **THRILLERS**

cherche
midi

Vous pouvez consulter notre catalogue général
et l'annonce de nos prochaines parutions sur notre site :
www.cherche-midi.com

Directeurs de collection : Arnaud Hofmarcher et Marie Misandeau

Titre original : *Kærlighed for voksne*
Éditeur original : Politikens Forlag

30, place d'Italie
75013 Paris

Mis en pages par DVAG
Dépôt légal : mai 2019
ISBN : 978-2-7491-5396-4

1
Quand chante le merle

Le mariage est la seule guerre
où l'on couche avec son ennemi.

Woody Allen

1

« Salope », murmure Christian en épiant sa femme à travers les gouttes qui ruissellent sur le rétroviseur. La pluie d'été transperce avec violence les feuillages touffus de la forêt et projette de petites branches et des feuilles sur le toit et le pare-brise du véhicule. Christian s'apprête à actionner les essuie-glaces pour chasser les feuilles, mais il y renonce. Le mouvement suffirait peut-être à l'alerter et à attirer son attention sur la camionnette. D'ailleurs, est-ce bien elle ? Là-bas, au bout de la route, un petit point noir dans la pluie. C'est sûr, c'est elle, c'est sa façon de courir, vite, d'une manière agressive.

Christian respire profondément, ferme les yeux, pense à tout ce qui a mal tourné, aux impasses de sa vie, à ses mauvaises décisions. C'est le destin, dit-on. Mais Christian ne croit pas au destin, c'est un homme rationnel. La vie se résume à des choix et à leurs conséquences. Qui aurait pu prévoir, pourtant, qu'il aboutirait ici un jour ? Qu'il serait là, un soir, tard, assis dans une camionnette, à attendre sa femme, caché dans l'obscurité et la pluie, comme un fauve dans les hautes herbes de la savane.

«Je n'ai pas le choix, je n'ai pas le choix», se dit-il tout bas. Il n'y a personne d'autre dans la camionnette. Que lui et sa conscience. Il n'a pas le choix, s'il ne le fait pas, elle va détruire sa vie.

Christian ouvre les yeux, Leonora est désormais beaucoup plus qu'un point dans le rétroviseur, c'est une silhouette humaine, sa femme, une femme qui court. Elle est encore assez loin de la camionnette, mais il s'imagine l'entendre, entendre sa respiration, son souffle lourd. *Le son.* Le son les a réunis le premier. L'acoustique. Elle lui a parlé de son dès leur première rencontre, il y a plus de vingt ans, au conservatoire de musique d'Aarhus. Il débutait comme entrepreneur et avait obtenu la rénovation du conservatoire, Leonora était la représentante des étudiants à la commission de chantier chargée de concevoir la salle de concert de leurs rêves.

Elle lui avait confié qu'elle avait l'oreille absolue, la capacité à reconnaître une note instinctivement. Un don rare, qui ne coïncidait en rien avec le cliché habituel « c'est parce qu'elle a grandi avec un piano » ; Leonora venait de l'île de Mors, fille d'une mère célibataire qui travaillait dans un hôpital, de préférence la nuit parce que c'était mieux rémunéré, principalement pour payer les cours particuliers de violon de Leonora. L'acoustique, c'était essentiel dans une salle de concert, lui avait-elle expliqué dans un petit bureau en désordre. Au début ils y étaient seuls, parce que Christian était en avance. Puis les autres membres de la commission étaient arrivés, mais Christian ne se rappelait rien d'eux, sinon qu'ils parlaient beaucoup. Partout dans le conservatoire, on entendait des notes, des chants, des gammes. La musique s'insinuait dans le bureau : en dessous on jouait du piano, avec passion et ferveur, et au-dessus un étudiant chantait une aria tirée d'un opéra dont Christian n'avait jamais entendu parler.

Il y avait des milliers de demandes particulières à prendre en compte. On ne pouvait les satisfaire toutes dans le cadre du budget du chantier, par exemple le souhait d'une nouvelle ventilation silencieuse était complètement irréaliste, mais Christian l'avait inscrit sur la liste. Il avait capté le regard de Leonora qui mordillait soigneusement son crayon. Elle n'avait pas beaucoup parlé lors de cette réunion, elle observait Christian. Un peu comme on observe un animal exotique et inconnu dans un zoo. Avec intérêt certes, mais en se posant des questions sur sa nature. Quand elle avait enfin pris la parole, elle avait expliqué que l'acoustique, c'était comme la peinture. Même les plus infimes modifications pouvaient tout changer radicalement.

« Je comprends », avait dit Christian. Elle lui avait alors adressé un vrai sourire. Christian était resté derrière elle pendant la visite guidée avec le recteur du conservatoire, un type d'un certain âge un peu négligé qui sentait le cigare et parlait danois avec l'accent de Scanie.

Son entreprise débutait. À part Christian et son frère Peter, elle ne comptait que deux ou trois techniciens et une comptable peu fiable. Ils avaient loué un petit entrepôt sur le port. L'hiver, des fleurs de glace s'épanouissaient sur les fenêtres en simple vitrage. Quand il faisait très froid, ils utilisaient un vieux poêle à bois qui tirait mal. Si le vent venait de l'est, la fumée était refoulée à l'intérieur. Mais ils étaient ingénieux, ils laissaient une fenêtre entrouverte à l'ouest quand le vent d'est soufflait fort, ce qui réglait le problème. Une vieille ancre rouillée d'au moins cinq cents kilos trônait là, héritage d'un ferry ou d'un transporteur. Chaque fois que Christian envisageait de s'en débarrasser, quelque chose le retenait. La difficulté de l'opération ? Ou tout ce que cette vieille ancre racontait ? Du rêve, le monde à découvrir et à conquérir pour Peter et lui.

La pluie semble s'intensifier, elle fait ployer les hêtres, ou n'est-ce pas simplement le poids de l'eau ? Les feuilles atterrissent sur le pare-brise. Christian cherche à l'apercevoir dans le rétroviseur. À quelle distance se trouve-t-elle ? Cent mètres ? Il a peu de temps pour prendre une terrible décision. C'est de sa faute, se dit-il. C'est elle qui l'a contraint à cette extrémité, ça aurait pu se terminer autrement, sans ces menaces de se détruire mutuellement. Il serre le volant de toutes ses forces, le sang se retire lentement de ses phalanges, maintenant presque blanches. Il doit se concentrer. Il va falloir démarrer juste au bon moment. S'approcher d'elle par-derrière. Et là, accélérer.

La pluie va être son alliée. Tout comme la musique dans les écouteurs de Leonora. Toujours la musique. Comme autrefois. À l'une de leurs premières sorties, elle avait joué du violon pour lui. Pour qu'il comprenne l'acoustique de la salle, avait-elle déclaré. Ils étaient seuls tous les deux, ce souvenir l'envahit avec acuité, peut-être une dernière tentative désespérée de son subconscient pour l'arrêter. Lui était assis sur un banc en bois au milieu de la salle de concert vide, elle sur un tabouret à trois pieds sur la scène, avec un air concentré, inspiré, les yeux à demi clos, les cheveux en une tresse française – il avait appris par la suite cette expression.

Christian avait le sentiment que Leonora n'appartenait pas au même sexe que les quelques filles qu'il avait fréquentées à l'école technique d'Aarhus où il avait appris le métier de maçon. Elle était à elle toute seule un troisième sexe ou une nouvelle espèce, différente des autres, plus légère, plus aérienne, moitié être humain, moitié souffle. Christian n'avait pas la moindre idée du morceau qu'elle jouait, il ne connaissait que la pop qu'il entendait à la radio quand il circulait dans le vieux fourgon Toyota de leur entreprise. Il n'appartenait pas au même monde. Son monde, c'était les budgets, leurs projets de réussite dans la vie, son frère et lui, l'argent qu'ils gagneraient, les contrats qu'ils décrocheraient de haute lutte. Et, devant lui, il y avait cette jeune femme qui tirait des sonorités enchantées de son violon, un morceau triste, une mélodie qui rappelait à Christian une série télé qu'il avait regardée enfant, *Michel Strogoff*, une histoire qui se passait en Russie, une histoire sur le destin et l'amour impossible. Il ne l'avait pas dit à Leonora, il avait honte, se sentait idiot, il s'était contenté de lui demander le nom du morceau, Tchaïkovski, avait-elle répondu. Est-ce que Christian le connaissait ?

Il lâche le volant et se frotte le visage, il sent sur ses paumes l'odeur de la sueur, de l'angoisse et de la haine. Elle le dépasse en courant mais ne remarque rien, elle est comme d'habitude plongée dans ses pensées. C'est un avantage, pense-t-il. Cela rend les choses plus faciles. Elle n'est plus un être humain, elle n'est plus Leonora, sa femme depuis plus de vingt ans, la mère de leur unique enfant. Elle est autre chose, une ennemie, une menace.

Il cherche à chasser tous ses souvenirs. Le premier baiser. Il avait tant hésité, il avait tellement peur qu'elle ne veuille pas de lui. La première fois qu'ils avaient fait l'amour dans la chambre qu'elle louait dans un vieil appartement glacial avec vue sur la cathédrale. Un éblouissement l'avait saisi au moment où elle avait retiré son pull noir et qu'il avait vu ses seins. Le lendemain, à leur réveil, dans l'appartement, le froid était terrible, on était en plein hiver. Dans la salle de bains trônait une vieille baignoire avec des pieds de lion. Ils l'avaient remplie d'eau chaude et y avaient plongé ensemble pour se réchauffer. Il ne comprenait pas pourquoi elle avait bien voulu de lui, il était terriblement jaloux des étudiants du conservatoire.

Mais c'était lui que Leonora voulait, pas un étudiant concurrent, pas un de ces étudiants en théâtre ou en journalisme qui fréquentaient tous les mêmes cafés du centre-ville. Petit à petit, Christian avait compris ce qu'elle voyait en lui, en réalité il s'était découvert lui-même dans le regard de Leonora. Une maturité inhabituelle chez les garçons de son âge. Une personnalité solide, il n'était pas égocentrique comme les garçons qu'elle fréquentait. Christian voulait être un soutien pour les autres. Pour Leonora. Et pour leur fils. Christian se souvient du jour de sa naissance. Sur le chemin du retour, avec Johan à l'arrière dans son couffin, Leonora avait l'expression typique des jeunes accouchées faite d'épuisement extrême et de bonheur immense.

Il embraie. Ne met pas les phares. Elle est environ vingt mètres devant. Peut-être trente. La pluie, l'obscurité et les feuilles l'empêchent d'évaluer la distance. Il n'ose toujours pas enclencher les essuie-glaces. La pluie a changé le décor, la boue coule sous ses roues en formant des lignes sombres dans le noir. Elle ne l'a pas entendu arriver. La musique qu'elle écoute facilite les choses. Rien dans son allure ne montre qu'elle pressente un danger.

« Tu l'as bien cherché », murmure-t-il plus haut cette fois, il faut que ces mots lui donnent de la force, l'encouragent à commettre un acte violent, comme quand les soldats partent au combat, une sorte de cri de guerre.

Il appuie sur l'accélérateur. Fort. Il sent le véhicule prendre de la vitesse, il se force à regarder. Il voudrait pouvoir fermer les yeux mais c'est impossible. Il doit voir. Bien vérifier qu'il l'a touchée. Il se rapproche, le dos de Leonora, les feuilles sur le pare-brise.

Une dernière image avant le choc : sa queue de cheval qui se balance en rythme dans la pluie, puis elle est là, trop tard pour changer d'avis.

Tout va très vite. Il la heurte violemment dans le dos, elle est propulsée sur le pare-brise, la tête la première, quelque chose éclate en morceaux, puis elle retombe. Il freine brusquement, redoute un instant que la camionnette ne dérape. Il redresse le véhicule, s'arrête, regarde autour de lui. Le pare-brise est étoilé. Ça, il ne l'avait pas prévu, il avait imaginé qu'elle allait disparaître sous la camionnette, pas dessus. Le sang de Leonora a dessiné un motif circulaire sur le pare-brise cassé – une toile d'araignée rouge. Le sang dégouline, zigzague parmi les feuilles. Au loin, il y a un témoin inattendu de son crime : un cerf adulte qui se dresse dans la pluie et l'obscurité, au milieu des arbres, ses énormes bois ressemblent à un étrange émetteur qui va sûrement diffuser au monde entier l'affreuse nouvelle de son crime. Arrête, reprends-toi, pense-t-il, et son regard trouve le rétroviseur. Impossible de la voir sans allumer les phares. Là. La lueur rouge des phares arrière l'éclaire, illumine le terrible spectacle. Elle gît sur le dos. Le corps tordu, les jambes dans une drôle de position. On croirait un torchon roulé en boule sur une table de cuisine. Elle bouge encore. On voit mal, mais il en est sûr. Une main se lève, elle appelle au secours, il l'entend, un cri rauque, comme celui d'une bête malade. Il ferme les yeux, entend les battements de son cœur, il ne pense plus qu'à une seule chose, cette main levée. Il faut qu'elle disparaisse. Tout le reste ne compte plus. Il démarre la camionnette, rouvre les yeux. Recule, il doit bien l'ajuster dans le rétroviseur, la main, son cri. Alors il l'écrase, la camionnette tressaute, plus fort que la première fois, dérape.

Le noir. Le bruit de la pluie sur le toit. Christian ouvre les yeux. Le cerf a disparu.

2

« Pourquoi tu me racontes ça maintenant, papa ? » Josefine ne cache pas son indignation, tous ces détails macabres, comment on a trouvé cette pauvre femme, la moitié de la tête écrasée, presque méconnaissable. « Une bonne vieille anecdote de policier ? Est-ce bien le moment ? » demande-t-elle en jetant un coup d'œil dans le petit bar de plage.

Il n'y a que la propriétaire et un couple d'Allemands avec leurs enfants.

« Je n'en sais rien, dit Holger. C'est une affaire qui m'obsède.

– Comme des centaines d'autres ?

– C'est une affaire un peu spéciale. »

Mal à l'aise, Holger change de position, il est vrai que ce n'est peut-être pas le bon sujet de conversation à l'occasion d'un verre avec sa fille adulte. Pour la première fois depuis plusieurs années. Il s'éclaircit la voix.

« Ce que je voulais dire, c'est que j'ai vu beaucoup de choses, mais je n'avais encore jamais vu un homme rouler sur sa femme pendant son jogging », ajoute-t-il en guise d'excuse.

Les Allemands s'en vont et ils se retrouvent seuls avec la patronne du bar. Holger perçoit sa propre respiration, un peu difficile, comme beaucoup de choses depuis qu'il a dépassé les soixante-dix ans. Il observe les dunes, le parking, le ciel gris, les deux enfants allemands qui courent vers l'eau. Holger sait que Josefine ne s'est jamais intéressée à son travail. Il aurait dû avoir des garçons. Josefine et sa sœur cadette sont indifférentes à sa carrière de policier. Même le plus macabre des meurtres ne soulève pas leur curiosité. De toute façon, Josefine a toujours eu du mal à trouver un centre d'intérêt durable. Elle a étudié la culture et la langue indiennes à l'université pendant un semestre, a abandonné, a commencé des études de diététique et a tout laissé tomber six mois après. Quand elle s'est lancée dans des études pour devenir physiothérapeute, Holger et Karen ont croisé les doigts pendant trois ans. C'était peut-être sa dernière chance, selon eux. Mais elle avait trouvé sa vocation : un métier qui associait son intérêt pour le corps et le physique à une conception théorique. À présent, elle travaille à la rééducation d'enfants qui, soit après une maladie, soit après un accident, ont besoin d'apprendre à bouger autrement, et plus encore : ils doivent réapprendre à vivre. C'est par ces mots qu'elle lui a expliqué son métier et il trouve que c'est bien.

Avec Isabella, cela a été plus compliqué, elle a voulu suivre la trace de sa mère, mais sans le même succès. Après être passée par une école de jonglage – une année très difficile pour Holger –, elle travaille désormais de façon occasionnelle dans un petit théâtre de marionnettes du parc Kongens Have, à Copenhague. L'hiver, quand il est fermé, elle confectionne des costumes pour un autre théâtre sans beaucoup de moyens ; elle gagne une misère. Holger a assisté à quelques représentations, invité par Isabella, c'était bizarre, soit il était trop intelligent, soit il était trop bête, en tout cas il n'a pas compris grand-chose.

C'est peut-être à cause de leurs prénoms que les pommes sont tombées si loin de l'arbre. Holger aurait préféré Dorthe et Henriette, mais Karen a refusé. S'il n'avait pas cédé, peut-être une Dorthe serait-elle assise en face de lui au lieu d'une Josefine. Dorthe serait-elle entrée dans la police ? Quoi qu'il en soit, ce ne serait pas une gauchiste comme Josefine, une rouge, rebelle à toute autorité, ne respectant et n'aimant que ceux qui sont au plus bas de l'échelle.

« Moi, j'en sais beaucoup sur vos métiers, dit Holger en haussant les épaules. Quand tu faisais des études de diététique, pendant tout un mois, ta mère et moi, on a été astreints à l'huile d'olive et aux noix. Tu t'en souviens ? De ta période acides et bases ? »

Josefine sourit, elle ressemblerait beaucoup à sa mère si elle n'avait pas choisi une allure aussi altermondialiste, cheveux teints en noir, tatouage du globe terrestre dans le cou, plutôt discret et plutôt réussi, mais tout le monde sait bien où se trouve l'Amérique du Sud par rapport à l'Amérique du Nord, il n'y a aucune raison de se balader avec ça dans le cou. Josefine avait tenu tout un discours sur la conscience mondiale, comme quoi nous ne pourrions sauver le monde que si nous nous considérions nous-mêmes comme faisant partie de la terre.

« Tu n'es pas vexé, j'espère ?

– Je ne suis pas du tout vexé », dit-il en jetant les yeux sur sa canne appuyée contre la table.

Au début, il avait eu du mal à l'accepter, cette canne. Le symbole de la vieillesse. Holger trouve qu'il ressemble maintenant au vieux gros bonhomme de la publicité pour Tuborg, représenté appuyé contre une clôture, exténué, mourant d'envie d'une bière. Lui aussi aurait bien envie d'une bière. C'est l'un des plaisirs qu'il s'est autorisés à la retraite, un schnaps ou une bonne bière au déjeuner, ou les deux, ce qui le mène tout droit à une sieste qui a le mérite de raccourcir la journée.

« Est-ce qu'elle est morte ? » demande Josefine tout en jetant un coup d'œil sur le parking et sur la famille allemande, seuls touristes de ce samedi d'août.

Ce n'est pas un temps de plage, on avait pourtant annoncé une journée ensoleillée. Holger hoche la tête.

« Est-ce qu'elle est morte ? Bien sûr qu'elle est morte ! Il a roulé sur elle en marche arrière cette nuit-là dans la Trouée de Rome.

– Pourquoi on dit la Trouée de Rome ?

– La Trouée de Rome est une rue ancienne qui traverse la forêt, répond Holger, elle évoque la petite ville de Roum qui se trouvait en plein cœur de la forêt vierge danoise. Roum a été anéantie par la peste, tout le monde est mort, on y a tout brûlé pour stopper l'épidémie. Roum est par la suite devenue Rome, la rue a gardé ce nom sans cesser d'évoquer la mort. Pas seulement parce qu'une malheureuse femme qui faisait son jogging y a perdu la vie. Des bandits polonais ravageaient le coin autrefois, les habitants de Vejle en ont eu tellement assez qu'ils les ont débusqués et leur ont coupé la tête. Vingt-trois têtes coupées. Ils ont enchâssé ces crânes dans le mur de l'église où ils se trouvent encore aujourd'hui.

– Personne n'a tendu l'autre joue, dit Josefine.

– Bah, tendre l'autre joue. Ce n'est pas ce qu'a fait Christian ce soir-là. On ne l'a jamais fait dans la Trouée de Rome. C'est la rue de la mort.

– Je ne mettrai plus jamais les pieds dans la Trouée de Rome, dit-elle en effleurant de sa main la main d'Holger, comme si c'était celle-là même qu'on avait coupée. Ça te tracasse toujours, papa ? C'est pour ça que tu m'en parles ?

– Oui. Ça me tracasse vraiment. Nous n'avons rien pu prouver. »

La voix d'Holger flanche. Il parle si doucement qu'il semble penser tout haut. En fait, il se parle à lui-même. Au début, il y a un an de cela, il a ressenti une sorte de dégoût. Un vieux policier retraité qui tourne en rond chez lui, dans son trois pièces de la rue Badstuegade, et qui marmonne et ressasse les affaires non élucidées. Pitoyable, même à ses propres yeux. Pas du tout ce qu'il s'était imaginé de la vieillesse quand Karen était encore en vie. La télévision constamment allumée pour lutter contre le silence.

Des émissions nature sur des coins lointains du globe, sur les tortues des Galápagos ou les crocodiles de mer d'Asie du Sud-Ouest.

Il a aussi pris du poids, il n'est pas très doué pour la cuisine et on trouve tellement de bons plats préparés au supermarché. Des lasagnes, des boulettes de bœuf au curry et ce poulet à l'indienne si délicieux, quoique catastrophique pour le ventre. Il n'ose pas dire à Josefine comment il se nourrit, il affirme manger les figues sèches et les olives aigres qu'elle lui apporte. Il cherche à dissimuler les traces de ses forfaits avant qu'elle ne revienne, en digne vieux policier de la criminelle ! Elle regarde sa bedaine d'un œil soupçonneux et ne comprend pas pourquoi elle est toujours là, alors qu'il se nourrit de fruits tombés venant de pays méditerranéens, comme elle le lui a recommandé. Mais les portions du supermarché sont trop petites pour lui, alors il en achète toujours deux, surtout pour les boulettes au curry. Pour que la caissière ne voie pas en lui un pauvre veuf solitaire.

Holger s'éclaircit la voix, veut se montrer plus présent, quand même, il est dans un bar avec sa fille. Il doit essayer d'être vraiment là, ce n'est pas si souvent qu'il la voit.

« Les premiers jours d'une enquête sont cruciaux, dit-il, il ne peut pas s'en empêcher, peut-être son monde n'est-il fait que d'anecdotes du passé.

– Bien sûr, dit Josefine. Comme à la télé.

– Comme à la télé ? » Holger secoue la tête. « Ce n'est pas du tout comme à la télé. À la télé, d'une manière ridicule, on attribue toujours plus ou moins un passé de soldat ou de tueur en série aux assassins. Dans la vraie vie, les gens tuent pour la première fois et la plupart ont un passé totalement ordinaire.

– OK, ne t'énerve pas. J'essaie juste de comprendre. Pourquoi toi… ou vous n'avez pas pu résoudre cette affaire ?

– Il était trop malin. Et moi trop lent.

– Ne sois pas trop dur avec toi-même, papa. » Josefine lui tapote la main. « Pense à tous ceux que tu as attrapés plutôt qu'à ceux que tu n'as pas eus. »

Il croise son regard et ne sait pas trop si ce qu'il y lit lui plaît. De la pitié. Elle n'arrive pas à la cacher. Il n'est plus qu'un homme qui vit dans le passé.

« Laissons tomber. Des anecdotes racontées par un vieil homme, comme tu dis. » Il hausse les épaules. « Mais il y a peut-être du sens dans mes anecdotes. Tu y as pensé ? Tu n'es pas la seule à avoir voulu améliorer le monde. »

Josefine sourit, elle ressemble alors à sa mère, même si elle fait tout pour ne pas lui ressembler. Le sourire et les sourcils vont ensemble. Quand elle sourit franchement, ses fins sourcils se haussent et dévoilent un visage ouvert. Un visage indulgent, qui refuse de se laisser abattre par les malheurs du monde. Exactement comme Karen.

Karen avait travaillé pour le théâtre depuis les années 1960, à une période où celui d'Aarhus vivait un formidable changement. Plus question de lieu d'agrément où la bourgeoisie pouvait tuer le temps, un soir de semaine plein d'ennui, devant une pièce réactionnaire qui présentait la famille nucléaire comme unique voie de salut. Il fallait désormais aller de l'avant. Libération de la femme, crise du couple, critique de la société, avant-gardisme. Le capitalisme, la propriété, les formes traditionnelles de vie de couple, c'était l'ennemi. Les troupes de théâtre engagées étaient la grande nouveauté. Pour la première de *La Chatte sur un toit brûlant*, les gens se pressaient en longues files sur la place Bispetorv pour obtenir des billets.

Naturellement, en tant que costumière, Karen n'avait pas de pouvoir de décision sur le programme. Mais elle était bien plus qu'une employée qui fabriquait les costumes. Au théâtre, elle était chez elle, elle assistait à toutes les répétitions, on la respectait, on tenait compte de son avis plein de réalisme. Parmi tous les gens du théâtre, Karen était manifestement la meilleure pour sentir si la représentation allait être un succès ou un four.

« Il était peut-être innocent ? »

La voix de Josefine arrache Holger aux coulisses du théâtre d'Aarhus. Il revient au bar de la plage.

« On ne peut l'exclure totalement, la police a l'habitude d'arrêter et de torturer des innocents, dit-elle.

– Torturer, tu n'as pas peur des mots ! Je ne l'ai jamais fait, même si j'en ai eu envie.

– Et le sommet pour le climat, papa », dit Josefine.

Cela lui rappelle un épisode qu'il aurait bien voulu oublier, lorsque Josefine avait participé à Copenhague à un rassemblement devant Bella Center pour manifester contre le climat, non... pour le climat et contre le pouvoir, c'était pendant sa période indienne. On l'avait arrêtée et elle était restée sur l'asphalte deux heures les poignets attachés avec des strips roses.

« Tu as attrapé une cystite, dit Holger. Tu n'as pas été torturée.

– J'aurais pu devenir stérile.

– Possible, reprend Holger. Et c'est comme ça que nous élucidons les crimes, avec des possibilités, des hypothèses. Christian aurait-il pu ressentir une rage meurtrière contre Leonora ?

– Aurait-il pu être suspecté à tort ? » enchaîne Josefine avec vivacité.

Si elle ressemble à sa mère par son physique, elle tient sa rapidité d'esprit de l'homme assis en face d'elle.

« Je ne le crois pas, dit Holger. Il y a trop de faits qui ne collent pas. En tout cas, c'est une histoire intéressante. Elle témoigne d'une connaissance universelle de l'amour. »

Josefine sourit.

« Alors approfondissons, dit-elle en se calant sur sa chaise.

– Tu es sûre ? Est-ce qu'on a le temps ? »

Elle hausse les épaules.

« Cela dépend de sa longueur. Comment est-ce qu'elle commence ?

– Elle commence comme toutes les histoires d'aujourd'hui, dit Holger.

– Par l'argent ? réplique Josefine sans hésiter.

– Par l'argent ? Non. Par un SMS. Un SMS envoyé trois jours avant le meurtre. »

3

Elle est en train de dormir lorsqu'un SMS envoyé sur le portable de Christian la réveille. Leonora regarde son iPhone : 1 h 32. En fait, elle dort depuis longtemps, pourtant elle a l'impression que ça ne fait que dix minutes. Christian est couché immobile à côté d'elle. Pourquoi n'a-t-il pas activé le mode silencieux ? C'est ce qu'elle fait toujours avec le sien. Sauf quand Christian est en déplacement ou si Johan est sorti. Mais cette nuit, les deux seules personnes qui intéressent Leonora sont sous le même toit qu'elle. Ce sera différent quand Johan partira. Leonora y pense souvent. Et cette pensée suscite presque toujours chez elle un vague sentiment d'angoisse. D'insécurité. D'un seul coup, plus de Johan. Plus question de l'avoir tout près pour le prendre dans ses bras et lui donner un baiser. La quasi-totalité de sa vie d'adulte a consisté à s'occuper de ce garçon. Quand il partira dans un an ou deux – trois si possible –, elle n'y arrivera pas. Leonora sait qu'elle devra y arriver. Tout le monde lui dit qu'il le faut. Mais peu de parents ont traversé les épreuves de Leonora. La maladie de Johan, toutes ces années passées à surveiller sa moindre respiration. Une pensée la frappe parfois : que la maladie – aussi terrifiante et exténuante qu'elle ait pu être – a aussi apporté de bonnes choses. Elle a apporté la proximité avec Johan. Créé un lien indéfectible entre eux deux. Comment pourrait-elle le lâcher maintenant qu'il est déclaré guéri et a presque fini le lycée ?

La petite lumière du mobile s'éteint et la laisse dans la vague lueur d'été derrière les stores. Elle dort plus mal en plein été qu'en hiver. Leonora se tourne du côté opposé à la fenêtre. Elle doit essayer de s'assoupir, chasser les pensées qui l'assaillent. A-t-elle bien rangé le bol de guacamole dans le réfrigérateur ? Johan l'a sorti quand il est rentré vers 23 heures, mort de faim, et en a tartiné une couche épaisse sur du pain grillé. Christian en avait pris très peu parce qu'il y avait trop d'ail dedans. Il ne voulait pas aller sur le chantier le lendemain en sentant l'ail, avait-il dit alors qu'ils mangeaient tous les deux sur la terrasse. En plus, il n'est pas fou de coriandre fraîche. Il y a deux sortes de gens, avait-il déclaré, ceux qui adorent la coriandre et ceux qui ne la supportent pas.

Leonora ferme les yeux. Elle doit maintenant en finir avec ces pensées sans intérêt, qui obsèdent toujours quand on a une insomnie. C'est le cerveau primitif qui s'assure que tout va bien, qu'il ne se profile aucun danger tel qu'un tigre à dents de sabre, un Néanderthalien ou un bol de guacamole non rangé dans le réfrigérateur. Tout va bien, aucune menace. Il faut qu'elle dorme, respire à fond, ça va aller, se répète-t-elle sans fin. Il y en a qui comptent les moutons, Leonora se livre à des incantations, ça va aller, tout va bien… tout va bien… Elle est au bord du sommeil lorsque le portable de Christian bipe à nouveau. Elle ouvre les yeux, la lueur délicate se reflète au plafond. Christian bouge.

« Christian, qui est-ce ? demande Leonora.

– Je dors », dit-il.

Il attrape le portable et jette un coup d'œil à l'écran, le met en mode silencieux et le pose à l'envers contre une revue professionnelle *L'Ingénieur* qu'il laisse toujours sur la table de nuit sans jamais la lire.

« Qui c'était ? À 1 h 30 du matin ? demande-t-elle.

– Un truc pour le boulot, marmonne-t-il, le visage enfoncé dans son oreiller tout propre ; Leonora le lave au moins une fois par semaine en été.

– À 1 h 30 du matin ?

– Leonora, on ne pourrait pas continuer à dormir ? »

Ils sont allongés dans la pénombre, Leonora a renoncé à trouver le sommeil. Elle remarque qu'il ne dort pas non plus. Quand on a vécu ensemble pendant près de vingt-cinq ans, impossible de « faire semblant » et que ça marche. De faire semblant d'être content quand on ne l'est pas, de faire semblant d'aimer le repas si on le déteste, de faire semblant de dormir si l'on ne dort pas.

« Quelle personne de ton travail t'envoie un SMS à cette heure-ci ? demande-t-elle.

– Peter. C'est bon ? On peut dormir ? réplique-t-il un peu trop fort.

– Pourquoi tu ne me l'as pas dit tout de suite ?

– Parce que je dors. Bon Dieu, Leonora. »

Christian lui tourne le dos. Leonora n'a pas envie d'affronter sa colère, pas tout de suite, il vaut mieux laisser tomber. Oui, laisse tomber, se dit-elle. Les gens ont perdu tout bon sens à propos de ce qu'ils envoient aux autres, des mails auxquels on répond en pleine nuit, des messages à n'importe quelle heure du jour. En plus, la vie de Christian est plus que stressante en ce moment à cause de ce nouveau chantier, il est irritable depuis un bon bout de temps. C'est un projet de rêve, a-t-il dit. Cela la frappe : quand les gens parlent de « projet de rêve », cela se termine souvent en cauchemar. Comme quand Søs et Henrik ont acheté une maison en Toscane. Ils en rêvaient depuis vingt ans, des doux cieux, des oliveraies, une piscine sous un climat qui la justifie… tout ça. Cela a tourné au cauchemar, ils regrettaient le Danemark, avaient des problèmes avec les autorités de Lucques chaque fois qu'ils voulaient apporter une amélioration à la ruine qu'ils avaient achetée. Cela s'est terminé au bout de trois ans par un divorce, elle est rentrée au Danemark, apparemment il est toujours là-bas. Non, il faut être prudent avec les projets de rêve.

Le portable de Christian refait un bruit, pas un bip, mais un bref vrombissement, une sorte de grognement de colère. Leonora allume de son côté. Christian se cache les yeux.

« Éteins ! ordonne-t-il.

– Ne me parle pas sur ce ton », dit Leonora.

Christian la regarde avec surprise.

« Hé, Leo. Calme-toi. »

C'est toujours « Leo » quand il veut obtenir quelque chose, quand il veut être gentil. Et « Leonora » quand il est en colère.

« C'est ton portable qui me réveille, dit-elle.

– Je l'ai mis en silencieux.

– T'appelles ça silencieux ? Et qui t'écrit à une heure pareille ?

– Sûrement une urgence au chantier, répond-il.

– À propos de quoi ? » demande Leonora que son ton alerte.

Il a quelque chose de bizarre. Christian se redresse un peu.

« Franchement, dit-il en tendant la main vers elle, on ne pourrait pas dormir ? Excuse-moi de m'être fâché. Je suis crevé.

– Je peux voir ton téléphone ? » demande Leonora.

Elle se surprend elle-même, elle ne s'est jamais auparavant montrée jalouse, soupçonneuse ni intrusive. Mais quelque chose d'inexplicable la pousse – le guacamole qu'il a refusé, cette peur de sentir l'ail, une symphonie de menus détails, le fait qu'il se soit tourné vers elle, qu'il lui tienne la main. Et son ton, oppressé, étouffé.

« Sérieusement ? dit-il.

– J'y tiens.

– Tu veux vérifier mes SMS ? demande-t-il en retirant sa main.

– Non. Je veux juste savoir qui t'envoie des messages à cette heure-ci. Où est le problème ?

– Je refuse.

– Pourquoi ?

– Parce que… fait Christian en cherchant ses mots. C'est une drôle d'idée. »

Les mots, le ton, il ment, elle en est sûre.

« Mon Dieu. Tu en vois une autre », dit-elle en se levant du lit.

Elle est nue. Elle dort en pyjama l'hiver, mais sans rien en été ; elle enfile rapidement la chemise blanche un peu chiffonnée de Christian. Elle sent son odeur masculine du soir et celle du chantier.

« Hé, qu'est-ce qui t'arrive ? dit Christian. Arrête, tu vas réveiller Johan.

– Pourquoi tu te conduis comme si tu étais coupable ? Je sens que tu me mens.

– Leo, je suis en train de dormir, je ne mens pas. Je t'ai dit que ça concernait le chantier. On est terriblement en retard. Si tu savais le nombre de fournisseurs qui nous laissent tomber… »

Elle l'interrompt :

« Montre-le-moi.

– Non, je ne veux pas. C'est une question de principe. On s'est toujours dit que l'on se faisait confiance. »

Sa voix est redevenue normale.

« Là, je ne te fais pas confiance, dit-elle.

– Tu vas y être obligée », réplique-t-il.

Maintenant, elle le retrouve. Un homme calme et sûr de lui. Mais elle a bien perçu quelque chose dans sa voix.

« J'estime que tu dois me le montrer.

– Si je te le montre… Si je t'obéis, je ne pourrai plus jamais te respecter après. »

Elle le regarde en secouant la tête :

« Qu'est-ce que c'est que cette connerie ?

– Tu ne vois pas que c'est une pente glissante ? » dit-il.

Une expression qu'il n'a jamais utilisée avant. Leonora répète :

« Une pente glissante ? Est-ce que je t'ai déjà demandé un truc de ce genre avant ? Oui ou non ?

– Non. Moi non plus, je n'ai jamais rien demandé de tel. »

Leonora attrape son propre portable sur la table de nuit, ça ne va se passer comme ça, elle l'ouvre et le lui jette à la figure.

« Tiens. Lis tout ce que tu veux. »

Christian repose le portable de Leonora à sa place.

« Je peux voir le tien ? » demande-t-elle.

Elle s'énerve parce qu'il ne répond pas, il est assis, tête basse, telle une marionnette abandonnée par celui qui la manipule.

« Pourquoi tu ne dis rien ? »

Il hausse les épaules, le marionnettiste est de retour et reprend les fils en main.

« Christian, regarde-moi », dit-elle.

Il s'exécute.

« Quel est le problème ? Tu as une liaison ? »

Cela lui fait mal de prononcer le mot.

« Bien sûr que non.

– Alors quel est le problème ?

– Je ne peux pas te le montrer, Leo.

– Pourquoi ?

– C'est Peter… Il voit une autre femme. Le SMS parle d'elle. Je lui ai promis et même juré que ça resterait entre lui et moi. Tu connais Anne-Sofie », dit Christian.

Leonora le sait, c'est toujours compliqué quand les gens disent la vérité et un mensonge en même temps. Il est certain que Peter, le frère et l'associé de Christian, a toujours eu des liaisons, c'est pour cette raison que Leonora n'a jamais tellement souhaité se lier avec ses copines. Elles ne duraient jamais très longtemps et elle pensait qu'Anne-Sofie était déjà de l'histoire ancienne. Mais quelque chose ne sonne pas juste dans les paroles de Christian. Une fausse note.

« Mais maintenant, tu me l'as dit, reprend-elle.

– Oui.

– Alors tu peux bien me montrer ton téléphone.

– Il y a le nom de la fille qu'il voit dedans. C'est quelqu'un que tu connais.

– Je me fous de savoir avec qui Peter baise. Il baise avec tellement de filles. »

Christian hoche la tête.

« Ce ne serait pas correct », dit-il.

Le portable de Christian bourdonne une fois de plus, encore un SMS. Leonora ne sait pas pourquoi, mais ce message silencieux est presque pire que celui qui l'a réveillée. Ce qui la gêne, c'est tout l'ensemble, ces cachotteries, ces téléphones qui se murmurent des choses la nuit d'un recoin à un autre. Elle réfléchit à toute vitesse. Christian peut facilement être désagréable plusieurs jours de suite. Il est du genre à être rancunier. Il peut passer des semaines à faire la tête. Pas franchement, mais suffisamment pour qu'on le remarque et juste assez peu pour qu'il puisse le nier si elle lui reproche d'être distant. Mais il y a quelque chose qui cloche, il ment, elle en est sûre, elle ne croit pas une seconde qu'il s'agisse de Peter. Aucun homme n'enverrait comme ça quatre SMS de suite. Ça ne peut provenir que d'une femme, cette façon dont les sentiments s'emballent au fur et à mesure de la rédaction des SMS. Pas d'un homme. Johan et Christian répondent seulement par quelques mots quand c'est possible, ou alors par une émoticône. Non, elle ne peut pas avaler ça. Elle se lance :

« Alors montre-moi que le contact est bien Peter, dit-elle.

– Hein ?

– C'est très simple. Je te respecte. On ne doit pas lire le courrier de l'autre ni se surveiller mutuellement. Je ne l'ai jamais fait », dit-elle.

Et c'est vrai. Avec cette déclaration sincère, cela fera au moins une parole de vérité prononcée cette nuit.

« Moi non plus, renchérit Christian ; c'est tout ce qu'il trouve à dire.

– Et tu n'avais aucune raison de le faire. Mais là, tout est un peu bizarre, Christian. Je ne me sens pas bien, je me sens inquiète. Tu veux bien me rassurer ? » dit-elle en essayant une nouvelle tactique. Il ne s'agit pas de contrôler mais de rassurer : « Montre-moi juste qui l'a envoyé. Que c'est bien Peter. C'est tout ce que je demande. »

Christian regarde ses pieds, il ressemble fugitivement à un petit garçon qui n'a pas été sage. Puis il se redresse, attrape son portable sur la table et le fracasse contre le mur. Sous le choc, Leonora recule.

« Qu'est-ce que tu fabriques ? crie-t-elle devant le téléphone en miettes sur le sol et la marque affreuse sur le papier peint rayé.

– Je n'en peux plus !

– Christian ! Tu vas réveiller Johan.

– C'est toi qui nous empêches de dormir. Avec cette histoire de merde ! »

Christian prend sa couette, rassemble les morceaux de son portable et quitte la chambre. Leonora n'a pas bougé d'un pouce. Elle porte toujours la chemise de Christian, elle baigne toujours dans son odeur. Elle l'entend descendre et proférer quelques jurons. Puis c'est le silence.

4

D'habitude, c'est l'heure préférée de Christian. Le matin très tôt. Il constate que les oiseaux qui volent au-dessus du fjord l'apprécient autant que lui, le matin est le meilleur moment de la journée. Mais pas aujourd'hui. Il n'a presque pas dormi, les heures de la nuit ont été dévorées par les inquiétudes que les SMS qu'elle a envoyés dans la nuit ont déclenchées. Mais aussi pourquoi lui a-t-elle écrit à une heure pareille ? Christian cherche à détendre son dos, il essaie de bouger. Le vieux sofa est élégant, tout en cuir couleur cognac, mais Arne Jacobsen n'a pas pensé aux nuits de désespoir imprévues quand il l'a dessiné. Il est trop court. Et trop dur, il ne convient pas au poids d'un homme de l'âge de Christian, un bon quatre-vingt-cinq kilos sur la balance. Le portable est sur le bord de la fenêtre. Une grosse fente traverse l'écran fissuré, le système est en miettes, il est mort.

Christian jette un coup d'œil par la fenêtre de la salle de séjour. Leonora fait son jogging sur le petit sentier à travers la brume du fjord. Elle disparaît derrière les buissons d'églantiers, puis réapparaît, un peu plus loin, près du ponton où un vieux monsieur se prépare pour son plongeon matinal. Christian souffre, et pas seulement physiquement parce qu'il n'a pas assez dormi. Il y a autre chose, une douleur, quelque chose d'indéfinissable. Comme s'il avait perdu quelque chose. Cela ne s'est pas encore produit. Pas encore. Il n'a encore rien décidé, c'est ce qu'il ne cesse de se répéter. Mais elle veut l'obliger à prendre une décision, sinon elle ne lui aurait pas envoyé tous ces messages pendant la nuit.

Christian pense à leur tout premier SMS, il y a plusieurs mois. C'est lui qui l'a envoyé. Un peu après 22 heures. *Merci pour cette réunion réussie, vous avez été fantastique. Dormez bien. C.* C'est donc bien lui qui a commencé à se conduire de façon inappropriée, envoyer un message à une heure privée de la soirée. *Dormez bien.* C'est ce qu'il a écrit, presque comme s'il était déjà couché près d'elle en train de lui chuchoter des mots à l'oreille. Ce qu'il a fait une semaine plus tard. Infidèle. Pour la première fois après plus de vingt ans de mariage. Au fond de lui, Christian est contre l'infidélité.

Il cherche des yeux Leonora vers la rive du fjord mais ne peut distinguer que les vieux qui plongent. Leonora et lui se sont toujours promis de trouver le temps de le faire quand ils seraient vieux, de donner alors l'exemple en ôtant leur peignoir de bain et en montrant leur peau ridée pour bien faire savoir au monde entier que la beauté du vieillissement n'est pas réservée aux meubles, aux tableaux, ni aux maisons ou aux arbres, qu'elle s'applique aussi aux êtres humains. À l'homme avec ses cheveux blancs et sa peau ridée. À la femme avec son embonpoint. Ensemble ils créent une beauté spéciale, le yin et le yang humains, quand ils se laissent prendre par l'eau millénaire du fjord – comme ce vieil homme à cet instant –, quand ils font partie de tout ce qui est destiné à disparaître, feuilles mortes, vieille écorce, sans oublier l'été.

Le petit clic de la bouilloire électrique résonne derrière lui dans la cuisine. Puis tout est calme à nouveau – aussi calme qu'autrefois, quand Leonora et Christian avaient visité la maison pour la première fois. Ils étaient venus d'Aarhus jusqu'au fjord de Vejle. Aucun des deux ne connaissait ni la ville ni son environnement. Christian n'avait entendu parler que du footballeur Allan Simonsen, du pont et du chewing-gum Dandy. Comme tous ceux qui visitent la ville pour la première fois, ils sont tombés amoureux de la nature, plus luxuriante que n'importe où au Danemark, presque une forêt vierge. La balade dans la forêt de Nørreskov, avec tous ces cerfs qui les observaient d'un œil curieux, la vie animée des oiseaux sur l'eau et la vallée glaciaire Ådal qui enserre le tout comme un cœur, le cours d'eau telle une artère qui pulse, de la terre ferme vers le fjord, et sème la vie tout au long de son trajet. Le delta du Nil, Christian y avait pensé alors qu'ils traversaient la vallée pour la première fois en longeant les anciennes piscicultures et les moulins en ruines.

Leonora s'était moquée de lui et avait lancé qu'il était le plus sentimental des deux. Même si lui bâtissait alors qu'elle vivait dans un monde d'harmonies et d'accords délicats, c'était peut-être un peu vrai. Que Christian soit romantique. Il avait autant craqué pour la nature que pour la maison en mauvais état. Leonora, elle aussi, était prête à quitter le quartier latin et les cafés d'Aarhus pour la rivière, les seules falaises authentiques du pays et la vue à l'infini sur le fjord.

Ils ont acheté aux enchères la vieille villa en briques pour cent cinquante mille couronnes. Leonora trouvait que c'était cher mais aujourd'hui la maison est estimée à six millions de couronnes. Ils ont tout fait eux-mêmes, sauf le plus gros, le tout-à-l'égout et l'installation de la cheminée neuve. Mais l'essentiel, jusqu'aux petits détails, ils ont tout fait ensemble. Équipé les vieilles fenêtres de verre soufflé en suivant la technique ancienne – d'après son expérience d'entrepreneur en bâtiment, Christian savait que, la plupart du temps, les gens n'y connaissent rien et jettent allègrement d'authentiques fenêtres à verre soufflé du XIXe siècle pour installer de nouvelles fenêtres à double vitrage, sans âme. Ou bien ils sacrifient des parquets aux motifs et à l'arrangement rares. Il avait parfois pleuré d'impuissance devant de nombreuses rénovations en constatant que les ouvriers avaient tout cassé pour mettre de la camelote à la place.

Le parquet que Leonora et lui ont installé dans l'entrée et la salle de séjour, Christian l'avait trouvé sur le chantier des Archives de Copenhague. L'État s'était lancé dans une grande modernisation, les vieux planchers des Archives allaient être enlevés pour installer le chauffage au sol. Les irremplaçables planches de chêne, ils les ont maintenant sous les pieds pendant leurs repas, elles ont accompagné toute leur vie commune. Certes, cela avait demandé un peu de travail, il avait fallu leur passer dix couches de vernis à bateau et polir entre chaque couche. Mais ils s'étaient partagé le travail, il polissait avec la machine et le papier-émeri tant que ses genoux le supportaient, pendant qu'elle appliquait le vernis de ses gracieux gestes musicaux. Elle est comme ça, Leonora, tout ce qu'elle touche est un arrangement musical harmonieux, toujours en mouvement. Il l'a tant aimée. Mais quelque chose... en lui... Quand cela avait-il donc commencé ?

Johan qui surgit derrière lui interrompt ses pensées. Sa chemise en jean un peu chiffonnée est boutonnée de travers et il est en caleçon. Il ressemble à n'importe quel adolescent qui vient de se réveiller : tout ce qui l'entoure est une offense personnelle.

« Bonjour, dit Christian sans attendre d'autre réponse qu'un vague grommellement. Tu as bien dormi ? Je crois que tu vas être un peu en retard.

– Ah bon ? »

Johan s'assoit. La chaise proteste. Christian sait qu'il ne faut pas en rajouter. La plupart du temps, Johan est plutôt facile à vivre. Un gentil garçon, surtout comparé à ce que sait Christian de la façon dont deux ou trois garçons de sa classe occupent leur temps libre. Seul le matin pose problème. Leonora a coutume de comparer Johan à un lac gelé au début de l'hiver. Il faut être prudent si l'on y marche, y aller précautionneusement, vérifier si la glace tient. Aujourd'hui elle tient, estime Christian en posant une tasse de café devant son fils.

« Merci. Et deux hot-dogs garnis », dit Johan.

Christian sourit. Si Johan n'avait pas eu autant d'humour, ils ne seraient pas sortis indemnes de sa maladie.

« Je lance un jus de fruit ? demande Christian.

– Un peu dégueulasse, non ?

– Dégueulasse ?

– De mixer deux hot-dogs garnis avec un jus de fruit ?

– Dites donc, vous êtes de bonne humeur aujourd'hui ! »

Leonora se tient sur le seuil, ses longs cheveux noirs sont relevés en queue de cheval.

« Je crois que j'ai vu un milan rouge. » Elle prend un stylo-bille sur la table et se dirige vers le réfrigérateur où est affiché son programme de jogging. « Dix kilomètres en quarante-neuf minutes. Tu n'es pas fier de ta mère ? »

Elle embrasse Johan sur la joue, il s'éloigne un peu, il est trop grand maintenant pour le baiser quotidien de sa maman.

« Qui est mon chauffeur aujourd'hui ? Toi, papa ? »

Christian regarde sa montre, sent s'installer un petit pincement d'angoisse dans son corps. S'il conduit Johan au lycée, il va être en retard d'une bonne demi-heure sur son programme. En plus, il faut bien compter au moins un quart d'heure pour que Johan soit habillé et prêt à partir.

« Peut-être, dit-il quand il ne peut cacher son hésitation plus longtemps. Mais il me faudrait de l'aide pour la sorcière de la Saint-Jean. »

Johan émet le bruit d'un jeu radiophonique quand les participants donnent une réponse fausse. Christian regarde son grand fils, il est peut-être un peu trop vieux pour les histoires de sorcière. La seule pensée de fêter la Saint-Jean avec ses parents doit lui paraître inconcevable. Une évolution s'est produite ces derniers mois, insidieusement, comme les saisons qui changent : Johan aspire à devenir autonome.

« Je veux bien te conduire, mon amour, dit Leonora en respirant à fond.

– Tu es sûre ? demande Christian.

– Je prends un bain rapidement. Prépare-toi pendant ce temps-là, Johan. »

Christian et Leonora se regardent franchement, pour la première fois ce matin. Elle l'embrasse.

« Excuse-moi pour cette nuit, chuchote-t-elle.

– C'est à moi de m'excuser, dit-il. J'étais bête. J'ai eu mon compte ces derniers jours.

– Est-ce que tu veux que je porte ton téléphone en réparation ? demande-t-elle en souriant.

– Non, ce n'est pas la peine, dit Christian.

– Je dois faire laver la voiture, de toute façon. La boutique Telia est juste à côté.

– C'est gentil de ta part, dit-il tout en l'embrassant. Vraiment. Mais ne te tracasse pas pour ça. Il était très vieux et il n'arrêtait pas de se décharger. Je vais en faire acheter un autre par l'entreprise. Je n'ai plus qu'à le jeter.

– On est en retard, maman. » Johan s'est levé, l'air réprobateur. « Tu ne devais pas prendre un bain ? Hé, on se réveille, qu'est-ce qui se passe avec le petit personnel dans cette maison ? »

Christian regarde Leonora en souriant, il rit, mais avale son café de travers.

5

Leonora va écouter son intuition. C'est une décision qu'elle a prise il y a des années. Accepter de se sentir parfois mue par un don spécial pour percevoir les choses autour d'elle, des choses qu'elle ne peut pas voir, pas savoir, mais qu'elle sent pourtant. Est-ce le cas de tout le monde ? Elle y a souvent réfléchi. La différence réside dans le fait que la plupart des gens rejettent leur intuition, choisissent la rationalité et le bon sens, mais elle, elle a décidé de l'écouter. Écouter. Comme elle a toujours fait, plus que les autres, toujours ressenti les vibrations du monde, les mouvements imperceptibles entre les gens, invisibles à l'œil nu. Mais ils sont bien là, elle le sait.

Et elle sait que quelque chose ne va pas. Christian lui cache quelque chose.

Leonora s'engouffre dans la file de voitures pleines de parents et d'enfants sur Kirkebakke Allé, cherche à mettre ses pensées en ordre et jette un bref coup d'œil à Johan dans le rétroviseur.

« Tu as bien tout révisé ? »

Johan a pris sa place préférée, sur le siège arrière droit, et il a poussé le siège avant le plus possible pour caser ses grandes jambes. Dans la voiture de Christian, il s'assoit toujours à l'avant, mais il y a plus de place dans le grand SUV Volvo presque neuf que dans la Golf qu'elle conduit. Leonora répète sa question, cela devient une habitude :

« Johan, tu as bien tout révisé ?

– Oui, madame, dit-il en lisant le SMS qu'il vient de recevoir.

– Ce n'est pas l'anglais la prochaine fois ?

– On peut prendre Marta sur le chemin ?

– Tout de suite ? Qui est Marta ? »

Leonora sait qu'elle est un peu énervante. Mais c'est normal, pour une mère. C'est naturel d'être un peu curieuse, peut-être même déraisonnablement curieuse, quand son ado parle de filles.

« Personne, une fille d'une autre classe. Elle sera au carrefour près de la station-service.

– Personne, une fille d'une autre classe ? » plaisante Leonora.

Johan hoche la tête.

« C'est bien ce que je dis.

– Et qu'est-ce que tu dis ?

– Que le personnel n'est plus ce qu'il était. Surtout les chauffeurs. Ils posent trop de questions.

– Je t'en donnerai du chauffeur », répond Leonora, mais elle sourit.

C'est bien qu'il soit un peu insolent, cela veut dire qu'il n'a mal nulle part.

*

Marta est jolie, Leonora le constate en un clin d'œil. Elle est un instant dubitative à propos de ses lèvres qui présentent un petit tatouage, comme le veut la mode du moment. Marta et Johan bavardent devant la voiture. Marta rit d'une plaisanterie de Johan, elle met sa main sur son épaule. Christian et elle ont réussi ! Johan s'en est sorti et est devenu un grand gars qui plaît aux filles.

Leonora se souvient de tout, elle entend encore la voix du docteur la première fois qu'il a prononcé les mots insoutenables. Leucémie aiguë. Elle se rappelle son admission à l'hôpital en pleine nuit. La panique, les ambulanciers et leur gentillesse professionnelle qui l'avait exaspérée. Christian qui gardait tout, jusqu'à l'implosion. Elle le revoit assis sur le canapé, la tête entre les mains, un vase renversé sur le sol et les morceaux de verre que personne ne se souciait de ramasser. Du sang par terre. Sa réaction à elle, sa colère, la lutte angoissante de tous les jours. Les évanouissements, l'attente dans les couloirs de l'hôpital, les bruits insupportables provenant d'appareils bizarres, les tuyaux orange, les entretiens téléphoniques anxiogènes avec les spécialistes à propos de la numération sanguine et les pronostics. Le pessimisme qui succédait à l'optimisme, la balance entre espoir et désespoir d'année en année. Et maintenant il était là, sur le trottoir, peut-être amoureux, charmé par cette fille blonde comme il ne l'avait encore jamais été auparavant.

Leonora respire à fond, elle ne va tout de même pas pleurer. Un coup d'œil au petit miroir du pare-soleil, une mèche de cheveux repoussée derrière l'oreille, elle se trouve soudain l'air fatigué. C'est à cause de cette horrible nuit, elle revoit Christian. A la sensation que quelque chose ne va pas.

Johan ouvre la portière à Marta, ils se glissent à l'arrière.

« Salut. Je suis le chauffeur privé de Johan », dit Leonora en réussissant à prendre un ton juvénile.

Marta rit, Johan les présente avec force gestes.

« Leo, Marta, Marta, Leo. »

La jeune fille répond un petit « salut » avant que Johan ne parle des examens et des révisions. Leonora capte le regard de Marta dans le rétroviseur, fugitivement, deux femmes de deux générations qui s'observent. Elle a bien un truc aux lèvres. Un maquillage permanent. Leonora l'a vu dans les journaux. Des articles sur les nombreuses femmes qui se font faire ces petites interventions pour des « améliorations » presque invisibles – pas des grosses lèvres ni des bouches en trompette comme dans les dessins animés, mais de fines corrections qui ne se voient presque pas. Leonora ne peut s'empêcher de les remarquer. À l'époque où elle fréquentait le club de jogging, il y avait une femme que Leonora ne pouvait pas lâcher des yeux. C'était une femme qui avait changé son apparence en six mois, petit à petit, pendant qu'elles s'entraînaient ensemble pour le semi-marathon. D'abord elle s'était fait tirer la peau du cou, puis ôter les rides autour des yeux, puis elle s'était blanchi les dents.

Leonora avait demandé à Christian si elle devait se faire tirer un peu la peau. Peut-être faire un peu de botox ? Il s'était bien sûr récrié, comme tous les hommes, pas question, tu es si belle, ne touche à rien. Ils savent ce qu'il faut dire. Mais Leonora sait aussi combien les hommes sont naïfs. Des faux cils, un rouge à lèvres éclatant, des ongles rouges, et ils salivent presque tous. Les faux cils ou les extensions de cils volume russe, ce n'est pas hors de prix, et on peut regarder les hommes en écarquillant des yeux admiratifs, ils adorent.

Elle en est sûre, cette Marta sur le siège arrière s'est fait faire un truc permanent aux lèvres qui met en valeur une bouche plutôt banale et lui donne du volume et du caractère.

« Tu vas aussi passer l'examen ? demande Leonora.

– Il ne me reste plus que le français à passer, dit Marta. Mais je n'aurai sûrement pas à courir après la carriole. »

Elle rit et regarde Johan, qui a l'air gêné et énervé contre sa mère.

« Que veux-tu dire par là ?

– Maman », dit Johan en soupirant.

Son ton en dit beaucoup et l'avertit surtout de s'occuper de ses affaires, de ne pas poser trop de questions.

« Ceux qui ont eu 12/12 au dernier examen doivent courir après la carriole, poursuit Marta. Si seulement j'avais la moyenne, fuck, en plus à quoi ça va me servir ? Vous avez fait du français ?

– Oui », dit Leonora en se rappelant ses cours de français et sa professeure qui avait vécu à Paris et en Corse, l'exemple vivant d'une vie possible hors de Mors.

C'était peut-être pour cette raison que Leonora travaillait si bien avec elle ? Pour fuir Mors ?

« Est-ce que ça vous a été utile ? »

La voix qui provient de l'arrière ramène Leonora dans la voiture, bien loin de l'île du Limfjord.

« Oui, quelquefois.

– Sérieusement ? Dans quel secteur travaillez-vous ? »

Dans quel secteur travaille Leonora ? À bâtir une vie pour Johan, c'est tout ce qu'elle peut répondre ; elle choisit une solution de facilité :

« En ce moment ? Je suis ce que l'on appelle une femme au foyer. »

La réponse fuse :

« Ma mère aussi. Je ne ferai jamais ça, rester à la maison.

– Alors espérons que tu n'auras pas un enfant gravement malade », répond Leonora, qui le regrette immédiatement.

Le mot « malade » remplit l'habitacle de la petite voiture. Longtemps elle l'a évité. Aux fêtes et aux réunions de famille, même avec ses voisines, elle faisait tout pour éluder le sujet. Quand elle en parlait avec Christian, ils arrivaient presque à utiliser un langage codé où les mots « malade » et « cancer » étaient remplacés par d'autres dans un système ingénieux incompréhensible pour les autres. Mais elle l'a dit sans réfléchir, une conséquence de la dispute de la nuit avec Christian, la preuve qu'elle est secouée. Qui lui envoie des messages en pleine nuit ? Plusieurs messages. Quatre ou cinq ?

La voix de Johan interrompt ses pensées. Elle est lointaine, même s'il est tout près derrière.

« Ma mère a fait des études pour être violoniste. Elle a arrêté de travailler parce que j'étais malade.

– Vous êtes violoniste ? » demande Marta. Le mot sonne bizarrement dans sa bouche, comme un corps étranger déplaisant et non comme un son lié à l'allégresse, à la Vitula romaine, cette déesse de l'extase et de la joie qui a donné son nom au plus magnifique instrument à cordes du monde. « Il faut connaître le français pour jouer du violon ?

– Oui, ma petite demoiselle. En tout cas si tu veux aller au conservatoire de musique. »

Leonora lui sourit dans le rétroviseur. Envisage de parler à cette petite Marta à la lèvre retouchée du la dièse et du do bémol, des partitions originales en français, des opéras italiens et de *L'Or du Rhin* de Wagner, de toutes les langues et expressions à comprendre, des deux mille ans d'aspiration humaine à l'art et à la beauté qui se retrouvent dans ce son cristallin, l'essence de tout ce qui est bon. Comme une soirée à l'opéra ou dans une salle de concert, comme sa vie même avant l'événement.

Tant pis pour Marta, pense-t-elle. Leonora sait ce qu'elle vaut, ce qu'elle a accompli, sacrifié. Et pour quoi ? Pour celui qui est assis derrière et qui rit de ce que lui dit Marta. Et Christian le sait aussi. Et c'est suffisant.

6

Rompre ou ne pas rompre. Cela aurait dû être le dilemme d'Hamlet, être ou ne pas être, la réponse était vraiment trop facile, pense Christian en se garant sur le chantier.

Si seulement il avait su ce que son premier SMS entraînerait. *Merci pour cette réunion réussie, vous avez été fantastique. Dormez bien.* C'est tout le contraire qui s'est produit. Ils sont tombés amoureux et ont très mal dormi depuis. Il se remémore cette soirée où il lui a écrit ce SMS, après une réunion décisive avec la commune. Christian et son frère Peter – les deux entrepreneurs, ceux qui prétendaient réaliser les rêves à propos de ce bâtiment –, et elle, Zenia, l'architecte. C'était Zenia et Christian qui avaient pris la parole devant le maire, les services techniques et la commission de l'environnement ; ils avaient exposé leur vision. Construire le premier établissement du monde en matériaux biodégradables. Intégrer la nature dans ce nouvel institut de formation des professeurs. Cette nature qui fait la richesse de la région. Ouvrir la porte sur un nouveau monde qui était, qu'on le veuille ou non, le monde de demain.

« Bonjour ! » Christian sourit en levant la main pour saluer les ouvriers qui travaillent au deuxième étage de la charpente du bâtiment, là où il y aura un terrain de basket ou une salle de gymnastique pour les étudiants. Peter a fait installer un immense panneau, visible de la rue, du plan fait par Zenia qui représente l'institut terminé. Christian, lui, n'y aurait jamais pensé. À faire ainsi la publicité de leur entreprise. Le marketing, les budgets, les disputes avec le promoteur, avec les ouvriers et les fournisseurs – c'est le domaine de Peter. Christian se dit que lui, il a la partie la plus amusante, le travail avec les architectes, les calculs, tout ce qui est créatif, comme transformer une ligne improbable sur une feuille de papier en poutre porteuse du plafond de la salle polyvalente de l'institut – ou plutôt du campus, comme il va s'appeler plus élégamment, nom auquel Christian a du mal à s'habituer.

Christian regarde le grand panneau, réalisation de Zenia, il le fait tous les matins avant de se mettre au travail. Cela lui donne de l'énergie de voir les bois clairs de la façade qui vont bientôt s'intégrer dans la lisière de la forêt, devenir partie prenante de la nature, de voir les fenêtres, les skydomes. Beaucoup d'automobilistes ralentissent en longeant le bâtiment, Christian adore les voir regarder le panneau : Waouh… on construit ça ici ? Oui. On construit l'avenir. Vos enfants viendront ici pour apprendre à enseigner. Et leur enseignement se répandra partout et portera l'idée qu'un pacte nouveau avec tout ce qui vit est nécessaire, qu'il faut donner plus que l'on ne prend. C'est ça ou mourir lentement, douloureusement, de surpopulation, de manque de ressources, de surexploitation.

Même si le soleil est levé depuis 5 heures du matin, il reste encore des gouttes de rosée sur les brins d'herbe qui se faufilent entre les plaques d'acier supportant les fondations provisoires. Quelques ouvriers saluent Christian. Un mélange de polonais et de mauvais anglais avec quelques touches de danois, une nouvelle langue, se dit Christian. Une langue en provenance des petites îles internationales caractéristiques des chantiers du monde entier. Des lieux où les gens vivent en paix ensemble, des Roumains, des Danois, des Anglais, un peuple uni par le travail commun. S'il devait un jour écrire une chronique, ce qu'il ne fera pas, mais s'il voulait apporter sa participation au débat comme tout le monde, alors il écrirait sur ce sujet : nous pouvons vivre ensemble, il faut juste être d'accord pour bâtir quelque chose de beau.

La baraque de chantier qui leur sert de bureau se trouve juste sous un grand hêtre, l'un de ceux protégés par la commune. C'est quand même à Vejle que le hêtre fleurit en premier, à Vejle que le printemps naît. Pendant leurs réunions, ils entendent les branches basses qui caressent le toit de leurs feuilles.

Peter est au téléphone, sur son bureau un sac en plastique contient les restes d'un repas acheté au snack local, il a sûrement travaillé tard hier soir. Il a repoussé sa chaise pour mettre les pieds sur la table. Ses sandales en cuir gisent sur le sol en vrac, il devrait faire attention à son régime ; à la longue, le bœuf et les frites à la sauce béarnaise de la rue principale sont tout sauf raisonnables.

« OK, mais expliquez-moi ce que vous entendez par PVC, dit-il en couvrant de la main le téléphone et en expliquant à Christian : ils nous ont livré des tuyaux avec des anneaux en PVC. »

Christian sourit et soupire. Le PVC dégage du gaz chloré en brûlant, et au contact de l'air il se forme de l'acide chlorhydrique. Nous avons créé un monde où il est presque impossible de se faire livrer des matériaux durables. Cela renforce sa conviction que l'homme a tout construit de travers depuis l'industrialisation.

« Je refuse de payer ne serait-ce que les frais d'envoi pour le retour, dit Peter au téléphone.

– Zenia est là ?

– Elle n'est pas dehors ? »

Christian regarde par la fenêtre. Le bruit du marteau-piqueur envahit la place, il ne la voit pas.

« Christian ? » Il se retourne. Peter, couvrant à nouveau le téléphone : « Les impôts ont demandé les comptes de 2013. »

Quelque chose dans la voix de son frère l'alerte. Le ton est trop dégagé.

« Pas ceux de 2014 ?

– Non, seulement ceux de 2013. »

L'année 2013 a été la pire de la vie de Johan. Ils l'avaient cru guéri, mais c'était faux. Il y a eu une rechute, la pire de toutes. Christian, désespéré, avait décidé d'accompagner Johan dans la mort s'il ne s'en sortait pas. S'ils avaient eu d'autres enfants, il serait resté. Mais ce n'était pas le cas. Si Johan mourait, Christian aussi. Il l'avait dit à Leonora, elle n'avait pas répondu, elle ne voulait pas céder à la douleur de Christian, pas maintenant, elle n'abandonnerait jamais. Elle refusait.

« Christian ? » Peter couvre toujours le téléphone. Sa chemise est un peu chiffonnée. Il se moque de ce genre de détails, contrairement à Christian. « Il n'y a pas de raison de s'inquiéter. On est d'accord ?

– Mais tu crois qu'ils voudront aller plus loin ? demande Christian.

– Impossible à dire.

– Mais s'ils demandent ceux de 2014 ?

– Et alors, c'est cool, dit Peter. Du moins je l'espère.

– Tu l'espères ? »

Peter reprend le téléphone.

« Je vous recontacte », dit-il en coupant la conversation. Il se met debout, pieds nus, passe la main dans sa chevelure autrefois rousse et maintenant presque brune, mais toujours aussi abondante. « Rappelle-toi à quoi a servi l'argent, il n'y a rien d'autre qui compte. Johan est en vie, non ?

– Oui », dit Christian en baissant les yeux.

Peter a posé la main sur l'épaule de Christian. Son petit frère excelle dans la négociation, un art qu'il a toujours maîtrisé. Franchir les limites intimes des gens, même seulement de quelques millimètres, mais assez pour peser sur leur subconscient. Jusqu'à ce que l'autre dise « Oui » pour être tranquille.

« Nous l'avons fait pour Johan, non ?
– Oui », dit Christian.
Il comprend que Peter veut dire qu'il aurait tout fait pour Johan. Parfois Christian a même été un peu jaloux du lien particulier qui unit Johan et Peter. Une amitié profonde, un respect mutuel très ancré.
« En plus… c'est un contrôle de routine. Tu sais toi-même comment ça fonctionne. C'est le logiciel qui choisit. Aujourd'hui ça tombe sur nous, demain ce sera le tour d'un réparateur de vélos de Jelling.
– Alors pourquoi tu me le dis ?
– Parce que nous avons conclu un accord : s'il y a quelque chose d'important, on se le dit.
– Mais tu viens de me dire que ce n'était pas important.
– Il y a quelque chose qui ne va pas ?
– Qu'est-ce que tu veux dire ?
– Tu as mal dormi ? »
Christian respire un bon coup. Il avait espéré que cela se voyait moins. Tout ce qui l'agitait.
« Comment ça va à la maison ?
– On est très occupés en ce moment, dit Christian en s'apprêtant à sortir.
– Alors on oublie, dit Peter en lui tapant sur l'épaule. On se voit ce soir.
– Oui.
– C'est important. C'est toi qui parles ? Tu es l'aîné », dit Peter en riant.
Christian connaît ce rire, il veut dire beaucoup de choses. Que si Christian est l'aîné, c'est lui, Peter, qui s'occupe du plus difficile, il est le brutal et Christian le sentimental.

*

En sortant de la baraque, il la voit. Zenia Nor. Elle est tout en haut du bâtiment, là où il y aura un jour le potager, dans le prolongement de la cantine. On pourra y cultiver des légumes, tout se fait en collaboration avec la direction de l'institut. Ils avaient d'abord souhaité une serre classique mais Zenia et Christian les ont convaincus d'élargir le champ de la serre, et d'ouvrir la cuisine destinée à l'enseignement ménager sur cette serre. La direction s'était inquiétée de la chaleur, craignant qu'elle ne soit trop accablante en été. Christian avait passé toute une journée à conduire la commission au sud de Sjælland pour visiter des serres modernes avec contrôle de température et verrouillage automatique, à expliquer comment la chaleur économisée constituait une source d'énergie susceptible de produire à nouveau de l'air frais dans le système d'air conditionné.

Pour l'instant, tout ce qu'il voit, ce sont des fondations et une jolie fille qui porte un casque orange, entourée d'un groupe d'ouvriers en combinaisons couvertes de taches. Elle le voit, le salue et sourit. Deux minutes, lui demande-t-elle en faisant un signe. Les ennuis affluent dans sa tête pendant qu'il attend. Leonora cette nuit. Les impôts qui réclament les comptes de 2013. Christian avait espéré ne plus jamais penser à cette année-là. Ne plus penser aux médecins, à la façon dont ils avaient abandonné Johan. Ils ne le disaient pas, ils hésitaient, reculaient, répondaient évasivement. L'un d'eux avait même suggéré que Leonora pouvait toujours avoir d'autres enfants.

Christian cherche Zenia des yeux, il ne la voit plus. Bavarder avec l'un des ouvriers, quelques mots pour chasser l'année 2013 de ses pensées ? Comment il s'était alors effondré, était devenu apathique, tétanisé, attendant presque la mort de Johan. Et Leonora au contraire qui refusait d'abandonner. Elle le détestait à cette époque, pensait qu'il n'était pas à la hauteur, c'est sûr. C'est son énergie à elle qui a sauvé Johan. C'est elle qui a téléphoné partout à l'étranger et qui a pris contact avec des médecins en Angleterre et aux États-Unis. Elle a déniché le meilleur endroit dans le monde où soigner la leucémie de leur fils. Elle n'a pas seulement trouvé l'hôpital de Seattle, elle a convaincu l'un des meilleurs médecins du lieu de repousser ses vacances pour opérer Johan. Christian l'a accompagné pour deux voyages, Leonora, elle, a fait cinq allers-retours avec leur fils. Elle allait avec lui dans les minuscules toilettes de l'avion pour lui tenir la tête pendant qu'il vomissait. Christian a donné sa moelle épinière, Leonora sa vie, elle a tout abandonné pour essayer de sauver Johan.

Le traitement était hors de prix, le prix de la maison ne le couvrait pas à l'époque et il le fallait tout de suite. Christian avait fait appel à Peter. L'entreprise allait alors passer en bourse. Une manipulation d'actions, des prix gonflés, une opération classique, pas de quoi s'excuser, c'était Johan l'excuse. C'était tout de même illégal, un délit passible d'une peine de prison s'il était découvert. Pour Christian, aller en prison un an ou deux, cela n'avait aucune importance. De toute façon, si Johan ne s'en était pas sorti, leur vie se serait arrêtée.

Zenia, enfin. Tout en douceur. Elle enlève son casque, elle a relevé ses cheveux, ces cheveux très blonds que Christian a peur de ramener à la maison. Ils sont seuls. Il l'entraîne pourtant à l'abri d'un toit inachevé. Ils y seront tranquilles, rien qu'eux, un mélangeur à ciment et le moteur défectueux d'une pompe à eau.

« Viens », dit-il en se serrant contre elle.

Zenia sent le café-crème, et peut-être un soupçon de parfum bien qu'elle en porte très peu. Il l'embrasse, respire l'air qu'elle exhale, son souffle.

« Je crois que quelqu'un arrive », murmure-t-elle.

Ils tendent l'oreille. Une scie circulaire vrombit quelque part sur le chantier. Une voiture qui démarre, des fragments de polonais, puis plus rien.

« Je n'ai pas dormi de la nuit, dit-elle.

– Je m'en suis rendu compte !

– Je t'ai réveillé ? Pourtant tu mets ton téléphone en mode silencieux pendant la nuit.

– J'avais oublié. Tu as réveillé toute la maison. »

Zenia baisse les yeux.

« Désolée ! J'aurais dû faire plus attention. » Elle hoche la tête. « Oui, j'aurais dû faire plus attention. Depuis le début.

– Hé !

– Ça ne marche pas, Christian. Ça ne va pas. Tu es marié. Tu as toute une maison qu'on peut réveiller.

– Tu sais ce que c'est. Tu as déjà divorcé.

– Nous n'avions pas d'enfants, et j'ai divorcé parce que nous ne nous aimions plus.

– C'est pareil pour moi », dit Christian.

Il lui redit les mots si souvent répétés, des mots sincères. Que quelque chose s'était cassé depuis longtemps entre Leonora et lui. Mais qu'il fallait du temps. Il fallait tenir compte de la maladie de Johan. Qu'il était l'homme d'une seule femme. Du moins qu'il s'était toujours vu comme tel. Et qu'il avait déjà pensé à ce mot, *divorce*, avant d'avoir rencontré Zenia.

Il se souvient très bien de la première fois où il y a pensé, c'était l'hiver dernier. Il était dans le jardin, la tronçonneuse à la main, l'un des arbres qui donnaient sur le fjord était tombé, la moitié du tronc s'était effondrée sur la haie en direction de l'eau, comme s'il avait soif. Christian voulait le laisser là, il trouvait le spectacle beau : la nature qui se penche vers la nature, un hêtre qui allonge sa trompe. Leonora voulait l'abattre parce qu'il gênait le passage. Le petit sentier qui court le long des villas très chères. Christian s'était incliné. Mais, alors qu'il avait déjà à moitié découpé l'arbre abattu, un événement s'était produit. Au milieu des copeaux et de la sève du tronc – le corps et le sang de l'arbre –, il s'était dit qu'ils avaient perdu quelque chose. Depuis longtemps déjà, et ils n'avaient pas eu le temps d'y réfléchir.

C'est ainsi de l'amour. Certains découvrent d'un seul coup qu'il a fui, comme Kim, un médecin qui habitait la maison voisine, il l'avait découvert un vendredi et deux semaines plus tard il était déjà quasiment divorcé. Certains ne le découvrent jamais. Christian l'avait compris au dernier moment. Cela l'avait frappé. Juste la seconde avant de devenir vieux.

Puis le temps avait passé, il n'en avait pas parlé avec Leonora, cela n'aurait fait que la blesser, et il ne savait pas quoi faire. En bas, près du fjord, on avait construit un genre de spa, avec un sauna et un ponton pour plonger. Peter les avait inscrits, c'était tout près du bureau ; il pensait que c'était une bonne idée d'y aller le lundi soir après une longue journée de travail ou le jeudi matin, juste une petite séance de sauna et un bain. Christian avait approuvé immédiatement, comme souvent pour les idées de Peter. Un soir d'hiver était arrivée dans le sauna une jeune fille, dans les vingt-cinq ans, nue, comme c'était la règle. Trois jeunes hommes étaient assis au milieu. Christian en garde un souvenir précis. De leurs regards quand elle était passée devant eux pour aller s'asseoir près de Christian. Il avait compris tout de suite qu'elle cherchait à être tranquille par rapport aux jeunes en s'asseyant près d'un homme assez vieux pour être son père, qu'elle le trouvait inoffensif et capable de la protéger contre la virilité envahissante des jeunes hommes. Elle avait bavardé avec lui. La conversation typique des saunas, *l'eau est froide, elle va bientôt geler.* Christian avait répondu aimablement. Mais au moment où il sortait pour aller plonger avant de rentrer pour le dîner, quelque chose s'était produit. Elle s'était étirée en pointant les seins, avait cherché son regard, cligné des yeux, souri, et l'avait suivi du regard quand il était parti.

Il n'avait rien fait, au contraire, il s'était presque sauvé et avait plongé dans l'eau froide du fjord. Mais le soir, dans son lit, quelque chose avait changé. Qui avait débuté le jour de l'arbre abattu. Non, depuis plus longtemps même. Depuis que Leonora avait perdu tout respect pour Christian, quand elle lui avait fait comprendre qu'il n'était pas à la hauteur, l'année terrible pour Johan. Il l'avait vue, elle aussi, dans des états où on ne devrait pas voir l'autre.

En rage, dévastée, elle avait encore la force de hurler contre les médecins. Contre Christian. Son énergie les avait sauvés, le petit malade avait survécu mais quelque chose était mort. Quelque chose qui lui était apparu quand il avait porté le coup fatal à l'arbre. Et dont il s'était souvenu ce jour-là au sauna.

Tout était venu naturellement quand Peter et lui avaient dû embaucher un nouvel architecte pour l'institut. Les deux frères étaient d'accord, c'était un projet neuf, un projet dingue, un projet visionnaire, il fallait donc un nouvel architecte. Peter avait lu un article sur Gaia Architectes, une société récente implantée à Aarhus. Tournée vers la durabilité, vers l'association nature-bâtiment.

« Tu as lu mes messages ? »

Zenia l'arrache au souvenir de Gaia. Plus de vingt ans de mariage pour en venir à une maîtresse secrète avec laquelle il se cache à présent sous un appentis de chantier.

« Je n'ai pas eu le temps », répond-il.

Il se souvient de la force avec laquelle il a fracassé son téléphone pour empêcher Leonora de lire les messages.

« Essaie de les lire quand tu auras le temps. Il faut que je m'en aille, dit-elle en reculant.

– Tu ne peux pas tout simplement me le dire ? Qu'est-ce que tu as écrit ? »

7

Holger voit, à l'expression de sa fille, qu'il a enfin capté son attention. Son regard est concentré. Pour la première fois depuis qu'ils sont dans le bar, elle ne regarde plus par la fenêtre toutes les trente secondes pour percevoir un rayon de soleil dans le ciel.

« Continue, papa. Qu'est-ce qu'elle a écrit ? »

Holger sent la curiosité dans la voix de Josefine.

« Tu devines ?

– Non. Et comment vous le savez, vous ? » demande-t-elle avec indignation, de son ton de socialiste, comme Holger l'appelle.

En guerre contre l'autorité, le système, les règles. Les années de lycée de Josefine ont été un vrai cauchemar, ils se sont beaucoup disputés. Karen a dû les séparer, parfois même physiquement. Mais Holger n'en démordait pas, pour lui les mots « libre » et « hash » n'avaient pas leur place chez un policier, impossible pour la fille d'un boucher d'être végétarienne.

« Il s'agissait d'un meurtre. Dans ce cas on utilise toutes les ressources possibles, répond Holger.

– Mais ils avaient dû effacer leurs messages.

– On recommence notre vieille discussion ? La police a-t-elle le droit de fouiller dans les messages que s'échangent des meurtriers ?

– Tu connais ma position sur l'hypersurveillance de l'État, papa.

– Il ne s'agit pas d'hypersurveillance. Il s'agit d'une perquisition numérique chez un suspect dans une affaire de meurtre. Tu veux que l'on trouve les meurtriers, oui ou non ?

– Tu n'y as pas réussi en tout cas, dit Josefine, puis elle s'interrompt. Excuse-moi, papa. Ce n'est pas ce que je voulais dire. » Elle lui prend la main : « Excuse-moi. » Holger hausse les épaules. « Qu'est-ce qu'elle lui a écrit ? »

Holger n'a plus très envie de continuer. Toute discussion avec elle finit toujours par la brutalité de ces salauds de flics, le système de merde et la nullité universelle. La seule alternative serait de passer un week-end dans un tipi sans eau courante et de se contenter de la nourriture fournie par la forêt et les ruisseaux.

« Je t'ai présenté mes excuses, non ? » proteste-t-elle. Comme elle ressemble à sa mère. « Allez, dis-le-moi.

– Tu vas te mettre en colère », dit Holger.

La prévenir avait toujours été la bonne solution. Ils le faisaient déjà quand elle était petite, quand ils allaient manger des plats qu'elle n'aimait pas. Du foie frit par exemple. Il ne fallait surtout pas annoncer : « On mange du foie frit » quand elle demandait ce qu'il y aurait pour le dîner – ce qu'elle faisait tous les jours en rentrant de l'école. Au lieu de cela, Karen disait : « Ce soir, on mange quelque chose que tu n'aimes pas tellement, mais c'est bon pour la santé et ça a bon goût. » Ils évitaient ainsi ses colères et tout se passait mieux. Holger regarde sa fille, elle est grande maintenant, mais son caractère n'a pas changé d'un iota.

« Je ne me mettrai pas en colère, papa. Je te le promets. Continue.

– Eh bien, on a tout lu, ma chère Josefine. Leurs SMS, leur liaison, du début à la fin. »

Holger se rappelle ce qu'il avait mis en œuvre pour retrouver Karen après la fête où ils s'étaient rencontrés. Il connaissait le nom de sa résidence étudiante. Il se souvient de sa première lettre. Il avait fait trois brouillons. Elle n'était pas très longue, à peine une page, mais il estimait qu'elle devait contenir des mots importants. Il parlait un peu du temps, il disait combien la soirée avait été magique. Un beau soir d'été après un déluge de pluie, Frederiksberg était rose pâle, la robe de Karen jaune et son humeur noire.

« Où es-tu, papa ? demande Josefine.

– Dans du rose, du jaune et du noir.

– Le soir où maman et toi vous êtes rencontrés ?

– Je me rappelais ma première lettre. À cette époque on s'écrivait des lettres.

– On le fait toujours. Ça s'appelle des e-mails.

– Ah bon ? Christian et Zenia ne s'écrivaient que des SMS.

– Qu'est-ce qu'ils se disaient ? »

Holger hausse les épaules.

« Le premier SMS était ambigu : "Merci pour cette réunion réussie. Vous avez été fantastique. Dormez bien. C."

– Rien de bien méchant, dit Josefine en fronçant les sourcils avec une expression dubitative.

– Je t'ai dit qu'il était ambigu. Tout le monde fait ça. Sonder prudemment le terrain. Nous émettons aussi beaucoup de petits signaux. L'heure à laquelle le message est envoyé. Est-ce que c'est tard le soir ? Alors ça devient plus intime. Et que dire du "Dormez bien" ? »

Josefine l'interrompt :

« Pour la réponse on peut aussi envoyer beaucoup de signaux secrets. On peut juste répondre le lendemain à 13 heures. Merci à vous aussi. Et le flirt est mort.

– Elle ne l'a pas fait. Elle a répondu immédiatement. "C'est vous qui avez été fantastique, Christian. L'homme le plus courageux que j'aie jamais rencontré." »

Josefine sourit. Holger voit à quel point l'histoire la captive.

« Dis-m'en plus, reprend-elle en riant.

– Ils ont aussi parlé ensemble pour de vrai après ce premier SMS. Mais on ne sait pas ce qu'ils se sont dit. En tout cas, une semaine plus tard, ils sont convenus d'un rendez-vous par SMS. Ils ont couché ensemble pour la première fois en décembre. Est-ce que tu connais le lotissement de maisons de jardins ouvriers entre la forêt de Nørreskov et le fjord ?

– Je ne connais presque pas Vejle.

– Quel dommage ! C'est une belle ville, l'une des plus belles du Danemark », dit Holger en se souvenant de sa première visite au lotissement chez Zenia.

Il se souvient de son goût pour la décoration, qui lui rappelait celui de Karen. Elle avait le sens des détails, savait qu'une ambiance réussie résulte de la combinaison de divers éléments qui, mis ensemble, créent un effet saisissant. Une sorte de grand tableau, comme ceux que Karen et lui avaient vus à Paris pendant leur voyage de noces. Comme au Louvre ce tableau du Caravage représentant la Vierge Marie morte. Il les avait captivés tous les deux, mais pour des raisons différentes. Karen adorait les effets, la virtuosité, le drapé des vêtements de la Vierge. Lui avait apprécié ce que le guide avait raconté à propos du modèle choisi par Caravage pour représenter la mère de Jésus. Une prostituée morte pêchée dans le Tibre. Caravage l'avait trouvée à la morgue de Rome. Une putain assassinée, une provocation évidente de la part du peintre à l'encontre de l'Église catholique. Un meurtre non résolu. Ils avaient pris un café rue de Rivoli et avaient discuté du tableau. Holger adorait regarder Karen quand elle parlait. Il était amoureux de son énergie, de ses yeux.

En revanche, il en avait assez du meurtre, de la haine envers les femmes, de la mort. C'est ce qu'il avait pensé dans le lotissement de Zenia. À l'endroit même où Christian et Zenia s'étaient aimés pour la première fois, en décembre. Ils avaient fait du feu dans la cheminée, c'était la seule solution pour bien chauffer la chaumière – très romantique.

L'amour, c'est mieux sans confort, sans le chauffage par le sol, sans cuisines high-tech et sans abris de voitures à deux places. L'amour est comme un organisme vivant, avait-il pensé, comme des cellules de levure ou comme une bête – tout ce qui vit sur terre demande des conditions spéciales qui doivent être remplies pour qu'il germe et s'épanouisse. Tout comme la méduse ne peut pas vivre en eau trop froide ni le saumon en eau trop chaude, l'amour prospère mieux quand il n'y a pas trop de confort. Rien que deux individus, un bon feu et un tapis sur le sol.

C'est là, couchée par terre devant la cheminée, que Zenia avait convié Christian dans son univers. Un univers sexuel où ils avaient joué avec la souffrance, joué à transgresser l'interdit. Chose très nouvelle pour Christian. Holger n'avait pas envie de parler de cet aspect à sa fille ; même parmi ses collègues du poste de police, certains détails de la relation sexuelle de Christian et de Zenia n'étaient évoqués qu'en termes vagues. De la domination. Ce genre de mots. Mais dans les SMS ils écrivaient ce dont ils avaient envie. Zenia aimait la brutalité, les miroirs, le regard de l'autre. *Je veux te voir et me voir dans le miroir quand tu me prends, je veux avoir ton goût dans ma bouche.* Il y avait des centaines de SMS de cet ordre.

Ils s'écrivaient aussi d'autres choses. À propos de leurs sentiments, de la façon dont tous deux avaient expérimenté la solitude. Et du bonheur, de la fin de la solitude quand on rencontre à nouveau l'amour. À quatre mains, ils créaient à partir de leurs SMS leur propre petit roman. Un roman qui racontait l'histoire de deux personnes qui se rencontrent au mitan de leur vie. Dans les nombreux premiers SMS, Holger sentait comment Christian avait du mal avec les mots. Zenia se débrouillait mieux, plus jeune, plus spontanée. Mais il avait fait des progrès. Elle le lui avait enseigné. À exprimer ses sentiments. À accepter d'être bouleversé. Accepter de se sentir coupable à propos de sa famille.

Holger avait été ému en lisant les SMS, il se retrouvait un peu en Christian. Sur la façon de rentrer dans sa coquille. Sur les sentiments complexes. On croit que l'on ne peut être aimé qu'à condition de montrer une seule version de soi-même. Que l'on doit être heureux ou fort ou beau ou lisse. Mais Zenia encourageait Christian à être tout cela à la fois, à ne rien cacher, à ne pas avoir peur. Pour Zenia, sexe et sentiments se mêlaient sans cesse dans la vie quotidienne. Oser s'exprimer par le sexe, oser être tout à la fois, parfois dominante, parfois soumise, était sa conception d'une relation épanouie. Oser vivre à fond sa sexualité dans toutes ses nuances, c'était comme comprendre ses rêves, écrivait-elle. On devenait ainsi un être humain accompli. C'est ce qu'elle avait expliqué.

Christian avait mis du temps à apprendre, c'était le langage de la jeunesse, Holger pouvait en juger d'après ses réponses. Il progressait lentement. Il avait du mal à mettre des mots sur ses désirs.

Karen et Holger ne s'étaient jamais comportés ainsi. Cela ne se faisait pas à cette époque et, même dans le cas contraire, ils ne se seraient pas dit ces choses-là. Et s'il n'avait pas lu ce que Zenia écrivait à Christian, Holger ne l'aurait jamais compris. Il croyait que de nos jours on se baladait dans un supermarché du sexe en désignant des rayons. *Je veux être prise brutalement, je veux te regarder quand tu te masturbes, je veux ci, je veux ça.* Mais la lecture des SMS de Zenia lui avait fait entrevoir d'autres perspectives. Un peu plus nuancées. Holger avait pu constater comment Christian, petit à petit, s'ouvrait, comment elle l'aidait à se trouver lui-même. Que cette confiance infinie qui imprégnait leur vie sexuelle s'étendait à tout le reste. À ce qu'ils pensaient, ce qu'ils s'écrivaient.

Josefine interrompt ses pensées :

« Tu es complètement ailleurs, papa ?

– Non, bien sûr que non.

– Qu'est-ce qu'elle lui a écrit cette nuit-là ? Dans les messages qui ont éveillé les soupçons de Leonora. Cette amoureuse.

– Zenia. Elle a quelque chose de toi. La conscience de la globalité, l'écologie. Ce genre de sujets.

– Tous les jeunes pensent comme ça aujourd'hui, papa, il n'y a plus que toi pour aimer la nourriture valable dix ans, importée d'une usine chimique de Pologne. »

Holger rit. Josefine a toujours réussi à le faire rire. À le mettre en colère et à le faire rire. Ça va peut-être ensemble. Isabella est plus renfermée, plus réservée.

Josefine répète sa question, elle aurait été bonne pour mener un interrogatoire :

« Qu'est-ce qu'elle a écrit, cette Zenia ?

– Que demande une maîtresse à un homme marié ? dit Holger à voix basse.

– Elle lui a demandé de choisir ?

– Bien entendu. Elle voulait que Christian prenne une décision. Laquelle veux-tu ? Ta femme ou moi ? »

8

Christian n'aurait pas dû être surpris qu'elle n'en puisse plus, comme elle venait de lui dire. Il pouvait le deviner à son expression, là, sous cet abri de chantier, alors qu'elle le regardait avec un mélange d'amour et de souffrance. Il voyait bien qu'elle n'en pouvait plus, qu'elle aspirait à ce qu'il tranche. Leonora ou Zenia. Le passé ou l'avenir. Laquelle choisis-tu ?

Cette question avait été dans l'air depuis le début de leur liaison. Ou peut-être même avant ? La première fois qu'il avait vu Zenia, c'était sur un écran d'ordinateur. Peter avait envoyé un lien vers leur site, Gaia Architectes. Christian avait cherché à comprendre la signification de leur nom, Gaia : l'idée selon laquelle le globe terrestre est un organisme. Mais il avait surtout été fasciné par la femme au milieu de ses deux partenaires masculins. Complètement différente de Leonora, deux types opposés. Définir Zenia comme naturelle par rapport à Leonora n'aurait pas été juste, Leonora est naturelle elle aussi. Mais Zenia ne se soucie guère de son apparence, au contraire de Leonora qui se soigne davantage, ne sort jamais sans se maquiller un peu les yeux, sans lisser ses cheveux. Pour les cheveux, c'est mission impossible, la chevelure blonde de Zenia est rebelle, impossible à dompter. Et ses yeux sont si vifs, elle regarde Christian comme personne ne l'a fait avant elle, avec tellement d'intérêt et d'amour. Pas en cet instant.

En ce moment précis, elle est bouleversée et ne parvient pas à le cacher.

Christian cherche ses mots, il ne lui reste qu'à dire la vérité, ce que Zenia lui a toujours réclamé.

«Johan vient juste d'être déclaré guéri à cent pour cent, dit-il. Il a encore besoin de béquilles quand…

– Ça, je le comprends. Tu dois être là pour lui. On a mal agi. On n'aurait pas dû se rencontrer alors que tu n'étais pas libre.

– C'est ce qui se passe pour la moitié de la population», dit Christian.

Leonora et lui en voyaient d'autres à l'époque où ils s'étaient rencontrés.

«Pas pour moi», dit Zenia en reculant d'un pas et en respirant profondément. Elle l'observe un instant. «Bien sûr, Christian. Tu dois rester pour ton fils. Pour lui et pour ta femme. J'insiste.

– Zenia, je t'aime», dit Christian en l'étreignant un peu trop brutalement. Il avait du mal au début, elle lui avait appris. Qu'il est possible de «jouer à». Si tous les deux sont consentants. Il la serre contre lui. «Tu le sais, je t'aime. Mais c'est difficile pour le moment.»

Elle l'approuve. Le regarde pensivement. Puis elle le fixe sans le voir, concentrée sur elle-même. Elle se dégage, remet son casque, le jeu est terminé.

«Écoute-moi bien, Christian.

– Calme-toi, Zenia.»

Elle l'ignore:

«Quelle que soit l'issue, quels que soient les événements, nous travaillons ici sur un projet magnifique, dit-elle en montrant le bâtiment à moitié terminé. Un projet novateur. Ensemble. Laissons-nous la possibilité de ne pas tout gâcher pour des raisons personnelles. D'accord?»

Elle ne lui laisse pas le temps de répondre et s'en va d'un pas ferme. Ce n'est pas la première fois. Elle a déjà rompu, si l'on peut parler de rompre avec un amant. Il la comprend, elle souhaite avoir un avenir, cela ne peut pas continuer.

Christian tarde. Il lui laisse une petite avance, puis il la suit, la voit disparaître dans le bâtiment, entend ses pas dans l'escalier, le bruit léger de ses chaussures sur les marches grossières. Elle jette un regard derrière elle. Quand elle le voit, elle accélère et monte les marches deux par deux. Sa façon de bouger rappelle à Christian combien elle est jeune et combien il a réussi à gommer leur différence d'âge, peut-être parce qu'il se persuade que sa jeunesse est contrebalancée par son expérience à lui.

Elle s'arrête au pied de l'escalier qui mène à la terrasse. En bas, sur la place, les Polonais se sont groupés pour la première pause de la journée. Ils sortent leurs cigarettes en échangeant des blagues faciles d'ouvriers, cela s'entend dans leurs rires forcés. Zenia se retourne. Ils échangent un sourire qui veut tout dire. Que la suite n'est qu'un jeu entre deux adultes qui y prennent plaisir. Il l'attrape comme elle aime qu'il le fasse, en silence, il la tient fermement par la tête et le cou. Il fixe ses yeux et les muscles de son cou qui se tendent.

« Christian », dit-elle enfin.

Seulement son nom, comme si elle voulait s'assurer que c'est bien lui. Il l'embrasse. Avec une telle brutalité qu'elle ne peut se dégager. Il n'aurait jamais fait cela avec Leonora, leurs relations amoureuses ont toujours été plus douces. Il n'aurait jamais pu baisser de force son pantalon, à mi-cuisse, enfoncer un doigt dans le vagin, comme il est en train de le faire avec Zenia. Christian l'oblige à se mettre à genoux tout en ouvrant son pantalon. Il n'y a plus rien de tendre dans leurs gestes, que le désir et la violence. Il a découvert tout cela avec Zenia, elle le lui a révélé. Il ne s'agit ni de domination ni de méchanceté, il s'agit de désir de vie. Pendant tant d'années il s'est agi de maladie. Christian voit Leonora devant lui pendant que Zenia le prend dans sa bouche. Il est assailli d'images, il pense à tous les possibles chaque fois qu'il fait l'amour avec Zenia. Les premiers mois, il n'arrivait pas à jouir. Elle y arrivait, mais il était inhibé par sa conscience, il avait du mal à se laisser aller. Elle le lui avait appris. À se laisser aller, à se faire confiance, à oser être soi. Christian ignore où Zenia a appris tout cela ; il n'a jamais rencontré d'autres femmes comme elle. Elle ne réclame ni n'attend rien de lui. Elle est tombée amoureuse de lui quand ils se sont rencontrés. Il était amoureux d'elle avant qu'ils ne se rencontrent, il l'a souvent répété. Naturellement, il aurait très bien pu être attiré par une image sur l'écran et se trouver ensuite déçu. Cela arrive souvent. Mais pas dans son cas.

Zenia respire avec difficulté, elle manque d'air. Elle se caresse, Christian remarque qu'elle se bat contre son corps, elle a instinctivement envie de vomir. Il lui laisse le temps d'avaler sa salive, puis il continue à pousser profondément dans sa bouche. Le désir. Zenia le lui a expliqué. Le désir de vie. Elle aime le sentir, elle aime sentir son désir. Cela n'arrivait pas avec Leo. Ils avaient tous les deux presque peur de leurs corps, après la maladie de Johan. Pourtant, même si Leo et lui ont combattu si longtemps, pas seulement pour Johan, mais aussi pour réveiller leur désir réciproque, il est tourmenté. Par sa mauvaise conscience, car il aime Leo d'un amour familier – c'est sa dernière pensée avant de ressentir ce qu'il ne peut arrêter. Il ferme les yeux et jouit, cela va peut-être balayer les images, rien qu'un instant, il entend Zenia, son orgasme correspond au sien, un long moment presque douloureux où le monde autour d'eux disparaît, où reste seulement leur jouissance, maintenant à son comble.

Elle se redresse. Ils restent face à face tout près l'un de l'autre. Puis elle l'embrasse sur la bouche, un baiser mouillé, qui se prolonge. Christian sent sa propre semence, Zenia aime à partager ce goût, cela rétablit une sorte d'équilibre dans le partage de la violence. Il use de violence envers elle, mais ils se partagent le résultat.

Elle lui murmure à l'oreille :

« Je veux te laisser tomber. Je me le suis promis. Je ne veux pas détruire ma vie. Si tu ne peux pas, tu ne peux pas. Et c'est OK », dit-elle. Elle soupire, a les larmes aux yeux. « Il y a quelque chose que je ne comprends pas. Comment on peut ressentir avec tant d'authenticité quelque chose de mal.

– Zenia. Laisse-moi un peu de temps. »

Elle secoue la tête.

« Pas de temps en plus. Ce n'est pas juste pour nous. Ni pour ta femme. »

Elle se rajuste, brosse la poussière de son jean, remet son casque.

9

Leonora est toujours en colère, bien qu'elle ait déposé les deux jeunes depuis longtemps. *Je ne voudrais pour rien au monde rester à la maison avec des enfants.* C'est bien ce qu'a dit Marta ? Laisse tomber, cela n'a aucun sens de s'énerver contre une teenager insolente qu'elle n'a vue que quelques minutes. Et surtout pas contre une fille qui plaît si visiblement à son fils.

Il y a la queue à la station de lavage, six voitures, c'est trop. L'autre station-service un peu plus bas possède aussi une station de lavage, Leonora n'aime pas que sa voiture soit sale, surtout en été quand tout se voit, tout le pollen et la poussière qui flottent dans l'air. Elle fait laver sa voiture une fois par semaine. Même si Christian a maugréé une fois et lui a dit que leur budget lavage de l'année couvrait les besoins en pain d'un village africain.

Elle entre dans la station-service. L'employé, un tout jeune homme, est occupé à installer les produits devant la boutique. Le liquide bleu clair rappelle à Leonora les îles grecques où ils ont passé leurs vacances l'été dernier. Christian et elle ont toujours eu le talent de réussir leurs vacances ensemble. Ça, c'est un vrai talent, elle en est sûre. Il faut avoir du flair pour passer de bonnes vacances. Tout le monde ne l'a pas, loin de là, cela se voit le soir dans les restaurants ou au bord des piscines. Des couples assis l'un près de l'autre sans se dire un mot. Des familles où le père et la mère ne se parlent pas, où le père est assis au bar de la piscine, où les enfants crient et font des bêtises pendant que la mère fait la tête, étalée sous un parasol, et poste des images sur Facebook de ses pieds aux ongles vernis en rouge vif avec la piscine pour décor. *Séjour fantastique, bises, smileys en forme de cœur.*

Cela ne se passe jamais comme ça pour Leonora, Christian et Johan. Ils sont ensemble autrement, ils s'accordent toujours beaucoup d'attention, presque trop peut-être. De brèves images poursuivent Leonora dans la station de lavage. Les gouttes dans la barbe de Christian qui sort de la mer Méditerranée. La peau sèche des épaules de Johan quand il commence à bronzer, la main de Christian sur la jambe nue bronzée de Leonora dans une petite voiture de location en descendant une route impossible, les yeux fermés qui laissent filtrer un peu de lumière, un scintillement magnifique créé par le soleil qui se couche derrière les oliviers, si vivant qu'elle peut presque l'entendre.

L'entendre. Oui, Leonora peut entendre des choses que les autres ne peuvent pas entendre. Elle a l'oreille absolue, puisqu'elle est capable d'entendre le soleil dans les feuilles des oliviers, elle est donc capable de percevoir une dissonance dans la voix de Christian cette nuit. Une tonalité différente, un couplet qui sonne faux, quelque chose de nouveau. Sa voix était… forcée ? Cette pensée lui fait mal, là, en émergeant dans la lumière de l'après-midi, alors qu'elle sent la brise d'été caresser ses jambes nues.

« À nous maintenant ! »

L'employé est un garçon dynamique. Adam, c'est écrit sur son badge. Le premier homme sur terre. Il passe derrière le comptoir et se retrouve face à elle.

« Un lavage simple, dit Leonora qui cherche à surmonter son inquiétude.

– Yes, alors je mets cent couronnes sur la carte ?

– Cent ? Je croyais que ça coûtait soixante-dix-neuf couronnes. »

Le jeune employé sourit pour la première fois. D'une façon presque trop aimable, pense Leonora, sans se sentir flattée le moins du monde.

« Mais vous devez prendre une nouvelle carte et le minimum est de cent couronnes. »

Ses doigts tripotent nerveusement sa cravate orange qui doit lui serrer le cou.

« Ce n'est pas pour être désagréable, dit Leonora, sachant très bien qu'elle l'est. Mais j'aimerais que vous m'expliquiez comment il est possible qu'un simple lavage à soixante-dix-neuf couronnes passe d'un seul coup à cent couronnes.

– C'est comme ça. Vous pouvez mettre sur la carte plus de cent couronnes, trois cents ou quatre cents, par exemple. L'avantage, c'est que vous avez vingt pour cent sur tous vos lavages.

– Je n'ai pas le droit d'acheter seulement un simple lavage ?

– Malheureusement, nous ne vendons que ces cartes. »

Il la lâche du regard pour faire signe aux clients qui viennent d'entrer dans la boutique.

Leonora se retourne et voit derrière un jeune couple qui attend. Elle soupire. Elle sent qu'elle est énervée, un corps étranger s'est infiltré en elle et refuse de sortir. *Une liaison.* Est-ce qu'elle se trompe ? Ce n'est peut-être que son imagination ? L'homme qu'elle aime, le père de son seul enfant, l'homme à qui elle a confié sa vie, avec lequel elle a tout partagé, les joies, les chagrins, l'homme qu'elle connaît si bien qu'il est presque devenu une partie d'elle-même, comment croire qu'il la trahisse ?

Elle capte le reflet de son visage dans un miroir derrière l'employé. Qu'y voit-elle ? Une femme trompée ? Quelqu'un dont on se moque ? Non, elle voit soudain quelqu'un d'autre. Quelqu'un qu'elle n'a pas vu longtemps, qu'elle a réussi à refouler toutes ces années. Une enfant abandonnée. La petite fille de six ans dont le père a abandonné la famille. Leonora ne se rappelle pas grand-chose de lui, elle ne l'a revu qu'une fois après son départ, alors qu'elle était adulte, dans un centre commercial. Elle a bien sûr vu des photos de son père, un bel homme, elle tient de lui ses cheveux foncés. Son regard était réticent, sceptique, un peu blessé, une vie difficile, des petits boulots, aucun diplôme, des problèmes pour se concentrer à l'école. Dans son souvenir, il a seulement dit quatre mots quand il est parti. Après avoir embrassé sa mère sur la joue, il a dit « À bientôt les filles », et il a disparu.

Ces mots l'ont poursuivie. Comment avait-il pu mentir ainsi ? Pourquoi les quitter sur un mensonge ? Ils n'allaient plus se voir. Peut-être ne le savait-il pas alors ? Peut-être avait-il seulement pris sa décision au cours de la journée ? Parce que c'était trop lourd pour lui ? Ou peut-être n'a-t-il pas du tout dit ces quatre mots ?

Leonora a vu récemment un religieux à la télévision qui disait que, selon les musulmans, l'enfer est si profond qu'une pierre met soixante-dix ans à arriver au fond. La première réaction de Leonora a été de se dire : c'est vrai, j'y suis allée, c'est l'image de mon enfance après la désertion de mon père. Sa mère qui s'est effondrée, a fondu, Leonora se souvient de son corps, si frêle, de ses seins comme deux petits tas de peau, tout desséchés. Pire même : elle est devenue muette. Elle pense que sa mère ne lui a pas dit plus de deux cents mots entre le départ de son père et sa mort bien des années plus tard. *Il faut réchauffer le repas. Allez vous coucher à 9 heures.*

L'employé toussote. Leonora le regarde en face.

« Mettons-nous bien d'accord, dit Leonora. Un lavage simple ne coûte pas soixante-dix-neuf couronnes mais bien cent couronnes ? »

Elle a envie de laisser tomber et de retourner à sa station-service habituelle.

« Vous gardez la carte, et la prochaine fois vous aurez le reste de la somme. C'est comme un compte épargne.

– OK, dit Leonora, s'étonnant elle-même de perdre le contrôle et de se laisser embarquer dans une discussion avec un employé de dix-huit ans. Très bien. On est d'accord. Il y a donc vingt et une couronnes sur la carte. Puis-je avoir un lavage pour les ving et une couronnes ?

– Non, mais vous pouvez remettre de l'argent sur la carte.

– Au moins cent couronnes ?

– Oui.

– Il y aura donc cent vingt et une couronnes sur la carte. Si je fais un lavage pour soixante-dix-neuf couronnes, combien restera-t-il sur la carte ?

– Je ne sais pas…

– Moi, je sais, réplique Leonora. Il restera quarante-deux couronnes. »

D'autres clients sont arrivés. Un homme âgé ne supporte plus d'attendre son tour. Il veut savoir s'il peut faire un loto ici.

« Un instant, lui dit l'employé en revenant à Leonora.

– Cela veut donc dire, poursuit Leonora – et elle perçoit elle-même une nouvelle tonalité dans sa voix devenue arrogante, haineuse, furieuse, peut-être le stade avant de devenir comme sa mère, taciturne, démissionnaire –, que si je perds la carte, les deux lavages simples m'auront coûté deux cents couronnes et pas deux fois soixante-dix-neuf couronnes, c'est-à-dire cent cinquante-huit couronnes, ce qui est tout de même une très mauvaise opération pour moi. »

Leonora respire à fond. Cherche à refouler sa colère. Quand elle était petite, elle avait beaucoup de tempérament. Selon sa mère, sa colère était apparue quand son père les avait abandonnées. Elle ne sait pas si c'est vrai. Elle a toujours été plus en colère contre sa mère que contre son père qui s'était contenté de disparaître. En ce qui concerne Christian, elle s'est de temps en temps mise furieusement en colère contre lui. Mais elle ne voyait personne, elle était seule à la maison avec Johan pendant la journée, alors

Christian était le seul sur qui elle pouvait se défouler. Elle se reprend, se force à sourire.

« Alors OK, jeune homme. Disons que vous mettez deux cents couronnes sur ma carte ?

– C'est ce qu'on va faire », dit-il, et elle peut lire du soulagement dans ses yeux à la perspective que leur échange soit enfin terminé.

*

Enfant, elle restait dans la voiture quand celle-ci passait au lavage tous les samedis après-midi à la station-service de Nykøbing. Une vieille Mascot rouillée que sa mère avait rachetée à son frère. Leonora restait dans la voiture comme elle le fait aujourd'hui. Une sorte de bulle. Un trou où se cacher. Quelques minutes où le monde environnant se réduisait à l'écume qui noyait les vitres et aux brosses noires qui chassaient la saleté des portes et des fenêtres. Elle se souvient d'un jour où, déjà grande, peut-être même adolescente, elle était assise à l'intérieur, plongée dans son monde, et où elle avait observé l'eau, le savon et les brosses qui nettoyaient la voiture par mouvements circulaires et rythmiques. Elle se rappelle clairement – le souvenir l'envahit, un souvenir lointain, un peu transgressif – la réaction de son corps. Une vague de sensations nouvelles, qu'elle ne pouvait avouer à personne. Et surtout pas à sa mère. Du désir. L'image de Mick, un garçon dont elle était amoureuse. Elle s'imaginait qu'il était couché sur elle, qu'elle sentait son odeur, un mélange de sueur et d'huile – il passait son temps à réparer son vélomoteur. Elle se rappelle la sensation de honte éprouvée quand sa mère avait frappé à la vitre. Le lavage était terminé. Elle craignait que sa mère ne puisse lire en elle, ce qui naturellement était impossible.

Elle s'est calmée. Elle pose les mains sur le volant et se dit qu'elle fait erreur. Christian est un bon mari. Un excellent père. Il ne la tromperait jamais. Mais elle veut savoir.

*

La technologie moderne, elle y pense en se garant devant le magasin de téléphonie. Elle a préparé son petit discours : elle a perdu son téléphone et en veut un nouveau. Au moins récupérer ses derniers SMS. Cela doit être possible de nos jours. Est-ce aller trop loin ? Alors qu'elle a pu entendre le mensonge dans la voix de Christian ? Avec la même certitude qu'autrefois dans la fosse d'orchestre elle pouvait entendre la moindre vibration des cordes vocales de la soprano quand elles échouaient à maintenir la tonalité. Le public ne l'entendait pas, il applaudissait, beaucoup de ses collègues ne pouvaient pas non plus l'entendre. Leonora, elle, entendait le do de la soprano virer, tout comme elle a pu entendre le mensonge de Christian cette nuit. Et ce mensonge la poursuit. Faut-il se laisser trahir jusqu'à ce que l'autre soit prêt à dire au revoir ? Quand convient-il de chercher soi-même la réponse ?

Tout de suite, conclut-elle en sortant de voiture. Elle jette un regard sur la vitrine, sur les téléphones, elle les hait. Elle a remarqué qu'un grand nombre de femmes ont beaucoup de plaisir à les utiliser. Elles les ont toujours à la main et les fixent. Avec le pouce qui bouge en permanence sur l'écran, du bas vers le haut avec beaucoup de patience pour faire défiler les posts de Facebook. Elle s'est souvent demandé s'il était possible d'arriver à la fin de Facebook. Comme avec les autres sites ou les journaux en ligne. *Bravo – vous avez tout lu sur Facebook*, tel serait le message pour les femmes suffisamment patientes pour avoir parcouru tout ce qui défile. Leonora les voit tous les ans en vacances, leurs pouces galopent pendant que le soleil traverse le ciel. Après quoi courent-elles donc ? Cherchent-elles à comprendre ? À comprendre les autres hommes et femmes, leur vie ? Ou cherchent-elles des preuves minuscules d'infidélité, quelque chose qui cloche, comme Leonora qui entre dans la boutique de téléphonie où l'accueille un bonjour électronique en deux tons, une petite tierce en sol mineur, qui lui fait penser au concerto pour piano de Ravel. La plus belle œuvre écrite pour les touches. Dédiée à son amie Marguerite Long et jouée par elle en 1932. Le mari adoré de Marguerite était mort pendant la Première Guerre, Ravel avait aussi écrit d'autres morceaux de musique en son honneur. C'était l'époque où la fidélité et l'amour authentique existaient encore.

Leonora hoche la tête. Tout ce savoir, toutes ces tonalités, elle les a en elle, tout ce qu'elle a dû abandonner. Pour quoi ? Pour finir ici dans cette foutue boutique de téléphonie. Il y a une odeur sèche et artificielle, de plastique et de polystyrène. Par contraste le vendeur est charnu et un peu trop organique, les joues cramoisies, il est en train de se moucher, sûrement une allergie au pollen, ses yeux rouges et son éternuement de bienvenue le trahissent.

« Que puis-je faire pour vous ? demande-t-il en rangeant son mouchoir dans son pantalon.

– J'ai perdu mon téléphone hier, tente Leonora avec un petit sourire.

– Faut-il le bloquer ?

– Le bloquer », répète Leonora qui réfléchit à toute vitesse.

Ce n'est pas une bonne idée, Christian ne pourrait plus l'utiliser et il découvrirait ce qu'elle a fait.

« On vous l'a volé ?

– Non, je l'ai laissé tomber. Dans un lac. Ça doit vous paraître idiot.

– Si vous saviez tout ce que les gens font avec leur téléphone, dit-il en haussant les épaules. Le laisser tomber dans les toilettes, les égouts, dans n'importe quoi. Si vous m'écrivez le numéro, je vais voir ce que je peux faire pour vous aider. »

Il lui tend un stylo et une feuille.

« Qu'est-ce que c'est déjà… J'ai tout un tas de SMS non lus sur ce téléphone. Vous croyez que je pourrai les récupérer ?

– Cela dépend du moment où vous avez fait une sauvegarde », dit-il. Il regarde son écran, hésite, consulte le dossier. « Je vois que l'abonnement est au nom de Christian Holm », continue-t-il avec une nuance de soupçon.

Le mensonge est contagieux, Christian a commencé, maintenant c'est à son tour de propager la maladie. Avant que le coq n'ait chanté trois fois, le vendeur va mentir à son chef ou à sa femme. Lui dire qu'il ne comprend pas pourquoi l'historique de l'ordinateur est effacé, ce n'est en tout cas pas parce qu'il a regardé du porno la moitié de la nuit.

« C'est mon mari », dit Leonora, qui remarque qu'elle appuie particulièrement sur « mon ». Comme si quelque chose en elle voulait lui rappeler ce dont il est question. Souligner le sérieux. Elle entend les sons des SMS. Ceux de cette nuit, dans sa tête. Cela lui est arrivé à plusieurs reprises aujourd'hui. « C'est mon mari qui à l'époque a signé le contrat pour moi. Mais c'est mon téléphone. »

Leonora est alors interrompue par une sonnerie bruyante qui sort de son sac. Pour la première fois, une étincelle d'intérêt anime les yeux du vendeur : quelle surprise, la dame ne vient-elle pas de lui dire qu'elle a perdu son téléphone ?

« C'est le portable de mon fils », dit-elle, mais sa voix la trahit.

Pas besoin de l'oreille absolue pour remarquer qu'elle ment maladroitement, de façon pas très crédible.

« Désolé… » Le vendeur la regarde avec beaucoup plus de curiosité que quand elle est arrivée, c'est l'effet du mensonge, il intrigue, comme pour elle cette nuit. « Mais je vais avoir besoin de la signature de votre mari. »

10

Bien qu'arrivée chez elle, Leonora reste assise dans la voiture. Elle aperçoit dans le rétroviseur une fille du club de jogging. Ulrikke. Elle a un ou deux ans de moins que Leonora. Elle devrait peut-être se réinscrire ? Préparer un marathon cette fois-ci ? Mais tous ces bavardages avec les autres femmes, Leonora n'est pas sûre de pouvoir les supporter. Les regards en coin, les comparaisons des salaires des maris, la jalousie. Par exemple, quand Ulrikke a parlé du poste très élevé de son mari dans une banque de crédit, elle n'a pas donné le montant de son salaire, ce n'était pas nécessaire, ses yeux et sa voix disaient tout. Et les autres, leurs questions perfides. Comme : il a encore du temps pour toi, Ulrikke ? Ou : les hommes mariés avec leur travail ne sont pas intéressants, ce genre de commentaires. Cent manières de montrer à Ulrikke qu'elles sont jalouses des doubles séjours au ski, des coûteuses vacances d'été, de la fille au pair, de cette vie sans problèmes financiers.

Leonora observe les merles qui se perchent sur la crête du toit. Les animaux sont toujours affairés, toujours en mouvement, une fourmi bataille pour se glisser entre les fissures de la terrasse en traînant une miette de pain cinq fois plus grosse qu'elle. Autrefois Leonora avait cette pugnacité. Elle voulait triompher de son enfance médiocre. Triompher de l'ombre d'une famille ravagée, s'imposer dans la société.

Et il lui avait ensuite fallu se battre pour arracher Johan à l'étreinte de la mort.

Tout avait été un succès. Tout *est* un succès. Elle est là. Johan est guéri, c'est presque un adulte, il va bientôt s'en aller. Elle s'est démenée pendant vingt ans. Elle a couru le marathon jusqu'au bout.

Au bout ?

« Arrête maintenant », se dit-elle. Elle ouvre la portière, prend les courses et le costume de Christian qui sort du pressing. Entre dans la maison avec le sentiment qu'elle aurait pu rester éternellement assise dans la voiture. Congelée, immobile. Qu'est-ce qui pousse à continuer ? À aller de l'avant, à tenir ? Pourquoi ne voit-on pas de plus en plus de gens pétrifiés dans leur voiture, les yeux rivés vers l'extérieur à travers les vitres ?

« Du sens », dit-elle tout haut en mettant la clé dans la serrure. C'est parce que les gens voient du sens dans tout cela, comme le merle qui doit trouver une femelle pour se reproduire, veiller sur sa progéniture. C'est ainsi. C'est ce que la vie de Leonora a été. Pleine de sens. Et elle l'est encore. Il y a Johan, Christian. L'événement de la nuit… c'était…

« Rien du tout », murmure-t-elle dans la cuisine. Elle cherche quelque chose à manger dans le réfrigérateur. Elle aurait bien aimé se régaler du reste de guacamole d'hier soir, avec des tranches de tomates de la serre sur du pain grillé, comme a fait Johan hier. Mais elle ne veut pas sentir l'ail puisque Christian n'aime pas ça. Surtout pas ce soir où ils sortent. Ils vont à la fête de mi-chantier du projet de Christian. C'est un homme si fier.

« J'en ai tellement marre du musli », se dit-elle, mais elle s'en verse pourtant quatre cuillerées, elle y ajoute une poignée de myrtilles sur un peu de *skyr*. Elle emporte le bol avec elle dans son bureau. C'est Christian qui a insisté pour qu'elle ait un bureau. Pendant son congé de maternité.

Leonora va sur Facebook. Pendant une seconde, elle se demande pourquoi. Mais elle le sait. Elle ne peut pas laisser tomber, c'est à cause du comportement fou de Christian cette nuit. Un homme largement adulte qui lance son téléphone contre un mur. Il doit y avoir une bonne raison. De la culpabilité ? De l'angoisse ? Bon, ce n'est pas grave. Bon Dieu, ce n'est qu'un simple petit clic. Si l'on est amis sur Facebook, on peut consulter le profil de chacun. Dont celui de son mari. Elle ne l'a jamais fait avant, pas comme le font les autres femmes, en tout cas. Elle a de la réserve.

Voici les photos. Christian en poste beaucoup, de son travail et de lui et Johan. Et de toute la famille. Leonora parcourt la galerie tout en mangeant. Le musli est un peu sec, peu importe ; le goût des myrtilles est recouvert par celui des noix et des raisins secs. C'est assez fade mais la récompense suit. Elle le sait bien. La faim a disparu, remplacée par une sensation de bien-être, la preuve qu'elle a su se contrôler, qu'elle a résisté à la tentation, dit non à ce qui n'aurait pas été bon pour son corps.

Elle est fière de savoir se contrôler, sans se considérer comme une maniaque du contrôle, pas du tout. L'époque où elle s'entraînait au violon comme une folle l'a dotée d'une qualité inattendue. Elle a développé la capacité de repousser ses besoins et ses désirs. Il fallait qu'elle s'entraîne quatre heures, quelquefois six par jour. Quand elle était dans la petite salle de musique de son école, à Bjergby, sur l'île de Mors, elle avait souvent envie de beaucoup de choses. Surtout d'arrêter de jouer du violon et de sortir au soleil. Elle avait envie de bonbons, de glaces, d'aller aux toilettes tout le temps, de tout ce qui pouvait reposer un instant les bouts des doigts de sa main gauche, de n'importe quoi qui puisse soulager son bras droit avant qu'il ne se paralyse dans cette rude position de travers dans laquelle il devait supporter la pression de l'archet et la résistance du violon. Toutes ces heures dans cette posture, toutes ces années même, lui avaient fait cadeau de la capacité de pouvoir toujours refouler ses besoins. De maîtriser tous ses désirs et toutes ses pensées. De pratiquer le contrôle total.

Elle sait bien l'effet produit sur les autres quand elle le dit ; chaque fois les autres femmes la regardent de travers. Cela paraît malsain, le mot contrôle est mal accepté, se dit-elle. Il sonne mieux en anglais, il semble moins négatif, même si c'est presque le même : *control*. Il y a une voyelle imperceptible mais pourtant audible à la fin du mot anglais. En danois, le mot a une tonalité rude, presque comme de l'allemand, comme un ordre venant de la police, le contrôle du taux d'alcool. En anglais, le mot est plus doux, il sonne comme une qualité. *Control.*

Elle reporte son attention sur l'écran. Qui cela peut bien être ? Elle fait circuler les photos tout en mastiquant. Là. Des images du chantier. Un grand bâtiment. Toute l'équipe avec Christian au milieu. Beaucoup d'hommes, une poignée de femmes. L'une d'elle est très jolie, elle a des cheveux longs touffus et agaçants. Leonora a envie de lui envoyer un fer à lisser, anonymement. Est-ce possible que ce soit elle ? Là voilà de nouveau, la belle fille. Zenia Nor. C'est ce que dit l'onglet quand elle bouge le curseur sur la photo. Environ trente-cinq ans. Elle trouve le profil de Zenia Nor. Une cuillerée de myrtilles seules, le meilleur pour la fin, elle repousse le bol. Retour aux photos. Elle a un jardin ouvrier près du restaurant Skyttehuset, Leonora reconnaît la vue sur le pont. Un verre avec une amie, des photos de Rome et… d'Afrique ? Il y a quelque chose en elle, le sourire, une certaine assurance, une façon de flirter constamment, quelque chose de toujours sexuel dans toutes les situations où cette femme s'est photographiée elle-même. Comme si ses photos étaient une invitation. *Allez, rejoignez-moi.* Même sur la photo où elle est avec sa mère, Zenia flirte avec l'appareil photo. Leonora retrouve les traits de Zenia chez sa mère, bien que cette dernière ait un air étranger. Est-elle croate ? En tout cas elle est allée passer des vacances en Croatie avec ses parents. Ce qui expliquerait son patronyme, Nor.

Tout en consultant l'ensemble des photos, Leonora réfléchit. Est-elle elle-même assez captivante ? Assez charmante ? Assez aimante ? Dans le mariage, on donne et on prend. Leonora a lu une interview d'un de ces écrivains avec une barbe et des lunettes rondes à la Gandhi. Il disait qu'il fallait seulement penser à donner dans une relation. S'il y a deux personnes et que chacune pense seulement au bien-être de l'autre et pas à ses propres besoins, alors l'amour peut durer. On doit abandonner ses propres besoins à son partenaire, lui laisser la charge de vous donner ce dont vous avez besoin. C'est tellement plus agréable de recevoir ce dont on a besoin plutôt que de le prendre soi-même, disait-il. De nos jours trop peu de gens sont prêts à investir ce qui est nécessaire, à se mettre soi-même de côté, à tabler sur le couple.

Est-ce vrai ? Sommes-nous devenus trop occupés de nous-mêmes ? Leonora se représente ce qui se serait passé si elle s'était mise de côté. Eh bien, elle pense que c'est ce qu'elle a fait. Elle, oui, mais Christian ? Est-ce que tous les jours, il s'est demandé : que puis-je faire pour ma femme aujourd'hui ? Comme elle l'a fait pour lui. Pas formulé comme cela. Mais elle l'a toujours eu à l'esprit. Qu'est-ce qui ferait plaisir à Christian, comment aimerait-il que l'entrée se présente, les voitures toujours propres, pas une seule feuille sur les dalles, l'intérieur aussi impeccable que l'extérieur.

Se ment-elle à elle-même ? N'est-ce pas plutôt son besoin à elle de propreté ? A-t-elle vraiment pensé à ses besoins à lui ? Sexuellement aussi, lui a-t-elle donné tout ce dont il avait besoin ? C'est difficile à savoir, elle n'arrive pas à s'en souvenir, cela dure depuis tellement longtemps. Tant de routine. La routine, c'est le seul schéma que l'on suive sans se demander si l'on fait ce qu'il faut. L'accord conclu était qu'elle se consacrait à Johan. La répartition des rôles était claire. Christian avait le droit de faire carrière, Leonora sauvait leur enfant malade. Mais l'accord impliquait aussi qu'ils devaient prendre soin l'un de l'autre. Sortir ensemble au restaurant. Faire garder Johan de temps en temps, au moins quand il n'allait pas trop mal. Aller prendre un verre dans un des cafés du port de plaisance, se tenir par la main.

Mais ils ne l'ont jamais fait. Les années ont filé, la maladie de Johan a tout éclipsé. À cette époque ses journées passaient à toute vitesse, chaque minute, chaque seconde était consacrée à veiller l'enfant malade, à se battre contre l'administration de l'hôpital, à convaincre le système que son petit garçon devait passer avant tout le monde, les scanners, les opérations, les traitements. Mais les années s'étaient surtout passées à attendre. Les mois s'écoulaient entre les divers traitements. La chimiothérapie allait-elle être efficace ? Son corps allait-il supporter les médicaments ? Sa numération sanguine allait-elle s'améliorer ?

L'attente. Des jours, des mois, des années, elle ne pouvait donner plus, elle n'avait pas une seconde pour les besoins de Christian. Il avait un grand besoin d'amour, pas seulement physique, mais d'intimité. Ce n'était pas facile, Johan remplissait tout, ce n'était pas elle qui avait voulu cette situation. C'est la vie qui l'avait décidé. Et elle n'avait jamais repoussé Christian quand il manifestait son désir.

Avait-elle les mêmes désirs ? Cela ne comptait pas tant pour elle. Ce n'était pas non plus un devoir pénible. C'est agréable d'être ensemble, d'être intimes. N'a-t-on pas le droit de s'en détacher un peu avec l'âge ? Elle le pensait. On se détache de tant de choses dans un couple.

Elle se souvient encore comme ils adoraient parler politique quand ils étaient jeunes. Ils n'étaient jamais d'accord, Leonora était beaucoup plus à gauche que Christian. Plus on vieillit, plus on découvre que la politique n'est qu'une illusion, l'idée fausse que l'on peut faire la différence par son vote si l'on suit les débats. Mais c'est impossible, les choses suivent leur cours tordu. Si l'on s'interroge sur le passage du temps, on n'a qu'à aller faire un jogging dans Vejle. L'histoire y est omniprésente. C'était peut-être à cause de tous les kilomètres qu'elle avait parcourus en courant à travers la vallée Grejsdalen, le long des ruines de l'usine Hammerværk, des piscicultures, de tout ce passé qui disparaît. Et le nouveau qui surgit, les nouvelles idées, les nouvelles industries – et la politique ne change rien. Ce n'est pas la politique qui a offert à Leonora son don pour la musique, pas la politique qui a rendu Johan malade ou l'a guéri, à vrai dire. Non, c'est la nouvelle technologie américaine.

Leonora s'est détachée de la politique avec l'âge. Mais peut-on se détacher du sexe ?

« Zenia », murmure-t-elle. Elle regarde les photos récentes postées par cette femme. Le bouquet pour la pose de la charpente. Le nouveau campus. Le premier bâtiment du monde cent pour cent à économie durable trône là, un message qui a suscité deux cent vingt-cinq likes. Et il y a une photo de Zenia et Christian sur le chantier, tous les deux avec leur casque. Ils sont tout près l'un de l'autre, Zenia rit de quelque chose que Christian lui a dit. Il la regarde. Cette lueur dans leurs yeux, Leonora l'identifie. C'est l'amour.

« Mon Dieu ! »

Elle se cache le visage dans ses mains qui tremblent. Des larmes envahissent ses yeux. C'est sûr, c'est elle.

11

Les branches des hêtres s'avancent de chaque côté de la route et forment un tunnel naturel. Christian se promet de prendre sa décision avant de sortir de ce tunnel, Leonora ou Zenia ?

Zenia, décide-t-il, il conduit maintenant sous les assauts du soleil. C'est elle qu'il veut. Pourquoi alors n'arrive-t-il pas à le dire à Leonora ? Comme chef de chantier, il est pourtant habitué à trancher. Tu es renvoyé, toi tu restes, ce genre de choses.

Mais Leonora.

Comment la rejeter ? Son épouse, sa compagne de plus de vingt ans, la mère de Johan. Celle qui en a fait plus que n'importe qui pour son fils, qui l'a soutenu, aidé dans son combat contre le pire des ennemis. Comment la regarder en face ? C'est comme se trancher un morceau de lui-même, devenir un autre. Mais quel autre ? Un égoïste ? Ou simplement un être qui privilégie l'amour ?

Car l'amour évolue, les années passées avec la même personne le changent. On passe de l'amour à… l'amitié ? Au respect ? À la vie courante ? Peut-être à tout cela à la fois ? Ajoutez-y l'amour physique qui, avec le temps, devient de plus en plus difficile, jusqu'au renoncement. Est-ce le cours naturel de l'amour ? Ressemblera-t-il à cela si un jour on trouve son génome, si on arrive à le disséquer au laboratoire, tout comme aujourd'hui on dissèque l'ADN humain et on découvre des maladies avant qu'elles n'apparaissent.

L'amour, l'amitié, la vie courante. Un quotidien qui fonctionne, n'est-ce pas suffisant ?

Pour d'autres peut-être, mais pas pour moi, pense Christian en tentant de se calmer ; il manque de sommeil. Si l'on y réfléchit, c'est justement le message qu'il va transmettre à Leonora. Pas qu'*elle* n'est pas assez bien. Parce qu'elle l'est. Elle est parfaite. C'est la faute de Christian. C'est lui qui a changé, pas elle. Il a perdu quelque chose, ce qui faisait d'eux plus que des amis. Ce qui autrefois le rendait incapable de dormir les soirs où elle sortait avec son groupe du conservatoire. Dans le petit appartement du quartier latin de Leonora, sous les combles, il tournait et se retournait dans le lit en essayant de lire la revue *L'Ingénieur.* Il était malade de son absence, il voulait la sentir contre lui. Il se couchait sur l'oreiller de Leonora, cherchait son odeur, ravagé par la jalousie. Tous ces artistes qu'elle fréquentait. Quand allait-elle le lâcher pour l'un d'eux ? Mais elle ne l'avait pas fait. Elle aurait très bien pu le faire. Elle avait choisi Christian.

Trois mots seulement, « Je veux divorcer », tout comme trois autres mots : « Je t'aime ». Ce sont trois mots qui peuvent conduire à la catastrophe, déclencher la guerre et changer le monde. Comment les dire ? La réponse reste incertaine dans sa tête quand il tourne près de la vallée d'Ulvedalen, le soleil forme des taches jaunes sur la route entre les ombres des arbres. Pourquoi n'y a-t-il pas un manuel qui explique comment un mari doit dire à sa femme qu'il souhaite continuer sa vie sans elle ?

Il se gare. Tout est difficile avec Leonora en ce moment. Il s'est mis à l'éviter. Des petits détails. La conscience de plus en plus aiguë de l'endroit de la maison où elle se trouve. Est-elle en train de descendre les escaliers ? Doit-il attendre ? Est-elle en train de regarder la télévision dans la salle de séjour ? Ou dans le fauteuil en cuir blanc hérité de la grand-mère de Leonora, celui qu'ils ont l'intention de faire estimer sur un site design ?

Ce soir, il leur faudra arriver ensemble à la fête. Comme mari et femme. C'est bien, se dit-il. Pour beaucoup de raisons, il l'aime toujours. Comme mère de Johan, comme sa meilleure amie, comme la personne au monde qui le connaît le mieux. Leonora est belle. Les années ont été bienveillantes à son égard. Ils fêteront ce soir les progrès de la construction de ce nouvel institut de formation. Une fête de mi-chantier, selon les termes de l'invitation. L'idéal aurait été d'organiser l'événement sur le chantier, mais ce n'était pas possible. Les toilettes mobiles, les sols en ciment et la boue, ce n'est pas ce que l'on présente aux investisseurs. Ce n'est pas le festival de Roskilde, comme l'a dit Peter, le jour où ils ont décidé de tenir la fête dans leur bureau sur le port.

Le soleil d'après-midi frappe l'arrière de la maison. Christian contemple leur foyer. Ils l'ont bâti ensemble. Qu'est-ce que la maison va devenir ? Leonora ne pourra pas se permettre de vivre ici, elle n'en aura sûrement pas envie non plus. La maison sera vendue. D'autres personnes s'y installeront, dormiront et feront l'amour dans la chambre du premier étage où Johan a été conçu. Bizarre. Cette maison a tellement compté pour Christian. Et dire que maintenant il pourrait la vendre demain sans problème. Ce n'est pas normal que ça aille aussi vite, que les gens changent tant en si peu de temps. Mais c'est faux, se rappelle-t-il. Il n'en est pas venu à arrêter d'aimer leur vie, leur foyer, leur famille, à se désengager de tout cela en une seule matinée. Cela s'est fait petit à petit. Cela a pris des années. Beaucoup d'années. On ne découvre la branche malade, puis le tronc en mauvais état, que quand l'arbre s'abat.

Le son d'un SMS l'arrache à ses pensées. Son nouveau téléphone est plus lourd, un vieux modèle que Peter avait en réserve, une solution provisoire. C'est Zenia qui dit qu'elle se réjouit à l'avance de la soirée. De le voir. Elle ajoute un smiley et un cœur comme s'ils étaient des adolescents amoureux. Au début il avait dû s'habituer à cette façon de faire, il trouvait que c'était exagéré. Maintenant cela lui plaît. C'est l'effet de l'amour : être dans l'excès, aussi bien dans la joie que dans la tristesse.

Son visage se reflète sur l'écran du téléphone. Son regard est apaisé. Leonora trouve qu'il y a chez lui quelque chose qui inspire confiance. C'est ce qu'elle disait autrefois : Christian est quelqu'un avec lequel on a envie de faire équipe. Ces mots lui donnent maintenant une terrible mauvaise conscience.

*

« Hello, appelle-t-il au pied de l'escalier.

– Hello, chéri. Je suis en haut, je sors du bain. »

Bon. Elle est en haut. Il n'a aucune envie de monter, elle est sûrement nue. Il a en main son téléphone, la preuve de son infidélité. Certaines choses sont incompatibles.

« Tu montes ? » lui crie-t-elle gentiment.

Que faire avec son téléphone ? Le mettre en mode silencieux ? Il va y avoir des urgences au chantier, il y en a toujours. Il est obligé de le prendre. C'est son travail, il dirige une grosse entreprise.

Mais si Zenia téléphone quand il sera avec Leonora ? Ou si elle envoie de nouveaux messages ?

Leonora appelle à nouveau.

« Christian ? »

Tout en gravissant l'escalier, il met le téléphone en mode silencieux et le fourre dans la poche de son pantalon.

« Tu as pensé à aller chercher mon costume ? lui demande-t-il.

– Il est accroché dans la chambre. » Elle ouvre la porte de la salle de bains. « Il m'avait donné un autre costume au pressing, heureusement je m'en suis aperçue dans la voiture, dit-elle en souriant. Tu le vois ? Sinon tu aurais dû porter un costume avec des manches qui s'arrêtent là ! »

Leonora montre en riant une hauteur juste en dessous du coude. Elle s'approche de lui, vêtue seulement d'une serviette pastel qui lui couvre le corps des seins aux cuisses. Pas un gramme de graisse, elle est musclée, beaucoup plus que Zenia, même.

« Tu as fait réparer ton téléphone ? lui demande-t-elle en l'embrassant.

– J'en ai emprunté un vieux à Peter, dit-il.

– Un de Peter ? Je peux le voir ? »

Christian hésite, puis le sort de sa poche.

« C'est vraiment une curiosité », dit-il.

Leonora lui prend doucement le portable, elle est tout près de lui, sa peau est tiède après le bain.

« On croirait une brique », dit-elle tout en appuyant sur le bouton de côté.

L'écran s'allume, Christian a l'impression qu'elle a pénétré son intimité. Son comportement l'énerve, il se sent épié, elle fait intrusion dans ce qui lui appartient.

« J'en achèterai un neuf demain. On gardera celui-là en réserve, dit-il en le lui reprenant. Où est Johan ?

– Chez Marta. Il va y dormir. Nous sommes seuls », dit-elle.

Elle l'embrasse, pose sa main sur l'une des siennes. La main libre de Christian tient toujours le portable, la preuve physique du mensonge. Qui l'aurait cru ? Qu'un beau jour le mensonge se matérialiserait, qu'il serait rectangulaire, fait de plastique et de métal, et qu'il tiendrait au creux d'une main.

« Ah bon. On a donc gagné une belle-fille ? dit Christian pour penser à autre chose.

– Peut-être, répond Leonora en souriant. Mais tu sais comment c'est. Quand ça en arrive là, il ne dit pas grand-chose. »

Les doigts de Leonora desserrent sa ceinture.

« Leonora, je serai devant cent cinquante personnes dans… »

Elle l'interrompt :

« Dans deux heures, Christian. »

Elle laisse tomber la serviette en un mouvement vif, une attaque qui le surprend et dans laquelle sa nudité l'agresse instantanément, comme un spam sur internet qui remplit soudain l'écran sans prévenir. Elle s'est rasé le sexe, entièrement, elle n'avait jamais fait cela avant, elle laissait toujours une petite ligne de toison, là, sinon elle se sentirait mise à nu, ce qui lui déplairait. Cela ressemble trop au sexe des petites filles, disait-elle. Et Christian avait été d'accord pendant toutes ces années. Principalement parce que Leonora avait un avis extrêmement tranché sur le sujet ; selon elle, pour une femme, c'était presque pervers de se raser intégralement. Zenia a un tout autre avis et elle rejette cet argument. Les petites filles ont aussi des nattes, elles ont aussi des robes, les petites filles ont un million de choses qu'elles partagent avec les femmes adultes.

Zenia et Christian ont abordé le sujet sur une plage naturiste presque déserte près de Kysing. Ils s'étaient rendus à Aarhus pour une réunion à la mairie dont la thématique était « environnement et techniques ». Afin d'être avec Zenia, Christian s'était débrouillé pour que Peter parte avec sa propre voiture. Au retour, Zenia avait eu l'idée de passer par la plage de Kysing. Il y avait quelques personnes et parmi elles une jeune et jolie fille avec une touffe fournie.

« Rasez-moi cette foutue chatte », lui avait chuchoté Zenia en riant. Ce qui avait amené la conversation sur le fait de se raser le sexe. « C'est beaucoup plus agréable de se faire lécher quand il n'y a pas de poils, pour l'homme comme pour la femme », avait-elle dit en lui embrassant le cou, la main sur son pénis.

Ils avaient fait l'amour dans les dunes et épousseté le sable et leur amour avant de se remettre en route.

« J'ai acheté quelque chose », dit Leonora, ce qui le ramène au présent. Un moment il croit qu'elle veut encore l'embrasser, mais elle retourne dans la chambre, ouvre la porte du petit dressing où Christian ne met presque jamais les pieds. C'est le domaine de Leonora, une pièce qu'elle décrit elle-même comme le sanctuaire des rêves de princesse de son enfance, avec de longues rangées de robes, des chaussures avec des paillettes et des lacets en argent. Il la voit enfiler de la lingerie noire ornée de dentelles. Le soutien-gorge lui remonte un peu les seins, la culotte monte haut sur les hanches, révélant ses cuisses musclées. Christian ne se rappelle pas avoir déjà vu cet ensemble. Ce n'est pas dans les habitudes de Leonora de porter ce genre de lingerie. Elle cherche son regard dans le miroir. « Viens voir », dit-elle. Elle sort une robe. En soie noire, qui arrive aux genoux, sans manches avec un décolleté profond. « Elle te plaît ?

– Beaucoup, commente-t-il en la regardant l'enfiler.

– Aide-moi.

– Bien sûr », dit-il en se mettant derrière elle.

La fermeture éclair dorée est étroite, elle court du cou aux reins. Ils échangent un regard dans le miroir. Ses seins tendent le léger tissu de soie. Elle soupire quand il remonte la fermeture.

« Tu me trouves toujours belle ? demande-t-elle, c'est presque un murmure.

– Oui, dit-il. Bien sûr. »

Elle se retourne, l'enlace. Elle l'embrasse. Ses lèvres sont tièdes, une de ses mains descend vers son pantalon, se bat avec sa ceinture. Il veut l'en empêcher, il sent peut-être encore Zenia, la trace de leur union, les restes de ce matin. Leonora essaie toujours d'ouvrir sa ceinture, cela fait si longtemps qu'ils ne se sont pas déshabillés mutuellement. Ils le faisaient au début, dans sa chambre de location dans le vieil appartement. Il se rappelle la première fois où il lui a retiré son pull noir à col roulé. Et ses seins qui avaient tant hanté ses pensées et ses fantasmes. Elle ne portait pas de soutien-gorge autrefois. Ses seins étaient parfaits, ils le sont toujours d'ailleurs. Christian se moque de leur taille, de leur fermeté ou de leur léger affaissement – non, ce n'est pas le problème. C'est d'amour dont il a eu besoin, mais cet amour, il ne le ressent plus pour Leonora, c'est trop tard.

« Tu m'as tellement manqué aujourd'hui.

– Toi aussi, mais, Leonora, est-ce qu'on ne peut pas… » Il recule un peu. « Je dois aussi prendre un bain. J'ai promis à Peter d'arriver en avance. »

Elle est blessée, il le voit à sa façon de plisser les yeux. Il pense qu'elle va dire quelque chose. Manifester de la déception, peut-être de la colère. Mais elle sourit.

« Bien sûr », dit-elle.

12

Holger trouve que c'est gênant. D'être assis avec sa fille adulte et de parler d'amour avec elle. Cela n'embarrasse sûrement pas Josefine, pour une physiothérapeute le sexe est naturel et on n'a pas besoin de le taire. Mais Holger est de la vieille école. Ces choses sont du domaine de la vie privée. Il ne comprend pas les jeunes d'aujourd'hui, ceux qu'il voit à la télévision, des garçons et des filles d'à peine vingt ans, qui racontent sans honte avec qui ils couchent et comment. Josefine a croisé les jambes, elle scrute les nuages gris avec impatience.

« Comment peux-tu savoir ce qui s'est passé dans leur chambre à coucher ? » dit-elle en tripotant une de ses boucles d'oreilles, celles de Karen ; pas un bijou de valeur, mais celles que portait l'actrice qui jouait Nora dans *La Maison de poupée.*

« Je n'ose pas te le dire, tu te mettrais à faire une manifestation ici, dans le bar.

– Des micros secrets ?

– Non, tu me prends pour un employé du KGB ?

– Quoi alors ? »

Holger réfléchit. Il s'est mis dans de sales draps. Il aurait mieux fait de se taire, ne pas insister pour lui raconter toute l'histoire.

« Des caméras de surveillance ? Allez, dis-le.

– Nous avons fait une perquisition numérique. Des trolls informatiques s'en sont occupés. »

Josefine l'interrompt :

« Naturellement. Edward Snowden a bien raison.

– Edward Snowden n'a pas cherché à écraser sa femme, dit Holger, qui poursuit avant que la discussion ne dégénère en dispute. Leonora a consulté le profil de Zenia sur Facebook quelques heures avant la fête du bureau. Et nous savons tous, et n'hésite pas à protester si je me trompe, que la plus ancienne méthode utilisée par une femme jalouse pour récupérer son mari est la séduction. Toute autre surprendrait. Elle vient d'acheter des sous-vêtements neufs chez Louise sur la rue Søndergade. L'étiquette figure dans le dossier. Et une robe neuve d'environ trois mille couronnes, on en a la preuve. On sait qu'ils se sont retrouvés seuls à la maison, en train de se préparer pour la fête, de se bichonner. Et nous savons encore une chose, ce qui apporte peut-être une petite tonalité comique à l'histoire.

– Comique ? »

Josefine hausse les sourcils, elle ressemble alors d'une manière douloureuse à sa mère. La souffrance ne cesse jamais. C'est comme ça.

« Papa ?

– Quoi ?

– Tu as l'air triste. À quoi penses-tu ?

– À rien. Mais écoute : nous avons pu constater que Leonora avait googlé "Comment séduire son mari ?". En anglais.

– Pourquoi en anglais ? »

Holger hausse les épaules.

« Il y a sûrement plus de conseils en anglais qu'en danois. Plus de monde, plus de trahisons, plus de femmes désespérées qui échangent leurs expériences. »

Josefine n'a pas écouté ses derniers mots, plongée dans ses pensées.

« Putain, c'est plutôt aux hommes de nous séduire, dit-elle.

– Peut-être, mais elle était désespérée. Elle avait peur de le perdre.

– Et quels étaient les conseils ? Dans ce manuel de séduction ?

– Je ne m'en souviens pas. »

Josefine lui lance un regard soudain soupçonneux :

« Bien sûr que si, papa. Tu es gêné ?

– Gêné ? Tu y vas un peu fort.

– Mais tu rougis ? demande Josefine qui rit et sort son téléphone. Je vais chercher. Je voudrais bien le savoir. Comment séduire son mari. Puisque tu es trop coincé pour me le dire.

– C'est la chaleur », prétend Holger.

Il ne se souvient pas de la dernière fois où il a rougi. Si, au deuxième rendez-vous avec Karen. Il avait été la chercher à sa résidence d'étudiants. L'une des filles qui vivaient au rez-de-chaussée lui avait ouvert la porte. Les garçons n'étaient pas admis, alors il avait attendu là le temps qu'on trouve Karen. Soudain il avait levé les yeux, il n'aurait jamais dû ! Presque à chaque fenêtre une fille l'observait. L'une l'a sifflé, toutes les autres ont ri, deux ont hoché la tête, et une fille a demandé d'une voix rauque : « Qu'est-ce que tu as de plus que les autres garçons ? » Holger avait rougi et au même moment Karen était arrivée.

« Tu es rouge comme une tomate, avait-elle dit. Tu es malade ?

– J'ai couru après le tram, avait-il répondu en essayant de faire abstraction de leur public.

– Tu ne te sens pas mal ? On dirait que tu vas t'écrouler.

– Je me sens bien. On ne pourrait pas partir, s'il te plaît ?

– Si, bien sûr. »

Josefine rit de ce qu'elle vient de lire sur son portable. Ce qui ramène Holger au présent.

« J'ai trouvé, s'écrie-t-elle. On doit aller droit au but, dire ce que l'on veut. Écrire des messages hot. Envoyer des photos de soi coquines. Et avoir un sac rempli de… OK, c'est un détail que je ne lirai pas tout haut devant mon père.

– Tu es gênée ? ne manque pas de dire Holger. Tu rougis ?

– Bien sûr que je rougis si je dois lire ça à mon père. Ça parle de sex-toys, de lingerie coquine et de mots orduriers.

– Qu'est-ce que tu croyais d'autre ?

– Un bon repas et un tour sur la plage ?

– On y parlait aussi beaucoup de parfums et de maquillage à porter tous les jours, pas seulement pour des fêtes auxquelles l'homme n'assiste pas.

– Et c'est ce qu'elle a fait ?

– On ne peut pas le savoir. Mais ses recherches sur le sujet suffisent à nous montrer qu'elle n'avait pas l'intention de se rendre sans lutter. »

Josefine approuve, continue à lire la liste des conseils susceptibles de ramener tout mari. Les pensées d'Holger prennent le large. Vers le jour où Karen a été enterrée, un jour qui contre toute attente a été gratifié d'un magnifique soleil d'automne. Parce que c'était peut-être un jour de soulagement en plus d'un jour de deuil. Karen avait si peur de mourir, elle ne voulait pas lâcher. Les attaques étaient de plus en plus fréquentes, elle tombait dans l'escalier, dans la baignoire. Malgré les hospitalisations, la douleur, elle ne voulait pas s'en aller, jamais, quelles que soient les circonstances. Personne ne sait comment les gens réagissent quand leur dernier jour approche.

Holger avait souvent vu la mort de près. Il n'était pas rare qu'au moment de leur mort les gens éprouvent soudain le besoin de confesser un crime. Ou alors un crime dont ils avaient eu connaissance mais qu'ils n'avaient jamais signalé. On recevait un coup de fil au poste de police, bonjour, mon père va mourir dans sa maison de retraite, il voudrait parler avec un policier, disait le fils ou la fille, ou un employé de l'établissement. Deux heures plus tard, Holger ou l'un des enquêteurs chevronnés se présentait au chevet du mourant. On n'envoyait jamais un jeune, cela aurait été irrespectueux. Le policier écoutait, notait les confidences à propos d'un braquage dans une banque de Hvide Sande qui s'était déroulé en 1955, de l'incendie criminel d'une ferme près de Lemvig. Des faits semblables. Jamais un meurtre, du moins pas du temps d'Holger. Cela lui rappelait combien les réactions des gens face à la mort sont différentes. Certains renoncent, certains confessent, certains regrettent. Et certains paniquent, ce qui était le cas de Karen.

Holger n'avait jamais vu quelqu'un avoir tant peur, cela perturbait beaucoup les filles et rendait le chagrin infini. Mais on n'y peut rien, il est difficile de gérer une situation à laquelle on n'a pas eu l'occasion de s'entraîner. On a une seule occasion d'affronter la mort la tête haute. Holger est certain que Karen a essayé, mais les médicaments ne servaient à rien, tout ce que les médecins avaient injecté dans son corps pour atténuer la douleur, tout était si pénible, les paralysies, elle avait subi un enfer avant de trouver la paix.

Ce jour. En automne. Avec du soleil. Mort et soulagement mêlés. Ensuite ce fut l'hiver, un hiver sans fin, jamais fini pour Holger. Il regarde les nuages, le parking, les dunes. Le drapeau vert gonflé par le vent. Une famille arrive, les enfants sautent de la voiture, c'est un samedi sur la plage.

« Où es-tu parti, papa ? »

Josefine lui tapote la main.

« Je suis là, dit-il en souriant. J'en suis à la fête.

– Quelle fête ?

– Il y a un fait dont nous sommes sûrs, c'est que Leonora et Christian sont allés le soir ensemble à la fête de l'entreprise de Christian.

– Ah, les hommes, fait Josefine en hochant la tête.

– Qu'est-ce que tu veux dire ?

– De vrais salauds. Emmener Leonora à cette fête après avoir couché avec sa maîtresse sur le chantier.

– Des salauds ? Je ne sais pas.

– Tu ne sais pas ?

– Ce n'est pas facile d'être dans ce monde, Josefine, dit Holger. Pas facile d'être Leonora, pas facile non plus d'être Christian. Que faire quand l'amour est mort ? On devrait se mettre d'accord au début de la relation.

– C'est un peu cynique. Vous l'avez fait, maman et toi ?

– Nous n'en avions pas besoin.

– C'est ce que tout le monde pense, papa.

– Justement. On le pense tous, dit Holger. Mais si on le faisait, si on disait : je t'aime maintenant, plus que tout au monde, mais un jour, si je ne t'aime plus, ou si tu ne m'aimes plus, et cela n'arrive presque jamais en même temps, mais si l'un de nous découvre que l'amour est mort, alors ce n'est pas grave.

– C'est un contrat impossible. Cela dépend de la façon dont ça arrive. Comment on en arrive à ne plus aimer.

– On arrête d'aimer comme les gens arrêtent toujours d'aimer. Quand on rencontre quelqu'un d'autre. »

Josefine secoue la tête.

« Je ne suis pas d'accord. On peut s'en rendre compte. Si on n'aime plus. Il y a une façon correcte de se séparer : dire à son partenaire qu'on sent qu'il s'est passé quelque chose, qu'on commence à s'intéresser aux autres. Un mariage ne doit pas forcément finir par un adultère. »

Holger sourit. C'est la Josefine qu'il connaît. Idéaliste. Elle attend des gens plus que la nature humaine ne peut donner. Elle exige ce dont les gens sont rarement capables. Que le monde traite subitement la nature correctement. Que nous disions à nos femmes, nos maris, nos petits amis que nous en désirons d'autres.

« En tout cas cela épargnerait beaucoup de travail à la police, dit-il. Plus d'un crime sur trois au Danemark est causé par la jalousie.

– Je ne comprends pas. C'est Leonora qui est jalouse, mais c'est Christian qui la tue. Ç'aurait dû être le contraire ? Pourquoi ?

– Elle est devenue une menace, dit Holger.

– Une menace ?

– Tout s'est joué le soir de la fête. Leonora voit quelque chose qu'elle n'aurait jamais dû voir. C'est toujours la même histoire quand l'amour finit dans la violence. L'un des deux surprend l'autre en plein adultère. Ou lit un SMS. Ou voit une photo. Une preuve qu'on ne peut plus ignorer. Quelque chose qui brûle la rétine, quelque chose qui fait si mal qu'on le ressent comme une terrible violence.

– Que voit donc Leonora ? »

Holger respire profondément. Ce soir-là l'a obsédé plus que tout autre soir.

13

Son visage. Celui de cette Zenia Nor. Leonora l'a devant elle quand ils arrivent à Holm Constructions. Elle en est obsédée. Est-ce la maîtresse de Christian ? Sur le parking, elle prend la main de son mari : une main tiède, un peu moite. Une pensée la frappe : cela fait presque un an qu'elle n'est pas venue ici. Avant, elle passait souvent après avoir déposé Johan à l'école, une fois toutes les visites médicales matinales à l'hôpital de Skejby terminées.

« Avez-vous fait quelque chose à la façade ?

– Nous l'avons seulement passée au karcher.

– Tu ne me l'as pas dit.

– Si, j'en suis sûr. Tu ne crois pas que le vieux Marius serait content ? »

Question purement rhétorique. Marius Hansen était mort depuis longtemps. C'est lui qui avait construit les vieilles filatures de Vejle. L'entreprise de Christian les avait transformées. L'ancienne usine s'était muée en locaux modernes qui abritaient beaucoup d'entrepreneurs, des gens qui, comme Peter et Christian, pensaient que ce sont les petites entreprises créatives qui changeront le monde. Leonora avait beaucoup entendu parler de la rénovation du lieu. Du bâtiment qui abritait la chaudière, des vieux halls, des verrières, tout ce qui rappelait l'époque industrielle. Christian peut développer ce sujet pendant des heures. Il aime l'idée du temps qui passe, des périodes de crise et de grandeur, des avancées humaines qui substituent à l'industrie lourde des solutions écologiques subtiles.

« L'architecte vient ce soir ? demande Leonora alors qu'ils entrent.

– Qui ?

– Celle qui vient de chez Gaia… comment ?

– Gaia Architectes.

– Oui. Elle sera là ?

– Je ne sais pas. C'est un peu informel. Sans invitations. Pourquoi ?

– J'aimerais bien lui dire bonjour », dit Leonora en l'observant. Pas de réaction. « Elle est gentille ? »

Christian la regarde. Que dit son regard ? De la culpabilité ? De l'amour ? Il hausse les épaules.

« Je n'en sais rien. Je trouve qu'elle s'est bien débrouillée. Tu le sais, il y a toujours des problèmes et des conflits quand on bâtit en grand. »

*

Leonora ne se sent pas toujours bien dans les fêtes. Elle connaît bien sûr Peter. À une certaine période, Peter était presque un deuxième père pour Johan, ils lui doivent beaucoup. Quand Leonora essayait de le remercier, il refusait toujours ses remerciements, c'est la famille, répondait-il. Mais ce n'est pas seulement la famille, Peter est très attaché à Johan, il l'aime énormément. Par ailleurs Leonora a aussi une famille, une sœur en tout cas, mais elles n'ont jamais été très proches.

Christian échange quelques mots avec des jeunes qui allument des flambeaux ; bien qu'il fasse encore jour, la nuit n'arrivera pas avant deux heures. Leonora sent l'habituel petit pincement désagréable quand elle est à une réception, Christian est différent. Il est ouvert et charmant. En société, Leonora, elle, est réservée de nature. Peut-être est-ce ainsi que la musique a pris possession de sa vie ? Une sorte de défense contre les autres, contre la réalité ? D'autres filles semblables à elle se réfugiaient toujours dans la bibliothèque. Disparaissaient dans les livres, s'évadaient dans des rêves. Pour Leonora, rêver ne suffisait pas. Elle voulait partir vraiment. Et le violon était la clé du monde extérieur à Mors.

Elle se rappelle le jour où pour la première fois elle a pris conscience de son talent. Elle devait jouer à l'école de Bjergby. Dans la nouvelle aula, devant les parents et les professeurs. Les élèves de troisième avaient présenté *Jeppe sur la montagne*, un classique de Ludvig Holberg. Mick interprétait Jeppe. Mick, qui deviendrait le premier amour de Leonora. Mais ils ne le savaient pas encore à cette époque – ce soir de printemps dans les années 1980, où Mick s'était réveillé dans le lit du baron et où Leonora jouait une heure plus tard un morceau de *L'Oiseau de feu* de Stravinsky.

C'était la première fois qu'elle jouait devant un vrai public, avant c'était devant sa mère et sa sœur, ou d'autres de l'école de musique. Mais pas ce soir-là, là, elle était sur scène, accompagnée au piano par Mlle Søndergaard. L'idée de jouer du violon lui était venue grâce à la télévision. Un soir où elle était seule avec sa sœur, parce que leur mère travaillait de nuit. Elle se souvient qu'on avait diffusé un clip très court en noir et blanc. Cela avait été pour elle une révélation. La jeune prodige coréenne Kyung avait interprété un petit extrait de *L'Oiseau de feu.* Des tonalités originales, Leonora n'en avait jamais entendu de semblables auparavant. C'était comme si la jolie petite fille coréenne jouait avec l'âme de Leonora, comme si l'esprit de Leonora devenait l'instrument. Quelque chose s'était enclenché en elle. Des vibrations dans son corps. Elle avait supplié sa mère de lui acheter un violon, ce qui n'était pas du tout dans leurs moyens. Si Leonora devait être reconnaissante de quelque chose à sa mère, c'était bien de ce violon.

Après quelques jours de pratique, Leonora avait remarqué combien elle savait faire jaillir des tonalités du violon. Combien la musique habitait l'espace entre les gens, une force invisible à laquelle elle avait accès, et combien elle pouvait faire descendre des sons du ciel et les faire sortir de ce petit instrument pour que les autres puissent aussi les entendre. Elle s'entraînait sans répit, voulait jouer *L'Oiseau de feu* aussi bien que Kyung. Et elle y était parvenue, sans faire une seule faute, ce soir-là à l'école. Les parents ne s'étaient pas levés au début, ils avaient applaudi à la fin du morceau, mais étaient restés assis. Leonora allait faire la révérence quand une mère qu'elle ne connaissait pas avait réagi spontanément. Leonora avait remarqué que cette femme s'était surprise elle-même mais qu'elle n'avait pas pu s'en empêcher, elle s'était levée, et trois ou quatre autres personnes l'avaient tout de suite imitée, et finalement tout le monde avait suivi et était resté debout.

Mlle Søndergaard pleurait quand elle l'avait retrouvée dans le local de musique. Elle avait pris Leonora dans ses bras et l'avait appelée son petit oiseau de feu. Elle lui avait dit qu'elle avait un don, elles étaient alors assises sur la petite banquette dure du piano. Dit que Leonora devait s'en servir. Utiliser son talent. Ne pas le faire serait un crime. Elle devait maintenant se dépêcher de rejoindre sa mère, celle-ci devait être si fière d'elle. Leonora avait souri, elle ne lui avait pas dit que sa mère n'était pas là, elle était de garde de nuit à l'hôpital.

Pourquoi pense-t-elle à cette soirée maintenant ? Au passé ? À tout ce qu'elle a laissé derrière elle ? Parce qu'elle a peur de perdre Christian ? Elle éprouve la sensation diffuse que le passé la rattrape. Mais la peur est bien là.

Avant d'entrer, Leonora s'arrête et tripote ses chaussures à hauts talons, laisse à la porte le souvenir de sa professeure, bien qu'elle lui doive… tout. Elle devrait penser à elle plus souvent.

« Il y a quelque chose qui ne va pas ? lui demande Christian.

– Mes chaussures », dit-elle brièvement.

Elle ne dit pas à quel point ces chaussures à hauts talons lui font mal aux pieds, qu'elle aurait pu croire qu'était bien fini le temps où elle devait porter tous ces artifices grossiers des femmes, les talons aiguilles, ces chaussures qui ressemblent à un tremplin olympique de saut à ski, du rose à joues et des faux cils interminables pour pouvoir regarder Christian comme Lady regarde Vagabond.

« Tu es prête ? » lui demande-t-il avec un peu d'impatience.

*

Le bruit du métal contre le verre rappelle à Leonora les minutes intenses dans la fosse d'orchestre, la concentration dans l'attente du coup de baguette du chef sur son pupitre. Elle regarde le chef d'orchestre de son destin, Christian. Il repose son verre de vin sur la table pour avoir les bras libres et pouvoir faire ses grands gestes habituels quand il prononce des discours.

«Juste quelques mots, de la part de Peter et moi», dit-il en regardant Peter.

Leonora cherche Zenia dans la foule, il y a bien cent personnes, peut-être même plus ? Le verre à la main, les gens écoutent les deux frères. Peter est en train de parler. Elle n'a pas l'air d'être là. Quel soulagement. Elle s'est peut-être trompée, Christian n'a pas paru gêné quand Leonora lui a demandé si elle serait là, peut-être un peu irrité, comme il l'est toujours envers les architectes, surtout les paysagistes, ceux qui ont pour mission de créer des espaces extérieurs en harmonie avec les bâtiments. Ils font leur propre show, a-t-il coutume de dire à leur sujet. Il avait l'air d'être dans ce genre de disposition envers Zenia. Peut-être, comme il le dit, est-il seulement épuisé. Leonora en est à ce stade de ses pensées quand elle l'aperçoit. Tout près, presque dehors, vers la partie vitrée. Elle est comme sur les photos, contrairement à beaucoup. Photoshop a créé un abîme entre l'image de soi dans l'univers numérique et la réalité. Mais pas pour elle, elle est peut-être encore plus belle en vrai. Cette expression dans ses yeux, quoique Leonora ne les ait entrevus qu'un instant au moment où elle s'est tournée pour chuchoter quelques mots à l'homme derrière elle. Pendant que Peter fait des éloges du travail commun de tous, Leonora recule doucement de quelques pas, traverse la foule en s'excusant vaguement et se glisse par-derrière.

« Amis, collaborateurs, investisseurs, connards », dit Christian, succédant à Peter.

Les gens rient, certains applaudissent, Leonora profite du brouhaha pour se rapprocher de Zenia.

« Écoutez… j'en suis sûr, le monde doit changer. Nous devons adopter de nouvelles et différentes façons de vivre si nous voulons qu'il y ait encore un monde dans cent ans. Des changements vont se faire dans des lieux attendus et inattendus. Mais c'est Zenia qui nous a convaincus, Peter et moi… deux hommes d'un certain âge, un maçon et un ingénieur qui savent tout de même comment construire une maison… qu'avant tout c'est la façon dont nous travaillerons l'espace qui sera la locomotive du changement espéré. »

Leonora est juste derrière elle quand Christian mentionne son nom, elle l'observe, sa nuque, ses cheveux relevés, la montre à son poignet.

« Elle nous a convaincus qu'un institut comme celui que nous construisons pour la commune peut être autonome, avec une énergie neutre en CO_2. Que les eaux de pluie peuvent être recueillies et réutilisées, que les eaux usées peuvent être purifiées dans un système bio et réutilisées elles aussi. Que chaque matériau employé peut être rendu à la nature une fois que la maison est construite. Zenia, viens ici que l'on t'applaudisse. »

Leonora se recule rapidement, se cache derrière un des épais piliers en béton. Le premier mot qui lui vienne à l'esprit en voyant Zenia, c'est : *différence*. La différence entre elles deux, Zenia et Leonora. Différence de couleur, Leonora est brune, Zenia est blonde. Leonora est mince, son adversaire est ronde. Différence de façon de s'habiller, Leonora est classique, robe noire de chez Hilfiger d'une coupe inspirée des années 1950, les habits de Zenia semblent sortis tout droit d'une boutique de la Croix-Rouge. Une courte jupe en crochet rayée dans des couleurs méridionales, bleu azur, jaune sable et vert olive. Est-ce à la mode en ce moment ? Des sandales, un collier de petites perles fines enroulé deux fois autour de son cou qui lui descend jusqu'au ventre et qui se balance entre ses seins. A-t-elle un soutien-gorge ? Non, juste un top – comme si elle avait enfilé un truc en vitesse après un plongeon dans la mer.

Il y a une féminité brute dans sa façon de se mouvoir quand elle rejoint Christian. Un naturel et une décontraction sexy. Zenia tend la main à Christian, avec affectation, pense Leonora. Elle se met près de lui, on croirait la cérémonie des oscars. Leonora s'attend presque à ce que Zenia remercie sa mère et son père et fasse l'éloge des autres nominés en luttant contre les larmes. Pour l'instant c'est plutôt Leonora qui lutte contre les larmes. Cherchant à se dire que ce n'est que le produit de son imagination. Toutes les années avec Johan, l'angoisse de le perdre, pèsent lourd, tout comme ce sentiment de dévalorisation qui augmente après tant d'années à être mère au foyer dans une société qui admire la carrière des femmes. Tout cela lui fait soudain nourrir de vilaines pensées à l'égard de Christian.

*

L'orchestre de jazz est composé de grands garçons coiffés de chapeaux melon, à peine plus âgés que Johan, sûrement des étudiants du conservatoire de jazz. Mais ils sont bons, leur jeu de swing évoque le jazz de La Nouvelle-Orléans, ils vont bien avec les invités, les conversations, les rires.

« Leonora ! » Peter l'appelle du bout du bar, se fraie un chemin parmi les invités. « On ouvre la danse ? Viens !

– Les premiers ?

– Les jeunes n'osent pas », dit Peter.

Leonora remarque Zenia derrière Peter, elle est en train de partir.

« Allez, viens ! fait-il en la prenant par le bras.

– Et Anne-Sofie ? » demande Leonora.

À la façon dont il secoue la tête, elle comprend qu'Anne-Sofie est déjà du passé, soit elle est partie furieuse, soit Peter s'est éclipsé sans un mot – comme la rosée de l'été. Son amour des femmes a toujours dépendu des saisons, Anne-Sofie était mignonne mais c'était une petite amie pour l'hiver, et maintenant le soleil brille.

« Viens, Leo.

– Pour la prochaine danse, je ne connais pas celle-là.

– Tu me le promets ?

– Je te le promets, dit Leonora en élevant la voix pour couvrir la musique. Je vais juste prendre l'air. »

Elle dégage avec douceur son bras de l'étreinte de Peter et suit Zenia. La porte ouvre sur une petite cour intérieure derrière les vieilles filatures. On y a allumé des brasiers dans des petits tonneaux. Zenia fume avec d'autres jeunes. Tiens ! Encore une différence. L'âge. Leonora est vieille, elle ne l'était pas la veille, c'est venu par comparaison avec l'autre. Avec celle qui est en train de rire de ce que l'un des jeunes gars lui dit. Leonora voudrait se rapprocher, entendre ce qu'elle dit, mais comment ?

« Excusez-moi, je peux avoir une cigarette ? » Leonora regarde l'homme un peu plus jeune qu'elle, un beau gars aux attitudes un peu féminines. « Merci », dit-elle quand il sort son paquet.

Elle glisse une cigarette entre le pouce et l'index. La dernière fois qu'elle a fumé remonte à vingt-cinq ans, dans une occasion où elle s'était sentie à peu près aussi désorientée qu'à cet instant.

Zenia se tient près d'un des petits brasiers. Les différences se bousculent à la pelle : elle boit de la bière à la bouteille, Leonora n'en boit jamais et certainement pas à la bouteille. Son profil, son nez, joli, un peu retroussé, des faux cils, peut-être, peut-être pas, difficile de voir dans la lueur du brasier, la lumière change sans arrêt, vivante. Leonora a très envie de partir. Mais une force la pousse à s'approcher.

« Excusez-moi, vous avez du feu ? »

Zenia lève les yeux. Capte une seconde le regard de Leonora.

« Oui, bien sûr », dit Zenia en ouvrant son sac, lequel a l'air fait main en étoffe grossière.

Rien dans les yeux de Zenia ne révèle qu'elle sait qui est Leonora. Elle sort un zippo argenté, une flamme surgit, qui fait sursauter Leonora.

« Merci, dit Leonora.

– Nous nous sommes déjà rencontrées ? demande Zenia. Excusez-moi, mais il y a tellement de nouvelles têtes ce soir.

– Je m'appelle Leonora. Je suis la femme de Christian.

– Ah, alors nous ne nous sommes encore jamais rencontrées, je crois, dit Zenia en lui tendant la main, une main douce, encore froide d'avoir tenu la bouteille. Vous devez être fière de lui. Tout ça… »

Zenia écarte les bras.

« Oui, très. Je suis fière de toute ma famille », dit Leonora.

La fumée lui donne presque mal au cœur.

« Christian est très courageux, dit Zenia. La plupart des entrepreneurs ne pensent qu'à l'argent. »

Les deux femmes sont proches. Leonora constate à nouveau son apparence naturelle. Zenia ne porte pas de maquillage. Et bien qu'elle ait des nuances de roux dans les cheveux, sa peau est pourtant bronzée par le soleil d'été. Quelqu'un l'appelle. Cela laisse le temps à Leonora d'étudier franchement sa concurrente, de la détailler. Son cou, qui est beau, ses oreilles, il y a bien quelque chose de laid à quoi elle puisse s'accrocher pour espérer ? Le menton fendu, peut-être, ce n'est pas aussi beau chez une femme que chez un homme. Mais c'est très léger, son sourire est si large et si communicatif que le regard ne se porte pas plus bas.

« Je dois vous laisser... » Zenia sourit, indique du regard celui qui l'appelle. « C'était sympathique de vous rencontrer », dit-elle.

Leonora observe Zenia qui retourne à la fête dans la salle. S'est-elle sauvée ? Loin d'elle ? La maîtresse qui a rencontré l'épouse et qui n'a pas pu supporter sa vue ?

« Puis-je vous débarrasser de votre verre ? » demande une jeune serveuse qui est sûrement une connaissance de Peter.

Leonora pose son verre sur le petit plateau. Elle se sent complètement perdue dans cette fête. Si elle était obligée de faire la conversation, elle parlerait de musique, d'oreille, *d'écoute*. Elle jette sa cigarette dans le brasero et retourne à l'intérieur. Peter la repère et l'entraîne sur la piste malgré ses protestations. Heureusement, deux autres couples s'y trouvent aussi. Au début elle ne reconnaît pas la chanson, puis cela lui revient, c'est un extrait du *Livre de la jungle*, le chant des orangs-outangs... *être un homme comme vous...* C'est tout Peter, Leonora le voit à son expression, il la fait tourner, il presse fièrement son petit ventre contre elle tout en braillant la chanson. C'est contagieux, les gens rient, l'orchestre se réveille, c'est le rôle des musiciens de faire écho, ils doivent créer un lien avec les gens, ils doivent sentir leur adhésion, leur recueillement ou leur joie, comme à cet instant quand la musique enfantine du film de Disney envahit la piste ; *Oh, obee doo, je voudrais marcher comme vous...* Leonora rit, ils manquent de tomber, le trompettiste entame un solo, il y a de plus en plus de personnes sur la piste, ils sont entourés par la danse et les gesticulations. Et les pensées. Elle voudrait être comme elle. Comme Zenia. Une fille comme elle, aimée par celui qu'elle va perdre.

*

Peter, l'alcool et la danse ont un peu amélioré son humeur. Il faut oublier, endormir ses sens, est-ce qu'elle a beaucoup bu ? Deux mojitos. Pas plus ? Mais ils étaient forts, elle est un peu étourdie en tout cas. Quelle heure est-il ? Un peu plus de 23 heures, c'est maintenant possible de s'éclipser. Elle ne voit Christian nulle part, seulement elle, la belle architecte à l'autre bout de la pièce. Zenia est en train de monter l'escalier qui conduit au bureau de Peter et Christian. Leonora l'avait presque oubliée, s'était convaincue qu'il n'y avait rien. Que tout le monde a bien le droit d'avoir un petit flirt, mais là, la vue de Zenia rallume tous les mauvais sentiments, tout ce qu'elle ne parvient pas à contrôler. Leonora traverse la pièce avec difficulté, évite la piste de danse, longe les verrières, croise la femme de ménage qui arrive pour nettoyer les bureaux avant qu'il ne fasse jour et que tous les gens affairés et ambitieux de la ville n'y fassent irruption. Vite, elle monte l'escalier, atteint la porte par laquelle Zenia est entrée.

Elle est fermée à clé. Où est-elle passée ? Leonora redescend l'escalier, cherche la femme de ménage. La voilà. Elle s'éloigne de la fête, se dirige vers les salles de conférences et la cantine.

« Excusez-moi. »

La femme, originaire du Moyen-Orient, est plus jeune que Leonora mais son visage est fatigué. Elle porte un voile, esquisse un petit sourire.

« Oui ?

– Avez-vous le passe pour le premier étage ? » dit Leonora en s'étonnant que le personnel de nettoyage soit déjà là. Mais si cette frêle femme voilée doit nettoyer tous les bâtiments des filatures, elle a intérêt à commencer tôt pour y parvenir. « J'ai oublié mon manteau là-haut, c'est possible d'y aller ? Je suis la femme de Christian Holm. » Leonora ne peut s'empêcher d'appuyer sur le mot « femme » On a le respect de la famille au Moyen-Orient. « Avez-vous le passe ?

– Je ne sais pas… »

Leonora l'interrompt, elle ne lui laisse pas le temps de dire que cela l'ennuie et qu'elle ne peut pas.

« J'ai oublié votre nom. Je vous ai déjà vue.

– Ozül », répond-elle en sortant la carte.

Leonora monte l'escalier derrière elle.

« Merci, Ozül. Rappelez-moi, le passe marche pour les bureaux ? »

Une hésitation, puis elle secoue la tête.

« Seulement pour cette porte. »

Dans la lumière crue du couloir, Leonora perçoit toute sa fatigue. Cela lui rappelle sa propre mère. Les gardes de nuit. Les heures que passait Leonora au violon, sa sœur qui lui criait d'arrêter.

« Vos enfants sont seuls à la maison ? » demande Leonora.

La question les prend de court toutes les deux.

« Ma sœur est là », dit Ozül.

Leonora sourit, lui met la main sur l'épaule.

« Merci beaucoup. »

La porte se referme, la musique s'estompe. L'escalier est l'ancien modèle original en fonte, il fait du bruit quand on le gravit. Leonora enlève ses talons aiguilles et monte lentement. Elle s'arrête sur la dernière marche et tend l'oreille. Rien, la musique est lointaine, devant elle l'escalier qui mène aux bureaux, celui de Christian à côté de celui de Peter, celui de la comptable, des ingénieurs et de deux juristes dont Leonora n'a jamais pu retenir les noms, Steen et Ralf, ou Søren et Roar. Leonora songe à appeler Christian. À lui annoncer son arrivée s'il est là. Quelque chose la retient. Elle a vu Zenia il y a peu de temps, maintenant elle a disparu. Pourtant elle n'aime pas trop avancer dans le couloir, pieds nus, ses chaussures à la main, elle les tient par les brides. Elle ne se souvient plus de la dernière fois où elle s'est faufilée de cette façon. Enfant, peut-être, ou quand Johan était petit et venait de s'endormir. L'écran de veille d'un ordinateur de la comptabilité passe du vert au jaune. Les couleurs sont projetées sur la fenêtre et la paroi vitrée qui sépare deux bureaux voisins. Leonora n'a jamais compris ce choix de verre entre les bureaux. Transparence, ouverture, ce type de clichés. Peut-être parce qu'elle est une violoniste habituée à passer des heures à s'exercer dans des locaux isolés aux murs épais, pas question de transparence, seulement la solitude et les sons.

Un bruit derrière elle, un morceau de jazz pop qu'elle a déjà entendu à la radio. Une de ces jeunes Américaines qui chantent constamment le sexe, qu'elles ont embrassé d'autres filles et qu'elles se sont fait baiser pendant toute la nuit.

Un son.

Une tonalité métallique, un objet qui tombe au sol. Comme des clés, ou quelque chose de plus petit. Ça vient du bout du couloir. Elle devrait appeler. Crier son nom dans l'obscurité. *Christian*. Son appui dans la vie. Comme elle l'avait été pour lui. *Sa sécurité.* Son nom est synonyme de sécurité. Elle devrait repartir. Déguerpir, il reste seulement deux bureaux, elle est sûre d'avoir vu Zenia monter. Le bureau de Peter est le plus proche, un peu plus grand que celui de Christian, mais ce dernier a une plus belle vue sur les halles. Un détail caractéristique de la différence entre les deux frères. Christian préfère avoir moins mais plus beau, Peter est plus pragmatique, meilleur pour faire rentrer l'argent, une belle vue on l'oublie facilement. Comme si leur défunt père, le vieux maçon, avait divisé son talent en deux. Lui, il cumulait les deux talents, à la fois construire de belles villas pour les membres du Rotary club d'Herning et faire carrière en s'enrichissant à la tête de nombreux employés. Leonora voyait leur père dans les deux frères, mais elle remarquait surtout leurs différences. En revanche ils l'avaient tous deux surpassé, Christian en devenant un grand ingénieur plus visionnaire que son père, capable de s'entourer des plus grands architectes, et Peter un homme d'affaires plus doué que son père et plein de réussite, qui gérait tout l'argent. Cela lui aurait sûrement plu, au vieux, au patriarche.

Encore. Ce bruit, du métal qui racle, on dirait le sabot d'un taureau qui gratte le sol avec impatience avant de se jeter sur le matador vêtu de rouge. Leonora se cache instinctivement dans le bureau de Peter. La seule lumière qui l'éclaire provient des vieilles vitres en fer forgé qui le séparent du bureau de Christian. Pas de Zenia dans le bureau de Peter, elle aurait pu y oublier son manteau, son sac, toute cette jalousie aurait pu n'être que le produit de l'imagination de Leonora.

Leonora hésite, deux ou trois pas seulement la séparent de la paroi de verre et d'acier, quelque chose comme les fenêtres d'une étable ancienne, tout ce que les deux frères aiment à mettre en valeur. Elle la sent qui l'envahit. Cette angoisse. L'angoisse de perdre. De perdre un monde familier. Pourtant elle avance.

C'est Zenia qu'elle voit en premier. Sa nudité, une nudité sans gêne, dorée par le soleil, aucune marque de bikini, ses seins qui ne pendent presque pas, bien qu'elle soit penchée en avant le dos tourné vers Christian. Leonora voudrait hurler, mais le son reste coincé dans sa gorge. Les deux mains de Zenia sont posées sur le bord de la table. Une petite culotte tire-bouchonnée en soie rouge gît sur le sol un peu plus loin, comme une mare de sang. Son top pend sur une chaise. Christian est debout derrière elle, le pantalon aux genoux, la chemise même pas déboutonnée. La boucle de sa ceinture racle le sol, c'est elle qui fait ce bruit. Christian ferme les yeux et les rouvre plusieurs fois, il la prend avec brutalité, d'une main il lui tire les cheveux, de l'autre il lui écrase les deux seins à la fois, de gros seins, plus gros que ceux de Leonora. Elle secoue la tête, un mouvement animal, comme un cheval que l'on dresse, un cheval qui ne veut pas. Il y a de la souffrance sur son visage. Ses yeux sont fermés.

Leonora entend un petit ploc, elle a laissé tomber une de ses chaussures. Est-ce ce bruit qui pousse Zenia à ouvrir les yeux ? Et à voir Leonora ?

Zenia la regarde. À travers la paroi de verre. Leonora sent leurs regards se rencontrer à mi-chemin, son cri grandir dans sa gorge, y rester bloqué, menacer de l'étouffer s'il ne sort pas. Mais aucun son ne sort. Zenia la regarde toujours. Elle ne fait rien pour détourner son regard, rien pour le cacher, pour s'excuser, regretter. Elle est bien trop plongée dans sa jouissance. Sa bouche s'ouvre, les muscles de son cou se raidissent. Et elle le fait, Zenia. Elle triomphe, au lieu de rompre, de s'excuser, de pleurer, elle sourit à Leonora avant de fermer à nouveau les yeux et de se consacrer à son orgasme.

14

La lumière du matin n'est pas tendre pour la gueule de bois de Christian. Il a un peu trop bu hier à la fête, il n'aurait jamais dû prendre la voiture. Il n'aurait pas dû non plus rejoindre Zenia dans son bureau, il n'avait pas pu résister, l'alcool et l'amour ne sont pas bons conseillers. Il se trouve des excuses, mais il se sent mal, ce n'est pas son genre d'agir ainsi. Pas du tout.

Christian compte : depuis combien de jours n'a-t-il pas dormi ? Deux ou trois ? Les ennuis. Et aussi l'euphorie, mais surtout la mauvaise conscience, la culpabilité et le désir, un trio de sentiments puissants qui ont occupé chacun une partie de cette nuit. Le manque de sommeil se lit sur son visage, un masque qui persiste. Il espère que Kim ne le remarquera pas. Il aurait dû annuler. Avec tous ces événements, il n'a pas vraiment le temps de construire un bûcher de la Saint-Jean ce matin. Ils l'avaient planifié l'année dernière. Des voisins de la rue avaient érigé un bûcher plus grand que leur bûcher habituel, à lui et à Kim, ce qui les avait incités à prendre leur revanche. Mais l'année dernière, c'était l'année dernière.

«Je crois qu'on y est bientôt», dit Kim en se tenant les cuisses à la vue du tas de grosses branches qu'ils ont amassé.

Christian s'avance sur le ponton, retrouve son équilibre. Le plan est d'apporter les branches et les rameaux sur le ponton qui va flotter ensuite sur le fjord. À tour de rôle les associations des gens du fjord, ceux dont les maisons donnent directement sur l'eau, doivent s'en occuper et veiller à ce que le passage soit déblayé et praticable.

« On va en chercher d'autres ? » demande Kim en tendant à Christian une grosse branche de conifère.

Kim adore la compétition. Il tient à ce que le bûcher de cette année soit plus grand que jamais. Au début, Christian avait du mal à faire coïncider cette mentalité de gamin de Kim avec sa profession de médecin. Mais c'était dû au préjugé selon lequel les médecins sont des gens gentils, lui avait expliqué Kim. Il y a peu d'endroits où la concurrence soit plus âpre que dans les études de médecine. On y accepte uniquement ceux qui ont eu une moyenne de 12/12 au bac. Une note qu'ils ont obtenue de haute lutte en travaillant nuit et jour.

« On y retourne encore une fois ? demande à nouveau Kim.

– C'est plus que suffisant », répond Christian en empilant les branches que Kim lui tend.

Il n'a pas envie d'en mettre plus, le bûcher a dépassé une hauteur d'homme, ses pensées sont ailleurs, auprès de Leonora. Son état d'esprit hier sur le chemin du retour. Elle a des soupçons depuis cette histoire de téléphone. Il doit se décider à lui parler. À choisir entre les deux relations. Mais c'est difficile parce qu'il ne veut pas blesser Leonora, il tient encore beaucoup à elle.

« Ça va ? demande Kim.

– Oui, dit Christian un peu étonné. J'ai mal dormi.

– C'est à cause du merle. Il me réveille aussi. Ça sera bientôt fini, ajoute Kim en levant les yeux comme pour débusquer un ou deux oiseaux.

– Qu'est-ce qui sera fini ?

– Le merle, il ne chante que jusqu'à la Saint-Jean. À ce moment-là il aura trouvé sa merlette et il fera profil bas. Une bonne chose pour nous, on aura la paix. Viens, on refait une tournée. »

Christian le suit, ils passent devant sa propre villa, puis celle de Kim, et atteignent la clairière où les vieux conifères prolifèrent.

Il connaît Kim depuis qu'il s'est installé ici il y a dix ans. Il a mis du temps à comprendre en quoi consistait la médecine nucléaire, cela faisait penser à la bombe atomique, en outre il avait du mal à associer son voisin jovial et terre à terre à quelque chose d'aussi sophistiqué que des traitements radioactifs. Ils n'auraient pas dû s'entendre. On était loin de leurs formations respectives, entre les recherches diagnostiques en radioactivité et l'art de la construction et de l'entreprise. Mais l'amitié a ses propres raisons, et depuis le jour où Kim a garé son Audi noire sous son abri à voiture, les deux hommes sont amis. Ils parlent de tout. Du temps, de l'état des routes, de politique. Jusqu'à l'année dernière où Kim a quitté Gunvor, Leonora avait sa place dans cette amitié. Ils faisaient des barbecues tous les quatre, en été ils passaient du bon temps ensemble plusieurs fois par mois. Ces soirées comptaient beaucoup pour Christian, Leonora a toujours eu tendance à s'isoler, elle voit très peu de monde, peut même paraître timide. Mais en compagnie de Gunvor elle s'ouvrait, avec le secours d'un peu de vin ; jamais du rouge, il lui donne mal à la tête, quelques verres de blanc pour un soir d'été.

C'est fini maintenant, rien n'a été dit, mais c'est ainsi. La nouvelle amie de Kim est infirmière anesthésiste, elle a quinze ans de moins que Leonora, dix-huit ans de moins que Gunvor. Est-ce à cause de cette scandaleuse différence d'âge ou de la sympathie de Leonora pour Gunvor, la femme abandonnée, Christian ne sait pas, mais Leonora se montre froide envers l'amie de Kim. Du coup, Christian et Kim se contentent de boire une bière ensemble de temps en temps par-dessus la haie.

« Tu… Écoute. » Christian cherche ses mots. « Quand Gunvor et toi, vous avez divorcé…

– Oui ?

– Comment le lui as-tu annoncé ?
– Tu as rencontré quelqu'un ? »

Kim fait semblant d'être désolé mais le ton de sa voix révèle ses sentiments. Un élan d'excitation. À l'idée qu'il se passe enfin quelque chose dans ce quartier trop calme, qui fasse contraste avec l'organisation du lavage des vitres, la rituelle sonnerie du camion de glaces et ces ennuyeuses fêtes de voisins le dernier samedi d'août. Ou est-ce peut-être la joie de ne pas être le seul à avoir rejeté le joug du mariage ?

« Non, pas du tout, dit Christian, qui regrette de se montrer si fébrile.

– Ce n'était pas mon cas non plus, observe Kim. En fait c'est ce qu'on dit. On est obligé de le dire. C'était horrible. Pas du tout mon genre de mentir. C'était triste pour Gunvor, je ne voulais surtout pas la blesser. Mais… »

Il s'appuie contre un arbre.

« Quoi ?

– Elles s'en sortent aussi, les femmes. C'est mieux pour tout le monde de sortir d'un mariage à bout de souffle.

– Pour Gunvor aussi ?

– Ça marche pour elle. Elle va très bien, je crois.

– Super, dit Christian.

– Elle va bientôt être professeure. Elle en avait toujours rêvé. Ou… elle en avait *parlé.* Comme d'une possibilité. Tu sais quoi, Christian, dit Kim, jouant de toute évidence le rôle du sage, de l'expert en mariages pour le meilleur et pour le pire. Il faudrait juste dire les choses comme elles sont sans rien cacher. Tu as besoin d'un nouveau départ. Tout le monde en a besoin de temps en temps, dit-il en s'éloignant de l'arbre. Soyons honnêtes. Bien sûr que c'est difficile sur le moment. Il y a tellement de choses à régler et de dispositions pratiques à prendre pour la maison et les papiers. En plus, il y a beaucoup d'émotions. J'ai pleuré moi aussi. C'est comme fermer un chapitre de sa vie, mais c'est également ouvrir la porte à un nouveau. Et je te l'assure,

Christian, c'était tellement génial après. J'étais fou de joie, je sautais en levant les bras. Tous les soirs, quand je rentrais du travail. C'était comme sortir d'une prison. Ceci dit avec tout le respect que je dois à Gunvor. Cela n'a pas été facile pour elle, j'ai l'honnêteté de le reconnaître. C'était ma décision, mais elle l'a bien pris. Vu les circonstances. »

Kim se tait. Penche la tête en arrière pour capter un rayon de soleil qui se faufile entre les arbres.

« C'était comme si on te redonnait ta liberté. Comme ça.

– Qu'est-ce que tu veux dire par comme ça ?

– Comme ça, dit Kim, et il se met à sauter dans la clairière en faisant le fou avec les bras en l'air. Comme ça, Christian. Je fais ça tous les soirs depuis deux ans. Je suis ravi d'avoir tout quitté. D'avoir récupéré ma vie. Oui, oui, oui, c'est ce que j'ai crié. »

Christian ne peut s'empêcher de rire du spectacle de Kim en train de crier encore et encore le « oui » de la liberté qui résonne entre les arbres.

15

Près de la gare d'Aarhus, la circulation est aussi chaotique que les sentiments de Leonora. Le chagrin. La colère, tout ce qu'elle a envie d'exprimer, l'humiliation. L'humiliation complète. Et la perte. Leonora a perdu Christian cette nuit.

Ses pensées lui font mal, elles se bousculent, il faut qu'elle les ordonne si elle ne veut pas tomber à l'instant morte dans la rue. Quel est le pire ? Que Christian ait baisé cette femme ? Ou que Zenia s'en fichait qu'elle les voie ? Ou que tout soit perdu ? Que Johan doive vivre entre des parents séparés qui se haïssent ?

Non, c'est le regard. Son regard, à Zenia. La façon dont elle a maintenu le contact avec Leonora pendant que Christian était derrière elle et la baisait.

Un son sort de la bouche de Leonora, pas un mot, plutôt une dissonance, qui pourrait stopper net ses souvenirs, mettre fin à l'horrible tableau. De Christian, pantalon baissé, la boucle de ceinture qui racle le sol, c'est ce bruit-là qui la blesse le plus, qui déchire sa chair. Et cette… elle… cette…

« Femme », murmure Leonora. Cette femme. Qui fixait Leonora dans les yeux. La pire humiliation. Quelque chose – Leonora ne sait pas encore quoi, mais quelque chose – l'a empêchée de crier, de s'écrouler, de sombrer dans la mort ou de se jeter sur Christian. En fait, elle sait quoi. L'expérience. Elle l'a déjà ressentie. L'humiliation. Il ne faut pas réagir, sinon on perd tout. Pour l'instant, seules Zenia et Leonora savent ce qui s'est passé. Par son regard Zenia a dit : « Je suis là, je l'ai pris, que vas-tu faire ? » Leonora comprend le plan de Zenia. Forcer Leonora à réagir, à hurler, à crier, à se rendre laide, à pousser Christian hors de la maison. Hors de sa vie.

Leonora traverse au rouge, essaie de se ressaisir, juste un petit moment. Pour avoir les idées claires. Mais c'est impossible, de son oreille interne elle entend encore le bruit de sa chaussure qui tombe sur le sol. Le bruit qui fait lever les yeux à Zenia, la fait sourire à Leonora avant de retourner à sa jouissance. Leonora s'était enfuie, pieds nus. Il fallait qu'elle parte. Elle avait laissé sa chaussure. Elle se souvient à peine de leur retour à la maison, Christian conduisait, il lui a demandé si tout allait bien. Où était sa deuxième chaussure ? Qu'avait-elle répondu ? Qu'elle était fatiguée, avait mal à la tête. Elle avait pensé à sa mère. Sa mère qui avait toujours répété à ses filles que les hommes ne pensent qu'à eux. À ce moment-là, hier, dans la voiture, dans l'obscurité, face aux bandes blanches de la route qui disparaissaient au fur et à mesure que la voiture avançait, de plus en plus vite, là, Leonora avait retrouvé sa mère. Les hommes ne pensent qu'à eux. Les femmes, elles, pensent à leur famille.

Leonora s'arrête. Pourquoi là ? Devant l'atelier de Jens. Ici où, il y a bien des années, elle a commandé son premier violon avec le timbre juste qu'elle voulait. Leonora avait été, selon Jens, la cliente la plus exigeante qu'il ait jamais eue. Elle ne cessait de venir, réclamait de minuscules ajustements, il fallait repositionner le chevalet, apporter d'infimes modifications.

« Leo ? »

Jens est derrière elle, un sac de courses plein dans chaque main, les cheveux en bataille, comme toujours, plus petit que Leonora.

« Ça fait longtemps ! »

Il pose un des sacs qui se renverse et la salade roule sur le trottoir. Jens ne s'en occupe pas, tend la main à Leonora. La dernière fois qu'ils se sont vus, ils se sont fait la bise, il était peut-être un peu amoureux d'elle. Mais ce n'est pas la raison de sa venue ici. Ou peut-être que si ?

« Hello, Jens. Tu es toujours le même, dit Leonora en lui serrant la main.

– Avec trente kilos de plus », dit Jens en riant. Il regarde les mains de Leonora. « Pas de violon ?

– Non. Plus maintenant, répond Leonora.

– Tu veux entrer ? »

*

L'atelier est comme dans son souvenir. Ordonné, il y a quelque chose de sacré dans ce lieu où trônent les formes des violons, où naît le timbre. Le violoniste peut créer des tons et des rythmes, mais le timbre habite le corps du violon, le timbre vit dans le bois de l'arbre, conifère et érable, le son s'y développe avec l'âge, comme la voix humaine ; quand le vernis et le bois vieillissent lentement, le timbre devient plus doux.

« Un café ? Un client va arriver, mais ce ne sera pas long, il vient juste payer, dit Jens, occupé dans la kitchenette. À condition qu'il soit satisfait du résultat, bien sûr. »

Leonora regarde le violon en question, un travail de réparation, avec du neuf sur du vieux, elle sent l'odeur, la colle fraîche tirée de la peau de vache et le vieux bois.

« Je suis sûre qu'il sera satisfait, dit Leonora.

– Comment vas-tu ? » crie Jens de la cuisine.

Comment va-t-elle ? Drôle de question. Elle a traversé des épreuves, tout a tourné autour de la maladie de Johan. Mais il n'y a pas eu que du malheur. Johan le valait bien.

« Bien, dit-elle. Et toi ?

– La dernière fois que j'ai entendu parler de toi, on m'a dit que tu avais abandonné ta carrière. Cela m'a désolé.

– J'ai eu un enfant. Et toi ?

– Plus qu'un ! » Jens rit et se tape sur le ventre comme si c'était lui qui avait accouché. « Et maintenant ? Tu vas recommencer à jouer ? »

Leonora cherche à répondre, soit oui, soit non, se retourne et se dirige vers les rangées de violons sur les étagères à l'arrière de l'atelier pour dissimuler son visage. Jens ne doit pas voir qu'elle est sur le point de s'écrouler. Recommencer à jouer ? Jens sait bien qu'elle ne jouera plus jamais. Il suffit de deux mois sans s'entraîner pour effrayer les chefs d'orchestre. Pourquoi reste-t-elle là ?

« Tu étais si douée, Leonora, dit-il derrière elle. Une des meilleures, d'après mon expérience. Tu avais un don. » Heureusement le téléphone se met à sonner. « C'est mon client, je le fais entrer. Le café est presque prêt. »

Jens descend l'escalier en vitesse. En un souvenir éclair, Leonora se revoit vingt ans plus tôt. Elle sonnait, attendait sur le trottoir, écoutait les pas du luthier dans la cour. C'était sur son violon que Jens était resté incliné jusqu'à 3 heures du matin, avait testé les vibrations sur le manche, installé de nouvelles cordes, travaillé sur ce timbre précis que Leonora avait dans la tête, un écho de la création du premier son de l'univers, un ton grave comme celui que des milliers de bouddhistes célèbrent en chœur, comprimé à l'intérieur du corps du violon, ou comme celui d'une ruche qui bourdonne de vie. C'est ainsi que le son doit résonner d'un simple pincement de la corde sol.

« Voici la relève », dit Jens derrière elle.

Leonora se retourne et observe le jeune homme, il est grand et porte une écharpe rouge rhubarbe autour du cou. Leonora lui sourit en lui tendant la main, il se présente comme Michael. Il y a bien une chose qui ne lui manque pas dans ce métier : les musiciens ont toujours peur d'attraper un rhume, une toux sèche ou un nez bouché, qui échapperait à leur contrôle dans la fosse d'orchestre, un soudain éternuement irrépressible, le nez qui se mettrait à couler pendant un solo.

« Leonora a été la plus talentueuse violoniste de son époque, dit Jens en la désignant.

– Oh, arrête, Jens. Faites comme si je n'étais pas là.

– Leonora ? » demande Michael en rejetant un des pans de sa longue écharpe sur son épaule. Un excentrique, pense Leonora. Mais c'est bien, c'est difficile mentalement de jouer devant des centaines de personnes, beaucoup de musiciens se rassurent avec les archétypes qu'offre l'habillement : chapeau ridicule, grande écharpe éclatante ; les musiciens de rock se cachent derrière des lunettes de soleil, cela ne marcherait pas dans un orchestre. « Leonora Harding ?

– Cela fait longtemps qu'on ne m'a pas appelée comme ça.

– C'est vous qui avez fait construire la salle de concert ? On raconte encore beaucoup d'anecdotes sur vous, comment vous... » Il rit... « Est-ce vrai que vous avez fait changer le tissu de toutes les chaises parce qu'il gâchait l'acoustique ?

– Au contraire, je les ai fait tapisser. Avant les dossiers étaient en bois nu, cent cinquante chaises, elles renvoyaient le son, elles gâchaient tout.

– C'est une salle de concerts merveilleuse. On parle encore de vous.

– Je suis heureuse que l'on ne m'ait pas oubliée.

– Vous ne jouez plus ? » demande Michael.

Jens l'interrompt :

« Du café ? Essaie mes nouveaux violons, Leo. J'insiste, pendant ce temps-là je dépouille ce jeune homme de toutes ses économies. »

Leonora remarque le regard du jeune sur elle. Pourquoi arrêter de jouer quand on a son talent ? Il ne comprend pas, personne ne comprend. Ce que l'on éprouve à lutter pour un enfant, pour sa survie, pendant tant d'années. Zenia Nor. Elle n'a pas idée de ce qu'elle détruit, a déjà détruit.

Leonora voit son propre reflet dans la surface d'un des nouveaux violons. Elle est vieille. Elle l'a découvert hier, et on le lui rappelle aujourd'hui, et chaque jour qui va suivre, maintenant qu'une jeune va prendre sa place. La chasser. Voler ce qui lui appartient, sa famille.

Leonora est seule dans la réserve avec le matériel de Jens, des instruments à moitié finis, trois violoncelles. Elle entend les voix des deux autres à côté. Jens explique ce qu'il a fait, il procède toujours ainsi, minutieusement, il décrit chaque pièce enlevée et remise, un exposé consciencieux. Leonora prend un violon. Son doigt touche prudemment la corde sol. Est-ce qu'il sonne comme des milliers d'abeilles qui ont aspiré le meilleur de l'été ? Leonora n'est pas sûre de pouvoir encore l'entendre, peut-être qu'elle a perdu ce talent, maintenant elle est seulement capable d'entendre le bip de l'électrocardiogramme de l'hôpital quand Johan avait sept ans, pendant ces mois terribles où elle n'a pas dormi pendant trois nuits de suite, allongée, épuisée, près de son petit corps, surveillant sa respiration, écoutant la machine au bout de son lit qui faisait la même chose.

« Stop », murmure-t-elle, cela ne sert à rien de se tourner vers le passé. Il faut avancer, se dit-elle, elle place le violon sous son cou, laisse l'archet en crin de cheval toucher les cordes. Leonora est sur le point de faire jaillir le son de l'instrument quand Michel la devance en essayant son instrument dans la pièce d'à côté, un morceau de Brahms. Il est bon, joue avec la passion de la jeunesse, elle s'en rend compte. Jens n'a pas exagéré quand il l'a appelé la relève. Il exprime de la passion, de la souffrance ; un violoniste doit éprouver de la souffrance.

*

Leonora se sauve. C'était une erreur de venir ici. Pourquoi a-t-elle voulu voir Jens ? Pour vérifier qu'elle ne savait plus jouer, qu'elle avait perdu son talent ? Ou pour voir s'il y avait encore un homme qui s'intéressait à elle ? Quelque part. Tout le monde le fait, une des femmes du quartier lui a raconté qu'un jour un ancien petit ami de sa jeunesse lui a téléphoné. Un homme mûr avec un énorme ventre qui venait juste de divorcer et qui téléphonait désespérément à toutes les femmes qu'il avait connues dans une autre vie. Leonora n'avait personne à qui téléphoner, seulement Mick. Mais il était mort, c'était horrible, après lui plus rien. C'était comme si elle n'avait fait qu'attendre Christian. Une attente qui avait commencé quand son père était parti, et fini quand Christian était entré dans sa vie.

« Leo ! »

Elle se retourne. Jens se penche par la fenêtre.

« Tu pars sans dire au revoir ?

– Je reviens », ment-elle.

Tout lui semble actuellement un mensonge, Christian, ce qu'ils ont traversé ensemble, leur réconfort mutuel. L'amour, tout. Mensonge.

« J'ai dit quelque chose de mal ? demande Jens.

– Pas du tout ! Ça m'a fait plaisir de te voir, Jens. Merci. »

Jens la suit d'un regard perplexe ; dans la rue, elle tourne près du boucher et se dirige vers le centre-ville. Jens était amoureux d'elle. Elle aurait pu avoir des enfants avec lui. Sa vie aurait été différente, elle n'aurait pas eu Johan, mais d'autres enfants, des enfants en bonne santé. C'est ce que Christian ne comprend pas, Johan, sa maladie, due à la combinaison de leurs gènes. La rage grandit en elle, un sentiment qu'elle n'a jamais éprouvé avant, ou peut-être il y a longtemps. Enfant, adolescente, autrefois avec Mick. Mais aujourd'hui c'est pire, pire que jamais, pire que la maladie de Johan. Non, on ne peut pas comparer, pense-t-elle en cherchant à se contrôler, mais c'est impossible. Ce regard de Zenia. Sa façon de la fixer pendant que Christian la prenait par-derrière. De regarder Leonora dans les yeux, longuement, presque comme si elle voulait partager sa jouissance avec elle. Jusqu'à ce qu'elle sourie, ferme les yeux et se livre à son orgasme. Sans le partager. En voulant tout pour elle.

« Vous voulez entrer ? »

Leonora regarde la jeune femme vêtue d'une courte jupe marine et d'un blazer. Une plaque de cuivre sur la porte. Le soleil d'Aarhus fait étinceler les lettres. *Cabinet Lundqvist et fils – Avocats à la cour d'appel.*

« Oui, merci. »

La femme lui tient la porte. Leonora entre, entend le bruit de ses pas qui frappent le large escalier en un rythme effréné. Elle est déjà venue ici avec Johan. Lundqvist les a aidés, a soutenu leur combat contre la société d'assurances qui ne voulait rien couvrir, surtout pas le traitement à l'étranger, impossible à trouver au Danemark. Lundqvist avait gagné quelques batailles, n'en avait perdu qu'une. Mais il avait été son soutien à l'époque où Christian était sur un chantier, à Helsinki ou à Bergen, pour obtenir un contrat. Lundqvist avait été présent, l'avocat raffiné d'un certain âge, fils du vieux Lundqvist, des générations dotées du sens de l'intégrité et de la morale. Elle en a besoin aujourd'hui.

Avant d'entrer dans la salle d'accueil, Leonora a pris sa décision. Elle ne perdra pas, elle va se battre comme elle s'est battue pour Johan. Comme elle s'est toujours battue. Elle se battra à mains nues. Comme quand elle devait sauver la vie de Johan. Pas question d'être polie envers les médecins. D'attendre gentiment son tour. Non. Ceux qui attendent leur tour sont ceux qui se noient. C'est toujours comme ça quand le bateau prend l'eau. Ceux qui sont capables de tout, comme Zenia, capables de regarder dans les yeux une épouse, de marcher sur les autres pour gagner les canots de sauvetage, ceux-là gagnent.

Mais Zenia s'est trompée d'adversaire. Leonora n'est pas une petite ménagère de rien du tout, une femme finie. Leonora est une combattante. Elle se le clame à elle-même. Se le répète. Elle est une combattante. Et elle a l'intention de gagner.

16

Il sent le chantier, la journée de travail et les nuits sans sommeil. Il aspire à une douche et à une sieste. Christian se gare devant chez lui. Il ferme les yeux, reste un peu dans la voiture. Une sieste de cinq minutes. La douche attendra, il est exténué. Mais c'est un projet impossible, une minisieste de cinq minutes avant de quitter sa femme. Il rouvre les yeux. Le soleil bas fait resplendir le toit. Des briques noires vernies, qui font peut-être un peu trop riche, mais on doit bien ça à cette vieille grande villa avec vue sur le fjord. Tout ce qu'ils ont construit ensemble, Leonora et lui. Une vie qu'il veut maintenant détruire.

Peut-être faut-il simplement vivre un peu chacun de son côté ? Il y a pensé à plusieurs reprises – il y a deux ans, quand Johan commençait à aller mieux, qu'ils pourraient souffler chacun dans son coin du ring comme deux boxeurs qui ont affronté tant de rounds. Leonora avait parlé de faire le pèlerinage de Compostelle, et Christian avait bêtement réagi comme un enfant. Il le voyait maintenant, mais à l'époque il était incapable de comprendre. Pourquoi Leonora voulait-elle parcourir à pied le nord de l'Espagne pendant une semaine parmi des bergers et des touristes venus du monde entier, des égarés dans la vie animés d'une foi chrétienne obsolète ? Il s'était senti mis en cause, rejeté. Pourquoi ne préférait-elle pas être avec lui alors qu'ils pouvaient enfin souffler ? Christian s'était opposé à ce projet, pas directement, mais il ne l'avait pas encouragée. Il haussait les épaules quand elle y faisait allusion, posait des questions moqueuses, se montrait sarcastique… Espérons que tu ne seras pas mangée par un loup, ce genre de plaisanteries. Finalement, elle avait cessé d'en parler. Il le regrette maintenant, assis dans la voiture à contempler les vieilles fenêtres de la cuisine, celles qu'ils avaient changées à la naissance de Johan, avant les problèmes, avant la maladie.

Christian sursaute en entendant taper sur le toit de la voiture.

« Hé, papa, tu dors ? » dit Johan.

Derrière lui, il y a une fille que Christian n'a jamais vue avant, en tout cas il ne s'en souvient pas. Tout en prenant ses affaires, il cherche à la resituer, c'est très difficile avec toutes ces filles, celles du lycée que Johan voit au quotidien, elles changent tellement, c'est impossible de s'y retrouver. Peu de temps avant, Christian s'était présenté à une certaine Emilie comme s'il ne l'avait jamais rencontrée avant. Mais petit problème, Emilie était depuis dix ans dans la même école que Johan, depuis la maternelle.

« Salut, dit Christian en essayant de reconnaître Marta pour ne pas commettre un nouvel impair.

– Je te présente Marta, dit Johan.

– Bien sûr, Marta. Je m'en souviens.

– Vous ne vous êtes jamais vus avant, papa, dit Johan en riant, et il explique à Marta : Mon père ne reconnaît personne, d'ailleurs il ne se souvient pas non plus des noms.

– Oh, tais-toi, dit Christian qui serre la main de la jeune fille. Heureux de te connaître, Marta.

– De même pour moi. » Elle sourit.

« Vous sortez ?

– On a bientôt le dernier examen. On va travailler chez Marta, dit Johan en faisant mine de partir.

– Ah, alors travaillez bien. Marta, surveille-le bien, c'est important.

– Ça va, papa.

– On doit s'occuper du feu. J'ai promis à Kim qu'on battrait les voisins de l'an dernier. Tu peux emmener Marta si vous ne savez pas quoi faire.

– Je pense que nous avons d'autres projets », dit Johan.

Ils s'embrassent pour se dire au revoir, comme ils l'ont toujours fait. Père et fils. Alors Johan fait quelque chose qu'il n'a jamais fait avant, il pose fugitivement une main sur l'arrière de la tête de Christian, comme un adulte fait avec un enfant.

*

Le geste inattendu de Johan le poursuit et lui laisse une impression bizarre. Tout en refermant la porte de la cuisine, Christian cherche à l'interpréter. C'était à la fois déplacé et provocateur, mais aussi quelque chose en plus ? Quelque chose de fort, qui l'émeut profondément. Comme si Johan avait dépassé son père, comme si c'était lui l'adulte maintenant. Ce qui n'est bien sûr pas le cas, il reste un grand enfant qui ne sait pas faire sa lessive ni repasser ses chemises. Mais sur l'échelle de la raison et de l'intelligence, le fils a dépassé le père. C'est sûr. Johan sort avec une fille, prêt à affronter le monde, à fonder une famille. Et son père ? Il s'avance vers sa mère pour en détruire une.

« Non, murmure-t-il, n'imaginons pas le pire. » Il va juste demander un peu de temps pour lui, du temps pour mettre au clair ses sentiments. C'est normal. Après plus de vingt ans, vingt années difficiles, plus dures que pour les autres parents, il a besoin de souffler un peu.

Il y a de la musique dans la salle de séjour, un solo de violon. Christian ne se rappelle pas de la dernière fois où Leonora a écouté un de ses vieux vinyles. Il ouvre la porte, Leonora lève les yeux, elle est sur le canapé, les jambes relevées. Quelque chose en elle a changé. Christian fait le geste de baisser le son. Elle se contente de hausser les épaules, ce qui l'étonne, elle n'a pas l'habitude de répondre ainsi.

« Qu'est-ce qui se passe ? » demande-t-il en baissant le volume.

Le solo étouffé de violon lui rappelle leur première rencontre au conservatoire d'Aarhus. Le son traversait les planchers, s'insinuait partout où que l'on se trouve dans le vieux conservatoire.

«Je viens de rencontrer Johan et Esther, dit Christian tandis que Leonora n'a encore proféré aucun mot.

– Marta.

– Marta, rectifie Christian, il répète : Marta.

– Une gentille fille, tu ne trouves pas ? »

La question surprend Christian, il n'a jamais classé les copines des différentes écoles de Johan entre gentilles filles ou non.

« Oui, elle a l'air gentille, dit-il, faisant face à Leonora. Une petite amie. Incroyable. Mon Dieu. Comme c'est bon. Quel combat ça a été », ajoute-t-il en regardant par la fenêtre sa voiture garée à côté de celle de Leonora.

Quel combat. Ces mots vont peut-être ouvrir la discussion nécessaire ?

« Tu as l'air accablé, Christian.

– Ah bon ?

– Il y a quelque chose qui ne va pas ? »

Il se penche un peu, s'assied sur le bord du canapé.

« Leonora… je viens de le dire… quel combat, n'est-ce pas ? »

Christian étudie son visage. Elle l'observe, attend qu'il poursuive.

« On en a bavé ces dernières années. J'ai fini par… comment dire ? Me perdre un peu moi-même. Tu comprends ce que je veux dire ? »

Leonora hausse les épaules, il ne l'a jamais vue comme ça, si froide.

« Tu as dû être frustrée, toi aussi. Non ? Tu as dit que nous manquions de temps. La maladie de Johan a tout pris. Tant d'années à courir partout pour tout faire. J'ai été bête et…

borné, quand je n'ai pas entendu ton envie de pèlerinage. » Christian capte le regard de Leonora, y cherche une réaction, un éclair de compréhension, un appui pour continuer, une incitation à aller au but. Mais les mots sont engloutis dans un océan de silence. « Peut-être avons-nous besoin d'un peu de temps pour nous retrouver nous-mêmes ? »

Toujours pas de réponse, Christian sent la sueur mouiller ses aisselles, ses mains.

« Qu'en penses-tu ?

– Est-ce que tu vois une autre femme ?

– Non. Ce n'est pas la question. La question, c'est moi et... oui, nous ? Tu voudrais aller faire une randonnée en Espagne ? »

Leonora l'interrompt :

« Je n'en ai rien à foutre de cette randonnée en Espagne, réponds à ma question, Christian. Est-ce que tu vois une autre femme ? »

Christian hésite. La réponse est difficile. Il ne veut pas mentir, il n'est pas un menteur, il le sait, mais c'est comme Kim l'a dit. On cherche à ne pas blesser.

« Pour la troisième fois, Christian : est-ce que tu vois une autre femme ?

– Non.

– Tu en es sûr ? »

Christian hésite, la regarde, elle sourit furtivement puis hoche la tête.

« Je vous ai vus hier », dit Leonora.

Christian fixe le tapis sous ses pieds, ils l'ont acheté pour protéger le parquet sous les deux canapés jumeaux qui se font face. Il perd un instant le contrôle de ses pensées, n'a plus de mots, se sent nu, misérable.

« Tu as compris ? Je vous ai vus hier », poursuit Leonora.

Il fixe toujours les motifs dorés du tapis d'Orient, les fils d'argent de la bordure, tout en tentant de comprendre ce qu'elle a bien pu voir. Un échange de regards entre Zenia et lui ? Se tenaient-ils trop près l'un de l'autre à la fête ? Doit-il nier ? Il a mille pensées en même temps. Il faut réfléchir. Elle ne peut pas les avoir vus, c'est impossible. Elle n'a pas la clé du premier étage. En plus, si elle les avait vus, elle les aurait interrompus. Elle aurait hurlé, cherché à les arrêter. Au moins au retour, dans la voiture. Elle en aurait parlé, dit ce qu'elle avait vu, crié sa colère contre lui, pleuré et l'aurait traité de tous les noms. Au contraire, elle était restée silencieuse, se souvient Christian en se remémorant les minutes dans la voiture après la fête. Il se souvient surtout du silence. C'est vrai, elle était anormalement silencieuse, il était tard, elle était fatiguée. Il pense à une autre piste, les SMS, les a-t-elle lus ? Ou alors les a-t-elle vus ailleurs ? Non, c'est impossible, il a été prudent. Pour se protéger. Et pour protéger Leonora. Quand il appuie sur pause dans le flot de ses pensées, un mot lumineux apparaît : nie.

« Je ne vois pas ce dont tu parles, dit Christian. Je te parle de nous deux, toi et moi, Leonora. De personne d'autre.

– Christian, regarde-moi. Regarde-moi ! »

Il obéit en craignant le pire.

« Je vous ai vus ensemble, dit Leonora. Je t'ai vu la prendre par-derrière. Dans ton bureau. Alors arrête de jouer la comédie. »

Les mots. Il les cherche, en vain. Que dire d'ailleurs ? Il devrait se lever, partir, il n'y a plus rien à dire. Comment cela a-t-il pu se faire ? Où se trouvait-elle ?

« Comment…

– On s'en fout comment. Je vous ai vus. »

Christian se lève, il faut qu'il parte, un gamin, il se sent comme un gamin. Et aussi comme un homme horrible.

« Où vas-tu ? »

Christian s'arrête à la porte de la terrasse. Elle est ouverte, la brise de l'après-midi venant du fjord se glisse doucement dans la pièce, apporte de la fraîcheur. Depuis combien de temps le sait-elle ? Si elle les a vus hier, pourquoi ne l'a-t-elle pas dit avant ? Ou bien ment-elle ? A-t-elle tellement de soupçons qu'elle le teste ? Veut-elle voir comment il réagit ?

S'il tombe dans le piège ? Il reste une dernière possibilité, qui prend lentement forme dans le cerveau de Christian. Quelqu'un les a vus et le lui a dit ? Aujourd'hui ? Est-ce que ça se tient ? Oui, peut-être. Mais est-ce possible ?

« Elle est belle, dit Leonora derrière lui. Plus belle que moi. Sur ce point je peux comprendre. Elle est jeune. Tu pourras avoir d'autres enfants. Tu peux tout recommencer à zéro, dit-elle pendant que Christian ressasse toujours la soirée précédente. Depuis combien de temps ça dure ? Depuis le début du chantier ? C'est-à-dire plusieurs années ? »

Il baisse à nouveau les yeux. Sur les planches qu'il a polies tant de fois, il croit lire un commandement de la Bible. *Tu ne commettras pas d'adultère.* Leonora les laquait entre chaque polissage. Christian envisage de dire la vérité. Que ça a commencé dès qu'il a aperçu Zenia. Que ça a déchaîné chez lui des émotions qu'il n'avait encore jamais éprouvées. Il ressent maintenant un nouveau sentiment. La rage. La rage, oui, plus Leo le presse, plus il a envie de tout cracher. Tout ce qu'il a gardé en lui, combien il s'est senti seul.

« Depuis plusieurs années ?

– Non, dit-il.

– Depuis combien de temps alors ? demande-t-elle. Elle habite dans un lotissement de jardins près de Skyttehuset, je ne peux pas m'empêcher de me demander, quand tu partais courir, est-ce que tu allais la rejoindre ? En kayak, pour aller baiser un coup, une demi-heure en passant par le fjord ? Tu allais la rejoindre ?

– Non, pas du tout, dit Christian. Je suis désolé. Ce n'était pas le but. Je ne voulais pas te blesser. C'est la dernière chose au monde que je voulais.

– Quelle galanterie !

– Tu n'aurais pas dû me suivre à l'étage. Faire irruption dans mon bureau.

– Faire irruption ? J'avais le droit. Je te cherchais. »

Il prend une grande respiration.

«Je devrais peut-être aller dormir ailleurs ce soir ?

– Bien sûr que tu vas le faire.»

Christian doute. Est-ce qu'elle le pense vraiment ? Il hésite puis marche vers l'escalier. Il doit prendre quelques affaires, des chemises, il n'arrive pas à avoir les idées claires. Il sait seulement qu'il doit partir. Tout de suite.

« Christian ? Il y a une chose que tu dois savoir. Si tu franchis la porte. Si tu me quittes... » Elle marque une pause, attend qu'il se soit arrêté. « Ça sera très moche.

– Moche ? Qu'est-ce que tu veux dire ? » demande-t-il, sa voix se casse, il s'éclaircit la gorge.

Leonora prend une longue inspiration, Christian le voit sur elle, il connaît cette expression, sa façon de se concentrer, elle était comme ça dans la fosse d'orchestre juste avant la première tonalité. Elle a préparé cette discussion.

« Nous ne nous parlerons plus jamais. Tu ne me reverras jamais. Dès que tu pars avec elle, nous devenons des ennemis.

– Des ennemis ? C'est idiot, et le bien de Johan ?

– Est-ce pour le bien de Johan que tu baises une jeune grue ?

– Leonora », dit Christian. Il reste sur place. Réfléchit. Ne plus jamais voir Leonora. C'est peut-être aussi bien. C'est la vie. «Je ne souhaite pas que ce soit moche ! C'est la dernière chose que je veuille. On peut faire un divorce à l'amiable.

– Pas question, Christian. Ce sera un bain de sang. Il n'y a pas si longtemps que tu as commis cet abus de confiance. Tu peux toujours être condamné.

– Je... » Il s'avance vers le canapé. Elle n'a pas bougé d'un pouce pendant tout leur échange, elle est restée parfaitement immobile. «J'ai fait ce que je devais faire pour sauver notre fils ! s'entend-il hurler. Tu es devenue complètement folle ? Sans les opérations il ne serait plus en vie aujourd'hui !

– J'ai dit de nombreuses fois que je pouvais retravailler. Que nous pouvions emprunter de l'argent, le rembourser en dix ou quinze ans. Je l'ai répété souvent. Il y a quinze ans, je l'ai dit, à ce moment-là j'aurais pu continuer ma carrière. Mais tu ne voulais pas en entendre parler.

– Qui se serait occupé de Johan ? demande Christian qui ne comprend pas ce qui est arrivé à cette femme avec laquelle il a vécu.

– Justement. Qui se serait occupé de Johan ? Ça aurait pu être toi, non ? demande-t-elle en bougeant pour la première fois, elle pose les pieds sur le sol.

– Nous avions un pacte, dit Christian. Je travaillais dur pour ramener l'argent.

– Précisément ! Nous avions un pacte, dit-elle en se redressant, j'ai sacrifié toute ma carrière à cause de ce pacte. Je m'occupais de Johan, tu travaillais, j'abandonnais le violon, nous faisions tout ce qu'il fallait, nous formions une équipe pour tout. Pour les opérations à Seattle. Pour toutes celles où tu étais trop occupé pour venir. Je me retrouve avec quoi maintenant ? Maintenant que tu te sauves ? Je ne serai plus jamais capable de jouer.

– Tu as tellement de talent. Tu peux enseigner.

– Enseigner ? Tu ne sais pas de quoi tu parles. Je ne peux même pas devenir vacataire. Une violoniste de cinquante ans qui n'a ni enseigné ni joué depuis vingt ans. »

Christian voudrait bien lui tendre la main, faire appel à sa raison.

« Il y a d'autres possibilités. Tous ces gens que tu as rencontrés dans ton club de jogging », dit-il.

Il veut poursuivre mais elle l'interrompt :

« Mon club de jogging ? Tu te fous de ma gueule ? Sais-tu pourquoi je cours comme une folle ? »

Christian la regarde. Elle attend une réponse.

« Tu le sais ?

– Parce que tu aimes courir ?

– Je cours parce que c'était la seule occupation qui ait des horaires flexibles compatibles avec la garde de Johan. Je ne pouvais pas avoir de rendez-vous fixes, Christian. Nous ne savions jamais comment la journée allait se passer. Arrivait-il à marcher ? Fallait-il l'hospitaliser ? Et tous ces voyages. J'ai laissé tomber… TOUT ! Et maintenant tu es là avec ta tête de con à me dire que je suis une bonne joggeuse !

– Leo… »

Christian cherche ses mots. Tout le monde a le droit de divorcer, il le pense mais ne le dit pas.

« J'ai parlé avec Lundqvist aujourd'hui. Si ta… si votre escroquerie est découverte, je peux être poursuivie comme complice. Tu le sais ?

– Rien ne sera découvert. Nous l'avons fait pour notre fils. Ensemble.

– Ce sera comme je te le dis. Je ne t'empêche pas de partir. Mais je ne veux pas rester en carafe et passer pour celle qui a été abandonnée pour une plus jeune. Comme la femme de Kim. Sais-tu où elle travaille, Christian ? »

Christian réfléchit, Kim en a parlé :

« Elle n'est pas en train de suivre une formation pour devenir professeure ?

– Professeure ? Qu'est-ce que tu racontes, elle travaille dans un supermarché à Copenhague pour être plus près de ses enfants. Et les deux millions de couronnes qu'elle a eus de la vente de la maison, ils ont à peine suffi à acheter un deux pièces. Cela ne se passera pas comme ça pour moi. Au chômage, dans un petit appartement, super pour celle qui a tout sacrifié et qui s'est fait entuber.

– Moi aussi, j'ai fait des sacrifices ! explose Christian en relevant sa chemise. J'ai donné ma moelle à Johan.

– Quelle noblesse ! Tu es resté deux heures sur un brancard. »

L'espace d'un instant, Christian perd tout contrôle, fonce vers Leonora, quelque chose tombe par terre, il a envie de la frapper mais il se retient.

« J'aurais pu rester invalide le restant de ma vie.

– C'est ça que tu te racontes ? Que tu t'es sacrifié, parce que tu as lu dans je ne sais quelle brochure qu'il y avait 0,5 % de risque de complications ? Je suis restée au chevet de Johan et j'ai veillé sur son moindre souffle depuis qu'il est né. Et maintenant je suis complice d'un délit qui va te rendre riche dans un an ou deux. Quand tu auras divorcé.

– C'est une question d'argent ? On va trouver un arrangement.

– Il n'y a pas d'arrangement possible, ce n'est pas une question d'argent. La question, c'est que je ne veux pas être celle qui perd à cause de cette pouffe. Et il s'agit de notre pacte, Christian. Un vrai pacte. Toi, moi et Johan. On était une équipe, on a renoncé ensemble à beaucoup de choses pour que ça marche. Une des choses auxquelles on a renoncé, c'est la possibilité de s'enfuir. Alors, si tu te tires, tu pourras te préparer à le payer. Un point c'est tout. Je me demande bien si elle te trouvera toujours aussi fantastique après quelques années de prison. »

Leonora se lève. C'est elle qui part. Christian reste. Il entend la porte d'entrée claquer, Leo qui monte dans sa voiture et démarre.

17

Holger le voit sur le visage de sa fille. Maintenant, il a réussi à capter son attention. Son récit n'est plus une de ces anecdotes de policier qu'elle n'apprécie guère. C'est désormais quelque chose qui la fascine autant que l'éducation des enfants et l'environnement.

« Alors, la suite ? » demande-t-elle.

Plus question de regarder les nuages sans cesse.

« Oui, qu'est-ce que tu veux savoir ? »

Holger fait durer le suspense.

« Comment es-tu au courant pour le regard ? Que Zenia a continué à regarder Leonora pendant qu'ils… »

Josefine ne termine pas sa phrase, ce qui arrange Holger ; c'est un mot qu'il n'a pas envie d'entendre dans la bouche de sa fille aînée. Baiser. Par exemple.

« Papa ? Comment tu le sais ?

– On y viendra. Plus tard.

– Plus tard ? Elle dure combien de temps ton histoire ?

– Tu as quelque chose à faire ? demande Holger en riant. Tu poses la mauvaise question. La vraie question est si Christian aura encore autant de charme après un séjour en prison.

– Aucun charme. En aucun cas. Même si c'est un jugement avec sursis, dit Josefine en secouant la tête avec dégoût, comme si c'était elle qui allait vivre avec un tueur en série. Non, les femmes ne veulent pas d'un homme condamné pour un crime grave.

– Et qui sera ruiné, glisse Holger.

– Cela a moins d'importance, dit-elle.

– Vraiment ?

– Vraiment, papa. Les temps ont changé, nous gagnons notre propre argent. Tu ne l'as peut-être pas remarqué.

– Ta mère aussi gagnait sa vie.

– Justement. Elle ne t'a pas choisi pour l'argent, non ?

– Non, ta mère m'a choisi parce qu'elle croyait… »

Josefine l'interrompt :

« Parce qu'elle croyait que tu allais devenir agriculteur, parce que son père avait besoin de quelqu'un pour reprendre sa ferme, on l'a entendue des milliers de fois, cette histoire. »

Elle se lève et marmonne quelques mots à propos des toilettes. Holger reste seul. Le restaurateur s'affaire dans sa cuisine, peut-être pour préparer le plat du jour, une « étoile filante », une recette de poisson inscrite sur l'ardoise. Il pense à la réaction de Josefine. Contre les vieilles histoires. Pourquoi adore-t-on répéter encore et encore ces anecdotes sans âge quand on est vieux ? C'est peut-être comme pour la Bible. On écoute toujours les mêmes radotages parce que c'est un récit fondateur. Nous n'existons que si nous sommes racontés. Holger aimerait bien expliquer cette vérité à sa fille. Les jeunes ne la comprennent pas. Ils n'ont pas encore trouvé leur place dans la tapisserie infinie des destins humains qui se tissent les uns dans les autres. Chaque être doit trouver son fil et bien le tenir. C'est Karen, le fil d'Holger. Même si elle n'est plus là, il doit continuer à parler d'elle à ses filles, à tous ceux qui veulent bien l'écouter, il y a dans leur récit quelque chose d'instructif pour tout le monde. Il en est sûr.

Même le temps était spécial ce soir de mai 1965, une averse drue avait fait rentrer chez eux tous les Copenhaguois. Ils regardaient le ciel, toujours noir, à l'est il y avait une petite éclaircie, une petite bande rose surplombait Borups Allé, il était le seul à la voir, le seul à compter sur l'arrêt de la pluie. À cette époque il allait encore à l'école de police, il lui restait une année avant d'être jeté dans le monde en tant que réel agent de police danois. Il n'y avait alors pas de femmes policières, ils devaient donc chercher une agréable compagnie ailleurs. Ce soir-là, il avait pris la ligne 18 du tram de Copenhague à l'arrêt Svanemøllen. Il louait un logement dans le quartier des compositeurs, un entresol chez un veuf, rue H. C. Lymbye, avec une entrée privée par le jardin. Il tombait encore des gouttes des arbres quand il était descendu du tram près de Falkoner Allé. Son ami Aage habitait au-dessus du cinéma le Roxy, ils allaient souvent à la séance double du dimanche, y avaient vu *La Panthère rose* avant le déjeuner et un film des Beatles après manger. Mais ce soir-là, ils avaient un bon tuyau. Une fête à l'école d'agriculture. Une école avec le même handicap que l'école de police : l'absence de filles. C'est pourquoi les élèves de l'école d'infirmières et de l'école de couture étaient toujours invitées aux fêtes de l'école d'agriculture, une bonne idée qui paraissait malheureusement trop moderne à la direction de l'école de police.

« Vous êtes étudiants ici ? » avait demandé le concierge à Holger et Aage en les arrêtant d'une main ; les rumeurs sur les fêtes de l'école d'agriculture attiraient du monde.

Holger avait montré son insigne, une petite plaque ovale en bronze avec l'emblème de la police.

« Nous venons pour assurer l'ordre et la sécurité, avait ajouté Aage.

– À combien vous venez pour ça ? avait demandé le concierge en ajoutant qu'il avait déjà fait entrer cinq autres jeunes agents à l'intérieur. Je vais en parler à la direction. Vous ne pouvez pas venir nous prendre nos filles.

– Ce ne sont pas vos filles.

– C'est notre fête. Et vous n'êtes pas invités. »

Holger ne se souvient pas comment ils ont fini par lui échapper, mais ils sont finalement entrés. Le lundi suivant, leur directeur leur a annoncé que c'en était fini de se servir de leurs insignes de police comme moyen d'aller dans des fêtes. Mais Holger n'en avait plus besoin. Il avait rencontré Karen, une jeune apprentie couturière de Daells Varehus. En fait, c'était son père qui lui avait proposé d'aller à cette fête, par l'entremise de sa mère. Les parents de Karen avaient deux filles, ils en étaient heureux, mais le père avait besoin de quelqu'un pour reprendre la ferme. Karen n'avait aucune envie d'habiter dans une ferme, elle voulait vivre en ville. Elle logeait dans une pension qui portait tout naturellement le nom suivant : « Pension Mlle Petersen, foyer de jeunes filles célibataires pendant leur éducation ». Les filles partageaient un téléphone au rez-de-chaussée où il y avait toujours la queue. Ce soir-là, elle s'était disputée avec sa mère. Tout le monde l'avait entendue pleurer et crier à sa mère qu'elle n'avait pas envie d'aller à la fête des paysans. Karen entendait son père derrière qui dictait à sa mère ce qu'elle devait lui dire. Elle avait fini par promettre d'y aller, juste une fois, à une fête de cette école. Mais alors juste une fois.

« Tu crois que le soleil va réapparaître ? dit Josefine en tirant soigneusement sur sa robe et en se rasseyant en face de lui. Hello ? À quoi tu penses, papa ?

– Au soir où j'ai rencontré ta mère.

– Le soir où elle était de mauvaise humeur, d'affreusement mauvaise humeur. Elle avait une robe jaune qu'elle avait cousue elle-même. Et tu lui as dit : Pourquoi boudez-vous comme ça ? Tes premiers mots. Très romantique. »

Holger rit.

« Qu'est-ce que je pouvais lui dire d'autre ? Elle était aussi sombre que le ciel sur la ville ce soir-là.

– Tu aurais pu lui dire combien elle était belle.

– Ça, je lui ai dit plus tard. »

Mais ce n'était pas tout à fait exact. Il le lui avait écrit. Dans ses lettres. Il était bien trop timide pour oser dire de tels mots.

« Alors, Christian et, comment…

– Leonora.

– Alors il l'a écrasée ? C'est ce qui s'est passé ?

– Pas tout à fait. Il a d'abord cherché de l'aide. »

18

Kim est à la barre. Christian, assis dans la yole, cherche à dissimuler ses émotions, à avoir l'air de quelqu'un de normal qui s'intéresse à ses voisins, aux feux de la Saint-Jean et à des perspectives agréables. Mais Kim se rend bien compte de son état. Ravagé, apeuré, humilié, menacé. Et en colère. On l'a dépouillé de tous ses moyens d'agir, un homme broyé. Il n'a pas fermé l'œil de la nuit, étendu sur le canapé, il a attendu le retour de Leonora. Elle est revenue vers 2 heures du matin, est montée directement et a refermé soigneusement la porte de leur chambre. Vers 5 heures du matin, le merle a entamé son air de blues et Christian a renoncé à dormir, entre 5 et 6 heures il s'est perdu dans la contemplation du jardin.

Christian observe le ponton relié à la barque par une corde, cela fait un effet bizarre, on croirait un navire qui glisse sur l'eau tranquille. Dans quelques jours il y aura ici – selon l'expression de Kim – le plus génialissime de tous les feux de la Saint-Jean. On a étendu une grande bâche ignifugée sur le ponton pour éviter qu'il ne brûle aussi, l'association de propriétaires l'utilise quand il y a des petites réparations à faire sur l'appontement. Christian a promis de rafistoler une sorcière pendant que Kim s'occupe du ponton. La sorcière est moins importante, c'est la taille du bûcher qui compte.

« On se prend une petite pause ? dit Kim en soufflant. Merde, je ne tiens pas la forme.

– OK», dit Christian en fermant les yeux.

Il a mal partout, à la peau, aux yeux, la fatigue se fait sentir dans toutes ses articulations. Il ne devrait pas être ici, il aurait dû envoyer au diable tous les feux de la Saint-Jean. Il rouvre les yeux et regarde vers la terre. Vers Leonora. Il ne sait pas où elle est allée pendant les cinq ou six heures jusqu'à 2 heures du matin. Elle a peut-être seulement roulé sans but précis ou contemplé la mer dans la voiture.

«Je devrais peut-être reprendre le fitness ? Je déteste ce centre», dit Kim.

Il laisse sa rame tomber au fond de la barque avec un petit flop, puis s'étire.

« C'est chiant, dit Christian. Les médecins devraient inventer une pilule qui rende le sport inutile.

– On y travaille. » Kim expire lentement, capte le regard de Christian. « Quel silence ! »

Christian se tait.

« Ça va, toi ?

– Quoi ?

– À la maison ?

– Je ne sais pas trop, dit Christian.

– C'est la catastrophe ?

– Non », dit Christian qui se demande pourquoi il ment.

À cause peut-être de cette honte qu'il sent en lui ces derniers temps. Un divorce, c'est complexe, mais c'est avant tout une défaite. Christian est un homme habitué à la réussite. Il y a un an, il considérait son mariage avec Leonora comme un succès. Il était toujours dubitatif quand des collègues ou des amis lui annonçaient qu'ils divorçaient. Comme Erik, par exemple, l'un des charpentiers. L'an dernier, il avait surgi, les yeux rouges, et avait annoncé que sa femme et lui se séparaient. Que son mariage qui durait depuis huit ans était en morceaux. Christian l'avait bien sûr réconforté autant qu'il est possible de consoler un colosse de deux mètres aux cheveux coupés en brosse et couvert de tatouages. Lui avait assuré que des temps meilleurs viendraient, qu'il allait réussir à traverser cette épreuve. Mais, au fond de lui-même, il trouvait que c'était honteux, et même tout à fait honteux. Bon sang, pourquoi deux adultes n'arrivaient-ils pas à reprendre leur vie en main ? À s'asseoir pour discuter de leurs problèmes ? Au fond, c'était une question de volonté. Il le croyait à cette époque. Plus maintenant.

« Ça ne va pas si bien que ça, dit-il en regardant Kim. Elle ne veut pas me laisser partir. »

Ce n'était pas la réponse qu'attendait Kim, son regard le montre. Il s'attendait presque au contraire. Que Leonora était furieuse, qu'elle l'avait frappé, l'avait chassé, s'était effondrée ou moquée de lui et lui avait dit : « Très bien, alors fous le camp. La porte est ouverte. »

« Ce n'est pas à elle de décider, dit Kim après un léger silence.

– Non », dit Christian, remarquant la fatigue dans sa voix. Un animal blessé, gisant dans la savane desséchée en train de se vider de son sang. « Mais elle peut me faire mal. Elle peut… oui, me faire beaucoup de tort. Tu comprends ?

– J'en ai eu mon compte moi aussi, de menaces. »

Kim affiche une image rassurante, ce dont Christian a besoin : un homme qui affirme que tout va bien se passer.

« Qu'est-ce que tu as fait ?

– Pas grand-chose. »

Christian l'observe. Kim laisse ses doigts traîner à la surface de l'eau.

« Je n'ai rien fait. Il faut leur donner du temps. Laisser les choses se tasser. Pendant un certain temps, Gunvor est allée dormir chez de vieux amis. Un petit circuit, sur un matelas par terre chez les uns, sur un canapé chez d'autres à Copenhague. Ça a pris du temps. Pour elle aussi. Ils l'ont réconfortée, l'ont aidée à comprendre que ce n'était pas la fin du monde. D'une certaine façon, un divorce n'est qu'un événement de la vie comme un autre », dit Kim, qui ressemble alors pour de bon à un médecin, grave, sérieux, fiable. Il pourrait aussi bien annoncer un diagnostic mortel à Christian, parler de problèmes cardiaques et de maladies impitoyables. « Personne, bien sûr, n'imagine divorcer quand on va à l'église pour se dire oui. Mais la vie change, elle peut prendre des directions inattendues, et ce peut être une très bonne chose de recouvrer sa liberté. De recevoir en cadeau… oui, *la vie* de nouveau. »

Christian écoute le petit discours de Kim. Il retient surtout le mot « temps ». Kim a raison. Presque tout dans la vie prend du temps. S'adapter. Se faire une bonne vie. Trouver l'amour. Il devrait peut-être donner du temps à Leonora ?

« Le problème avec Leonora, c'est qu'elle ne voit pas grand monde. Tu sais, toute l'histoire avec Johan. Cela a occupé tout l'espace. Vraiment tout.

– Il y a bien quelqu'un à qui elle puisse téléphoner ? En qui elle ait confiance ? Elle n'a pas une sœur ?

– Elles ne se voient plus. Leonora ne peut pas la supporter », dit Christian.

Il se rappelle qu'elle lui a annoncé sa décision de ne plus revoir sa sœur. Avait-il alors protesté ? Non, il y avait tant à faire avec Johan, avec son travail, et cette sœur n'était peut-être pas quelqu'un qui manquerait à Christian. Une femme amère, qui avait été plus proche de leur père que Leonora et qui avait encore plus souffert de son départ.

« Tu veux que j'essaie de parler avec elle ? demande Kim.

– Non, merci, dit Christian. Elle devinerait tout de suite que c'est moi qui t'ai envoyé. Gunvor non plus. Elle est trop proche de toi.

– Mais tu dois trouver quelqu'un, Christian. C'est écrit sur la première page du petit manuel du divorce. Tu ne peux pas être à la fois celui qui abandonne et celui qui soutient. C'est comme ça, dit Kim qui suit des yeux une mouette qui plonge paresseusement, en toute liberté, vers la surface de l'eau. Trouve quelqu'un, une vieille amie, quelqu'un en qui elle a confiance. Cela facilitera beaucoup les choses. »

*

Les mots de Kim poursuivent Christian dans la maison. Il se creuse la cervelle pour trouver un nom, quelqu'un avec qui Leonora puisse parler, peut-être quelqu'un de son passé, avant que la maladie de Johan ne chasse tout le reste. Il s'arrête dans l'entrée. Son visage se reflète dans le verre qui protège un dessin que Johan a fait quand il avait quatre ans. Un dessin de la famille rassemblée. Christian est représenté avec des cheveux violets dressés sur la tête, ils en avaient bien ri. Tant de détails et de souvenirs, des millions de secondes passées ensemble, la moitié d'une vie, des moments de caresses, Johan entre eux deux dans le grand lit, le baiser du soir sur le front du petit garçon endormi. *Dors bien. Je t'aime.*

Il n'a pas très envie de rentrer. La colère vibre toujours dans son corps, l'impuissance, l'humiliation. Il voudrait bien faire demi-tour, quitter la maison, laisser un message pour expliquer qu'il est parti au travail. Mais il a besoin de se changer. Il prend une profonde inspiration. Il est frappé par l'idiotie de la situation, habiter dans une maison où on a peur de rencontrer sa femme. Comme si la folie s'était installée dans la maison. Non, en *lui.*

Il entre dans la cuisine. Elle est dans l'état de la veille. Personne n'y a pris de petit déjeuner, Johan dort chez Marta, cela ne sent pas le café ni le pain grillé. C'est tout aussi silencieux dans la salle de séjour. Il s'apprête à quitter la pièce quand quelque chose attire son attention. L'iPad de Leonora. Sur la table basse. Sa place habituelle. S'il y jetait un coup d'œil. Pour trouver une amie. Obtenir de l'aide. Quel est son nom déjà ? Cette fille étrange, Petra, ils étaient sortis avec elle, il y a de ça vingt ans.

*

Leonora est couchée dans son lit, les rideaux sont tirés, il fait tiède et sombre. Elle garde pourtant la couette sur elle, un trou, pense Christian, elle s'est recroquevillée dans un trou. C'est ce que l'on fait quand le monde extérieur est trop cruel.

Vite, une chemise blanche, pas une bleue, la sueur se voit trop sur les bleues en été. Il s'arrête, la regarde. Chez Leonora tout est soudain grand, se dit-il. Ses cheveux, éparpillés partout, ses longues jambes. Il ne ressent plus rien à son égard, rien. C'est incroyable.

« Pourquoi me fixes-tu comme ça ? dit-elle sans se retourner, sans le regarder.

– Ce que tu as dit hier, tes menaces. Est-ce que je dois le prendre au sérieux, Leonora ? »

Un silence. Elle reste muette puis elle répond.

« Oui. Plus qu'au sérieux. »

19

Ce regard. Le regard de Christian. Elle l'a senti. Il était là, à la porte, à la regarder fixement avant qu'elle ne lui parle. Il l'observait, pensait qu'elle n'est plus rien, qu'une petite partie de rien, un bout d'ordure, à jeter à la poubelle avec les cartons de pizza et les boîtes de conserve vides, les Gunvor et les Leonora. Elles n'ont plus qu'à attendre qu'on vienne les ramasser pour les incinérer. Les femmes dont on ne se sert plus. À quoi pourrait-elle bien servir ? Elle est de trop, elle est l'une de deux épouses que le roi Henri VIII a fait exécuter quand il s'est lassé d'elles. Christian s'est servi d'elle, lui a menti, l'a suppliée de dédier sa vie à Johan. Parce que, lui, il n'avait pas le temps.

Leonora entend la voiture démarrer, le moteur quasiment silencieux, le bruit lourd métallique quand les roues passent sur la plaque d'égout dans l'allée. Elle sent sa colère flamber. Des petites escarbilles impossibles à étouffer. Elle ne sera plus jamais heureuse. C'est comme ça. Un sentiment désormais impossible. Elle ne l'éprouvera plus jamais le reste de sa vie sur terre. Elle n'est plus que haine désormais. Haine envers ceux qui l'ont détruite. Christian et elle. Surtout elle.

*

La salle de séjour. Les meubles. La vue. Pas seulement la vue, mais leur arrangement du jardin face à la mer, au premier plan. Soudain lui reviennent les innombrables heures passées sur les massifs et la terre charriée pour les rhododendrons. Cela n'a plus aucun sens. Leonora s'installe sur le canapé. Tout semble bizarre, très vide. On croirait un musée. Une exposition qui porte sur une famille. Autrefois, ici vivait une famille. On peut presque encore se représenter la famille en se promenant dans ce musée. Leonora imagine les visiteurs du musée originaires de différents pays en train de parcourir la maison, ils ouvrent les tiroirs, cherchent une mémoire perdue, des photographies prises à Legoland. Au premier étage, ils se tiennent au-delà des cordes rouges tendues devant le lit conjugal. C'est là qu'ils dormaient, explique le guide, là qu'ils faisaient l'amour, là que tout a commencé avec un SMS. Les visiteurs regardent le couvre-lit bombé par-dessus les couettes et les oreillers, un jeté de lit en velours de coton, d'un vert délicat, une nuance indéfinissable qui change avec la lumière, comme l'eau de la mer des Carpates, la destination de leur premier voyage ensemble, avant Johan.

Leonora pleure. Sans bruit, seulement les larmes. Au début elle les essuie, mais il y en a trop, elle enfonce son visage dans un coussin, cela ne l'aide pas, le coussin sent eux, leur famille. Chaque famille a sa propre odeur. C'est une chance que Johan ne soit pas à la maison, qu'il ne la voie pas dans cet état, les yeux gonflés. Il lui faut au moins une demi-journée après avoir pleuré pour retrouver un visage normal et ne plus ressembler à un boxeur épuisé par douze rounds.

Elle essaie de bien respirer pour arrêter de pleurer. Profondément, lentement. Presque par réflexe, elle saisit son iPad. Pour se distraire, pour s'évader, pour se changer les idées, lire n'importe quoi. Peut-être téléphoner à quelqu'un. À qui ? Elle respire à fond. Sa sœur ? Jamais. Elle n'a pas été présente quand Johan est tombé malade. Elle n'a jamais pris de nouvelles du garçon, n'a même pas téléphoné après la première opération. Si, peut-être, une semaine après. Elle avait d'ailleurs ses propres problèmes, n'a-t-elle pas divorcé à ce moment-là ? Que dirait sa sœur si elle était en face d'elle ? Que Leonora ne s'est pas intéressée à ses problèmes. Elle rappelait toujours Mors à Leonora ; leur père parti, sa sœur lui évoquait les soirées solitaires, l'impression que la vie n'apporterait jamais rien de bon.

Si on ne peut pas appeler sa sœur, qui alors ? L'iPad s'est déchargé. Bizarre. Il restait trente pour cent hier quand elle s'est couchée. Elle le met en charge. En attendant, elle ne fait rien. Du café ? Non, elle n'en a pas envie.

L'écran s'allume. Elle s'installe. On lui demande si elle veut restaurer la dernière session avant que la batterie ne la lâche, comme Christian l'a lâchée. Elle répond « oui ». Restaure donc ma vie. Son Facebook s'ouvre. Sur le profil de Petra.

Petra ?

Leonora n'a aucun souvenir d'y être allée hier soir ni cette nuit, ni d'avoir regardé le profil de Petra. C'est Petra qui l'a demandée comme amie, il y a longtemps. Et il y a encore plus longtemps qu'elles ne se sont pas vues.

« Oh non », murmure Leonora, elle arrête de se creuser la tête, elle comprend. C'est Christian qui s'est servi de son iPad. Pourquoi ? Leonora n'a pas de code secret, elle n'a rien à cacher. Son iPad est à la disposition de Christian et de Johan. Ils sont souvent allongés sur le canapé avec l'appareil en main. Christian y regarde des séries sur le monde politique américain qui n'intéressent pas Leonora. Mais pourquoi a-t-il été sur la page de Petra ? La première réaction de Leonora est la jalousie. Une femme, encore… A-t-il songé à lui prendre aussi ses amies d'enfance ? Mais ça ne colle pas, peut-être parce que Petra a toujours la même allure, un peu bizarre, pas du tout le genre de Christian. Il y a une autre raison. Il veut lui parler. Pourquoi ? Leonora en a la confirmation quand elle consulte l'historique.

Christian s'est aussi rendu sur le site des Pages blanches, il a googlé son adresse.

Leonora se lève. Tourne en rond, réfléchit. Hier elle lui a dit que le sang allait couler. Que Leonora n'était pas Gunvor, qui s'est écrasée et a accepté la défaite. Et aujourd'hui il est parti à toute vitesse. Pour fouiller le passé de Leonora. Pourquoi ? A-t-elle quelque chose à craindre dans cette guerre qui débute ?

La réponse lui parvient dans toute son évidence. Oui. Elle a quelque chose à craindre.

20

Peter est énervé. Il l'est souvent, mais aujourd'hui Christian a du mal à le supporter, il n'a pas envie de jouer au grand frère. Il a trop de choses à penser.

« OK, qu'est-ce que tu veux savoir ? dit Peter.

– Je suis un peu nerveux.

– Nerveux ? Il n'est pas un peu tard pour l'être ? »

Sa colère et le bruit des ouvriers qui soudent dehors sur le chantier lui font élever la voix. Christian sait qu'il touche à quelque chose d'essentiel chez son frère. Le courage et le goût du risque font partie de l'image que Peter se fait du monde, c'est le genre d'homme qui soit va jusqu'au bout, soit se retire. Il n'aime pas les compromis, il n'hésite pas, il rejette la prudence excessive. Le sujet l'énerve.

« Je t'ai déjà dit que ça ne sert à rien de s'en faire maintenant. Personne ne va rien découvrir. Comment le pourraient-ils ?

– On pourrait peut-être dire que c'était une erreur ?

– D'avoir manipulé le cours de la bourse pour gagner un paquet de fric ?

– C'est toujours mieux de se dénoncer », dit Christian, et il se hait pour ces paroles.

C'est la position qui est la sienne maintenant. Il est tendu et nerveux. Il pressent une fois de plus que l'histoire avec Leonora est en train de le changer. Il a le sentiment désagréable et humiliant d'être réduit à un personnage secondaire dans sa propre histoire, à une simple fonction.

« Tu avais besoin d'argent », dit Peter en posant une main fraternelle sur l'épaule de Christian.

Christian n'a pas envie, pas aujourd'hui. Il se dégage.

« Toi aussi tu as été partant, dit Christian furieux, cette fois-ci contre Peter. Pardon, ce n'est pas ce que je voulais dire.

– Il y a quelque chose que tu ne me dis pas ? »

Christian hésite, il devrait tout raconter, se confier. Mais il ne sait pas quelle sera la réaction de Peter. S'il va prendre le parti de Leonora. Cela lui fait peur.

« Réfléchis à quoi l'argent a servi. Est-ce que ça n'en valait pas la peine ? murmure Peter.

– Si.

– Il faut le prendre comme ça. Chaque fois qu'on tente sa chance, chaque fois qu'on prend un risque. Est-ce que le jeu en vaut la chandelle ? Pour être franc : oui, sauf si nous sommes très, très malchanceux. En effet, on peut le découvrir. Mais, oui, tu as sauvé la vie de ton fils contre de l'argent. Et pas seulement celle de ton fils, celle aussi de mon neveu adoré, n'est-ce pas ? »

Peter ne comprend pas. Christian voudrait aussi profiter un peu de la vie, beaucoup de temps a été consacré aux souffrances et à la maladie. Il y a droit, autant que tous les autres.

« Mais tu veux bien te renseigner ? dit Christian. Juste voir si on ne peut pas rembourser. Je suis d'accord pour payer ta part.

– Pour l'amour de Dieu, Christian, de quoi parles-tu ? Tu n'es pas un gamin de cinq ans qui a volé une sucette dans la boutique de bonbons. Tu ne peux pas aller la rendre. À qui allons-nous payer ? Nous avons trafiqué la cote pour gagner par anticipation. Personne n'a été volé. Les actionnaires sont contents, tout le monde est content, on a plus de valeur que jamais. »

Peter a toujours la main sur l'épaule de Christian. Christian se dégage.

« Enlève-moi cette main !

– Hein ? »

Les yeux de Peter brillent de colère. Il attrape Christian par le bras. Celui-ci repousse sa main, violemment, se dégage de Peter, il doit s'éloigner.

Peter hurle :

« Mais qu'est-ce qui te prend ? » Il tient Christian des deux mains, le pousse contre le mur. Face à face. « Maintenant tu arrêtes ça, Christian. Calme-toi. »

Christian reprend son souffle. Il a envie de vomir.

« Bon Dieu, qu'est-ce qui se passe, Christian ? Tu ne me dis pas tout. Tu as une tête affreuse.

– Je ne sais pas.

– Hé, parle-moi. Je suis ton frère. Je t'aime.

– C'est le merle », dit Christian.

Il n'arrive pas à parler de sa liaison. Peter ne lui pardonnerait pas, il évite son regard.

« Le merle ?

– Il va chanter jusqu'au solstice d'été. Ensuite il s'arrêtera. »

Christian pense à Kim, Kim qui sautait partout comme un fou.

« Mais de quoi tu parles ?

– Il me réveille tous les matins. Je suis angoissé, OK ? Je te demande de vérifier le dossier. Vérifie si on peut rembourser. D'accord ? Juste te renseigner. C'est trop te demander ? »

Peter secoue la tête. Laisse passer un moment puis fait ce qu'il fait toujours quand il ne peut pas gagner, il change de sujet :

« Quand est-ce que Johan fête son bac ? »

Christian ne répond pas.

« Vous m'inviterez ?

– Bien sûr », dit Christian avec l'envie de lui répondre autre chose.

Qu'il peut aller se faire foutre.

*

Christian s'éloigne du soleil qui le brûle. S'il pouvait faire un petit somme… Il est en train de dérailler. Il n'a jamais eu envie de se battre avec Peter avant. Il devrait aller s'excuser. Non, pas tout de suite. D'abord une sieste. Dans la voiture. Juste tout oublier un instant. Il fait semblant de ne pas voir un ouvrier qui voudrait lui dire quelque chose, il l'a bien aperçu en haut du bâtiment qui lui fait de grands signes. Cela peut attendre. Il a besoin…

« Rien que cinq minutes », murmure-t-il en s'installant dans la voiture. Il referme la portière. Repousse le monde extérieur.

Elles affluent immédiatement : les pensées, elles vivent dans le noir, habitent sous ses paupières, des bêtes dans la nuit, qui l'empêchent de dormir. Le jour, il peut les mettre de côté, mais dès qu'il ferme les yeux, elles sont là. A-t-il détruit leurs vies ? La vie de Johan ? Ce n'était pas ce qu'il voulait, mais il ne voulait pas non plus détruire la sienne. Avant de rencontrer Zenia, la tristesse l'habitait depuis longtemps. Un sentiment de solitude. Il n'en avait jamais parlé à personne. Avec qui aurait-il pu le faire ? Un peu avec Peter et Kim et deux ou trois artisans. Avec de vagues tournures propres aux hommes pour décrire leurs sentiments. « Ce n'est pas facile. » « Personne n'a jamais dit que ça devait être facile. » Ou : « On se démerde comme on peut, frangin. » C'est ce qu'avait dit Peter il n'y a pas si longtemps. Puis ils avaient parlé de leur père, le vieux maçon, de ses mains, ses mains qui servaient toujours de référence. Les mains de leur père, le double des leurs, durcies par le froid, enflées par la goutte, veinées comme du marbre, bleues et rouges à cause des chocs et du froid de l'hiver.

Les dernières années, sa main droite ne pouvait plus tenir son couteau, il ne mangeait plus qu'avec une fourchette ou une cuillère, leur mère lui coupait le rôti du dimanche. Une vie bien pire que la leur, se disaient-ils. Et c'était vrai.

Christian souhaiterait que le combat de son père l'incite à rester à sa place auprès de Leonora. Que les hivers glacials d'après-guerre le rattrapent, lui montrent sa belle vie avec Leonora, lui disent : Hé, Christian. Ton père avait quatorze ans quand il a fait son apprentissage de maçon, il a gelé dans le froid, posé pierre sur pierre, c'est comme ça qu'après vingt-cinq ans de travail il a créé sa propre entreprise, embauché des ouvriers, il vous a eus, ton frère et toi, et il s'est juré que jamais aucun de vous deux ne travaillerait six jours sur sept, neuf heures par jour, de 6 heures du matin à 3 heures de l'après-midi. Une demi-heure de plus parfois, et, comme le patron le disait, ce n'est pas grave, vous serez libres à 4 heures, le boucher de la rue Hedenstedgade ferme seulement à 5 heures, l'entreprise paie le porc aux pommes si vous donnez un coup de collier.

Le porc aux pommes était un plat interdit à la maison, il prenait presque des dimensions mystiques pour les deux garçons. De la bouffe liée aux heures supplémentaires, c'est ainsi que le vieux l'appelait.

Christian se souvient d'un jour chez Leonora. Il s'était presque installé dans son appartement, il rentrait chez lui seulement pour se changer. Le bistrot en bas de chez Leonora avait proposé un samedi matin du porc aux pommes comme plat du jour. Christian n'en avait jamais goûté. C'était le moment. Leonora était avec lui, elle en avait commandé aussi, mais sans la moindre considération mystique, presque religieuse, à l'égard de ce plat typiquement danois. Du porc, des pommes mûres, de l'oignon et un peu de sucre. « C'est bon », avait dit Christian en se sentant un véritable traître envers son père.

« Christian ? »

Il ouvre les yeux, où était-il ? Sûrement très loin.

Zenia est près de la voiture, elle frappe doucement sur la vitre.

« Ça va ? Je peux monter ? » demande-t-elle.

Sa voix n'est pas naturelle, réservée, ou c'est peut-être l'impression qu'il en a, ou la façon dont le bruit du monde se comprime à l'intérieur de la voiture. Il regarde autour de lui si on peut les voir. Le vigile est arrivé. Il y a quelques semaines, ils ont dû faire appel à un vigile, la barrière était insuffisante pour éloigner les voleurs. Beaucoup de choses ont disparu du chantier. Une nuit, on a volé six cents briques acoustiques. Désormais, un vigile est là pour la nuit.

« Je peux monter ? » répète-t-elle.

Christian lui ouvre la portière, il n'y a plus de raison de se cacher. Zenia s'assoit près de lui, insouciante, magnifiquement insouciante, elle ignore la noirceur du monde.

« Ça va ? Tu as l'air… »

Elle sourit, regarde derrière elle, le champ est libre, elle lui donne un rapide baiser. Son haleine le ranime, son souffle à lui, il se souvient de sa mission. L'amour. Retrouver l'amour, chasser la souffrance de sa vie.

« Recommence », dit-il.

Elle rit, l'embrasse encore, insinue sa langue dans l'intervalle entre ses dents et ses lèvres. Il respire et rouvre les yeux.

« Je l'ai dit hier. Cela a été une nuit terrible. C'est pour ça que j'ai l'air… »

Elle sourit, un sourire qu'elle réprime aussitôt.

« Je ne peux pas m'imaginer combien ça doit être terrible. Si tu as besoin de temps. Seul… »

Christian l'interrompt :

« Sais-tu ce dont j'ai besoin ?

– Non.

– D'être avec toi. Tout tranquillement. Normalement. »

Christian voit que ses yeux se voilent, quelques secondes, puis deux larmes apparaissent, qu'il essuie avec son pouce. Leonora n'a pas pleuré hier. Pas une seule fois.

Elle le regarde en face.

«Je peux te demander quelque chose ? Une petite chose. Pas de problème si tu ne peux pas.

– Quoi ?

– Mes parents viennent ce soir. Ça ne durera pas plus de dix minutes, je dis bien dix minutes. J'aimerais que tu les rencontres. »

Christian a beaucoup entendu parler des parents de Zenia, le père architecte et la mère céramiste, des défenseurs de l'environnement. *Des beaux-parents.* Christian n'en a jamais eu. Le père de Leonora est parti quand elle était petite. Sa mère a été une grand-mère lointaine pour Johan, Leonora n'avait pas l'air de l'aimer beaucoup. Elle était restée à Mors, la sœur de Leonora s'est occupée d'elle les dernières années, ce qu'elle n'a jamais pardonné à Leonora. Comme si Leonora n'avait pas assez de maladie à gérer.

« Hé, tu es avec moi ?

– Oui, bien sûr, dit Christian en essayant de se concentrer. Je viendrai », ajoute-t-il, mais il pense à Leonora.

Il doit lui trouver de l'aide, peut-être la fille qu'il a repérée ce matin sur l'iPad, Petra, une bonne amie. Il doit suivre les conseils de Kim. Rendre Leonora raisonnable, rationnelle. Derrière les émotions, il y a la rationalité, elle est là. Il le faut.

21

Leonora sort, referme la porte derrière elle, trouve la chaleur et Kim qui lui crie de chez lui :

« Bonjour, Leo. »

Ne la regarde-t-il pas un peu trop longtemps ? Observe-t-il son état ? Christian lui a-t-il parlé de leurs problèmes, de sa liaison ? Une perte de plus : elle a perdu son intimité, perdu son meilleur ami, son seul ami, le seul avec lequel elle ait envie de partager tout. Combien de pertes différentes va-t-elle devoir affronter ? Elle perd son mari, son ami, son statut, sa famille, sa maison, elle perd l'intimité, le sexe… la liste est infinie.

« Bonjour », marmonne-t-elle.

Kim la regarde toujours, comme s'il voulait lui dire quelque chose. Elle n'a pas envie de lui parler, elle rentre vite dans la voiture. Leonora n'échange que des « bonjour » ou « bon week-end » avec Kim. Pas plus. Sa liaison, la façon dont il a trompé Gunvor. Elle ne le supporte pas, cela lui donne envie de vomir.

Elle se met vite en route, lance un regard à Kim qui monte dans son énorme et coûteuse voiture avec un autocollant sur la vitre arrière. *Devenez donneur d'organe.* Oui, s'il vous plaît. Donnez-moi un nouveau cœur, le vieux est cassé. Personne ne peut comprendre ce que c'est que d'éprouver à la fois du regret et de la haine. Elle aime Christian, elle voudrait qu'ils oublient tout, continuent leur vie, considèrent tout ça comme un incident regrettable. Mais alors, il remonte à la surface, le regard de Zenia. Son triomphe.

Elle roule sans savoir où elle va, elle prend la rue Kirkebakken, oui, c'est par là. Est-ce qu'il a envisagé de rendre visite à Petra ? Que lui dira-t-elle ? Leonora veut le savoir. Elle ne va pas abandonner sans combattre. Il y a trop à perdre. Elle l'a déjà fait… lutter pour un homme. Un jeune homme à l'époque. Il y a longtemps, maintenant l'histoire n'est pas la même.

*

La poussière flotte au-dessus du chantier, assez pour changer la lumière. Ce n'est pas très agréable d'être là à attendre son mari. Ce le serait s'ils avaient rendez-vous. Pour un verre de vin sous les arcades de Torvehallerne. Un café dans un des bistros près de la résidence Bølgen. Cette course-ci est indigne, mais elle est obligée de la faire. On ne doit pas traiter ainsi la mère de son enfant, sa femme, une femme qui a tout donné.

Une demi-heure plus tard, il sort. Il échange quelques mots avec l'un des ouvriers, soulève le loquet du grillage. Il est bien habillé, son beau blazer bleu, une chemise blanche. Tellement énergique. En si bonne forme, comment est-ce possible ?

« Où vas-tu ? » murmure Leonora.

Et, quand Christian s'installe dans sa voiture, puis sort du petit espace boueux devant le chantier :

« Mais bordel, où vas-tu ? »

22

Il tente sa chance. Christian se souvient à peine de l'apparence de Petra. Son amitié avec Leonora remonte à longtemps, avant Johan. Cela rend peut-être les choses plus faciles ? Si Leonora parle avec quelqu'un, il vaut mieux que ce soit avec une personne dont les racines sont profondes, qui renvoie à l'enfance et à la jeunesse, aux années où se forgent des amitiés presque sacrées.

À l'époque où Leonora et Christian ont commencé à sortir ensemble, Petra leur rendait souvent visite. Une fille un peu sauvage, se souvient Christian, une étrange survivante du passé de Leonora. Beaucoup de petits amis, parfois même simultanés, un piercing à la lèvre avant que ce ne soit la mode. Elle parlait beaucoup de limites. Qu'il fallait transgresser. Pulvériser. Elle ne voulait pas y être enfermée. Une fille sauvage de Mors qui avait fini vendeuse de chaussures au quartier latin d'Aarhus. Christian l'aperçoit, à travers la vitrine, derrière une affiche qui promet vingt pour cent de réduction sur tout et un étalage de nouvelles sandales d'été pour les gens qui ont trop d'argent. Il doit se préparer mentalement. Sa mission n'est pas facile. Rien n'est facile en ce moment.

« Christian ? »

Il entend son nom derrière la vitrine, elle l'a vu. Il ne peut plus reculer. Elle ouvre le magasin pour ce premier client de la journée, venu acheter de l'aide.

« Petra. Je pensais bien que c'était toi », dit-il. Il lui tend la main, change d'avis, l'embrasse. « Je passais et je t'ai aperçue. Je voulais te saluer.

– Dis donc, comme tu es devenu vieux, rit Petra.

– Je suis si vieux que ça ? proteste Christian, sur le point de se justifier par les nuits sans sommeil et le merle matinal qui cherche sa merlette.

– Ça fait combien de temps ? demande-t-elle, faisant mine de compter. Vingt ans ?

– Non, pas vingt ans, dit Christian qui veut orienter la discussion dans une autre direction. Plutôt hier », ajoute-t-il.

Il peut lui-même entendre que ça sonne faux.

« Ah, boucle-la. Ça fait une éternité. »

Elle rit. Christian aussi, c'est bon de rire, de tout oublier un instant. Petra a toujours été originale, pas une beauté classique, loin de là. C'est peut-être pour cela qu'elle était alors tellement rebelle ? Pour compenser, elle mettait beaucoup de maquillage, des habits qui ne couvraient pas grand-chose, elle possédait un charme un peu particulier.

« Maintenant je me rappelle, dit-elle en mettant les mains sur sa taille. Johan venait juste de naître. Je suis venue à son baptême. Quel âge a-t-il maintenant ?

– Il va bientôt avoir dix-huit ans. Il finit le lycée la semaine prochaine.

– C'est fou ! Dix-huit ans. » Elle sourit en hochant la tête.

« Tu n'as plus aucun contact avec Leonora ? demande Christian.

– Une minute », dit Petra.

Une jeune employée vient d'arriver, un peu en retard, elle se justifie, Petra n'est pas d'accord. Christian observe ses gestes, larges, ses couleurs, c'est un spectacle connu mais lointain, comme revoir une vieille émission à la télévision.

La jeune fille se réfugie dans le local avec son sac et ses mauvaises excuses. Petra se tourne vers Christian.

« Pour répondre à ta question, non, aucun contact. Pas d'entrée sur Facebook. On était pourtant les meilleures amies du monde jusqu'à ce qu'elle ait un enfant.

– C'est à cause de la maladie. Elle n'a pas pu la surmonter.

– Mon Dieu, oui, dit Petra en levant les mains vers son visage d'un geste un peu théâtral. Comment va-t-il ?

– Il est complètement guéri. Mais ça a été horrible. Tu devrais essayer de reprendre contact avec elle. »

Petra hoche la tête.

« C'est elle qui m'a jetée. Qui m'a claqué la porte au nez. C'est à elle de rouvrir la porte. Tu vas bien ?

– Oui.

– Tu as l'air tout...

– Non. Est-ce qu'on peut parler ailleurs ? » dit Christian en désignant les deux dames qui viennent d'entrer dans la boutique et qui attendent que Petra s'occupe d'elles.

*

C'est un geste d'amitié. Petra porte des bagues à tous les doigts. Elle lui a pris la main, la sienne est tiède. Le Café Jorden est plutôt sympa, il n'a pas changé. Christian y est déjà venu dans sa jeunesse. Maintenant il se sent vieux. Ce n'était pas le cas deux jours avant. Sûrement le manque de sommeil. Ou parce qu'il se rend compte que les possibilités se raréfient. La possibilité d'avoir Zenia, de retrouver l'amour.

Ils commandent un café et des croissants. Ils doivent s'habituer à leurs apparences respectives après toutes ces années. Il le lit dans les yeux de Petra, à la façon dont elle l'observe pendant qu'il parle. Elle enregistre tous les changements inscrits sur le visage de Christian, nouveaux pour elle.

Il scrute lui aussi Petra, vingt ans ont passé. Avant qu'il la hèle ce matin, elle vivait dans son souvenir comme une jeune fille. Sur Facebook, elle avait mis une vieille photo en noir et blanc où elle avait un visage lisse, mais dans la réalité on y lit les défaites, son style de vie, tout ce qui a marqué son visage, les rides, les yeux qui se sont plissés. Elle doit en plus lutter contre une allergie aux pollens de l'été. C'est ainsi qu'elle a expliqué ses yeux rouges, ses éternuements irrépressibles. Les pensées de Christian s'évadent vers la reproduction, la force du désir en été, vers le combat de toute vie pour la continuation de l'espèce, le combat du merle, des fleurs, de l'herbe, des arbres... de Christian et de Zenia. Il capte le regard inquisiteur de Petra.

Il ne cache rien. Ou presque. Il élude le problème de l'argent, les menaces. Petra perçoit son omission, elle sent que Christian lui cache quelque chose.

« Tu dis que Leonora peut te faire beaucoup de tort ? dit Petra au bord de l'éternuement, en trempant un morceau de croissant dans son café. Comment ?

– C'est un peu difficile à expliquer. C'est une histoire d'argent », dit Christian, qui se rend bien compte que c'est un mot qui ne signifie rien pour Petra. Autrefois en tout cas. Une vraie catastrophe, elle se désignait elle-même ainsi, en parlant avec insouciance de son énorme découvert, de tous les emprunts qu'elle n'arrivait pas à rembourser. « Je voudrais juste qu'elle trouve de l'aide. Leonora n'a personne à qui parler.

– Pas facile, dit Petra en repoussant sa chaise. Leonora a toujours été intransigeante. Soit on est dans ses petits papiers, soit on ne l'est pas. Et quand on ne l'est pas, c'est sans appel.

– Mais elle a vieilli. Elle a peut-être changé.

– Est-ce qu'on change jamais ? »

Christian hausse les épaules, contemple son croissant. Il n'a pas faim. Par contre, il donnerait tout pour pouvoir dormir, ne serait-ce que quelques minutes. Pour calmer ses pensées. Il ne s'est jamais senti aussi agité auparavant. Il a mal en haut du crâne, des impatiences dans le corps.

Il regarde la femme assise en face de lui. Un court instant, il ne sait même plus pourquoi il est là.

« Quand j'y pense, dit Petra... » Christian voit qu'elle réfléchit sincèrement, puis elle poursuit. « Quand j'y pense, Leonora s'est toujours isolée. Elle n'avait que Sonja et moi.

– Sonja ? Je n'en ai jamais entendu parler. »

Petra se mouche dans sa serviette et continue :

« C'est pareil pour ma sœur. D'un seul coup elle n'a plus voulu me voir. Tu vois le genre ? La plupart des femmes s'isolent avec l'âge. » Petra hoche la tête. « Mais Leonora l'a fait depuis le début. Elle n'avait pas besoin de voir beaucoup de monde. »

Il y a du vrai dans ce que dit Petra. Que Leonora a besoin de très peu de personnes. Mais cela n'a jamais gêné Christian, au contraire, il était celui dont elle avait besoin. Peut-être même cela l'avait-il flatté, il se sentait choisi. Il a fallu peu de temps après qu'ils sont tombés amoureux pour qu'elle cesse de sortir avec les étudiants du conservatoire. Elle préférait être avec Christian. Et il aimait qu'elle veuille être avec lui, qu'elle passe toute la nuit avec lui. Sentir son souffle sur son épaule quand il était couché sur le côté, elle collée contre lui. Et maintenant ? Le résultat, c'est qu'il est tout pour elle, presque le seul adulte de son monde. Il n'y avait jamais pensé avant, qu'il était le seul être qu'elle ait. Les autres sauraient où aller.

Il regarde Petra à nouveau, elle a reçu un message sur son portable.

« Il y avait une autre amie ? Sonja ? »

Petra approuve.

« Sonja était sa meilleure amie quand elle vivait sur Mors. C'est peut-être avec elle que tu devrais parler ? Lui demander de contacter Leonora. Elle habite toujours là-bas, elle est professeure. Je fais partie d'un même groupe Facebook qu'elle. Celui des anciens élèves.

– Pourquoi ont-elles arrêté de se voir ?

–Je ne m'en souviens plus, Christian. Il y a sûrement une raison. Un de leurs amis est mort, dans un accident. Ou plus tard, peut-être. Sonja habite dans une ferme, comme autrefois, avec un frère handicapé mental… » Petra grimace. « Contente d'avoir échappé à ça !

– Sonja », reprend Christian. Cette piste demande beaucoup d'efforts mais il est obligé de la suivre. Leonora a besoin d'aide. « Est-ce que tu pourrais lui demander ? »

Petra remet son téléphone dans son sac et jette un regard à Christian par-dessus ses lunettes de soleil.

« Si je peux téléphoner à Sonja avec qui je n'ai pas parlé depuis vingt ans ? C'est ce que tu me demandes ? Si je peux la convaincre de parler un peu avec Leonora parce que le mari de Leonora, dont Sonja n'a jamais entendu parler, a des problèmes ? »

Christian sourit. Il reconnaît bien là l'ancienne Petra. Elle a peut-être raison. Nous ne changeons pas tant que ça, seulement d'apparence. Petra a toujours été directe, presque provocatrice.

Elle repousse sa chaise, hésite et se penche vers lui.

« L'homme avec qui je me suis mariée, j'ai eu deux enfants avec lui. Un gentil garçon, il travaillait dans une bibliothèque. Il s'est avéré que, pendant nos dix années de vie commune, il était en fait amoureux d'une autre femme, d'une collègue de la bibliothèque. Elle aussi était mariée. Et pendant ces dix ans ils ont vécu une sorte de mariage secret, dit Petra dont la voix faiblit un peu. Et je n'ai rien soupçonné. »

Christian ne sait pas quoi dire. Il ne sait pas pourquoi elle lui raconte tout ça.

« Qu'est-ce qu'on sait vraiment de l'autre ? On tombe amoureux, on se marie, on habite ensemble, on partage lit et enfants. Et pourtant on ne sait rien à son sujet.

–Je suis désolé.

– Ça a été le divorce le plus affreux du monde, dit Petra avec l'air de le vivre à nouveau. Des menaces sur tout ce que tu peux imaginer. C'est pareil pour vous ?

– Peut-être, dit Christian, incapable de confirmer.

– Quand on s'apprête à divorcer, on a besoin de faire du marchandage. J'ai dû utiliser les enfants. J'ai menacé cet idiot de l'empêcher de les voir, de déménager à Copenhague, de demander à avoir la garde exclusive.

– Johan a fini le lycée.

– Alors on trouve autre chose », glisse Petra.

Christian est étonné. Elle devrait être du côté de Leonora. L'aider, au lieu de donner des conseils à Christian. Mais c'est lui qui est venu la solliciter. Il y a peut-être quelque chose entre les deux filles, quelque chose du passé, de la jalousie.

« Un divorce n'est au fond qu'une négociation. La plus compliquée des négociations », ajoute-t-elle. Puis elle sourit, effleure la main de Christian. « On négocie avec les sentiments. Avec la culpabilité. Qui est coupable. Qui a dit quoi, qui s'est le plus sacrifié. Et quand cette négociation prend fin, on passe à la suivante : la négociation financière. »

Elle se lève, lui caresse légèrement le bras, comme pour le réconforter, comme on console un enfant.

« Il faut que j'y aille, Christian. C'était sympa de te voir.

– Petra ? »

Elle se retourne, s'arrête devant le café, sur les pavés, un vieil endroit idyllique d'Aarhus.

« Sonja ? Tu te souviens où elle habite ? »

23

Leonora l'avait presque oubliée. Après tant d'années. Dans sa nouvelle vie avec Christian, Petra n'avait pas sa place. Au début peut-être un peu. L'intermède avait été très bref. Une courte période où elle avait essayé d'intégrer son amie de Mors à sa nouvelle vie. Cela n'avait pas marché, pas du tout, songe Leonora en observant Christian quitter le café ; il foule les vieux pavés de la rue Pustervig en direction de la cathédrale. Elle ne se souvient pas de l'avoir vu dans un état pareil. Si, quand le pire était à craindre pour Johan. Mais la situation est différente aujourd'hui. Sous l'implacable soleil matinal, il a l'air vieux et fatigué, usé.

Elle ne fait rien pour se cacher, ce n'est pas nécessaire. Christian marche les yeux baissés, plongé dans ses pensées. Il ne voit que sa propre souffrance, pense Leonora en traversant derrière lui.

« Christian », murmure-t-elle pour elle-même. Elle souhaiterait pouvoir l'arrêter. Lui montrer tout ce qu'il détruit. Lui dire que ce n'est pas une fatalité. Un rapide coup d'œil par-dessus son épaule, une dernière vision de Petra en train de regagner son magasin.

Leonora n'a eu aucune difficulté à clore le chapitre « Petra ». C'est comme ça. Une vie se divise en chapitres. Le temps l'a appris à Leonora. Certaines personnes sont les personnages principaux d'un chapitre pour devenir les personnages secondaires du suivant. Ou alors elles disparaissent. C'est ce qui s'était passé pour Petra. Elle avait eu tort de vouloir la faire entrer dans sa nouvelle vie. Elle se souvient de cet été à la fin du lycée, à son entrée au conservatoire, son dernier été sur l'île. Leonora et Petra avaient travaillé sur le port de Glyngøre. Elles avaient besoin d'argent et n'avaient aucun contact à Aarhus. Il fallait donc passer un dernier été à servir de la bière et des filets de poisson. Elle se souvient comme tout en elle lui criait de partir. C'était physique, elle haïssait tout de ce lieu, la chaleur de la cuisine, l'odeur de friture, elle haïssait son propre dialecte, elle souhaitait que le fjord enfle de quelques centimètres et avale la ville en une bouchée gloutonne. Elle voulait effacer les traces d'une enfance triste dans les années 1970. La vraie vie allait commencer. C'est ce qu'elle pensait en s'installant dans le bus. Avec deux sacs. L'un contenait ses vêtements, l'autre son vieux violon. Son premier instrument.

Sa mère lui avait demandé si elle voulait emporter ses livres et tous ses carnets avec ses écrits et ses dessins. Non. Elle ne voulait rien emporter. Aujourd'hui, Leonora se rend compte que sa mère l'avait pris comme le rejet de tout son passé. C'était vrai. Et Leonora était trop jeune et trop prise par ses émotions pour porter attention à celles de sa mère.

Voici ce que Christian n'a pas compris : avec l'âge on devient responsable des autres. Il se comporte en ce moment comme un adolescent. C'est ridicule de se promener partout avec une tête de cinquante ans et de se conduire comme un gamin amoureux de douze.

Leonora traverse la place du marché, son mari la précède, sa chemise lui colle au dos. La voici dans la ville de leur jeunesse commune. Là où Leonora est un jour arrivée en laissant son île derrière elle. Sauf Petra.

Au début de sa relation avec Christian, Leonora a souvent invité Petra. Elle s'était imaginée que Christian et Petra pourraient devenir amis. Des rencontres pénibles suivies de soirées mortelles où l'illusion d'une grande amitié commune était devenue de plus en plus difficile à maintenir. Leonora et Petra avaient même failli se disputer le jour du baptême de Johan, Leonora ne se souvient plus pourquoi. Non, Petra appartenait à une autre époque de sa vie. Leur amitié avait culminé dans les dernières années de leur adolescence, quand elles passaient leurs week-ends au Buddy Holly, la discothèque de Nykøbing. Elles y dansaient sur Michael Jackson et Culture Club. Petra avait toutes les audaces et Leonora avait besoin de son courage. Et qu'elle la soutienne quand elle avait bu trop de Pisang Ambon ou de Malibu et qu'elles rentraient à la maison par les rues de Nykøbing, juchées sur des talons ridiculement hauts, en donnant des coups de pied dans des cannettes de bière et des cartons à pizza, alors que l'odeur de poisson et de fjord leur parvenait, portée par le vent d'est.

Christian avance vite et d'un pas décidé. Leonora sait où il va. Elle s'est garée près du port, près de lui. Le soleil s'accentue. Un bateau de croisière va entrer dans le port, Leonora, elle, va sortir. De la vie de Christian, de sa maison. Elle peut s'arrêter là, maintenant, et abandonner ce qui compte pour elle. Ou alors se battre. Pas pour Christian, ce salaud. Pour quelque chose de plus important. Pour la vie, la sécurité de Johan. Et pour la vengeance. Elle serait délicieuse. Elle veut que Zenia souffre. Ce ne devrait pas être le plus important, ce ne le sera pas si elle arrive à maîtriser ses sentiments.

24

C'est presque irresponsable de prendre le volant dans cet état. Le manque de sommeil est comparable à l'alcool dans le sang. Il l'a lu quelque part. Avec tous ces jours sans sommeil, le pourcentage doit être dangereusement élevé.

Christian n'a été à Mors qu'une ou deux fois. Pas parce qu'il ne le voulait pas, mais il a toujours remarqué que Leonora en éprouvait du désagrément, du dégoût, l'envie de partir et de ne jamais y revenir. Et peut-être de la honte ? Au fond de son cœur. Son enfance difficile. Un week-end où Leonora avait sept ans, sa mère n'était pas rentrée à la maison. Du vendredi matin au dimanche soir, sa sœur s'était occupée d'elle. Les deux sœurs avaient mangé des flocons d'avoine avec du lait tourné, elles avaient cru que leur mère était morte, qu'elles étaient seules pour le restant de leur vie. Leur mère ne leur a jamais dit où elle était allée. Ni pourquoi elle n'avait pas téléphoné. Elle était réapparue d'un seul coup au milieu de la salle de séjour, d'après le récit de Leonora. Et elle s'était plainte qu'elles n'aient pas débarrassé la table.

Christian s'étonne que Leonora n'ait jamais mentionné Sonja. Une amie d'enfance très proche. Leonora a beaucoup parlé de sa jeunesse. Raconté que son père était parti. C'est une blessure pour toujours. Même si devenue adulte elle peut voir des choses qu'elle n'a pas comprises quand elle était enfant. Qu'on avait probablement diagnostiqué chez son père des TOC, une sorte d'autisme, un handicap qui l'empêchait d'affronter le quotidien, qui l'avait poussé à prendre la porte.

Ils ont rencontré son père par hasard au centre commercial au nord d'Aarhus. Leonora a dit soudain : « C'est mon père. » Elle lui a montré un homme en jogging, veste militaire verte et casquette, il avait l'air usé. Apparemment pas alcoolisé mais en proie à d'autres démons, mentalement malade. Il n'a pas reconnu Leonora, et elle ne voulait pas qu'il la reconnaisse. Christian lui a proposé d'aller le saluer, lui dire qu'il avait un petit-fils. Johan dormait dans sa poussette. Mais elle n'a pas voulu. Elle n'avait pas envie d'en parler, il n'y avait rien à en dire, a-t-elle prétexté. Elle avait tellement souffert de cet abandon qu'elle préférait tout oublier et ne plus jamais remettre les pieds dans ce foutu centre commercial. Quand ils ont acheté la maison à Vejle, avec une des plus belles vues du pays, Christian a pensé, mais ne l'a pas dit : c'est pour fuir. Loin de son père. Elle ne voulait plus être dans la même ville que lui, le rencontrer par hasard, lui, la faille de sa vie. Il était plus qu'un pauvre gars diagnostiqué à problèmes. Il était une porte ouverte sur quelque chose de laid, cela sautait aux yeux en voyant Leonora le soir de cette rencontre, la porte ouverte sur une souffrance énorme, une porte que Leonora avait mis la moitié de sa vie à fermer. On ne devait l'ouvrir à aucun prix.

Et si on l'ouvrait, on ne savait pas ce qui pouvait arriver.

Christian conduit, accumule les kilomètres sans même s'en rendre compte. Il a intérêt à entrer l'adresse dans son GPS. Sonja vient d'une ferme rue Ilkjæret. Petra le lui a dit, elle lui a même épelé le mot, un mot de l'ancien temps, du temps où l'on savait ce que Ilkjær voulait dire, le lac du feu. Christian voit que Johan a essayé de le joindre. Bizarre. Qu'il n'ait pas entendu. Il doit avoir du bruit dans la tête. Il l'appelle.

« Papa ?

– Tu as appelé. Tout va bien ?

– Tu sais où est maman ?

– Elle ne répond pas ? »

Du bruit sur la ligne, quelque chose qui tombe, Christian entend à nouveau Johan :

« Changement d'itinéraire, on passera à la maison vers 21 heures.

– Ah », dit Christian, un peu agacé.

Il est plus facile d'être le premier sur la liste quand les étudiants vont d'une maison à l'autre, ils ne sont pas encore ivres, vingt-deux élèves, mille coups à boire.

« Je trouve que c'est tard, Johan », dit Christian. Il ne répond pas. « Tu es toujours là ?

– Oui ?

– Tu ne peux pas essayer de changer l'horaire pour passer plus tôt ? Ce n'est pas drôle d'être les derniers. »

Christian entend parler à l'arrière-plan, la fête semble avoir déjà commencé, avec deux jours d'avance.

« Johan ?

– Oui », répond le jeune homme d'un air mécontent.

Christian fait rarement pression sur lui, il a été malade, il est fils unique, il a été un peu trop gâté. Ils ont évité tout conflit. Mais Christian n'en démord pas, peut-être à cause de la fatigue – il refuse d'avoir chez lui vingt-deux bacheliers ivres à 9 ou 10 heures du soir.

« 21 heures, c'est trop tard pour nous. Ce n'est pas possible, dit Christian en remarquant une fois de plus cette irritation qu'il ne contrôle pas.

– Le plan est fait maintenant. Je ne peux pas le changer. »

Johan ajoute quelque chose qui échappe à Christian, comme quoi le dernier examen est reporté au même jour que la remise de diplômes, ou bien le contraire.

« Papa ?

– Oui ?

– Tu entends ce que je te dis ?

– Le programme a déjà été refait, c'est donc possible de le refaire encore. Point final. Je vais couper, Johan. »

Johan coupe la conversation, furieux. S'il était tombé sur Leonora en premier, elle, elle aurait accepté. Comme toujours. Christian voit la sortie vers Viborg. Il en a pour longtemps. Aller à Mors et revenir. Il pourrait renoncer. Il pourrait aussi se foutre de tout, se foutre des menaces de Leonora. Lui demander de le dénoncer, expliquer à Zenia ce qui s'est passé à cette époque. Dire qu'il a magouillé pour sauver son fils. Tout le monde peut comprendre. Christian se rappelle d'une autre affaire il y a quelques années qui concernait aussi un entrepreneur. L'entrepreneur a été condamné à un redressement fiscal, pas à de la prison, seulement à une amende. Mais le plus grave : il n'a plus eu de contrat par la suite. Il n'a naturellement plus jamais eu un seul marché avec les communes, ni avec le service public. Pourquoi l'État choisirait-il un magouilleur quand il y a des concurrents honnêtes ?

« Non », murmure-t-il. Impossible. Peter et moi, on ne retrouverait plus jamais de travail dans ce secteur. C'est sûr. Or cette branche et le plaisir de construire, c'est ce qu'il partage avec Zenia. Des projets visionnaires pour un monde nouveau. Combien de temps Zenia aimera-t-elle Christian s'il devient un simple maçon qui travaille de 7 heures du matin à 3 heures de l'après-midi ?

Christian tourne, prend la direction du nord. Vers la région natale de Leonora.

25

« Comment sais-tu que Leonora l'a suivi ? » demande Josefine.

Avant qu'Holger n'ait le temps de répondre, la porte du bar s'ouvre, le vent provenant des falaises fait voler la serviette de Josefine par-dessus la table. Un couple de jeunes entre, ils jettent un regard intrigué à Josefine et à Holger avant de s'installer au comptoir et de commander en allemand un café et de la limonade. Le mauvais temps n'empêche jamais les Allemands d'aller sur la plage.

« On a pu le voir sur l'historique des portables, dit Holger. Nous nous promenons partout avec des petits espions. Le portable qui est dans notre poche.

– Ça devrait être absolument interdit.

– Les portables ? Pour moi, pas de problème, dit Holger. Tous ces trucs, Google et Facebook, je regrette le bon vieux temps où on n'était pas constamment tagué. »

Il prononce le mot « tagué » comme s'il mâchait un corps étranger. Il en est conscient, il y a un rapport étrange entre le vocabulaire et l'âge, une sorte d'équation qu'il ne sait pas bien résoudre. Un mot doit être utilisé pendant des années avant que les gens de plus de soixante-dix ans osent le prononcer. « Ordinateur », ça va. « Hashtag » et « Instagram » ne marchent pas. « Facebook » est entre les deux.

Holger regarde sa fille.

« Les gens devraient laisser leurs portables à la maison. Comme ça la police ferait un bond en arrière pour revenir en 1955.

– Tu sais très bien ce que je veux dire. Je parle de “supersurveillance”.

– Et je suis plutôt d'accord. Je suis un grand défenseur de la vie privée. En théorie, je hais tout autant que toi l'idée d'une société de la “supersurveillance”. Mais c'est une réalité. D'ici peu on se fera livrer ses colis par drone. C'est comme ça. On n'y échappera pas. C'est ce qui plaît. Et tu sais quoi, ma petite fille ?

– Je déteste quand tu m'appelles “ma petite fille”.

– Tu sais quoi, ma fille ?

– Explique-moi, père. »

Elle emploie le mot « père » comme dans des vieux films, qu'elle n'a jamais vus. De bons films selon Holger, ils passent le dimanche sur des chaînes mineures de la télé, celles bourrées de publicité pour toutes sortes de choses quasiment gratuites. Comme six paquets de nems industriels pour cinquante couronnes ou dix kilos de viande de bœuf pour cent couronnes. Qui au nom du ciel va manger dix kilos de bœuf ? Mais il patiente pendant la pub, vu que les films sont bons, cela ne le gêne pas d'en voir deux à la suite, sa petite double séance personnelle. La différence entre le Roxy sur la rue Godthåbsvej et le cinéma maison est sans conteste le service. Il est exécrable à la maison, on doit tout faire tout seul, le café, aller se chercher sa bière, pas de pop-corn chaud. En revanche personne ne vous pousse ni ne vous crie des remarques acerbes quand vous vous mettez à ronfler.

« Bon, tu sais que Christian est allé à Mors », dit Josefine.

Holger l'interrompt :

« Et que Leonora l'a suivi.

– Peut-être avaient-ils décidé d'y aller tous les deux ?

– Chacun dans sa voiture ? Ce n'est pas logique. La police travaille en suivant la logique.

– Comme si personne d'autre ne le faisait, dit Josefine en hochant la tête.

– Non, Josefine », dit Holger assez fort. Ce qui les surprend tous les deux. « Personne ne travaille avec autant de rigueur et de logique qu'une poignée de policiers qui traquent un meurtrier. On est allés à la morgue, on a vu le cadavre, la victime du meurtre. La tête était si fracassée qu'il a fallu faire appel à un dentiste pour l'identifier avec certitude. La cervelle était répandue sur la route… »

Josefine l'interrompt :

« Arrête, papa. »

Mais Holger continue :

« Le cerveau a été écrasé, une roue a démoli le bas de son visage, tu peux l'imaginer ? La cervelle était à nu, comme quand on sort une banane de sa peau.

– Pourquoi tu me dis tout ça ?

– Parce qu'il faut que tu comprennes ce qui nous pousse à ne pas perdre de temps avec des fausses pistes. C'est le temps qui fait tout. Si un meurtre n'est pas élucidé dans la semaine, la possibilité qu'il le soit tombe à cinquante pour cent. Tu le savais ? »

Josefine secoue la tête.

« Ce sont des statistiques. Des faits avérés. La première semaine est cruciale, nous ne dormons pas pendant cette période.

– Ça, je m'en souviens. On détestait quand tu n'étais pas à la maison », glisse Josefine.

Et Holger le voit à ses yeux, ils vont bientôt déborder, deux mares de souvenirs douloureux. Souvenirs de toutes ces soirées où il ne rentrait pas à la maison, où l'on ne parlait que de ça à la télé ou à la radio, le meurtre dans la ville, en grosses lettres sur les panneaux devant les tabacs. Et elles savaient que leur père y était, en train de chercher le méchant. Cela pouvait durer trois jours, les filles le réclamaient. Des jours où il dormait au poste, sur un canapé, une heure de temps en temps.

Une fois, la pire, il avait été absent pendant deux semaines. Quel âge avaient les filles, quatre et huit ans ? Environ. Le meurtre avait été commis au fin fond de la circonscription, à Hvide Sande, ce n'était pas possible de faire le trajet tous les jours. Il fallait attraper le meurtrier, il le fallait, un trou avait été occasionné dans le tissu qui nous relie tous ensemble : la loi. Les règles de conduite entre les hommes, rien ne peut fonctionner sans elles, il faut raccommoder la déchirure faite dans le voile délicat de la loi. Les filles ont pleuré quand il est enfin rentré. Holger s'en souvient. Karen avait cousu les costumes pour la pièce de théâtre *Nøddebo Præstegaard* qui se jouait en décembre au quartier latin. Il était rentré, s'était garé sur le parking entre la cathédrale et le théâtre, avait traversé, admiré les décorations, la grande affiche de *Nøddebo Præstegaard* sur le théâtre, tout illuminée. Il avait fait des efforts pour se rappeler des détails des costumes, surtout du chapeau de Sidse Lugekone que Karen avait aussi créé. Et du corset aux milliers de points de croix avec du fil de soie, comme ça il pouvait en parler à Karen en rentrant. Il ne parlerait pas de son propre travail. C'était leur accord. Il ne pouvait tout de même pas rapporter à la maison toute l'histoire, le couteau planté dans le cœur, un homme tué par son amant avec une lourde pierre de silex dans un quartier abandonné de résidences d'été, il lui avait porté de nombreux coups sur le crâne, des restes de sable et de boue s'étaient mélangés au sang. Non, il devait le garder pour lui. Ce qui donne du sens au travail de la police, c'est que seuls des gars endurcis du corps de la police vont contempler l'horrible, l'inhumain. Ils se sacrifient, comme Jésus pour l'humanité, la police et rien que la police ouvre la porte de l'enfer, s'engouffre dans le monde de l'ombre, étreint la mort, témoin des pires horreurs que les hommes sont capables d'accomplir. Ils le font pour que les autres puissent vivre avec insouciance, loin de la réalité, avec des crèches de Noël et des coutures en fil de soie et des orchestres de l'Armée du salut qui jouent des chants de Noël devant la gare.

Holger regarde Josefine, elle s'essuie les yeux en prenant garde à ce que son mascara ne coule pas.

« Est-ce pour ça que vous n'avez jamais... »

Holger s'arrête.

« Que nous n'avons jamais voulu entrer dans la police ?

– Oui.

– Qu'est-ce que tu crois ? Nous haïssions ton métier ! Les meurtriers et les criminels. On avait tellement peur que tu ne rentres pas à la maison. »

Holger approuve de la tête.

« Une fois... ça, je ne te l'ai jamais raconté », dit Josefine.

Il peut le voir, à son expression, qu'en dépit de son esprit rebelle, elle croit en l'autorité, qu'il est le patriarche qu'elle a toujours un peu combattu.

« Il n'est jamais trop tard pour avouer, dit Holger à voix basse.

– Mais cette fois, c'est toi qui vas te fâcher. »

Holger prend sa main et sourit.

« Me fâcher ? Aujourd'hui ?

– Un jour, pendant que tu faisais la sieste, Isabella et moi... »

Holger l'interrompt :

« Pourquoi tu as entraîné ta sœur ?

– Tu as dit que tu ne te fâcherais pas.

– Bon, d'accord.

– Tu avais oublié de fermer ta mallette à clé. Tu te souviens de ta mallette ? La marron. La clé était dans ton gros trousseau. On était petites. Les clés et les serrures, cela nous fascinait.

– Vous avez ouvert ma mallette. Qu'est-ce que vous avez vu ?

– Un de tes dossiers. Une petite fille assassinée. Une fille de notre âge. »

Il souffle, oui, il se souvient des photos de la petite fille assassinée. Dire qu'il a fait toute sa vie des efforts pour les protéger. Pour les laisser grandir dans le monde magique de leur mère.

« Donc ce n'était pas dû à vos noms ?

– À nos noms ?

– Josefine et Isabella. J'aurais voulu que tu t'appelles Dorthe. »

D'abord elle sourit, puis elle éclate de rire :

« Tu croyais qu'on n'était pas entrées dans la police parce que tu n'as pas pu nous appeler Dorthe et Hanne ?

– Henriette. Dorthe et Henriette. Des noms qui vont bien à des femmes policières », dit Holger.

Josefine rit.

« Quel vieux fou tu fais. Revenons à ce Christian. Il est allé à Mors ? »

Holger s'éclaircit la voix.

« Christian est bien allé à Mors. Ou, si on veut, il est remonté dans le temps. Dans le passé de Leonora. »

26

Une palissade inhospitalière entoure la maison. Ça sent les animaux, se dit Christian en sortant de la voiture ; quelques poules le regardent avec curiosité à travers la clôture en fil de fer d'un vieux poulailler de l'autre côté de la palissade. Il écarte un rosier pour voir le numéro de la maison.

« Merde », murmure-t-il, une épine s'est plantée dans la chair de son pouce. Une goutte de sang rouge et parfaitement ronde apparaît. Drôle de pensée, que la couleur des roses rouges l'a envahi, l'a rendu rouge. C'est sûrement la fatigue, d'habitude il n'a pas de pensées aussi bizarres. Son sang a toujours été rouge, sinon de quelle couleur ? Noir ?

Il observe la petite ferme du cultivateur. Des colombages, un toit de chaume, il faudrait juste une grue et un gros camion, et le musée Gamle By d'Aarhus s'enrichirait d'une nouvelle maison. Un bobsleigh orange est appuyé contre un mur, cela rappelle à Christian ce « jeu des cinq erreurs » qu'il adorait, enfant. Le marteau de la porte en forme d'ananas ressemble à une grenade. Il frappe. Recommence, la grenade est costaude, elle pourrait facilement faire exploser la porte.

« Hello », crie-t-il. Puis il répète, plus fort : « Hello ? »

Une mince fissure traverse en diagonale la vitre de la fenêtre de la cuisine. Le reflet du soleil et l'obscurité qui règne à l'intérieur empêchent de voir à travers. Il appelle encore, à voix haute. En vain.

La porte de la petite grange en face de la maison est entrebâillée. Christian devrait partir, il en a conscience. Il se trouve sur un domaine privé, il n'a rien à faire ici ; aux États-Unis, dans certains États, le propriétaire serait acquitté s'il tuait Christian d'un coup de fusil.

La porte à enrouleur est constituée de lames de métal qui ondulent, une solution bon marché. Elle est de travers, pend de guingois, c'est un vieux système, de la merde pas chère, ce genre de vieilleries qu'il adore arracher, des plafonds en amiante, de la peinture acrylique, des produits chimiques, trop de produits chimiques. Christian bande ses forces pour l'enrouler au maximum. De l'autre côté, un tracteur lui fait face. Il n'a pas l'air d'avoir vu un champ depuis des lustres.

« Y a quelqu'un ? » lance Christian à nouveau. Un épouvantail est suspendu au mur. Son chapeau est plein de trous, son visage consiste en une botte de paille. Christian fait un pas dans la grange, il tient la porte d'une main pour pouvoir passer. La porte résiste, pas tout à fait fermée mais pas complètement ouverte. Il la lâche, elle glisse et le laisse avec un seul petit rai de lumière et le vieux tracteur. Est-ce l'obscurité qui lui donne cette envie subite de rester là pour trouver la paix que son esprit lui refuse ? Ou est-ce parce que ce lieu reflète son existence, que le soleil va se coucher sur son destin, que l'amour lui est inaccessible, que tout commence à foutre le camp ? Tout ce qui jusqu'ici était normal et qui soudain disparaît.

Il sursaute quand son téléphone sonne, il se dépêche de l'attraper, le son est trop fort, il résonne dans cette grange vide. Une chose ailée réagit au-dessus de lui, très haut dans la grange.

« Peter ? dit Christian.

– Où es-tu ?

– Je suis... » Christian se rend compte qu'il ne sait pas quoi dire.

« Il y a quelque chose qui ne va pas ? Je m'inquiète vraiment pour toi. Tu n'es pas toi-même, Christian. »

Christian regarde autour de lui. Il entend des voix à l'extérieur. Il essaie de voir par une fissure, mais il est aveuglé.

«J'ai fait des recherches pour ce problème avec les impôts et les comptes, comme tu me l'as demandé. Tu sais, autant qu'on puisse fouiller dans ce genre d'affaire sans se créer de problèmes.

– Oui.

– Tu m'entends ?

– Oui, oui», dit Christian.

Il y a bien une voix ou deux dehors. Il doit sortir, il ne peut pas rester là à téléphoner.

«C'est impossible, nous ne pouvons pas nous dénoncer ou rembourser sans nous mettre dans de sérieux problèmes. Mais, Christian, il ne va rien se passer, dit Peter avec sa voix spéciale, ce mélange de confiance et de défi qui fait qu'il sort gagnant de toutes les négociations auxquelles il participe. Dis-moi ce qui se passe. Tu as des problèmes à la maison ?

– Peter, je te rappelle.»

Christian remet le portable dans sa poche, la fin de la conversation accentue le silence. Quand il perçoit quelque chose derrière lui, il croit d'abord qu'il s'agit de sa propre ombre. Un léger mouvement créé par le petit rai de lumière entre la porte et le mur. Puis quelque chose le frappe. Fort. Christian aperçoit le contour d'un visage.

«Qu'est-ce que vous foutez ?» s'écrie-t-il tandis qu'une douleur au cou près de l'oreille déclenche en lui une poussée d'adrénaline.

Depuis qu'il a reçu un coup à la tête quand il avait dix-sept ans, assené par un ivrogne rue Jomfru Ane, personne n'a plus jamais porté la main sur lui. Le pire n'est pas la douleur, c'est l'humiliation qui l'envahit, la fureur.

«Bon Dieu, qu'est-ce que vous fabriquez ? hurle Christian qui se relève et réplique, frappant une masse épaisse, un punching-ball humain.

– Franck ! » appelle quelqu'un qui allume. La femme est vieille, une paysanne d'un autre siècle, la version danoise d'une gitane. L'homme à ses côtés est… retardé mental ? Oui, Petra en a parlé. Du petit frère handicapé mental de Sonja. Mais ce n'est plus un petit frère, maintenant c'est un géant obèse. Il a des yeux trop rapprochés, un nez épaté, un visage qui semble fait de pâte. Un accouchement qui s'est mal passé il y a une cinquantaine d'années. Christian se tâte l'oreille, y presse sa chemise pour voir s'il saigne, non.
« Lâche-le, Franck.

– Oui, c'est ça, tire-toi, Franck », s'emporte Christian, avec l'envie terrible de continuer à le frapper, de le piétiner, de sortir toute la violence qui est en lui, de perdre tout contrôle.

Il se souvient d'un exercice de nuit du temps de son service militaire. Il pleuvait, ils traversaient une forêt, un lourd paquetage sur le dos. Ils n'avaient pas dormi depuis vingt-quatre heures et l'énervement montait. Ils ont commencé à se disputer comme ils ne l'avaient jamais fait les six mois précédents. Deux des recrues s'étaient battues.

« Vous êtes de la mairie ?

– De la mairie ? »

Christian comprend. Des factures impayées, des gens incapables d'ouvrir un compte internet, d'observer les règles de base de la société. De temps à autre un employé de la mairie se pointe, leur demande de régler une facture ou d'enlever leurs ordures par suite de plaintes des voisins, de paysans qui ne peuvent plus passer sur la route avec leur moissonneuse-batteuse.

« Je ne suis pas de la mairie, dit-il. Et je n'aime pas beaucoup qu'on m'agresse.

– Et nous, nous n'aimons pas beaucoup les étrangers », réplique la vieille en jetant un bref coup d'œil à l'idiot.

Christian l'imite, craignant que celui-ci ne l'attaque à nouveau.

« Je cherche Sonja. »

Ces mots brisent le silence. Pour la première fois, la vieille femme le regarde en face.

« Qu'est-ce que vous voulez à Sonja ? »

L'idiot avance d'un pas, il a senti l'hostilité dans le ton de sa mère.

Christian cherche à maîtriser son désir de violence, pense au motif de son voyage, trouver de l'aide pour Leonora, pas se battre avec un idiot.

« Sonja est une amie d'enfance de ma femme. Ma femme a besoin d'aide », dit Christian, qui perçoit du mensonge dans sa propre voix.

C'est lui qui a besoin d'aide.

« Qui est votre femme ? » demande la vieille.

Elle se rapproche de lui, son visage, en pleine lumière, est le tableau de la douleur. D'une douleur ancienne.

« Leonora. Écoutez-moi, bordel ! Il faut absolument que je trouve Sonja. Vous pouvez m'aider, oui ou non ? »

27

Qu'est-ce qu'il fabrique ? pense Leonora en suivant la voiture de Christian sur une bonne distance, de la maison de Sonja vers le centre-ville. La voiture s'arrête un peu plus loin, elle peut voir la nuque de son mari par la vitre arrière. Leonora attend dans sa voiture, la radio est allumée. Diffuse de vieilles histoires sur la radio locale à propos du procès des sorcières à Mors, il y a quatre cents ans. Sept femmes brûlées sur un bûcher. Comme tous les habitants de l'île, Leonora connaît ces histoires : Mette Krogfod, ainsi que Birgitte Jensdatter et Maren Pierdatter, emmenées au bûcher. L'une d'elles était vieille et révoltée, une autre noirâtre de peau, il n'en fallait pas plus.

Christian sort de sa voiture, Leonora attend un peu avant de le suivre. Les bruits, les lumières, tout lui revient en une seconde. Il n'y a pas un endroit du globe que Leonora connaisse mieux que Nykøbing Mors. Elle pense identifier des traits caractéristiques des indigènes, théorie qui ne supporterait pas une analyse critique plus de cinq secondes, mais Leonora n'en démord pas.

Leonora se tient en retrait et observe Christian qui ferme sa voiture. D'après ses dires il a toujours aimé cette ville. L'ayant perçue à travers un filtre extérieur, un peu exotique, la nature, le musée de la fonderie, le cloître, le dialecte, il lui trouve beaucoup de charme. Christian traverse la rue principale à pas décidés. Tiens, il s'arrête. Demande quelque chose à une vieille dame. Son chemin ? Il fait demi-tour et marche dans la direction de Leonora. Elle a un instant de panique, que va-t-il faire ? Bien qu'il y ait une bonne distance entre eux, elle ne veut prendre aucun risque, vite, elle ouvre la porte de la boutique la plus proche, entre, referme la porte. Christian s'est arrêté dans la rue. Il ne l'a pas vue.

« Puis-je vous aider ? »

Leonora se retourne. Regarde le vieux monsieur.

« Peut-être, je voudrais acheter des... »

Elle jette un coup d'œil autour d'elle, qu'est-ce qu'elle pourrait bien acheter ? Dans une boutique de décoration ? Des coussins dans le style colonial français, des lanternes et des chandeliers prétentieux, rien que des objets recouverts d'une fausse patine antique, pour qu'on oublie que ce n'est que de la camelote venue de Chine. Leonora en a acheté beaucoup, mais plus maintenant, elle aime désormais ce qui dure, toutes ces pseudo-antiquités kitsch sont exclues de sa maison. *Sa maison ?* Le mot ramène son attention sur la rue, sur Christian. Il contemple son téléphone. Saleté de téléphone. C'est à cause du téléphone que tout a commencé. Si seulement elle n'y avait pas prêté attention cette nuit-là, n'avait pas exigé de voir les messages. Est-ce que cela aurait servi à quelque chose ? À le laisser vivre son histoire d'amour ? Non. Zenia veut avoir ce qui appartient à Leonora. C'est tout. Ce devrait être interdit.

« Dites-moi si je peux vous aider, intervient le vendeur.

– Merci, je jette juste un coup d'œil.

– Je crois que je vous connais. »

Leonora arrête d'épier Christian pour regarder ce vieil homme dans l'ombre derrière le comptoir.

« Je ne pense pas, dit Leonora. Je suis de passage.

– Leonora, s'exclame le vieux avec l'enthousiasme de celui qui crie bingo le dimanche dans son groupe de gens âgés dans le hall au-dessus de la gare. J'en étais sûr. C'était il y a longtemps. J'étais à l'enterrement de votre mère. Elle a été très gentille avec moi chaque fois que j'ai été hospitalisé. Je ne vous ai pas vue depuis l'enterrement.

– Non, je, je… n'habite plus ici », explique Leonora en s'interrogeant sur le sens des mots du vieil homme.

Sa mère ? Gentille avec quelqu'un ? Elle n'était pas gentille avec Leonora, peut-être réservait-elle toute sa gentillesse pour ses patients la nuit, à l'hôpital, pour les vieux qui pleuraient, avaient peur de mourir, pour les enfants blessés, pour les femmes qui souffraient avant de devenir mères – ces gens avaient tout, eux. Leonora et sa sœur récupéraient une loque épuisée. Les deux gamines avaient le choix entre deux réactions : soit devenir comme leur mère, ce qu'avait choisi sa sœur, soit se sauver, devenir une autre, l'oublier. C'est ce qu'avait fait Leonora, jusqu'à maintenant.

« Mais vous êtes de retour, dit le vieux. Je me souviens que vous avez joué du violon à son enterrement.

– C'est vrai », répond Leonora sèchement.

Un souvenir qu'elle avait effacé mais c'est vrai, elle l'a vraiment fait, elle a juste joué un petit morceau de Bach. C'était avant l'évidence, la certitude qu'il n'y avait rien à trouver auprès de sa mère, vivante ou morte. Leonora avait aspiré à la paix, à l'amour, mais cela ne s'était jamais produit. Elle n'allait pas se mettre à aimer sa mère juste parce qu'elle gisait sous trois mètres de terre. Et sa mère n'allait pas se mettre à l'aimer. Leonora avait par ailleurs bien joué ce jour-là, et l'acoustique de la petite église était parfaite. Mais elle jouait pour des oreilles sourdes et désormais mortes, comme elle l'avait toujours fait. Il avait toujours été impossible de soutirer à sa mère une once de reconnaissance du talent de Leonora. Était-ce si difficile de dire à sa petite fille qu'elle était douée ? Surtout si c'est vrai.

« Je ne fais que passer », dit Leonora tout en regardant la rue. Christian retourne à sa voiture. « Mais c'était un plaisir de vous revoir. »

28

Il n'y a que douze places de parking devant l'école. Christian se gare le long de la route, aucun panneau n'indique si c'est autorisé ou non. Il comprend qu'au fin fond de cette campagne, on a le droit de se garer partout, sauf au milieu de la route ou chez quelqu'un.

Le soleil est fort, ses lunettes de soleil sont restées dans son bureau ; Christian abaisse le pare-soleil, mauvaise idée, le petit miroir ne le flatte pas, des yeux fatigués, de nouvelles rides. Que vont-ils penser dans cette école quand il va entrer au secrétariat pour demander à voir la professeure, Sonja, comme la vieille femme le lui a conseillé ?

*

Sonja enseigne l'anglais en cinquième, mais il doit attendre qu'elle ait fini son cours. Il obtient l'autorisation de rester dans l'école, ce qui l'étonne. Comment un homme avec son allure aujourd'hui peut-il avoir le droit d'être dans le voisinage d'enfants ? Ils sont confiants, ici, sur l'île, se dit-il en tournant dans le petit couloir carrelé ; il peut voir à travers une vitre une professeure en train de faire la classe à des élèves d'environ douze ans. Ce doit être elle. La vieille amie de Leonora dont il n'a jamais entendu parler.

Il attend dehors que le cours soit terminé. Il s'assoit sur un des petits bancs inconfortables du couloir, les élèves ont peint des aquarelles représentant des pleines lunes et autres astres, les dessins sont accrochés de travers en ligne au-dessus des portemanteaux. Christian se rappelle d'une ex-petite amie, peut-être celle qu'il fréquentait avant de rencontrer Leonora. Elle croyait aux horoscopes, achetait un journal tous les dimanches, lisait attentivement ce qui allait arriver dans la semaine. Rien ne pouvait entamer sa foi inébranlable dans le fait que les étoiles s'adressaient directement à elle, que c'était Jupiter et la Lune qui décidaient si c'était ou non la bonne semaine pour passer le permis de conduire. Ils n'en discutaient pas beaucoup, mais c'était la première fois que Christian faisait l'expérience de l'amour sans entraves. Elle n'avait pas les mêmes barrières que les quatre ou cinq autres femmes avec lesquelles il avait déjà couché. Moins inhibée, elle aimait être prise en levant haut les jambes tout en lui chuchotant à l'oreille des détails osés tirés de scènes imaginaires crues, d'orgies où Christian couchait avec plusieurs femmes à la fois. Des fantasmes qui plaisaient moyennement à Christian, mais le son de sa voix à son oreille, les mots pendant qu'ils faisaient l'amour, c'était magique. Une bonne raison de supporter l'ascendance d'Uranus et le signe des Gémeaux !

Il s'en accommodait fort bien jusqu'à cette fin d'après-midi de décembre où il a poussé la porte du conservatoire, sa serviette sous le bras, et a demandé son chemin à la secrétaire. On l'a conduit à un petit escalier, puis le long d'un couloir bordé de bureaux jusqu'à la salle de conférences. La secrétaire a frappé bien que la porte fût entrouverte. La jeune femme à la longue tresse de cheveux noirs n'a pas répondu tout de suite. Elle était occupée, la secrétaire a eu l'air de trouver cela normal. Là vivaient des prodiges, qui ne respectaient pas les mêmes lois et règles sociales que les autres. Il a fallu frapper trois fois pour que Leonora lève la tête et regarde non pas la secrétaire qui expliquait qu'elle avait un visiteur, mais Christian, tout de suite, comme si elle l'avait attendu.

Christian respire profondément, regarde à nouveau les tableaux que les enfants ont faits de la Lune et du Soleil. Pourquoi est-il tombé fou amoureux de Leonora ? Alors qu'il avait découvert le plaisir pur du sexe. L'amour avec Leonora était différent, le sexe moins bon. Être avec elle était à chaque fois un petit mystère. Ce que Leo avait aimé la semaine précédente lui faisait soudain mal ou ne l'excitait plus. Pendant plus de vingt ans, il a cherché à la satisfaire. Sûrement sans succès, se dit-il à présent. Ou alors la jouissance de Leonora est d'un autre ordre. Mais si ce qui satisfait Christian, c'est de satisfaire une femme ? Sentir son excitation, entendre ses bruits, la voir se laisser aller. Comme Zenia, toute sa personnalité s'exprime quand elle jouit. À ce moment-là, elle n'est plus que pure jouissance.

La sonnerie interrompt ses pensées, c'est la même que pendant ses années d'école. Peut-être un peu plus forte. La porte s'ouvre et les élèves sortent un par un. La professeure est la dernière. Des yeux vifs, elle, elle a tout reçu, son frère retardé rien, la vie n'est pas juste.

« Sonja ?

– Oh, excusez-moi, dit-elle d'une façon un peu ostentatoire. Vous êtes le père d'Eskild ?

– Non, il s'agit d'un tout autre sujet, dit Christian. Je suis le mari de Leonora.

– Leonora ?

– Je crois que vous avez été très liées.

– Il lui est arrivé quelque chose ?

– Pas vraiment. Mais avez-vous un peu de temps devant vous ? Ce ne sera pas long. »

Trois secondes d'hésitation. Christian peut voir les pensées se presser dans ses yeux. Puis elle accepte.

« Retrouvez-moi dans la cour dans cinq minutes. »

*

Des hurlements, des coups de pied, des pleurs, des cris de joie – tout ce qui accompagne le football. Johan n'a jamais pu y jouer, il a tout juste pu faire semblant sur la pelouse de la maison dans les bonnes périodes. Christian et Leonora faisaient comme s'il les avait dribblés et le laissaient gagner largement.

Le ballon des gamins sort du terrain et atterrit aux pieds de Christian.

« Vous êtes prêts ? » crie-t-il.

Il tape avec force, un bon shoot, sourit aux jeunes dans l'espoir d'échanger son plaisir d'être avec les enfants contre un peu d'aide de la part de Sonja. Elle a mis des lunettes de soleil, elle se cale sur le banc, repose la nuque contre le mur blanc qui entoure la cour de l'école.

« Qu'en est-il de sa sœur ? Elle ne peut pas parler avec elle ? » demande-t-elle.

Christian a choisi de dire la vérité. Qu'il veut divorcer, que Leonora est seule au monde et a besoin d'aide. Que Petra lui a parlé de Sonja.

« Leonora ne parle pas avec sa sœur. Ce n'est pas la bonne personne, dit Christian, qui cherche à capter son regard derrière les verres sombres.

– Je ne pense pas l'être non plus », objecte Sonja en riant.

Christian hésite. Il aimerait qu'elle retire ses lunettes de soleil, il a l'impression de plonger dans les yeux d'un gros insecte.

« C'est ce que tout le monde dit. Mais elle doit vraiment parler à quelqu'un.

– Si elle me téléphone, je lui parlerai, dit Sonja.

– Pendant combien d'années avez-vous été amies ? » demande Christian pour utiliser un nouvel angle d'attaque.

Pour que Sonja se rappelle la réalité de son amitié avec Leonora, pour réveiller en elle un sentiment, de la compassion. Tout ce qu'il ne parvient pas à éveiller en lui.

« Nous avons été très liées jusqu'à ce que... » Sonja respire un grand coup d'air d'été, cela fait remonter les souvenirs, c'est pareil pour tout le monde, c'est exactement comme quand un vieil ordinateur démarre, avec peine, il faut du souffle, jusqu'au cerveau. «Nous avions un ami commun qui est mort.

– Petra m'en a dit quelques mots.

– C'était… Cela a cassé quelque chose.

– Pourquoi ?»

Un petit silence montre à Christian que c'est difficile, qu'elle n'a pas envie de le raconter. Il le comprend, on aime mieux laisser son passé derrière soi.

«Leonora n'en a jamais parlé ? demande-t-elle enfin.

– De quoi ? De votre ami qui est mort ? Jamais. Elle ne vous a jamais mentionnée non plus.

– Non. Je ne sais pas. Cela a été si horrible. Je n'ai pas vraiment envie d'en parler, Christian.

– Maintenant, vous avez éveillé ma curiosité.

– J'ai mes raisons. Je m'explique : je ne vous ai jamais vu avant. Et vous débarquez ici pour me demander de l'aide. Je ne pense pas y être obligée, dit Sonja.

– Non. Bien sûr que non», répond hâtivement Christian. Il le voit bien. Elle a lutté toute sa vie pour apprendre à dire non et elle a encore du mal. «J'aurais dû téléphoner, dit Christian en se levant tandis qu'elle reste assise.

– Ça va. Je vous comprends. Leonora n'est pas une femme que l'on quitte facilement.

– Qu'est-ce que vous voulez dire ?»

Sonja souffle, chuchote un imperceptible «Et puis tant pis». Christian se rassied.

«Y a-t-il quelque chose que je dois savoir, Sonja ? Vous vous êtes fâchées ?

– On peut le dire comme ça.

– Qu'est-ce qui s'est passé ?»

Sonja observe les enfants, ses deux coudes reposent contre le dossier du banc. Porte-t-elle un soutien-gorge ? Christian baisse les yeux, il doit avoir perdu la raison, être assis là à mater le corps de Sonja. C'est la chaleur, le manque de sommeil, la saison, le parfum des fleurs qui flotte.

«Je l'ai accusée, explique Sonja. Pour quelque chose qu'apparemment elle n'avait pas fait. Vous comprenez ? Je l'ai déjà accusée une fois. Cela a tout détruit. Et la police a dit que j'étais ivre et hystérique. Que cela ne tenait pas.

– Je ne comprends pas un mot de ce que vous dites. Vous l'avez accusée de quoi ?

– C'est la raison pour laquelle je ne veux pas en parler. Pour ne pas l'accuser à nouveau. J'en ai eu honte. C'était faux ! Leonora avait un alibi. Elle n'était pas là ce soir-là.

– Quel soir ?

– Le soir où Mick est mort. C'est pourquoi je comprends qu'elle n'ait pas parlé de moi. J'ai fait quelque chose de mal», dit-elle.

La cloche sonne. Sonja se lève, cette fois-ci, c'est Christian qui reste assis.

«Je lui ai fait du mal, Christian. Vous n'imaginez pas combien j'y ai repensé depuis. J'en étais convaincue à cette époque.

– Convaincue de quoi ? Vous êtes obligée de m'expliquer ce qui s'est passé. Je ne comprends rien à cette histoire de fous. »

Sonja jette un coup d'œil aux enfants qui retournent lentement dans leur salle de classe. Sans le même respect des horaires que Christian et Peter dans leur école. Eux, ils couraient quand cela sonnait.

«J'y étais le soir où il est mort, lâche-t-elle enfin.

– Mick ? Lui ? C'était le petit ami de Leonora ?

– Oui. Mais... Il me voulait», dit-elle avec fierté, mais d'une voix d'enfant, redevenue soudain une adolescente. Sonja sourit. « Nous étions si jeunes, c'était une lutte ridicule entre Leonora et moi. Les amours d'ados, vous vous en souvenez ? »

Christian acquiesce, mais il ne se souvient pas d'avoir été vraiment jeune. Sauf peut-être avec Zenia. Elle est sa jeunesse. La vie était une chose sérieuse, là d'où il vient. Christian ne se souvient pas d'avoir vu son père rire, sauf si quelqu'un tombait dans la rue ou se faisait un peu mal, des histoires de glissade sur une peau de banane. Mais la joie et la rigolade étaient cachées, presque honteuses, comme Peter et lui allaient le découvrir tous deux par la suite. Christian croit que sa mère aurait volontiers ri si elle en avait eu l'occasion. Elle aurait pu s'opposer à la dictature du patriarche. Mais elle ne l'a pas fait, et les frères ont dû traîner cet héritage. Un timbre en mode mineur. Est-ce pour cette raison qu'il a craqué pour Leonora, impossible de s'en détacher dès la première rencontre avec elle ? A-t-il été attiré par son côté sombre ? Zenia est tout le contraire, un esprit en mode majeur.

Il regarde Sonja, elle l'observait, a-t-elle lu en lui ? Ce petit sourire, celui de Mona Lisa, que cache-t-il ?

« Ça va ?

– Oui. Je ne dors pas très bien ces derniers temps. Mais alors ? Vous avez dit que vous aviez accusé Leonora ? De quoi ?

– J'étais un peu plus loin quand ça s'est passé », explique Sonja en remontant ses lunettes de soleil sur son front. Elle le regarde enfin dans les yeux. La cour est presque vide. « Mais j'ai entendu le cri, il était tellement horrible, et ce qu'il criait alors qu'il tombait en roulant, qu'il cherchait à se raccrocher, c'était impossible. Avez-vous été là-bas ?

– Où ?

– Allez-y. Il ne faut pas tomber de la falaise d'Hanklit.

– Hanklit ?

– Au nord de Bjergby, à seulement dix minutes en voiture d'ici. On était un certain nombre là-bas. Les plus âgés avaient volé de l'alcool chez leurs parents. On a bu sur la plage, on a fait un feu, joué de la guitare et chanté. Puis je suis montée sur la falaise avec Mick… Non. » Sonja s'arrête. Secoue la tête. « Je suis en train de le refaire, le raconter.

– Racontez-moi seulement ce qui s'est passé. Sans rien me dire sur Leonora. » Christian se lève et lui fait face. « Sonja, j'ai besoin de savoir. »

Elle hausse les épaules, comme si ce n'était rien, une anecdote triviale, une chute mortelle qui apparemment avait détruit une amitié d'enfance.

« On a couché ensemble. Mick et moi. Et pendant que je me rhabillais, il est tombé de la falaise. Rien de plus. Nous étions ivres, rien de mystérieux. C'est ce qu'a dit la police », conclut-elle en haussant à nouveau les épaules.

Christian le voit à son expression, elle ne croit pas à ce qu'elle raconte.

« Leonora était là aussi ?

– Non. C'est absolument certain. Elle jouait du violon à l'école. » Nouveau haussement d'épaules. C'est peut-être un tic sur cette île ? Ce geste marque le point final. « Il faut que je m'en aille, dit Sonja, un œil sur deux gamins qui ne sont pas encore rentrés.

– Pouvons-nous parler plus tard ? Je voudrais savoir le reste. De quoi vous l'avez accusée.

– Christian… »

Il n'écoute pas, poursuit :

« Je le vois bien, vous ne croyez pas à votre récit. »

Elle baisse les yeux, Christian comprend qu'il a touché juste, il pose sa main sur son bras, doucement. Puis se dégage.

« Auriez-vous la gentillesse de me téléphoner quand vous aurez fini ? Je vous le promets, cela restera entre nous, je veux juste comprendre. »

Une hésitation à nouveau. Elle n'en a pas envie, c'est évident, il l'a blessée.

« Cela ne prendra pas plus de cinq minutes, dit Christian. S'il vous plaît.

– Allez à la falaise.

– À Hanklit ?

– Oui, à Hanklit, répète-t-elle, dans sa bouche cela sonne bizarrement, d'une façon érotique, *homme* et *clitoris.* Je téléphonerai quand j'aurai fini mon dernier cours. Mais vous avez besoin d'aller là-bas pour comprendre. »

29

La falaise d'Hanklit domine le Limfjord, une vague faite de sable, de pierre et de racines, figée depuis longtemps, inébranlable. Pour y monter, Christian doit traverser des orties, des herbes hautes et une soudaine nuée d'insectes. Il les sent sur le cuir chevelu, dans le nez. Pourquoi des jeunes ont-ils eu l'idée de monter ici pour faire la fête et boire, une nuit d'été du passé de Leonora ? Le désir propre aux jeunes de rechercher des sensations extrêmes ? Christian imagine la scène. Comment l'ennui et l'agitation les ont conduits ici, dans un des endroits les plus sauvages du Jutland. Le sentier qui grimpe raconte tout, il est obstrué, impraticable. Partez, crie-t-il. C'est le lieu le plus ancien du pays ; si le Danemark a été conçu quelque part, c'est ici, pense Christian. Né de l'époque glaciaire qui a fait bouger la terre, l'a déchirée, a secoué les continents, disposé le paysage, une falaise ici, un fjord profond là, une petite île là – Mors.

À la moitié de la montée, Christian regarde le parking. Un bus de touristes arrive. Un couple âgé lit le panneau d'informations, ce qu'a fait Christian avant de commencer l'ascension. On y apprend que la falaise est une moraine latérale, qu'elle va bientôt être classée par l'Unesco au patrimoine de l'humanité. Christian regarde le haut de la falaise, il s'étonne lui-même, qu'est-ce qu'il fait ici ? Qu'espère-t-il y trouver ? Il continue à monter, se laisse distraire par la sonnerie de son portable, elle détonne ici, trop de nature, un trop grand contraste.

« Allô ?

– Christian ? » demande Sonja.

Elle a une jolie voix, agréable, légère, il le remarque pour la première fois, alors qu'il ne la voit pas. C'est toute la sagesse universelle, on ne remarque les choses que lorsqu'elles sont loin. Christian n'a remarqué sa solitude que quand il a pensé devoir renoncer à Zenia.

« Oui, dit Christian en se bouchant l'autre oreille.

– J'avais promis de téléphoner, dit Sonja. Mais je pense qu'il vaut mieux laisser tomber. Ne pas fouiller dans le passé. Il n'en sortira rien de bon.

– J'y suis allé, Sonja. Comme vous aviez dit. Je vous promets, nous ne fouillerons dans rien du tout. J'y suis », dit-il. Il peut suivre sa réflexion à la qualité de son silence. Il ne doit pas lui laisser trop de temps pour réfléchir. « Cela signifie beaucoup pour moi, Sonja. Je veux juste comprendre. Vous avez ma parole. Je ne le dirai à personne. OK ? »

À nouveau le silence.

« OK ? Sonja ?

– Êtes-vous tout en haut ?

– Oui. » Christian s'approche du bord en traversant les hautes herbes, il avance avec précaution. « J'y suis, dit-il, il regarde en bas, la descente, le fjord qui s'étend au pied de la falaise, un tapis effiloché.

– Essayez de vous retourner. Voyez-vous une clôture ?

– Non. Attendez un peu. » Christian recule, s'éloigne du bord. « Oui. Une clôture assez basse ?

– C'est pour les moutons, dit Sonja. Le long de la clôture, il y avait des arbres. On pouvait s'y abriter. Du moins à cette époque.

– Ils y sont toujours, confirme Christian qui longe la clôture délabrée faite de vieilles lattes ; il n'y a aucun mouton, rien qu'un vieil abreuvoir, la pluie stagne au fond, il y a quelques centimètres d'eau sale.

– On s'était couchés là, dit Sonja.

– On ?

– Mick et moi. Les autres avaient fait un feu sur la plage. »

Christian regarde la plage en bas. Cela se tient. Des jeunes, un feu, il s'imagine le tableau, le clair de lune, le fjord, Sonja et Mick, il la tient par la main quand ils gravissent le sentier, ils ressentent déjà ce que leur premier baiser a de merveilleux, le feu qu'il a allumé en eux.

« Qu'est-ce qui s'est passé alors ? demande Christian.

– Attendez », dit Sonja. Du bruit sur la ligne, elle se déplace, monte dans sa voiture, il y a une porte qui claque, puis le silence. « Nous avons fait l'amour », poursuit-elle, les mots arrivent brutalement, la vision de deux très jeunes gens là dans l'herbe derrière les buissons prend Christian par surprise. Est-ce derrière ces buissons ou ces arbres, derrière ces épineux qu'ils se sont couchés ? « Après... se contente-t-elle de dire, luttant contre son souvenir ou ses mots, ou la promesse qu'elle s'est faite de ne pas réitérer sa fausse accusation.

– Alors, Sonja ?

– Alors Mick allume une cigarette. S'approche de la falaise.

– Vous n'y allez pas avec lui ?

– Je rassemble mes habits. Impossible de trouver ma culotte.

– OK, dit Christian, il cherche la culotte avec Sonja, c'est difficile dans le noir et dans l'herbe, pendant que Mick est au bord de la falaise.

– Alors j'entends des voix. J'ai d'abord cru qu'elles venaient de la plage. Deux voix seulement. »

Christian écoute les voix depuis la place de Sonja derrière les arbres.

« Vous n'avez rien vu ? dit-il.

– Les arbres m'en empêchaient. Mais j'ai entendu le cri.
– Le cri ? Il a crié ?
– Oui, il a crié quelque chose.
– Quoi ? »

Le silence. Le vent. L'eau du Limfjord, les nuages vers le nord.

« Sonja. Allez. Qu'est-ce qu'il a crié ?
– Son nom.
– Leonora ?
– Oui.
– Vous êtes sûre ?
– Oui. En tout cas, je l'étais. Comment être tout à fait sûre quand on a bu un demi-litre d'alcool ?
– Je ne sais pas, dit Christian, essayant de lui faire rassembler ses souvenirs. On entend ce qu'on entend. Et vous l'avez entendu crier Leonora. Comme… un cri d'amour ? » demande Christian, qui s'interroge un instant.

Crierait-il « Zenia » s'il tombait, un dernier appel à l'amour ?

« Non. Ça n'y ressemblait pas. C'était plutôt…
– Plutôt ?
– Du désespoir. Un cri de désespoir.
– Leonora ? » dit Christian.

Et soudain, il se produit quelque chose avec ce nom, un mélange de caractères qui forment un nom, qui deviennent à nouveau le timbre de l'amour. Mais pas pour longtemps, maintenant le nom Leonora sonne comme une menace.

« Ce cri. Ce cri terrible. J'ai ramassé mes habits et j'ai couru au bord. »

Christian la suit dans son récit, court avec elle, avec la jeune Sonja, à moitié habillée, elle n'a pas trouvé sa culotte, elle a enfilé son jean à toute vitesse, elle tient le reste de ses vêtements roulés en boule contre sa poitrine pendant qu'elle court. Christian est maintenant au bord. Au bord de la longue chute.

« Je l'ai vu. C'était affreux », dit-elle.

Elle raconte comment Mick gisait inconscient en bas, comment les vagues se déversaient sur lui. Christian écoute sa voix. Et le vent qui déchire tout, et les vagues qui frappent le pied de la falaise. Il ferme les yeux. Rien ne disparaît, les choses apparaissent encore plus évidentes. Il voit une silhouette qui tombe. Pas une chute volontaire. La pente est si escarpée qu'on ne peut revenir en arrière, on ne peut que continuer à tomber. Mick roule vers le bas, essaie de se relever, lutte pour recouvrer son centre de gravité, en vain. Plus il se démène, plus sa chute s'accélère. Son regard. Son désespoir. Christian ouvre les yeux, cherche à effacer cette horrible scène, mais rien ne disparaît, la silhouette gît toujours sur la plage, la tête a cogné contre un rocher.

« Qu'est-ce qui s'est passé alors ? demande Christian.

– J'appelle les autres en bas sur la plage. Ils ne m'entendent pas, je hurle comme une folle, je crie des choses à Mick. Il ne bouge pas, l'eau l'a pris. »

Christian se représente l'eau qui traîne le mort, le corps écrasé de Mick, la tête fracassée emportée par le courant.

« Alors je descends en courant. Mais il y a… » Sonja s'arrête. « Je vois quelque chose.

– Quelque chose ?

– De l'autre côté de la clôture.

– Que voyez-vous ?

– Une personne.

– Vous en êtes sûre ?

– À l'époque, oui.

– Mais maintenant ? »

Elle hésite, Christian l'entend démarrer.

« C'était il y a si longtemps. La police a dit que nous étions ivres. C'était vrai. Ils ont dit aussi qu'il faisait noir, que j'étais hystérique. Mais j'ai vu quelque chose.

– Leonora ?

– Je ne sais pas. Elle jouait du violon à l'école, ce n'est donc pas possible. J'ai douté. Plus tard. Tout le monde a dit que je me trompais. Vous savez ce que c'est ?

– Oui », dit Christian, bien qu'il n'ait pas la moindre expérience personnelle de s'être trompé aussi lourdement.

Mais il peut se l'imaginer. Comment on l'avait convaincue que cela n'avait pas eu lieu. Une adolescente éprise qui est la seule à entendre son amoureux crier le nom de sa rivale en tombant de la falaise.

« Pourtant j'ai vu quelque chose, affirme-t-elle. Je le sais. C'était une personne. Je l'ai vue. Mais je n'aurais jamais dû le dire. L'accuser. Elle ne vous en a vraiment jamais parlé ?

– Non. Jamais.

– Bizarre. C'était pourtant une histoire importante. Et elle était innocente. Je me suis trompée.

– Mais vous ne croyez pas à son innocence ? » demande Christian.

La question déclenche un long silence qui s'accorde bien avec la vue s'étirant à l'infini.

« Il faut que j'aille chercher mes enfants, dit-elle enfin.

– Sonja ? Vous n'y croyez pas. Vous l'avez vue, vous… »

Sonja l'interrompt :

« Il y a en tout cas une chose dont je suis sûre, Christian. Leonora n'est pas une femme que l'on abandonne facilement. »

Lourde respiration. Elle répète quelque chose à propos de ses enfants qu'elle doit aller chercher quelque part. Christian la remercie et reste seul. Un bruit le fait se retourner. Des voix peut-être, portées par le vent, qui viennent du parking. Le souffle du vent s'empare de l'herbe haute, formant une mer verte ondulée par des vagues. Christian secoue la tête en réponse à lui-même. En réponse à cette idée folle qui soudain envahit son esprit. À propos de Leonora, l'idée que, quelque part dans ce paysage propice au drame, elle l'attend, ne le perd pas de vue et le ferait basculer avec plaisir si elle en avait l'occasion.

30

La machine à café fait du bruit derrière eux, une brève toux de colère suivie d'un nuage de vapeur blanche qui envahit le coin du bar. Holger a toujours pensé que ces nouvelles machines trop bruyantes devraient être interdites. Café *latte* et café *cortado*, n'importe quoi ! La cafetière d'autrefois était discrète, elle se contentait de faire du goutte à goutte, en silence, et soudain le café était prêt. Sans vapeur, sans tous ces kilos d'acier et de machinerie, comme de nos jours.

Holger scrute le visage de Josefine. Un peu par déformation professionnelle, c'est plus fort que lui. Le croit-elle ? Ou bien est-elle sceptique ? On peut tout lire sur son visage. Il hésite à lui raconter comment des pêcheurs ont trouvé le malheureux Mick. Un matin, tôt, en mer, trois jours plus tard. Ils pêchaient au large de Glyngøre pour soutirer à la mer le quota quotidien de harengs, soudain ils ont senti quelque chose. Quoi ? Le cadavre d'un marsouin ? Non, il y avait une main au milieu du tas de goémon noir, et il y avait des habits. Et quelques instants plus tard, ils se trouvaient avec un cadavre humain au milieu du pont.

« Et tout ça, tu l'as appris de Sonja ? demande Josefine, pas du tout impressionnée.

– C'était longtemps après. Je ne pouvais pas laisser tomber. J'ai tout relu. J'ai retrouvé le récit de cette balade à Hanklit. Y es-tu déjà allée ?

– Non, mais je suis sûre que tu vas me dire que c'est le plus bel endroit du Danemark, papa. Tu dis ça de tous les endroits où la plupart des gens n'ont jamais mis les pieds. »

Holger sourit. Elle a raison. Il a l'art de trouver des perles ignorées. Comme ce soir-là, Karen, à l'école d'agriculture. Elle se tenait là, près des espaliers, toute seule, les yeux fixés sur le sol, elle consultait de temps en temps sa petite montre au bracelet blanc. Holger l'a longuement observée, les autres filles dansaient sur la piste ou bavardaient. Elle était la seule à se tenir isolée. Holger a marché vers elle, une petite distance qui a signifié beaucoup, sa Via Dolorosa personnelle. Il était nerveux, et si elle l'évinçait ? Le condamnait à une vie de solitude ? Holger avait prévu de dire quelque chose comme : « Voulez-vous danser ? » Mais en la regardant, il a laissé échapper de sa bouche : « Pourquoi vous boudez comme ça ? »

« Et pour l'alibi de Leonora ? demande Josefine en le ramenant au temps présent.

– J'ai passé une nuit à relire le rapport de police au poste de Nykøbing. J'ai relu tous les interrogatoires. Leonora a été interrogée. Elle n'avait que quatorze ans. Le soir où le gars est mort, elle s'entraînait comme une folle en vue du concours national de jeunes talents.

– C'est dans le rapport de police ? demande Josefine avec scepticisme.

– C'était son alibi. La professeure de musique l'a entendue dans le local de musique de l'école de Bjergby », dit Holger, et il se met à rire.

Bjergby, « la ville de la montagne ». Typique du Danemark, le pays le plus plat du monde : chaque motte de terre, chaque petit monticule s'appelle Himmelbjerg, « Montagne du ciel », ou « les Alpes de Sjælland ». Pourquoi les Danois ne peuvent-ils pas être fiers de leur long paysage étiré, Holger ne l'a jamais compris. Cela touche certainement au langage. « Plat » est un mot qui ne plaît pas. Vous voulez en faire « tout un plat » ? La bière est « plate ». Il a été tout raplati. Mais, dès qu'il s'agit de paysage, l'ampleur est de mise, il faut que cela s'appelle autrement, pas question de partager le vocabulaire des baffes ou de la bière. Au moins, en Tanzanie, leurs plaines s'appellent Serengeti, ce qui signifie « plaines infinies », Holger l'a vu dans deux émissions à la télé.

« Qu'est-ce qui te fait rire ?

– Rien. Bjergby, "la ville de la montagne". Il n'y a pas de montagne.

– Mais il y a une falaise.

– Il y a une falaise, dit Holger. À quelques kilomètres de là. »

Une raison de plus pour que le rapport de police conclue que Leonora n'avait rien à voir avec la mort du garçon. À vélo, il faut au moins un quart d'heure. Et la professeure avait tout le temps un œil sur Leonora. En tout cas une oreille. Holger s'éclaircit la voix et poursuit :

« Mais on l'a interrogée, et on pouvait lire dans le rapport que, peu de temps avant, elle avait connu une rupture, non, le mot utilisé est une dispute. Leonora avait eu une dispute avec Mick quelques jours avant qu'il ne tombe de la falaise. À une fête au club de jeunes. Beaucoup de gens les ont vus se disputer ce soir-là. D'après le rapport, les témoins ont déclaré que la raison de leur querelle était la jalousie. Et cela a attiré mon attention.

– Pourquoi ? demande Josefine, et Holger retrouve dans son regard l'adolescente rebelle avec laquelle il s'affrontait tant et qui le contredisait toujours.

– Parce que cela me donnait des indications sur sa psyché. Qu'elle n'est pas une femme que l'on abandonne facilement. Il y a deux types de femmes. »

Josefine l'arrête d'une main :

« Stop ! Attention, vieux macho. Il n'y a pas deux types de femmes. Il y a autant de types de femmes qu'il y a de femmes. Ce qui veut dire des milliards. »

Holger déglutit. C'était le moment où Karen serait intervenue, aurait donné un peu raison aux deux adversaires. Elle aurait d'abord dit à Holger qu'il faisait trop de généralisations, comme tous les hommes, puis à Josefine que l'on peut quand même trouver des points communs entre les gens.

« Je vais le dire autrement, dit Holger, et un instant il sent flotter le parfum de Karen autour de lui.

– Bonne idée.

– Certaines femmes sont plus difficiles à quitter que d'autres, dit-il, à voix basse, mais en la regardant en face.

– Dans son cas, c'est clair. Son père l'a abandonnée. Elle a été traumatisée, dit Josefine, on croirait presque que c'est son cas.

– Pas la peine de se disputer sur le sujet. Les gens déjà abandonnés supportent difficilement de l'être encore. C'était aussi ma thèse.

– Mais tu t'es trompé ?

– Non, je ne me suis pas trompé. Je… » Holger cherche à se rappeler. Quand a-t-il pensé pour la première fois que c'était Christian qui l'avait écrasée ? Il y a longtemps, trop longtemps, sinon il ne serait pas là en train de raconter cette histoire à sa fille. Peut-être. C'est la morale qui compte. Il regarde sa montre. « L'histoire n'est pas finie, on n'a pas beaucoup de temps, dit-il. Ne m'interromps pas tout le temps. On doit arriver à la morale.

– Parce qu'il y a une morale ? »

Holger perçoit le sarcasme :

« C'est ce même soir qu'il lui a roulé dessus. Souviens-toi. Un homme qui n'a pas dormi depuis trois jours. On a pu le savoir d'après l'activité de son téléphone. Le voilà sur la route de retour vers Vejle. Avec Leonora à ses trousses. »

31

Évidemment, Leonora sait tout. Elle n'a aucune vraie raison de suivre Christian. Le trajet vers Mors, l'arrêt sur la route, plus bas, la vue de son mari comme un point là-haut sur la falaise. À qui a-t-il téléphoné ? À Petra ? Ou à Sonja ? Cela n'augure rien de bon pour elle. Des pensées la dévastent. Les images de Christian avec *elle.*

À vrai dire, elle a fait ce qu'elle a toujours fait. Suivre Christian. Le suivre au restaurant une fois qu'il a eu fini de travailler sur la salle de concert. Parce qu'il le lui avait demandé en rougissant un peu. Le suivre chez lui, au lit, à Vejle. Et maintenant elle se trouve là, sur la route qui les ramène de Mors à Vejle. Mors veut dire mort en latin. Leonora l'ignorait quand elle vivait sur l'île, elle l'a appris seulement au conservatoire. Un jour, en cours de déchiffrage, elle était penchée sur un requiem de Vogler ou de Haydn, et soudain, sur la ligne, parmi les mots que le chœur chanterait, il y avait le nom de son île natale. *Mors.* Elle en avait demandé le sens au professeur. La réponse avait vite suivi. Mort. Son île natale voulait dire Mort, la mort pour ceux qui y restaient, la mort pour les sept femmes qu'on allait brûler sur le bûcher, dont Birgitte, Maren et Mette. Et aussi Leonora, elle est, elle aussi, bonne à jeter à la poubelle !

Elle fixe la voiture qui la précède à bonne distance. Celle de Christian. Tant de sentiments inavouables l'ont envahie, comme autrefois, qui se termineront par la mort. Mort de leur couple, mort de leur amour. Comment peut-il ? Fouiller son passé. C'est une sorte de cambriolage, comme celui qu'ils avaient subi alors qu'ils revenaient des Carpates. Les voleurs étaient entrés par le jardin, avaient fouillé tous les tiroirs et toutes les cachettes. Ils avaient pris leur temps, avaient bu du vin, étaient allés aux toilettes, avaient mangé des biscuits et du fromage – des voleurs gastronomes. Pour Leonora, les choses, ce n'était pas grave. Si elle avait su qu'ils venaient, elle leur aurait volontiers préparé la télé, l'ordinateur et l'argenterie devant la maison, elle leur aurait même tout livré à leur adresse. Mais le pire, c'était le vol de leur intimité.

Comme aujourd'hui. Christian a fouillé dans toutes ses cachettes, comme un voleur. C'est lui qui veut partir, mais avant il veut l'écraser. Cela ne lui suffit pas de l'abandonner, il veut aussi la détruire. Pourquoi ? Elle n'a pas commis d'autre crime que leur vouer sa vie, à lui et à Johan.

Sur l'autoroute, ses pensées se changent en larmes, mais, tout en maintenant une certaine distance entre eux, elle ne le perd pas de vue. Il ne regarde pas en arrière. Bien sûr que non. S'il regardait par-dessus son épaule, il verrait une femme qui lui a tout donné. Une famille. Une maison. Une vie. Une femme qui l'aime, qui a tout sacrifié. Pour lui, pour eux. Elle a tellement de pensées mauvaises, elles ne veulent pas la laisser en paix, tout le trajet du retour est un voyage en enfer. Tout ce qu'elle voudrait lui dire. Qu'elle lui a fait confiance. Elle ne comprend pas que l'on puisse agir ainsi. Comment peut-on aimer, fonder un foyer et se permettre de décider qu'il est désormais plus amusant d'être avec une autre ? Ils s'entendent plutôt bien, ne se disputent presque jamais. Ils ont bâti une vie. Comment peut-on jeter tout cela ? Pour un peu de plaisir et de sexe. Quel genre d'être humain est-on dans ce cas ?

Leonora a connu une sexualité plus épanouie avec d'autres qu'avec Christian. Avec un des professeurs du conservatoire, un homme âgé d'une bonne quarantaine d'années à cette époque, il y avait plus de vingt ans de différence entre eux, et leur liaison était secrète. Il aurait pu perdre son travail. Mais cela avait été une révélation pour Leonora, elle ne soupçonnait pas un tel plaisir, de telles sensations. Elle se souvient de sa jouissance la première fois qu'ils ont couché ensemble. Il avait été parfait, elle se rappelle les préliminaires, sa façon de l'embrasser, c'était peut-être le premier qui avait trouvé la clé de son clitoris, avec les doigts d'abord puis avec la bouche. Christian ne lui arrivait pas à la cheville, il ne savait pas, elle avait dû lui apprendre où se trouvaient les boutons.

Mais il représentait autre chose. L'amour. Cela, on ne le jette pas.

Peu après la rue Kirkebakken, Christian tourne. Il ne rentre pas à la maison. Cela l'étonne. Elle s'était mis dans la tête que le moment était venu. Le moment d'en finir. Enfin et pour toujours. Alors elle le suit, à travers la forêt, par la rue Skyttehusvejen. Elle a compris. Les jardins ouvriers. Il va rejoindre Zenia.

Le lotissement de jardins ouvriers s'étend entre la forêt et l'eau, la ligne de chemin de fer sépare les petites maisons de la mer. Leonora ne comprend pas que l'on veuille habiter là. Les voyageurs du train de Copenhague peuvent voir chez vous. Leonora se gare sur un emplacement derrière des touristes plongés dans une carte. Elle se dépêche de s'éloigner, elle n'a pas le courage de converser avec des inconnus.

Le sentier en gravier qui mène aux jardins est escarpé, presque en pente. Devant la maison la plus éloignée, elle distingue la voiture de Christian. Elle avance lentement, c'est le plein été, le feuillage des haies a beaucoup poussé. Avec les pruniers et les pommiers, cela empêche de voir dans les maisons depuis la route. Leonora s'arrête à l'abri de la haie. Elle peut entendre des voix à l'intérieur de la maison.

« Oui, au début j'étais un peu sceptique. »

C'est la voix de Christian, il parle plus vite que d'habitude. D'après son ton, il semble s'adresser à quelqu'un qu'il ne connaît pas. C'est infinitésimal, il ne s'en rend même pas compte lui-même. Leonora cherche à voir à travers la haie. Impossible. Elle avance sur le petit sentier qui mène de la ligne de chemin de fer au fjord. Là, les voix sont plus distinctes. Christian à nouveau.

« Les affiches de Greenpeace, vous vous en souvenez ? Protège-ma-terre-jusqu-à-ce-que-je-sois-grand. Le Rainbow Warrior. Elles étaient sur le mur de ma chambre quand j'étais petit. »

Un rire, puis une autre voix se fait entendre, plus âgée, plus fatiguée.

« Avec la mère de Zenia, nous avons combattu pour la protection de l'environnement depuis les années 1960. La prise de conscience est venue des États-Unis.

– C'est ce que je dis toujours », dit une femme avec une pointe d'accent. La mère de Zenia ? « Le mal vient des États-Unis, mais le bien aussi. »

Leonora regarde par-dessus la haie. Par la fenêtre des toilettes. La porte est ouverte, elle peut voir la chambre à coucher et un petit bout de la cuisine. Christian s'est couché là, dans son lit, dans le lit de cette femme ? Il l'a baisée là. Fait avec elle des choses que Leonora et Christian n'ont jamais faites ensemble. S'est-elle montrée trop peu imaginative ? Elle n'a jamais pensé qu'il y avait un problème. Elle savait ce qu'aimait Christian, elle croyait avoir trouvé les petits détails qui l'excitaient. Comme s'accroupir au lieu de se mettre à genoux quand elle était au-dessus de lui. Il avait ainsi une meilleure vue sur son sexe, il le regardait toujours avec excitation, aimait la vue de sa bite qui apparaissait et disparaissait avec lenteur. Ou comme, quand il était au-dessus, lui chuchoter des choses à l'oreille en écartant les jambes le plus possible. Mais il n'avait jamais voulu prendre Leonora par-derrière comme il l'avait fait avec… *elle*. Au début ils avaient essayé à plusieurs reprises, il aurait dû le lui demander, Leonora aimait cette position, mais Christian avait l'air de s'en lasser vite, il voulait avoir un contact plus proche, la voir. Il voulait un accès visuel, elle avait toujours pensé qu'il était un esthète, toujours désireux de voir le monde, qui prenait plaisir au visuel jusque dans sa chambre à coucher. Il aimait que Leonora porte soit son soutien-gorge soit des bas à résille.

« Est-ce que le Coca pollue ? » demande Christian.

Sa voix fait reculer Leonora, elle les voit nettement ; derrière la table de la cuisine on distingue le jardin. Zenia passe, une bouteille à la main. Du vin blanc ? Cette scène fait terriblement souffrir Leonora. Elle n'aurait pas dû chercher à se faire mal à ce point, elle le sait. Pourtant elle ne peut s'arracher à ce spectacle, de la fenêtre de la chambre en direction du jardin, elle n'entrevoit qu'un fragment de la terrible scène qui se joue ici. Christian s'est déjà choisi une nouvelle famille.

« J'avais treize ans quand j'ai goûté au Coca pour la première fois, en cachette, ma mère et mon père ne le savaient pas », dit-elle.

La pouffe. Si elle croit que quatre personnes font une famille, uniquement parce qu'un homme largement adulte, avec fils et épouse, vient boire du vin blanc dans un lotissement de jardins et parle environnement avec ses parents… Eh bien elle se trompe.

« Si tu me trouves intégriste, alors parle avec mon père, dit Zenia, qui poursuit : C'est l'ayatollah de l'environnement. »

Ils rient tous, la main de la mère de Zenia se pose un court instant sur le bras de Christian. Sa mère a un air étranger, ce qui explique son drôle de patronyme.

Tout semble facile et naturel, un moment d'été idyllique. *C'est* peut-être facile. On le fait en un clin d'œil. On change avec une facilité étrangère à Leonora. Même quand elle a voulu se défaire de vieux habits, a rempli des sacs avec des chaussures, des pantalons et des pulls de Johan devenus trop petits, elle est restée longtemps devant la boutique de la Croix-Rouge avec des petites chemises à la main en se sentant toute triste. Christian non. Il n'y a donc rien au monde qui ait de la valeur. Pourquoi Zenia ne le comprend-elle pas ? Que si elle peut si facilement prendre un homme à sa famille, c'est que cet homme n'a pas de valeur.

Va-t-elle entrer ? Elle pourrait passer par la fenêtre des toilettes… Attendre dans la cuisine. Surgir. Se poignarder. Elle en a envie, de prendre un des couteaux qu'elle voit sur la table de la cuisine. Montrer à Christian ce qu'il a fait. Leur montrer à tous. Il a taillé en elle, il l'a tuée.

32

Comment est-elle arrivée là ? Sur le canapé, chez eux. *Chez eux ?* Ce n'est plus chez eux, Leonora ne se souvient pas comment elle est rentrée. Si, elle a entendu des voix sur le petit sentier, sûrement des voisins qui arrivaient. Elle a fui.

Assise là, elle ne parvient pas à rassembler ses pensées, elles sont disloquées. Comme si Christian l'avait fracassée à l'intérieur. Non, c'est *elle*, cette maudite sorcière. C'est elle qui a fait cela. Elle a enfoncé quelque chose profondément en Leonora, une pensée qu'elle n'arrive plus à extirper de sa tête. C'est peut-être le regard de Zenia pendant que Christian la prenait par-derrière, ce regard a pénétré Leonora, elle ne peut expliquer à quel point. Les mots qui lui viennent, c'est qu'il s'est enfoncé de force en elle, en lui faisant plus mal que si on l'avait poignardée dans le dos.

Leonora n'en peut plus. Le regard de Zenia a coupé dans sa chair, ou était-ce quand Zenia a regardé ailleurs, quand elle s'est concentrée sur son orgasme, a fermé les yeux et pensé : tant pis si elle assiste à ça, la femme de Christian. C'est bien qu'elle voie comme il jouit de moi, qu'elle est finie, qu'elle peut bien faire ses valises et aller mourir. Qu'elle n'a plus aucune fonction, qu'elle n'a plus qu'à aller au diable, qu'à pourrir dans un deux pièces, commencer la poterie, essayer de se retrouver par la méditation.

Comme si c'était possible ! La femme abandonnée ne se retrouvera plus jamais elle-même. Elle était elle-même avec sa famille, avec le père de ses enfants. Seule et abandonnée, elle n'est plus qu'un être amputé. Elle pourra sortir avec des amies, des femmes désespérées de plus de cinquante ans qui, en ville, envoient des œillades à des hommes qui n'ont que l'embarras du choix. Mais même si elle parvient à mettre le grappin sur un de ces hommes, elle n'en sera pas plus elle-même. Elle est sans sa famille, jetée dans une relation artificielle avec un nouvel homme qu'elle n'aime pas autant qu'elle a aimé le père de ses enfants. C'est impossible, mais elle essaie. Et il essaie, le nouveau qu'elle a ramassé en ville ou sur un quelconque site de rencontre mortifère. Lui aussi a sûrement des enfants, comme ça ils peuvent passer des repas ratés avec tous leurs enfants dans leur famille soi-disant recomposée.

On essaie de recoller ces deux familles détruites, et aucune vraie famille n'en ressort. Leonora se souvient très bien des kermesses à l'école de Johan. Les parents divorcés qui surgissent soudain avec un nouveau partenaire et les enfants de la nouvelle ou du nouveau. Par exemple à un concert ou pour une fête de Noël. La nouvelle femme qui tente désespérément de s'adapter, de compter pour des enfants qui se fichent royalement d'elle, ils n'ont pas réclamé de faire partie des expériences des adultes.

Et les enfants ? Zenia en aura sûrement. Johan aura des petits frères et sœurs… Cette pensée fait mal à Leonora. Elle a envie de crier sa douleur, d'entailler son cœur avec quelque chose de pointu. Christian lui prend aussi Johan, d'une façon qu'elle a du mal à expliquer. Johan aura un petit frère ou une petite sœur, peut-être plusieurs. Leonora deviendra un élément un peu triste dans la vie de Johan, une personne au rebut dans son petit appartement qui tentera de sourire et de faire comme si elle bouillonnait d'énergie dans la vie.

Mais elle ne se retrouvera jamais elle-même. Christian l'a détruite. Elle a lu un article sur ce sujet : être abandonnée par un homme que l'on aime, c'est pire que de perdre un parent, un frère ou une sœur. La mort, on peut la surmonter, à condition qu'il ne s'agisse pas de son propre enfant. Mais ce qu'elle vit là est pire que la mort.

« Tu es là ? »

Elle lève les yeux. Il est devant elle. Christian, celui qui a orchestré son malheur.

« Je ne t'ai pas entendu rentrer », dit-elle.

Elle se dit qu'il a l'air d'une vieille merde. Elle va faire en sorte que cela continue.

« Tu vas aller courir ?

– Pourquoi tu me demandes ça ?

– Parce que tu es en tenue de jogging. »

Est-ce vrai ? Leonora baisse les yeux, elle a bien sur elle sa tenue en lycra, imperméable. Quand l'a-t-elle enfilée ? Elle n'en a aucun souvenir. Elle se souvient de l'avoir suivi jusqu'au lotissement de la salope. Puis d'être rentrée. Oui, ça, elle s'en souvient. Mais pas comment elle a atterri là en tenue de jogging.

« Ça va ? demande-t-il.

– Fais tes valises. Je veux que tu quittes cette maison », dit-elle.

Les mots n'étaient pas prévus, mais ils sont sincères. Elle doit se reprendre, recoller les morceaux de sa vie, compter pour Johan. Dans quelque temps il aura des enfants, elle sera grand-mère. Ces petits-enfants auront un regard neuf sur le monde, la verront autrement, pas comme Johan et Christian et tous les autres au courant de l'histoire, qui se souviendront du jour où elle a été abandonnée. Comme sa mère. Déshonorée. Détruite. Regardez, c'est celle qui ne sert plus à rien. Une vieille moule qui pue. Christian, lui, c'est un homme génial, si séduisant que toutes les jeunes femmes lui courent après.

« Tu m'as entendue ? Christian ? Tu pars.

– Est-ce qu'on peut parler ?

– Il n'y a plus rien à dire.

– Bien sûr que si, il y a des choses à dire. On a vécu ensemble plus de vingt ans. On a vécu la moitié de notre vie ensemble.

– Et maintenant tu t'en vas. Alors va-t'en.

– Leonora… » Christian hésite, ne sait pas sur quel pied danser. «Je pense que tu as besoin d'aide.»

Il avance prudemment vers elle, comme vers un animal blessé dangereux. Elle le regarde. Est-ce qu'il se fout de sa gueule ?

« Moi ? »

Leonora sent monter un rire, un rire libérateur, presque plus jouissif qu'un orgasme. Christian la regarde rire avec stupeur.

« Moi, j'ai besoin d'aide ? »

Elle ne se contrôle plus, se penche en avant, s'effondre, pleure.

« Tu ne vois personne. Tu as besoin de parler. Tu gardes tout pour toi. On devient… »

Leonora essuie ses larmes de son bras.

« On devient quoi, Christian ?

– Pourquoi tu ne m'as jamais dit que ton ancien petit ami était mort dans un accident ? » demande-t-il.

C'est presque un murmure, il a peur, elle l'entend. Leonora ne l'a pas vu dans cet état depuis les pires nuits avec Johan, quand il lui affirmait que si Johan ne s'en sortait pas, il suivrait son fils dans la mort.

Leonora se lève, regarde Christian en face. Dans le passé, elle n'a pas pu l'aider. Le consoler de sa souffrance, aujourd'hui non plus.

« Leo, par pitié… Est-ce que tu ne peux pas… Est-ce que nous ne pouvons pas régler la situation correctement ? Comme tous les autres le font ?

– Non, attends un peu. Dis-moi tout. Tu as fouillé dans mon passé. Interrogé mes anciennes amies. Qu'as-tu découvert ?

– J'ai seulement cherché quelqu'un qui puisse t'aider. »

Elle ne se contrôle plus. Elle explose :

« T'aider *toi* ! Tu as cherché quelqu'un qui puisse t'aider, toi, Christian. T'aider à te débarrasser de moi. Raconte, qu'est-ce que tu as découvert ?

– Que lui, ce Mick. Il voyait ta meilleure amie et il voulait te quitter. Alors…

– Alors quoi, Christian ?

– Alors il est mort. Brutalement. »

La voix de Christian se brise. Leonora peut le voir lutter contre lui-même.

« Tu es complètement à côté de la plaque. Sais-tu le nom qu'on donne à ce que tu es en train de faire ?

– Qu'est-ce que tu veux dire ?

– Cela s'appelle de la diabolisation. Cela fait de moi un monstre, une sorcière ! Tout ça pour que toi, tu te sentes mieux, pour que tu me quittes plus facilement. Mais c'est toi, Christian, c'est toi le monstre. C'est toi qui la baises. Et après tu te pointes avec cette horrible histoire de Mors que nous avons tous voulu oublier. Qui prouve quoi ? Quoi, Christian ? Que je l'ai tué ? C'est ça, mon cher ami ?

– Bien sûr que non.

– Alors quoi ? »

Christian hoche la tête, désespéré, de toute évidence la conversation ne prend pas le tour qu'il souhaitait. Cela la frappe. Le fait que parler avait toujours servi à cela pour Christian. À lui être utile, à servir son propre objectif. Pas à écouter ou comprendre. À obtenir un avantage.

« C'est tout de même bizarre que tu n'en aies pas parlé, dit-il finalement. Tu ne m'en as jamais dit un seul mot. C'est étonnant.

– Christian, j'avais quatorze ans, dit-elle, elle hurle maintenant, mais elle s'en fiche. Toi, est-ce que tu m'as raconté ce que tu faisais quand tu avais quatorze ans ?

– Je n'ai pas été impliqué dans la mort de quelqu'un.

– Je n'ai pas la moindre foutue idée de ce qui s'est passé ce soir-là. Ni si Mick était ivre quand il est tombé de la falaise. Les garçons de cette région n'ont rien à foutre. Ils passent le temps comme ça, ça a toujours été leur habitude d'aller au bord de cette maudite pente. C'était excitant. Non ? Une épreuve de virilité pour les garçons, il fallait marcher au bord, le plus près possible. Tu comprends ? hurle Leonora. Ils vandalisent, volent des voitures, risquent leur vie parce que c'est leur seule occasion de vibrer un peu. Et on fait encore une chose : on modifie la réalité, on invente des histoires les uns sur les autres pour cacher le fait incontournable qu'il ne se passe jamais rien d'intéressant là-bas… » Elle se refrène. À quoi sert cette conversation ? « Tu fais tes valises ?

– Si je fais mes valises ? Non. Pas si tu me dénonces. »

Elle le regarde droit dans les yeux, les bras croisés.

« Si tu restes ici, tu romps avec elle. »

Leonora peut lire ses pensées. S'il va en prison, s'il perd tout son argent, Zenia voudra-t-elle toujours de lui ? Ou la perdra-t-il, elle aussi ? Comme Leonora va tout perdre si Christian s'en va, va perdre sa dignité, sera ridiculisée, rabaissée aux yeux des autres.

« Tu choisis maintenant. Je veux entendre ta décision. Je vous ai entendus faire tellement de choses. Je veux entendre ta décision », dit-elle.

Christian reste planté là, comme paralysé, il ne sait pas quoi décider. Elle va prendre son portable et ses clés de voiture sur la table.

« Où tu vas ?

– J'ai un numéro. Quelqu'un que l'avocat connaît à la brigade financière. Ceux qui s'occupent de la délinquance financière. Tant pis, Christian. Si tu l'aimes, cela en vaut la peine, je te l'assure. L'amour est la seule chose qui compte, je le savais. À l'époque où j'ai tout abandonné. Pour toi et pour Johan.

– Attends. Je… »

Leonora s'arrête à la porte. Même si elle n'a pas envie d'attendre, de lui laisser une chance.

« Leo… attends. »

Elle attend sans savoir quoi. Que Christian la manipule encore par des belles paroles ? Qu'il réussisse à obtenir ce qu'il veut ?

« Les prochains mots que je veux t'entendre dire sont "au revoir", adressés à elle », dit Leonora en lui tournant le dos.

Elle regarde l'allée, l'été, le reflet sur les voitures, les gravillons, la lumière écrasante.

« J'ai compris. Mais est-ce qu'on ne pourrait pas consulter quelqu'un ? Un psychologue ? »

Elle l'interrompt.

« Je te le promets, Christian. Tu n'as qu'une seule chance. Je veux l'entendre. Maintenant. Pas dans une minute. Téléphone-lui. Arrête tout. »

Elle le regarde et le reconnaît à peine, il a maigri, ses joues sont creuses, ses yeux bizarres. Il s'est détruit lui-même. Elle ne pourra plus jamais avoir de respect pour lui. Il tripote le téléphone sans parvenir à faire le numéro, lutte contre son envie de pleurer.

« Je ne comprends pas… pourquoi… pourquoi…

– Pourquoi quoi, Christian ?

– Pourquoi tu veux me garder ? chuchote-t-il en laissant tomber son téléphone, il sanglote, s'agenouille et cherche son téléphone sous la table. Pourquoi… dit-il en larmes, alors que je l'aime. »

Leonora a plaisir à le voir souffrir.

« Tu crois vraiment qu'il s'agit de toi ? »

Il la regarde, le téléphone à la main.

« Quoi… quoi ? dit-il.

– Oui ? Quoi ? S'il ne s'agit pas de toi ? Et s'il s'agissait de mon refus d'être laissée-pour-compte ? »

Et cela se reproduit en elle, la même force qui l'a fait rire un peu avant. Qu'elle ne peut maîtriser.

« L'humiliation ! crie-t-elle, si fort que Christian se protège le visage de ses bras. L'humiliation », répète-t-elle, cette fois dans un murmure.

Christian cherche des arguments, elle le voit, son explosion brutale lui apparaît comme une ouverture, une possibilité de dialogue. Pour la manipuler encore.

« Mets le haut-parleur, dit-elle avant qu'il ne croie s'en sortir. Je veux t'entendre lui dire adieu.

– Leo, je t'en supplie. »

Elle se retourne, prend son sac, terminé, pas une minute de plus.

« D'accord. Attends. Je... »

Christian hésite, elle le regarde. Ses doigts sur le téléphone.

« Le pire, c'est que je sais que tu en es capable, Christian. Sais-tu comment je le sais ? »

Il secoue la tête.

« Parce que tu fais toujours ce qui arrange le mieux tes intérêts », dit-elle.

Elle se place derrière lui, le regarde chercher dans les contacts. Au début, elle ne comprend pas pourquoi il téléphone à « Électricien ». Puis elle saisit, les gens qui sont infidèles appellent leur maîtresse d'un autre nom sur ce maudit portable.

« Le haut-parleur, dit-elle. Maintenant ! »

Christian obéit. Elle lui arrache le téléphone au moment où il sonne et le pose sur la table. Ce n'est pas elle, là, pas du tout. Pour se comporter comme ça, elle est l'œuvre de Christian, née ce soir-là derrière la vitre de son bureau. Née du regard de Zenia.

« Christian ? dit Zenia d'une voix joyeuse, presque innocente, qui n'a rien à voir avec la femme qui il y a peu de temps a laissé Leonora voir comment Christian la baisait jusqu'à ce qu'elle jouisse. Mes parents t'adorent », dit-elle.

Christian regarde son portable.

« Zenia...

– Je t'entends très mal, dit-elle. Mais qu'est-ce que j'ai besoin de te sentir, Christian. À ta façon brutale. »

Elle murmure et rit.

Christian cherche de la compassion dans les yeux de Leonora. Elle connaît ce regard. Mais aucune compassion. Il ne peut plus retenir ses larmes, il se mord la main avec violence, il a la morve au nez. Si elle était ici, maintenant, Zenia, cette foutue salope, Leonora lui en donnerait, de la brutalité. Un couteau planté dans le cœur, oui. Les femmes. Comme elles sont pitoyables, les femmes qui ne pensent qu'à chercher à assouvir les fantasmes les plus cinglés des hommes. Il faut qu'elles soient grasses comme celles des tableaux de Rembrandt, avec un corset pour remonter leurs nichons jusqu'au cou, ou il faut qu'elles soient minces avec d'énormes lèvres, il faut qu'elles reçoivent des roustes et qu'on les tire par les cheveux, qu'on leur crache dessus ou qu'elles participent à un plan à trois. Et les femmes le font, comme Zenia, tout pour attraper le bon. Et si finalement elles refusent toute cette merde masculine, alors on peut être sûr que c'est une vie sans homme qui les attend.

« Christian ? Allô ? Tu es là ?

– Je… »

Christian craque, éteint le téléphone, il a la bouche pleine de morve, il pleure plus que quand on craignait le pire pour Johan. Cela fait très mal à Leonora. Qu'il aime Zenia plus que son enfant. Plus que sa famille.

« Je t'en supplie. Je l'aime. Je n'ai jamais aimé quelqu'un autant. Je te donnerai tout ce que tu veux. La maison… »

Il se met à genoux. Elle ne peut expliquer pourquoi, mais voir son mari à genoux en train de la supplier de lui accorder une autre femme, cela déclenche chez elle l'envie de lui faire mal.

« Je… La maladie de Johan… dit Christian.

– Quoi, la maladie de Johan ? »

Il parle si bas qu'elle ne l'entend presque pas.

« C'était aussi… Ton père qui t'a quittée.

– Et alors ?

– Tu as toujours dit qu'il avait un problème, murmure Christian. Qu'il avait une sorte de maladie.

– Et ?

– Dans ma famille, personne n'a jamais eu de problème. »

Leonora le regarde sans comprendre. Puis d'un seul coup, elle comprend.

«Je ne dis pas que c'est de ta faute si Johan est tombé malade… c'est seulement… »

Elle hurle :

« Dehors ! Tout de suite ! »

Elle le tire par ses rares cheveux, elle se jette sur lui, veut le relever, ne veut plus jamais le voir.

« Lâche-moi, crie-t-il en repoussant son bras.

– Dehors ! Tout de suite ! hurle-t-elle.

– Je dois prendre quelque chose… mes affaires. »

Elle le pousse vers l'escalier.

« Alors prends tes affaires de merde ! » crie-t-elle.

Elle a envie de faire des choses horribles, à présent. Pendant que Christian monte, elle tourne en rond, elle n'a plus une seule pensée claire, seulement des élans de rage. Elle n'entend plus ses pas au premier étage. Que fait-il ? Prend-il des choses de valeur ? Prend-il quelque chose qu'elle veut garder ? Dans le coffre ? Des papiers qu'il ne veut pas qu'elle trouve, des preuves de ses magouilles ? Elle se précipite à l'étage. Il est devant sa valise, il y a dedans quelques chemises, un pantalon. Il s'est arrêté.

« Leo.

– Ne dis pas un mot ! Dehors ! Tout de suite ! »

Leonora attrape la valise sur le lit, la traîne sur le sol de la chambre, à moitié fermée. Sur le palier, elle la balance dans l'escalier. Elle atterrit devant la porte, les chemises sont éparpillées sur le sol, un pantalon blanc pend à la rampe. Christian la regarde, quelque chose a changé dans son regard.

« Ce n'était pas nécessaire que ça se passe comme ça.

– Tu as entièrement raison, Christian. Ce n'était pas nécessaire. »

Christian se dirige vers l'escalier, il récupère son pantalon, ferme sa valise. Leonora est rapide, les clés de Christian sont à leur place habituelle, à côté de celles de Leonora, dans une coupe près du miroir de l'entrée. La coupe vient d'Ubud, à Bali, leur voyage de noces. Elle ne doit pas y penser maintenant.

« Ce sont mes clés, dit Christian.

– Tu n'as plus les clés de la maison, réplique-t-elle.

– Ma clé de voiture. »

Leonora enlève sa propre clé de voiture de son trousseau, la jette à Christian. « Nous échangeons les voitures. Tu prends la petite voiture de dame. Tu vas devoir t'habituer à vivre moins richement. Tu vas avoir ton propre chauffeur pour te conduire en prison. »

Elle lui jette la clé à la figure. Il ne réussit pas à l'attraper, elle tombe sous l'escalier. Christian doit se mettre à genoux pour la récupérer.

« Combien de temps… si nous restons ensemble…

– Combien de temps quoi, Christian ?

– Combien de temps dois-je rester ?

– Jusqu'à ce qu'elle ait compris qu'elle a perdu. »

33

Holger se redresse, il ne supporte pas de rester dans la même position trop longtemps, il a mal aux reins.

« C'est maintenant qu'il l'écrase ? demande Josefine.

– Perdant-perdant.

– Qu'est-ce que tu veux dire par là ?

– Le contraire de gagnant-gagnant. Quand tu vas perdre, quoi que tu fasses. »

Josefine secoue la tête.

« Je ne comprends pas pourquoi elle veut le garder.

– Il ne s'agit pas de Christian, explique Holger. Et je suis sûr que tu vas encore secouer la tête et me contredire. Mais il ne s'agit pas de Christian. Il s'agit d'une lutte entre deux femmes. Et aucune ne veut perdre. »

Josefine le surprend, elle ne secoue pas du tout la tête, se contente de soupirer avant de répéter tranquillement :

« Une lutte entre deux femmes. »

Le propriétaire du bar surgit de la cuisine.

« Vous avez tout ce que vous voulez ?

– Tu prendrais un moka, Josefine ?

– Non, seulement de l'eau », répond-elle.

C'est au tour d'Holger de regarder par la fenêtre. La couche de nuages n'est-elle pas plus mince ? Il n'est pas prêt à renoncer au soleil en ce samedi d'août.

« Papa !

– Oui ?

– Tu ne peux pas t'arrêter maintenant. Qu'est-ce qui se passe alors ?

– D'accord. Qu'est-ce qui se passe quand tu places ton adversaire dans une situation de perdant-perdant ? Si Christian reste, il perd l'amour et doit vivre avec une femme qui désormais le dégoûte. S'il part, il perd son niveau de vie et l'amour. Et en plus il sera sûrement condamné.

– Peut-être sa maîtresse, l'architecte, c'est comment son prénom ?

– Zenia.

– Peut-être que Zenia l'aimera toujours même s'il est condamné. »

Holger se contente de hausser les sourcils.

« Il y a quelques vérités désagréables concernant l'amour que nous préférons occulter. Non ? Que l'amour est soumis à des conditions. À beaucoup de conditions. Plus nous avançons dans la vie, plus ces conditions sont nombreuses. Et la condition la plus importante pour une jeune architecte ambitieuse est que son compagnon ne soit pas condamné pour escroquerie ni en faillite.

– Normal !

– Nous croyons volontiers que nous aimons notre partenaire plus que tout sur terre, que nous pouvons traverser toutes les épreuves ensemble.

– Certains le peuvent », glisse Josefine.

Son verre d'eau arrive. Le café est bien chaud mais un peu trop fort, il rappelle à Holger le café du poste de police. Karen voulait toujours qu'il en boive moins, qu'il passe de huit tasses à trois par jour. Elle l'avait lu quelque part, elle lisait toujours des articles sur la diététique et de nouvelles pilules qui apparaissaient sur le marché. Vitamine A ou ginseng, comprimé d'huile de foie de morue qui laissait un goût de poisson dans la bouche pour le reste de la journée. Maintenant Holger fait ce qui lui plaît, puisque tout cela n'a pas aidé Karen.

« Tout le monde y pense, dit-il. Tous les gens en couple. Va-t-il m'abandonner si je tombe malade ?

– Pas moi, réplique Josefine, en colère.

– Beaucoup de femmes y pensent. À cause du cancer du sein, par exemple. Si on m'enlève les seins, est-ce qu'il voudra encore de moi ?

– Comme c'est charmant ! Tu es odieux ! »

Holger hausse les épaules.

« Nous aimons les gens comme ils sont au moment où nous les rencontrons. Puis nous changeons. Certains deviennent gros, ennuyeux ou tombent malades. »

Josefine l'interrompt :

« Tu es follement romantique aujourd'hui ? Tu cherches à me dire quelque chose ?

– Je ne te dis que la réalité. Pour tout le monde. Pour Christian. Il ne pense pas avoir mal agi. Leonora n'est plus la même que celle dont il est tombé amoureux, en plus elle le menace. Je crois… » Holger repousse sa tasse de café, il est tout de même trop fort pour son estomac. « Je crois que Christian s'est rendu sur le chantier pour y laisser son portable, pour être vu par le vigile, pour avoir un alibi.

– Je n'y crois pas, dit Josefine. Il est trop bouleversé ! »

Holger sourit.

« Les profanes se trompent sur le crime passionnel. Le crime passionnel ne veut pas dire crime non prémédité. Cela veut seulement dire que tous les sentiments normaux, ceux qui entraînent une conduite à peu près normale, sont brutalement chassés. Te souviens-tu de cette pédiatre qui a assassiné toute la famille de son amant ?

– Pas d'autres histoires, papa.

– Elle avait été abandonnée par son amant le jour même. Elle a eu un déclic. Mais elle pouvait toujours planifier. Elle a acheté un billet d'avion pour Bornholm sous un faux nom, a volé de la morphine sur son lieu de travail, a pris des habits de rechange. Et le lendemain, quand elle a réduit la maison en cendres et tué l'épouse et les enfants… »

Josefine l'interrompt, se bouche les oreilles d'une façon théâtrale :

« Non, je ne veux plus rien entendre. Toi et tes histoires. Ça t'étonne qu'Isabella et moi, on ait choisi de travailler avec des enfants ? »

Holger poursuit impassiblement :

« Le lendemain, avec les deux cadavres de gamins carbonisés et la femme morte sur la conscience, elle va chez le coiffeur pour se faire couper les mèches roussies par le feu.

– Charmant. Christian avait donc l'énergie de penser à son alibi. Quoi encore ?

– Il est allé au chantier. Ça, j'en suis sûr. Ou presque. Et rappelle-toi, nous parlons d'un homme qui n'a pas dormi depuis trois jours. »

34

Il n'a rien fait de mal. Il s'est battu, autant qu'elle. Pour Johan, il a pris le risque de la prison. Elle était d'accord quand ils l'ont décidé autrefois, ils étaient assis sur la terrasse, d'après ses souvenirs. Peter était là. Kim leur avait parlé d'un traitement possible à Seattle. Ils voulaient tout essayer. Et ça s'était bien passé. Christian était resté pendant toute cette période, il ne s'est pas défilé. Mais le chapitre est clos, il ne doit pas à Leonora de rester avec elle pour l'éternité. Tout le monde a le droit de tomber amoureux, tout le monde peut se sentir à l'étroit dans l'amour, le perdre. Cela n'a pas été un coup de folie. Il n'a jamais couru après les femmes, jamais. Christian lit le dernier message inquiet de Zenia. Pourquoi a-t-il coupé ? Quelque chose ne va pas ? Il lui répond que tout va bien, que c'est un moment un peu dur à passer, mais que ça va aller, qu'il se réjouit de la voir le lendemain.

« On travaille tard ? »

Christian lève les yeux vers le vigile qui a interrompu le cours de ses pensées. Il fait partie de l'équipe engagée après le deuxième vol sur le chantier.

« Vous savez ce que c'est, dit Christian.

– Travail de nuit est mon second prénom », dit le vigile avec un léger accent.

Christian sourit, il ne se souvient pas du nom du vigile, bien qu'il l'ait déjà entendu, il était là le jour où Peter et lui avaient revu la sécurité du chantier. Ils avaient parlé de la façon dont les voleurs avaient garé leur camionnette loin de la route, derrière le bâtiment, et comment ces salopards avaient pu tranquillement y charger les planches hors de prix.

« Dites-moi si vous avez besoin de quelque chose. J'ai du café chaud dans la thermos.

– Sans café, on ne peut pas tenir », dit Christian.

Son rire forcé le frappe : la jovialité est le masque des gens malheureux et tristes. Telle sera sa vie désormais. Dissimuler sa tristesse intérieure derrière des banalités, des plaisanteries faciles, de l'humour de chantier. Un clown. Il va se changer en clown, entièrement misérable à l'intérieur, grand sourire à l'extérieur. Pour Johan. Pour Peter. Et pour les employés.

Christian gare la voiture de Leonora près de la baraque de chantier à côté des trois camionnettes, reste assis un moment, quelque chose a pris forme dans sa tête, pas une forme définitive, mais une sorte d'idée, de vision, comme quand ils allaient construire le bâtiment ici. Cela commence par une sensation. Il pose les yeux sur la carte de lavage de la voiture, bien rangée à sa place près de la boîte automatique de vitesses. Leonora et son besoin pathologique de propreté, il n'en peut plus de son obsession du moindre grain de poussière sur la carrosserie. Devant cette carte, il lui vient une idée. Il la prend, sort de la voiture et s'enferme dans le bureau. Ses pensées n'aboutissent à rien, il le sait. Pourtant c'est une question de survie. Il ne peut pas passer le reste de sa vie avec Leonora. Après ce qui s'est passé aujourd'hui, il ne pourra plus jamais la regarder en face. Jamais. Une décision simple : il ne veut plus jamais la voir. Cela lui procure une sorte de soulagement. Comprendre que tous ces derniers jours d'enfer se sont fondus en un seul sentiment limpide : de la haine pure.

« Comment ? » murmure-t-il, hésitant sur la formulation de la question. Comment en suis-je arrivé là ? Comment vais-je faire ? Faire quoi ? Christian regarde dehors à travers les persiennes bon marché de la fenêtre de la baraque. Regarde le vigile. Royan ? Non, un prénom turc, il y avait un garçon dans l'école de Johan qui s'appelait comme ça… Ender ! Il s'appelle Ender, ça se prononce Ènter et signifie soit « joyau », soit « rare ». Johan lui en avait parlé. D'Ender.

« Ender », se répète-t-il. Il allume la lampe du bureau, tourne en rond, fouille dans la petite boîte du tiroir de Peter qui contient toujours un peu d'argent, ils s'en servent pour acheter des viennoiseries quand l'un des ouvriers fête son anniversaire, ou pour une tournée de bière fraîche le vendredi après-midi. Il y a environ mille couronnes en billets et pièces. Il prend cinq cents couronnes. Pour quoi faire ? Pour un plan, pas seulement une idée mais une solution. Il sent encore l'endroit où elle l'a tiré par les cheveux. Il éprouve de la haine. Il la hait.

Christian regarde les camionnettes, il y en a trois, elles n'ont pas le droit de quitter le chantier ni l'entreprise. Il y a deux ans, ils ont eu un problème, un des employés a été arrêté par le fisc, avec l'aide de la police, devant Legoland, un dimanche après-midi. L'entreprise s'en était bien sortie parce qu'ils avaient pu prouver aux impôts que leur collaborateur avait pris la camionnette sans autorisation, et ils l'avaient renvoyé immédiatement. Sinon ils auraient dû payer une amende. Depuis, les camionnettes ne bougent plus après 17 heures ni pendant le week-end. Que le fisc fouille dans leurs affaires, c'est bien la dernière chose que Peter et lui veulent.

Les camionnettes. Que dire ? Deux d'entre elles, les neuves, portent le logo de l'entreprise sur le côté. *Building the change.* La plus vieille seulement des rayures et de la rouille. Christian sort, hésite, va voir le vigile, il sait qu'il doit faire vite. Faire quoi ? Qu'est-ce qui doit aller vite ? Il frappe à la vitre de la baraque du vigile.

« Vous êtes bien Ender ?

– Bien vu. D'habitude personne ne retient jamais mon nom.

– Avez-vous mangé ? demande Christian.

– Je… »

Ender regarde derrière lui. Un Tupperware rose sur la table. Des crudités ? Ender n'a pas l'apparence d'un homme qui marche aux portions de crudités, ce ne sont pas en tout cas les carottes râpées qui sont responsables des pneus autour de sa taille.

« Des carottes, dit Christian en souriant.

– De quoi tenir la nuit.

– Que diriez-vous de bœuf béarnaise, c'est moi qui offre ? Si vous allez le chercher. Avec des pommes frites et tout le reste. Vous aimez la béarnaise ? Il faut que je travaille dans les heures qui viennent. »

Ender hésite. En fait, il a promis à sa femme de perdre quelques kilos. Mais d'un autre côté, il aimerait être en bons termes avec son chef.

« Je peux passer la commande ? dit Ender. Les menus sont accrochés ici. »

Christian n'avait pas prévu cette possibilité, cela ne l'arrange pas.

« Pendant que vous y allez, je peux garder un œil sur le chantier.

– Ce n'est pas plus facile de nous faire livrer ? Ça ira plus vite.

– Le bœuf sera déjà froid, on ne m'a jamais livré un plat qui ne soit pas tiède. Prenez ma voiture », dit Christian en tendant la clé à Ender.

Ce dernier hésite, c'est là, le moment dont Peter parle toujours quand il traite des affaires. Le moment où l'acheteur balance, j'y vais ou j'y vais pas, une immersion dans la mer du doute. C'est à ce moment-là que le vendeur doit insister, prendre la décision à la place de l'acheteur.

« Allez, prenez la clé, Ender, dit Christian en riant et en la lui mettant dans la main avec les cinq cents couronnes. Du bœuf béarnaise si possible. Ou autre chose. C'est pour ma poche.

– Je peux leur téléphoner pour les prévenir », murmure Ender.

Christian regarde derrière lui puis sourit à Ender qui est toujours dans l'incertitude. Les dés sont jetés. Christian peut ensuite voir à travers les persiennes de son bureau Ender fermer à clé la porte de son cabanon et se diriger à contrecœur vers la voiture de Leonora. Il l'ouvre, la démarre après un petit temps, trouve ses marques comme on le fait dans une voiture que l'on ne connaît pas, cherche les phares, comment fonctionne la boîte automatique ?

« Allez, vas-y », dit Christian tout bas. Sa prière est exaucée. Ender tourne, sort. OK. Il a vingt minutes devant lui. Peut-être moins si Ender a téléphoné au grill-bar pour passer leur commande. Pas de temps à perdre, il ne sait encore pas très bien ce qu'il va faire, quel est son plan, pourquoi il prend la clé de la plus vieille des camionnettes qui est accrochée au mur derrière la table de Peter. Ils ont ri quand Peter a enfoncé ce clou de travers. Deux entrepreneurs, avec une formation initiale manuelle, puis devenus ingénieurs, incapables de planter un clou. C'est drôle. Ce souvenir revient à l'esprit de Christian alors qu'il traverse le chantier à petites foulées, ses pas résonnent sur le parking, à cause de la ferraille que l'on y a répandue pour que les camions ne se coincent pas dans la boue quand il pleut.

Il ne sait toujours pas ce qu'il va faire quand il s'installe dans la camionnette. Pourquoi fait-il cela ? Il prend lentement la sortie sans allumer les phares, vérifie qu'il n'y a pas d'autres voitures.

Il réfléchit en silence. Ender va-t-il remarquer que la camionnette a disparu ? Non. Il veille à ce que des invités indésirables ne viennent pas sur le chantier, il ne se promène pas partout pour faire des inventaires, ne compte pas les voitures, ni les planchers, ni les trancheuses, ni les bétonneuses, ni les tuyaux d'écoulement… Non. Ender va rentrer, s'installer à son poste de garde, faire des rondes, faire la chasse aux voleurs. Christian n'aura jamais une meilleure occasion. C'est maintenant ou jamais. Il prend la route. Pour une raison ou une autre, il est incapable de l'expliquer, il sent qu'il a déjà accompli le pire. Prémédité. Mais prémédité quoi ?

« La liberté », dit-il, et il va se garer de l'autre côté du chantier le long du bâtiment principal, là où Ender ne pourra pas le voir. Va-t-il être capable de sauter par-dessus la clôture ? Cela fait un bon bout de temps que Christian n'a pas effectué ce genre d'exercice. Peut-être à un festival de musique, quand Peter et lui étaient jeunes. Ils ne voulaient pas payer et ils ont attendu près de la barrière à l'arrière de la scène que les techniciens et les musiciens s'éloignent. Alors ils ont sauté à toute vitesse, Peter s'est coupé à la jambe et il a fallu trouver vite un pansement. C'était une autre époque. L'époque des shorts et des jambes bronzées. Une époque sans menace, sans haine. Christian coince le pied gauche dans une maille de la clôture en barbelé, prend son élan, se hisse en s'agrippant au rebord. Le plus difficile est de se propulser de l'autre côté, c'est comme ça que Peter s'est coupé, Christian évite cela, atterrit lourdement de l'autre côté, il se tord un pied.

« Merde. »

Un instant, il pense que tout est foutu, que son plan, quel qu'en soit le but, ne va plus marcher. Mais son pied se remet droit, assez pour qu'il puisse marcher jusqu'à la baraque de chantier.

Ender est en train d'arriver.

« Et voilà de quoi manger ! dit-il fièrement en sortant de la voiture de Leo avec deux sacs.

– Magnifique. » Christian prend la clé, un des sacs et la monnaie. Pas de reçu, Peter ne sera pas content. Tant pis. « Je vais m'enfermer pendant deux heures pour travailler à fond. J'ai des calculs à finir pour demain. Si quelqu'un s'approche du bureau, butez-le. »

*

Il trempe deux frites molles dans la béarnaise. Il réfléchit à l'importance d'avoir mangé, pour rendre le tableau plus plausible. Il reviendra après. L'important maintenant, c'est qu'Ender ne le voie pas quitter le chantier. Il ferme les persiennes, reprend quelques frites. Il a faim, quand a-t-il mangé pour la dernière fois ? Il y a un jour ? Non, presque deux ? La fatigue fait oublier la faim. Il se coupe rapidement un gros morceau de bœuf avec le couteau en plastique. C'est sec, ce sera meilleur avec de la sauce, son estomac geint, soit parce que enfin il reçoit de la nourriture, soit parce qu'il s'est habitué à s'en passer.

Christian allume la radio, s'assure d'avoir la carte de lavage pour la station-service. Il laisse son portable sur sa table. Il laisse la lumière allumée. Il ouvre la porte avec précaution, jette un coup d'œil. Il entrevoit rapidement le dos d'Ender, il parle au téléphone en turc ou en arabe. Fort, en tout cas. Christian sort, ferme la porte avec soin. Quelques mètres seulement le séparent d'un endroit où il pourra se cacher derrière une grosse trancheuse. Il n'a pas été vu, le vigile est toujours au téléphone. Bravo. C'est parti.

35

Courir. C'est ce qui l'a sauvée. Pendant toutes ces années avec Johan. Quand elle était jeune, qu'elle habitait Mors, elle ne courait jamais. Elle passait tout son temps à jouer du violon. C'est devenu impossible quand Johan est tombé malade. Quand elle a compris que sa carrière était finie, qu'elle devait assumer quelque chose qui la dépassait, elle a vendu son violon. Pas la peine qu'il reste dans un coin et lui rappelle à quoi elle avait renoncé. En outre, ils avaient besoin d'argent. Ils en ont tiré soixante-dix mille couronnes, Leonora avait commencé à rembourser l'instrument pendant ses études au conservatoire. Elle avait fait un prêt d'État pour pouvoir rembourser le prêt à la banque. Le violon le valait bien. Mais Johan valait plus, alors elle l'a vendu, a abandonné ses rêves d'enfant, son talent, tout ça pour Johan et Christian.

Elle referme la porte de la maison. Le ciel est sombre, pas d'importance. Elle a déjà souvent couru sous la pluie, par presque tous les temps. Sauf l'hiver, s'il était tombé beaucoup de neige, alors elle devait renoncer. Renoncer à sa fuite quotidienne, à débrancher, à rechercher l'évasion que procure la course, tout oublier.

Avec les années, elle a eu besoin de courir de plus en plus longtemps pour obtenir le même effet, avant que ses pensées ne se mettent au point mort. Elle a lu un article sur le sujet. Comment une drogue se libère dans le cerveau, comme quand on boit ou quand on fume. Mais c'est plus sain. Courir, c'est la méditation de notre époque, l'épuisement et la paix intérieure. Certains jours elle a couru le matin et une deuxième fois le soir.

Quand elle court le soir, la drogue se libère plus vite, mais si c'est la seule course de la journée, l'effet ne se produit que quand elle dépasse dix kilomètres, après cinquante petites minutes.

Aujourd'hui, elle en a besoin plus que jamais si elle veut survivre, peut-être quinze kilomètres, peut-être qu'elle n'arrêtera plus jamais de courir. C'est ce qu'elle se dit en entamant sa course.

Un bon rythme, son rythme, bien enlevé. Leonora n'a jamais rivalisé avec les autres, pas même lors du semi-marathon annuel. Elle le savait déjà comme violoniste, c'est totalement absurde de rivaliser avec les autres. On ne rivalise qu'avec soi-même. On est seul à connaître ses raisons. Et elle ne partage pas ses raisons avec les autres, personne n'a eu un fils malade au point où Johan l'a été. Au point qu'elle doive abandonner sa carrière… Dire que Christian ne s'en rend pas compte. À quel point c'est la vérité. Quoi qu'il arrive, ils ont partagé quelque chose d'exceptionnel : ils ont grandi ensemble. En formant une famille. Toutes les familles ne grandissent pas ensemble.

Leonora n'est pas étonnée que Kim et Gunvor se soient séparés. Quelque chose clochait. Deux grands enfants, un garçon et une fille, qui ne s'étaient jamais appréciés. Tout comme Leonora et sa sœur. Trop de différences. Même si les différences peuvent très bien se compléter – comme Christian et elle. Mais pas avec sa sœur. Leurs réactions au départ de leur père ont été très différentes. Sa sœur a pris le parti de sa mère, a souffert avec elle. Leonora voulait surtout laisser le passé derrière elle, se relever des cendres de cette famille qui n'avait jamais bien fonctionné. Toutes ces soirées en compagnie de sa sœur. Seules. Leur mère partait au moment où le programme pour enfants de la télévision démarrait, à 17 h 30. Les gardes de nuit à l'hôpital payaient mieux et elles avaient besoin d'argent. Repas du soir à 17 heures. Le même deux jours de suite. Leur mère préparait la nourriture en grandes quantités, pour qu'il en reste le lendemain soir. Toujours l'aspect financier.

C'est ainsi, certaines familles grandissent ensemble. D'autres grandissent en divergeant. Christian, Leonora et Johan ont grandi ensemble, les séparer maintenant revient à arracher l'écorce d'un arbre, c'est ce qu'elle ressent.

Leonora s'arrête près de la voie ferrée, près des vieilles traverses. Elle aperçoit le train qui file vers Copenhague. Il arrive du nord, vers elle. Elle n'a jamais pensé à se suicider auparavant. Elle y pense. Tout de suite. Le conducteur ne pourra pas la voir, pas si elle recule de deux pas, à couvert pour attendre le bon moment.

«Jamais», chuchote-t-elle. Elle doit être là pour Johan. C'est tout, c'est si énorme d'être là pour un autre. Quand Leonora voit les autres parents qui n'ont pas eu à lutter pour un enfant malade, elle pense : ils ne savent pas ce qu'ils ont. Ils ne savent pas ce que cela veut dire, d'être là pour un autre. C'est comme l'air qui est là pour nous, pour tous les vivants. Tout en continuant à courir, elle se dit que c'est vrai, elle a été une bouffée d'oxygène pour Johan, elle lui a insufflé la vie, elle a refusé de le laisser partir.

Une lourde goutte d'eau tombe sur son front et la ramène au présent. Combien de temps a-t-elle couru ? Pas assez, ses pensées l'assaillent toujours.

«Plus loin», chuchote-t-elle. Mais peut-être n'arrivera-t-elle pas à se débarrasser de ses pensées. Elles l'envahissent. La pluie la soulage un peu en frappant son visage, c'est une douleur qui vient de l'extérieur. Elle se sent consolée. Pour le reste de sa vie, elle va espérer ressentir une douleur physique qui masquerait la douleur de l'âme. Une voiture la double, projette de l'eau sur elle, tant pis. Elle devra tout laver, de toute façon. Pourquoi a-t-elle menacé Christian de le dénoncer ? Impossible, ce ne serait pas bon pour Johan. Elle ne tentera jamais quoi que ce soit qui puisse faire du mal à Johan. Plutôt vivre en sachant que cet idiot s'est foutu de sa gueule, ne s'est intéressé qu'à sa carrière personnelle, l'a laissée assumer les difficultés. Et il a peut-être pensé qu'il allait se casser quand Johan serait bachelier. Pas un an après, mais au moment même où Johan serait en âge de s'en aller. Comme ça il échangerait Leonora contre une plus jeune.

Elle.

Leonora pense des choses affreuses à son égard. Son regard. À elle, elle pourrait bien faire du mal. Leonora regarde derrière elle avant de traverser, il n'y a qu'une voiture, assez loin.

*

Christian sursaute quand la première lourde goutte de pluie atterrit sur le pare-brise. Il a conduit plongé dans ses pensées, loin, en suivant la route qui le ramenait en ville. La route où il sait qu'elle a l'habitude de courir, son itinéraire favori, il y a couru avec elle une fois il y a longtemps. Il n'a pas pu suivre son rythme, c'était incompatible.

Il la guette, s'attendant à la voir à tout moment, le long de la route, absorbée dans son propre monde, le monde de Leonora. Les gouttes se multiplient, c'est une brève averse, habituelle seulement en été, la pluie tombe dru, la visibilité est réduite.

Mais c'est bien elle. Sur la route qui traverse la forêt de Nørreskov en direction de la Trouée de Rome, la vieille route qui coupe à travers l'ensemble, les hêtres, le Jutland. Christian jette un coup d'œil dans le rétroviseur. Il y a de la circulation derrière lui. Il tourne en direction de la Trouée de Rome, roule vite dans la pluie. Il réfléchit. Il doit trouver un endroit où s'arrêter, se cacher. L'attendre. Il a de l'avance. Il s'arrête sur le côté.

Un sentier s'enfonce dans la forêt. La première partie longe presque en parallèle la route goudronnée. C'est un bon endroit. Il met la camionnette au point mort. Par ce mouvement – s'enfoncer dans la forêt en cachette –, il prend subitement conscience de ce qu'il est en train de faire. Il comprend quel est le plan. Qu'elle disparaisse. C'est obligatoire. Elle doit disparaître. C'est lui ou elle. Lui, il irait en prison, il perdrait tout. Il n'a rien fait de mal. Tout le monde peut rencontrer l'amour. Soudain, à l'improviste, c'est ce qui lui est arrivé. Il la hait, il n'a jamais de sa vie haï aussi fort. Il la hait avec une intensité bestiale, la rage du lion qui s'apprête à déchirer sa proie. Des larmes qu'il ne cherche pas à essuyer lui brûlent les yeux.

Christian baisse sa vitre, oriente le rétroviseur pour bien voir la route. Il referme vite, son bras est mouillé, mais il peut l'apercevoir dans le rétroviseur. Un petit point qui se déplace entre les gouttes, qui se rapproche.

« Salope », murmure-t-il. Il sent encore l'endroit où elle l'a griffé quand elle l'a mis dehors.

Elle grossit dans le petit miroir, elle n'est plus seulement un gros point entre les gouttes, mais un être humain qui court, une mère, une épouse. Une ennemie.

2
L'oiseau de feu

Les hommes se marient avec les femmes
en espérant qu'elles ne changeront jamais.
Les femmes se marient avec les hommes
en espérant qu'ils changeront.
Finalement tout le monde est déçu.

H. M. Harwood

1

Holger regarde l'urinoir. Visiblement, on ne nettoie pas tous les jours les toilettes de ce bar de plage. Si c'était un restaurant en ville, on trouverait cela dégoûtant, on accepte davantage de choses sur la plage. Les gens sont déshabillés, certaines topless, de gros allemands se baladent partout nus comme au jour de leur naissance, leur service trois pièces ballottant à tout vent. Holger prend son temps. Il a appris à le faire après la mort de Karen. Aucune raison de se presser, il n'a pas de train à prendre. D'autant plus que l'urine sort lentement, goutte à goutte, et quand on croit que c'est fini, il en vient encore.

« Terminé », s'ordonne-t-il à lui-même. Il se lave les mains à l'eau froide, il n'y a pas de savon, pas la peine pour un bar de plage, les gens n'ont qu'à sauter dans l'eau et laisser le sel s'occuper de la désinfection. Josefine est toujours à l'endroit où il l'a laissée, assise au fond du bar, en plein milieu du récit sur Christian, Leonora et le terrible soir à la Trouée de Rome.

« Ça va ? lui demande-t-elle.

– Très bien, tout devient lent avec l'âge, ma petite fille… Ah, c'est vrai, je ne dois pas t'appeler comme ça. Sauf que tu es ma petite fille. »

Josefine sourit.

« C'est vraiment une histoire charmante. Tu as une raison particulière pour me raconter l'histoire d'un homme qui finit par écraser sa femme ? »

Holger hausse les épaules, plaide l'innocence et sourit.

« Tu serais étonnée du nombre d'êtres humains qui ont ce fantasme.

– D'écraser leur femme ?

– Non, pas de manière aussi précise, Josefine. Mais de voir l'autre disparaître. C'est évident. On reste à cause des enfants, des crédits à rembourser, de la maison, du chien, de l'unique voiture quand on n'a pas les moyens d'en avoir deux. L'ensemble est impossible à partager, ou presque impossible. Alors se crée le fantasme. Et si lui ou elle mourait. Pas forcément d'une façon douloureuse… »

Josefine l'interrompt :

« Juste comme ça, dit-elle en claquant des doigts. Le salaud disparaît, et moi je garde tout sans avoir à supporter les désagréments d'un divorce.

– Pour la plupart des gens, cela reste un fantasme. Heureusement. Mais si tu n'as pas dormi depuis trois nuits, si tu as été menacé, et si tu te trouves dans une impasse où quoi que tu fasses, tu vas perdre », dit Holger en haussant les épaules et en écartant les mains comme un magicien qui veut démontrer qu'il ne cache rien.

Il le voit à son expression. Pour la première fois, Josefine n'est pas totalement en désaccord. Elle ne l'a peut-être pas pensé elle-même, mais des amies l'ont dit à propos d'un mari ou d'un amoureux. Si seulement il disparaissait et ne revenait jamais.

« Mais tu n'en es pas sûr, papa. C'est pour ça que tu en parles encore, n'est-ce pas ? Tu ne sais pas si ça s'est vraiment passé comme ça. S'il a écrasé Leonora.

– J'en suis sûr, mais on ne peut pas le prouver.

– Si on ne peut pas le prouver, on ne peut pas en être sûr. C'est pourquoi ce sont les tribunaux qui jugent et pas la police. Si c'était la police qui jugeait, la moitié de la population serait enfermée.

– Pas la moitié, mais plus qu'il n'y en a actuellement, je te l'accorde », dit-il en cherchant une bonne position.

Le banc est vraiment trop dur. Il aimerait mieux être assis sur quelque chose de doux, le poids pèse sur les os, la loi de la pesanteur devient un terrible adversaire avec l'âge, dans le futur tous les vieux devraient aller habiter sur la Lune. Là, ils auraient moins mal, les planètes grises sont plus indulgentes envers les os, on peut y tomber sans se faire mal.

« Papa ? »

Il revient de la Lune, ou de la plage ou des dunes désertes.

« Maintenant je veux la fin de l'histoire. Il l'a écrasée, d'après toi. Mais tu n'as aucune preuve, je suppose. Il a un alibi. Le vigile l'a vu, a été lui chercher à manger. Non ? »

Holger sourit, enlève son manteau à nouveau. Il sera bientôt midi, il fait trop chaud, bien que le ciel soit toujours couvert.

« Te souviens-tu que j'ai dit que Christian avait téléphoné à son garagiste ?

– Tu ne me l'as pas dit. Tu as parlé de la route de la mort, la Trouée de Rome, tu m'as raconté plein de choses sur la peste et les Polonais qui avaient été pendus.

– Bien. Il l'a fait. Quand Christian retourne au chantier, juste avant de rentrer chez lui, une heure après l'avoir écrasée, il téléphone à son garagiste. Tard dans la soirée. Qui téléphone tard le soir à son garagiste ? Cet appel, je n'ai jamais réussi à lui donner du sens. Je l'ai compris pour la première fois bien plus tard… Si je l'avais fait seulement deux jours avant, j'aurais mis dans le mille.

– Pourquoi ?

– Il est mort.

– Qui ?

– Le garagiste. Il était en mauvaise santé, il a traîné longtemps. Sept semaines après le crime, le garagiste Bo meurt des suites d'une consommation excessive durant toute sa vie de tout ce que tu devras éviter. Cinquante-trois ans.

– Ah non, dit Josefine très vite.

– Mais il l'a fait. Christian. Il a téléphoné à son garagiste, Bo. »

2

Le sang, la pluie, le pare-brise en morceaux. Les images ne le quittent pas. Si seulement elle était passée sous la voiture. La collision le hante, pour toujours. Il a envie de vomir, son pouls galope, son cœur bat à tout rompre. Il la revoit, Leonora, au moment où la voiture la heurte.

Il est devant la maison. Il est sous le choc, ses pensées affluent. C'est de la folie, il ne comprend pas. Cela ne s'est pas produit. Il l'a seulement imaginé. Tout cela. Comment il est revenu en ville avec son pare-brise cassé, comment il a lavé la voiture, supprimé les preuves, garé la camionnette devant le garage de Bo et pris un taxi jusqu'au chantier. Il s'est fait déposer à cinq cents mètres de là, sur une petite route bordée de pavillons, pour que le taxi et l'itinéraire n'intriguent pas la police quand l'enquête serait ouverte. Il a sauté par-dessus la clôture, a traversé discrètement le chantier, le vigile était à sa place, mais avec les yeux fermés, ce qui n'est pas ce qu'un employeur attend d'un vigile, mais cela l'arrangeait bien ce soir-là. Il est entré dans la baraque. Du fixe de Peter, il a téléphoné à Bo qui, par chance, a répondu. Il lui a demandé de changer le pare-brise et lui a proposé de payer le double s'il le faisait en priorité le lendemain matin et sans facture. Et il a marmonné que les camionnettes n'étaient pas autorisées à quitter le chantier le soir pour des courses privées, qu'il aurait un blâme du comité de direction.

Ses mains tremblent, tout son corps vibre, sa peau le démange, il voudrait sortir de son corps, il se surprend à se cramponner au col de son manteau, il tire dessus de toutes ses forces pour l'enlever, il cherche à le déchirer.

Il marmonne des paroles incompréhensibles, il ne peut s'arrêter de répéter, la pluie, la voiture, la forêt, l'obscurité, la mort, la fuite…

Il ferme à clé, dépose sa valise dans un coin de l'entrée, voit son visage dans le miroir, il n'est plus qu'une silhouette, un être brouillé.

« Papa ? C'est toi ? »

La voix de Johan vient de la cuisine, il ne s'y attendait pas et il marque le coup.

« Tu es rentré ? dit Christian en se retournant.

– Je travaillais en haut. J'ai mon examen final demain, explique Johan d'un air fatigué.

– C'est demain ? » demande Christian en regardant son fils.

Est-ce que Johan le sent ? Qu'il se passe quelque chose de grave ? On ne le trompe pas facilement. Il prête attention aux moindres changements. Leonora appelle cela un appareil sensoriel hautement développé. Selon elle, c'est la conséquence de longues années de maladie. La maladie fait vieillir les enfants. Johan est en alerte, il a appris à déchiffrer les regards quand les adultes parlent ensemble. Il a de nombreuses années d'entraînement à percer les paroles codées aux repas du soir, ou pendant les consultations à l'hôpital quand les docteurs parlent, il sait noter les infimes modifications de voix, les inquiétudes à propos des résultats de la matinée suivant un scanner ou une analyse de sang. Il a grandi avec. Il sait de longue date qu'un adulte qui répond « Tout va très bien » à une question sur son état est souvent un menteur.

« Tu vas bien, papa ?

– C’est à moi de te poser la question, dit Christian, un peu trop vite peut-être, trop vivement. L’examen final, et après c’est bon pour la casquette de bachelier ? »

Elle est tout près. Les mains sur le volant. La profonde respiration. Il ferme les yeux.

Salope.

« Tu as vu maman ? »

Christian n’entend pas la question. Il la *sent* dans son corps. La haine, la culpabilité, la nausée qui revient soudain, plus violente. Il contourne Johan, va dans la cuisine. Il ouvre le réfrigérateur, c’est une façon de fuir. Fuir les questions de Johan, fuir les affreuses images qui se bousculent dans sa tête. Leonora qui le dépasse en courant. La pluie qui la gomme presque. La pensée : c’est maintenant. *Maintenant.*

Le réfrigérateur le dérobe au garçon, un petit coin de lumière et de froid où il se réfugie, une sorte d’igloo. Sous son nez, de petits récipients en plastique avec du couscous, de la salade et des restes. Les restes de Leonora.

« Tu as vu maman ? répète Johan.

– Elle n’est pas sortie courir ?

– Par ce temps ?

– Tu la connais, dit Christian en fermant le réfrigérateur, passant de la lumière à l’obscurité si bien que, pendant quelques secondes, il ne distingue plus Johan.

– Tu as un problème à ton travail ? Tu sembles si…

– J’ai eu une longue journée. En ce moment c’est chaud, j’ai besoin d’un bon bain », dit Christian. Il doit prononcer des paroles normales, bienveillantes, les paroles d’un père. « Tu as mangé ? » demande-t-il sans écouter la réponse.

*

Sous la douche, il la heurte à nouveau. Le bruit de verre cassé. Le bruit de sa tête et de son corps contre le pare-brise, le motif dessiné, la toile d’araignée rouge. Et l’instant d'avant, quand elle est soulevée de terre, balancée dans les airs.

Christian vomit, de façon inattendue, il ne l'a pas senti arriver, comme Leonora, à l'improviste. Des spasmes brefs et violents, tout sort de lui, de petits morceaux de bœuf, des pommes frites à moitié mâchées, une giclée d'estragon et de bile, la culpabilité, la souffrance. Il est tombé à genoux, des coulées chaudes le frappent à la nuque, il s'appuie au sol, les mains pleines de vomi. Les morceaux s'accumulent dans la grille, il est obligé de les enfoncer avec les mains, de les écraser pour qu'ils passent, de supprimer toutes les traces.

Les traces.

Est-ce qu'il a été assez soigneux ? Il ferme l'eau, se rend compte seulement à cet instant qu'il n'a pas allumé la lumière dans la salle de bains. Tant pis, la semi-obscurité lui convient, il n'a pas besoin d'y voir. La pluie a été son alliée, elle a balayé les traces de pneus. Tout s'est passé comme prévu. Sauf pour le pare-brise. Un jeune daim. C'est ce qu'il a dit au garagiste quand il lui a téléphoné de retour au bureau. Il avait d'abord pensé à un jet de pierre, mais s'il y avait quelques traces de sang, il valait mieux parler d'un petit daim. Cela ne surprendrait personne, cela arrive tout le temps, il y a quelques années un habitant du quartier avait failli être tué en renversant un cerf.

Il se met une serviette autour de la taille. Il va dans le séjour, puis dans la cuisine. Il est dans une sorte d'ivresse, rien ne fonctionne normalement dans son corps. Sa respiration est trop rapide, son ventre est douloureux, sa gorge le brûle. Il doit boire. N'y avait-il pas une bouteille ouverte dans le réfrigérateur ?

Plutôt quelque chose de plus fort, un peu de rhum peut-être, le choix est restreint.

« Qu'est-ce que tu fais ici ? »

Le bruit du verre qui se brise. Le bruit du cœur qui explose.

« Christian, qu'est-ce qui se passe ? »

Leonora est au milieu de la cuisine, elle parle fort, elle crie presque, elle a toujours ses écouteurs.

Christian recule en essayant d'éviter les morceaux de la bouteille de rhum.

«Je… tu…»

Il est interrompu par des lumières sur la route, des lumières bleues qui clignotent et se reflètent dans les fenêtres, dans la lampe au-dessus de la table de la cuisine, dans les vitres des placards sur le mur, elles font de la pièce une mer vivante de bleu. Puis viennent les bruits. Les voitures de police secours, une ambulance derrière.

« Qu'est-ce qui se passe ? » Leonora va à la fenêtre en enlevant ses écouteurs. « Espérons que ce n'est pas grave, dit-elle essoufflée. Johan est rentré ?

– Il est à l'étage.

– Dieu merci, dit-elle en soufflant. J'ai eu tellement peur. Tu as changé d'avis ? » demande-t-elle en se tournant vers lui.

Elle a l'air au bord de la folie. Tout comme lui.

« Oui… dit Christian, il se rend compte que ce simple petit mot "oui" est une bouée de secours qu'on vient de lui lancer, la seule à laquelle il puisse se raccrocher, la seule valable. Oui », répète-t-il, pendant que son cerveau cherche désespérément une explication.

Leonora… Elle était morte, personne ne peut survivre à une voiture qui vous roule dessus. Le sang. L'obscurité. La mort.

« Pourquoi ? demande-t-elle en passant la main dans ses cheveux mouillés.

– Je… dit-il en regardant son pied, il est rouge de sang, le sien, pas celui de Leonora, elle, elle est intacte.

– Tu vas bien ?

– Je me suis coupé. »

Elle est proche maintenant, elle ramasse les morceaux de verre. Il peut sentir son odeur, sa chaleur.

« C'est seulement… »

Il jette un coup d'œil à son visage, la peau est rosée, sa nuque, intacte, ses habits aussi.

Elle respire profondément plusieurs fois, son pouls est toujours rapide.

« Ne le prends pas mal, Christian. Je suis heureuse que tu sois revenu, mais je ne le sens pas vraiment, dit-elle en l'observant.

– Quoi ? » dit Christian.

De quoi parle-t-elle, bordel ?

« Tu es ici. Devant moi. Et tu as rapporté ta valise.

– Oui ?

– Mais je ne le sens pas, pas vraiment.

– Qu'est-ce que tu ne sens pas ? » dit Christian.

Le choc est toujours présent, il s'est niché dans son ventre, dans sa bouche, les mots ont du mal à sortir.

« Que tu es ici. Mais je suis heureuse de ta décision. De rentrer à la maison. »

Christian constate que son cerveau continue à chercher une explication. Il vient juste de lui rouler dessus. Et comme la première fois ne suffisait pas, il l'a fait une deuxième. Il l'a vue étendue dans la pluie, morte. Il a entendu la secousse.

« Je suis sincère, Christian. » Elle pose sa main sur son épaule. « Je suis heureuse de ta décision.

– Salut, maman. »

Johan crie du haut de l'escalier.

« Hello, mon amour. Tu es rentré ?

– Vous vous rappelez que mon examen est demain à 14 heures ?

– Du calme. Je contrôle la situation », dit Leonora tandis que le cerveau de Christian est en train d'arriver lentement à une explication.

Il lui a roulé dessus. Et elle est là.

« C'est vous qui devez aller chercher ma casquette.

– Bien sûr. »

Christian la regarde monter l'escalier. Elle a maigri, il regarde le legging serré et ses jambes minces. Johan retourne dans sa chambre.

«Je me dépêche de prendre une douche. Je suis cassée, dit-elle. J'ai pris un nouveau chemin aujourd'hui. J'ai fait presque vingt kilomètres, j'ai couru de la voie ferrée au vieux stade. J'y ai fait peut-être vingt tours. J'en avais besoin, après tout ce qui s'est passé.

– Un nouveau... Tu as suivi un nouvel itinéraire ?» demande Christian.

Il entend combien les mots semblent flous. Ils sont à son image, il se sent amputé, presque une ombre.

« Mets-toi tout de suite un pansement sur ton pied, non ? »

Seul dans la cuisine, le silence à nouveau. Après un long moment sans bouger, il va à la fenêtre. Il boite, évite de s'appuyer sur son talon. Il se poste au bord de la fenêtre, peut voir les lumières dehors sur la route. Il se rapproche, son haleine se dessine sur la fenêtre, efface son visage dans la buée et les clignotements bleus. Il cherche à comprendre, se rappelle, la revoit qui court, la pluie qui tombe en abondance. Il entend les gouttes qui frappent les feuilles, il entend ses pas, sa respiration saccadée. Il se rapproche par l'arrière. La camionnette blanche qui surgit de l'obscurité. Elle ne la voit pas, elle est dans son propre monde. Il sent une accélération. Le petit sursaut de la voiture. Et il sent le choc, il revoit tout. Comment elle vole dans les airs, entre en collision avec le pare-brise. Comment il repasse sur elle. L'écrabouille.

Et il voit... autre chose.

Une autre.

Leonora qui remonte la rue Strandvejen en courant, qui passe sous la voie ferrée, longe Ulvedalen, entre dans le stade éclairé avec les vieilles pistes en gravier, bien loin de la Trouée de Rome. Elle court sur les sentiers éclairés dans la forêt, là où ne passe aucune voiture. Et ensuite elle descend vers le fjord, court les derniers deux cents mètres le long de l'eau pour revenir par l'arrière de la maison.

Christian hoche la tête, se refuse à comprendre, n'y parvient pas. C'est trop, trop absurde. Qui, qui ? pense-t-il, encore et encore. La femme que j'ai écrasée… Qui est-ce ?

3

La confiance, pense Leonora. Et y croire. Elle doit croire que Christian est sincère quand il dit qu'il est revenu. Elle doit retrouver sa confiance en lui, cela va prendre du temps pour chasser toutes les affreuses images de lui et de Zenia, les effacer de sa mémoire. Ce n'est pas non plus facile pour lui. Elle a pu s'en rendre compte en le voyant. Il avait l'air surpris, presque choqué. Comme elle.

Leonora passe la main sur le mur de la chambre, elle sent la vilaine éraflure dans le papier peint qui date de la nuit où Christian a fracassé son téléphone. Le crépi est tombé sur le sol, il va falloir repeindre.

« Il va peut-être falloir faire venir un peintre, dit-elle.

– Quoi ? » lance Christian de la salle de bains. Leonora l'entend se brosser les dents. « Deux secondes. »

Oxford, c'est le nom. Elle s'en souvient encore, de ces jolis noms de papiers peints. Wimbledon, Cambridge, Salisbury, Green Forest. Un zeste de haute société anglaise, de *five o'clock tea*, de chevaux de race, de premiers rangs sur le Central Court, même si ce n'est qu'un simple rouleau de papier pour une maison d'été. Mais un rouleau ne suffira pas ici, pense-t-elle. Le soleil et les années ont pâli le papier, les couleurs ont perdu leur éclat, s'ils changent seulement le rouleau où il y a l'éraflure, il y aura toujours une différence de couleur. Non, il faut tout rénover. Et c'est peut-être une bonne chose, pense-t-elle au moment où Christian entre dans la chambre. Un nouveau départ, une nouvelle vie commune. La chambre à coucher, n'est-ce pas le lieu idéal pour un nouveau départ ?

« Le trou, dit-elle en le lui montrant. On devrait refaire toute la chambre.

– Et si on mettait un tableau ? Non, c'est trop haut », observe-t-il.

Elle le trouve étrange, lointain, tendu. Son ton l'alerte, est-il sur le point de craquer ?

« Tu as raison, ça ferait bizarre. Vise un peu plus bas la prochaine fois que tu lances ton téléphone contre le mur », dit Leonora avec une amertume perceptible.

Disparaîtra-t-elle un jour ? Elle n'y peut rien.

Christian s'étend sur le lit. Sa respiration est tendue. Elle y est peut-être allée un peu trop fort ? Elle ne l'a jamais vu dans cet état avant, même lors des pires moments avec Johan, il n'était pas comme ça.

« Christian. Essaie de te détendre un peu, non ? On est là tous les deux.

– Oui. »

Christian éteint la lampe de son côté. Leonora, allongée sur le dos, ferme les yeux. Un nouveau départ, elle se le répète et elle y croit. Les machines aussi doivent être remises en route de temps en temps. Son vieux PC par exemple, celui qu'elle a récupéré du bureau de Christian, il y a environ deux ans, plein de poussière partout et de saleté accumulée au cours de sa longue vie électronique dans divers chantiers du centre du Jutland. Parfois elle est obligée de l'éteindre et, pendant une seconde, c'est l'écran noir. Maintenant c'est Christian qui présente un écran noir, ou eux deux ?

Elle doit agir, elle le sait. Faire quelque chose qu'elle n'a jamais fait avant. Elle se tourne, effleure prudemment de la main la poitrine de Christian. S'est-il calmé ? Non, elle a vraiment été trop dure avec lui. Elle ne le pensait pas. Qu'elle allait le dénoncer, elle voulait juste ne pas être détruite. Peut-elle lui pardonner ? Peut-il lui pardonner ?

« On a toujours été bien ensemble, Christian », dit-elle en se mettant tout contre lui. Elle sent la chaleur de son corps, il transpire, est-il malade ? Leonora pose son bras sur le ventre de Christian. Elle descend la main vers son caleçon, touche sa bite à travers le tissu. « Tu ne trouves pas ?

– Si », dit-il, il a l'air… ailleurs ?

Elle glisse la main dans son caleçon, prend sa bite, c'est doux et satiné. Aucun poil, remarque-t-elle. C'est nouveau. Qu'il se soit rasé là. L'excitation se mêle à la jalousie. C'est à cause de celle-là, Zenia. Un de leurs petits jeux. Depuis quand s'est-il rasé ? Leonora cherche à se rappeler quand elle a vraiment vu son sexe. Il y a longtemps. Ils avaient tellement à faire. Et quand ils ont fait l'amour, elle n'a probablement pas remarqué qu'il s'était rasé le sexe.

Elle arrête d'y penser, se concentre sur la bite de Christian, elle la caresse. Leonora se souvient avoir lu dans un article sur l'infidélité que la vie de couple pouvait en sortir enrichie. Qu'y disait-on aussi ? Ah oui, qu'il fallait réclamer tous les détails. Même si c'était douloureux. Que la vérité complète est la seule façon de sauver le couple. Il faut savoir tout ce qu'ils ont fait, où ils ont mangé, combien de fois ils ont fait l'amour. L'article disait que décrire toute la vérité était la seule possibilité de pardon. Que l'on ne peut pas pardonner ce que l'on ne sait pas. Sinon, la méfiance a de quoi se mettre sous la dent.

C'est peut-être vrai, pense Leonora. Mais pour l'instant elle ne s'en sent pas capable. Elle ne pourrait pas supporter d'entendre tous les détails. Que faire alors ? Renouveler leur relation dans l'espoir que Christian la trouve excitante ?

« Peut-être il y a un truc qui… t'a manqué ? » lui murmure-t-elle en se détestant déjà pour ces paroles.

C'est lui qui s'est conduit comme un salaud, et la voilà, elle, en train de chercher à le séduire.

« Je ne sais pas.

– Quelque chose que tu as envie d'essayer ? Quelque chose de nouveau ? On devrait peut-être acheter quelque chose ? » Elle attend sa réaction. Elle l'entend déglutir. « Des accessoires. Ça te plairait ?

– Oui, dit-il.

– Ça pourrait être amusant, non ? » C'est une suggestion, une invitation ouverte. Veux-tu revenir dans ma vie ? C'est la question qu'elle lui pose, en fait. Elle aurait dû la poser depuis longtemps. Souvent, tous les jours peut-être. Le regarder dans les yeux, lui dire qu'elle avait envie de lui, voulait être une part de lui. Est-il trop tard ? Il est couché là uniquement à cause de la menace. Il en aime une autre. Va-t-il pouvoir aimer Leonora à nouveau ? Ils ont tant de choses en commun. Va-t-il pouvoir s'en rendre compte ? Il y a toute leur vie, leur fils, le temps, les souvenirs… « Pourquoi es-tu finalement revenu, Christian ? »

Elle aurait pu dire tellement d'autres choses. N'importe quoi, mais pas cette question empreinte de suspicion. Comme : Repartons à zéro, Christian. Voilà ce qu'elle aurait dû dire. Ouvrons-nous l'un à l'autre, ouvrons-nous les bras. C'est difficile. Il y a tant de questions qu'elle a envie de poser. Comment as-tu pu ? Elle ne comprend pas son infidélité. Comment un homme peut-il partir, abandonner ceux qui l'aiment ? Elle se souvient encore de la scène, bien qu'elle ait été toute petite. Quand son père a dit au revoir puis l'a abandonnée. Cela s'est passé dans la cuisine, elle était avec sa mère et sa sœur.

« On ne peut pas en parler demain ? dit Christian, ce qui la ramène au présent. Je suis totalement épuisé », ajoute-t-il en se tournant vers elle.

Cet échange de regards lui fait du bien, cela lui a manqué.

« Tu as toujours envie de moi ?

– Oui, bien sûr.

– Bien », dit Leonora en se penchant pour l'embrasser.

Elle ouvre son kimono, le jette au sol et se met sur lui. Nue.

« Leonora, dit Christian d'une voix qu'elle perçoit d'abord comme teintée de désir, mais n'est-ce pas plutôt de l'angoisse ? Johan est là.

– Quand cela nous a-t-il arrêtés ? »

Elle pose ses mains sur sa poitrine, aurait préféré qu'il soit nu. Elle sent ses muscles sous le tee-shirt blanc.

« Je suis tellement fatigué. On ne peut pas attendre demain ?

– Ne bouge pas », dit-elle en se penchant sur lui. Elle le regarde dans les yeux, pose un doigt sur ses lèvres. « Ne bouge pas. J'ai besoin de sentir si tu es sincère, Christian. Si tu me veux vraiment. »

Leonora s'installe précautionneusement sur les genoux de Christian.

« Leonora. »

Elle l'ignore, prend sa bite. Elle la met peut-être un peu trop vite dans sa bouche, cela fait longtemps, elle doit se rappeler d'y aller plus doucement. Mais quand on commence, il faut s'entraîner. Il est propre, n'a presque aucun goût. C'est comme ça qu'elle l'a toujours préféré. Comment Zenia le préfère-t-elle ? Sûrement plein de divers goûts, un sexe d'homme à la fin de la journée, c'était la formule de Petra quand elles étaient jeunes. Elle aimait le sexe d'homme à la fin de la journée.

« Est-ce qu'on ne peut pas attendre un peu ? Laisse-moi une chance, dit Christian. On aura le temps de recommencer, non ? »

Elle essaie avec la langue au lieu de l'enfermer dans sa bouche, sa main va et vient tandis qu'elle lèche le gland.

« On ne pourrait pas juste se serrer l'un contre l'autre ? C'est ce que je voudrais. Me serrer contre toi », dit Christian.

Leonora se redresse, se remet à genoux. Le sexe est mou, son traitement a presque produit l'effet l'inverse, il a diminué, s'est tout ratatiné.

« Tu as peut-être raison », dit-elle alors qu'un sentiment de déception l'envahit, ce qui la surprend. Elle n'a pas éprouvé de vrai désir depuis longtemps. Mais maintenant qu'elle doit se battre pour garder Christian, maintenant qu'elle sait qu'une rivale est à l'affût, elle ressent du désir dans tout le corps. Un désir primitif, la réponse de son corps de femme à la rivalité. De la lubricité, du désir. Une façon de reprendre son homme. Pas maintenant, plus tard, ça va, pense-t-elle, c'est un début. «Je pense que nous avons besoin de faire quelque chose de nouveau, Christian. Rien que tous les deux.

– Oui», dit-il.

Elle perçoit du soulagement dans sa voix.

«Que dirais-tu d'une thalasso, à l'hôtel du Fjord? Ce serait super. Tu en as envie?»

Elle se rallonge à sa place.

«Une thalasso... Oui, pourquoi pas?»

Leurs visages sont tout proches. Leonora perçoit cette intimité. Il y avait longtemps et cela lui avait manqué. Cela l'envahit maintenant, le sentiment d'être vue. Vraiment *vue*.

Elle éteint. L'obscurité s'installe. Et avec l'obscurité, les pensées. Elle doit aller voir Zenia. Lui dire que c'est fini de jouer. Comme un parent qui s'adresse à des gamins insolents ayant une mauvaise influence sur ses propres enfants. Que lui dira-t-elle? Que la fête est finie et qu'elle doit se tenir loin de sa famille. Comment Zenia va-t-elle réagir? Va-t-elle se sentir humiliée? Ce serait une bonne chose. Il n'y a rien qui ferait plus plaisir à Leonora. Elle n'a jamais haï une femme autant qu'elle hait Zenia.

Tout en écoutant la respiration de Christian, elle joue avec cette idée. Quel est le meilleur endroit où rendre visite à une femme comme Zenia? À son bureau? Sur le chantier? Non, pas le chantier, il ne faut pas nuire à Christian ni à Peter. Chez elle, dans son lotissement de merde? Mais elles ne seront que deux. Est-ce mieux avec un public? Qui d'elles deux va faire mauvaise figure si Leonora se pointe au bureau de Zenia? En pleine réunion. Si elle dit calmement que c'est fini de jouer, que Zenia ne peut plus continuer à baiser avec son mari, qu'il est plus honorable de fonder sa propre famille que de détruire celle des autres. Cela ferait ensuite l'objet de discussions. On aurait des propos déplaisants à l'encontre de Leonora, comme quoi elle est à côté de la plaque. Ils secoueraient la tête, soutiendraient Zenia, diraient qu'ils comprennent bien que Christian veuille fuir une pareille mégère complètement cinglée. Mais la phrase s'imposerait, puisque c'est une phrase porteuse de vérité. Il est plus honorable de fonder sa propre famille que de détruire celle des autres. Et les collègues de Zenia rentreraient chez eux et raconteraient la scène, impossible de s'en empêcher, ce n'est pas pour rien qu'on parle de « détails scabreux ». Du genre qui colle aux doigts comme le miel, on n'arrive pas à s'en débarrasser, tout ce que l'on touche devient collant.

Ça se passera comme ça. Les collègues de bureau de Zenia rentreront chez eux et diront : Écoute ce qui s'est passé aujourd'hui. Et les épouses vont donner raison à Leonora. Elles savent ce que veut dire fonder une famille, mettre de côté ou supprimer ses propres besoins, rester assises dans une salle de gymnastique avec des sandwichs week-end après week-end, faire des allers-retours entre la maison et le club de foot, se disputer avec les professeurs qui ne sont pas gentils avec leur enfant. Passer la moitié de sa vie à lui créer les meilleures conditions, à le protéger et l'aimer, à lui insuffler du courage et des désirs. Cela passe avant tout, c'est la vie.

Demain. Elle le fera demain. Il faudra des témoins. C'est important. Les gens doivent être au courant. Ce sera une démonstration, un concert, le dernier de Leonora. Et son seul instrument sera sa voix, son seul couplet, cette phrase : il est plus honorable de fonder sa propre famille que de détruire celle des autres.

4

Il a dormi, profondément. Quand Leonora le réveille, il se sent presque neuf.

« Tu ne vas pas travailler ? »

C'est le visage de Leonora qui le ramène à la réalité, ce n'était pas un cauchemar. Il y a quelque chose sur ce visage, une dureté, elle n'est pas comme d'habitude. Qu'a-t-il fait ?

Dans la cuisine, il regarde les nouvelles sur son portable. D'abord les grands journaux en ligne, rien. Le journal régional de Vejle… Il doit être prudent sur Google. Tout va être examiné.

« C'est toi qui me conduis, papa ?

– Moi ? »

La voix de Leonora à nouveau, ce timbre dur qui est le sien maintenant :

« Il faut que ce soit toi. Je dois aller faire des courses pour les jeunes. Et chercher la casquette. Christian ?

– Oui.

– Tu es avec nous ? Tu m'as entendue ? »

Christian remarque que Johan a senti lui aussi qu'elle avait quelque chose de changé.

« Je vais te conduire, Johan, dit Christian.

– Alors partons tout de suite. »

L'allée sent presque l'automne, la rude averse de la veille a arraché des feuilles et des branches. Les voitures sont couvertes de pollen humide et de feuillages. Christian se rend compte qu'il a la clé de la voiture de Leonora, hier ils ont échangé leurs clés. La scène lui revient à l'esprit tandis que Johan l'attend près de la voiture. Il se rappelle la façon dont il a rampé comme un chien sur le sol pour récupérer cette clé.

« On prend la voiture de maman ? » demande Johan.

Christian cherche une explication mais n'en trouve aucune.

« Papa ? Tu es où ?

– Je... ta mère et moi, on a décidé d'échanger nos voitures... »

Leonora vient à son secours :

« On échange à nouveau ?

– Vous pouvez jouer à j'échange-tu échanges-ils échangent plus tard ? dit Johan qui n'a pas bougé. Après tout ce n'est que de mon examen final dont il s'agit ! »

Leonora rend à Christian sa clé de voiture :

« Comme ça, je pourrai faire laver la mienne. Elle est dans un sale état.

– OK », répond Christian en la regardant, elle sourit.

Il ouvre sa propre voiture, Johan ouvre la portière arrière, il s'installe avec impatience. Leonora l'embrasse, cela lui brûle les lèvres, il va peut-être être malade ? La grippe ? Tout lui paraît bizarre, tout a un drôle de goût.

« Vous êtes au courant ? »

Ils se retournent tous les deux. Leur voisin Kim est là en chemise bleue, déjà un peu en sueur à cette heure matinale, il a sa mallette à la main.

« Au courant de quoi ? demande Leonora en se dirigeant vers lui.

– Une femme s'est fait écraser, près de la Trouée de Rome.

– Ce matin ? demande Leonora.

– Hier soir. Elle est morte sur place.

– Quelle horreur ! » dit Leonora. Elle se tourne vers Christian : « Tu le savais ?

– Non. Comment je le saurais ? C'est sûr ? demande Christian en essayant d'avoir une attitude normale, soudain il ne sait plus très bien ce qui est normal.

– C'est Jonna, la femme de ménage, qui l'a vue.

– Elle a vu ce qui est arrivé ? » demande Christian un peu trop vite. Il regarde Leonora. « C'est affreux.

– Elle l'a trouvée. Tout le quartier est bouclé. »

Johan frappe sur la vitre de l'intérieur de la voiture.

« Papa, je vais être en retard.

– Excuse-moi, Kim, Johan passe son dernier examen aujourd'hui », dit Christian en montant dans la voiture.

Leonora et Kim se poussent pour qu'il puisse reculer. Leonora lui fait des signes pour qu'il s'arrête. Le moment est venu, il en est sûr. Où étais-tu hier, Christian ? C'est là que j'ai l'habitude de courir, quel genre d'homme es-tu, non, pas un homme, un monstre. Elle ouvre la porte.

« J'ai failli oublier de te souhaiter bonne chance, dit-elle en étreignant Johan.

– Maman, proteste-t-il.

– J'ai bien le droit de te souhaiter bonne chance. Je t'aime. Je suis fière de toi, quoi qu'il arrive.

– Papa, dis-lui d'arrêter. »

Christian tente de sourire. Arrêter Leonora... Rien ne peut l'arrêter. C'est elle le monstre. Ses pensées sont interrompues par le bruit de la portière. Il recule, engage la voiture sur la route entre l'allée de Kim et la leur. En partant, il les voit dans le rétroviseur, Kim et Leonora. Ils discutent, Kim montre du doigt la forêt comme si Leonora ne savait pas où elle se trouvait, où se trouve la Trouée de Rome. Elle y a couru presque tous les jours depuis la maladie de Johan, depuis qu'elle a arrêté de jouer.

Il ne peut pas vivre avec ce qu'il a fait. Cette pensée s'impose à lui pendant qu'il suit la route de la plage. Une innocente. La seconde insupportable où sa tête frappe le pare-brise, la toile d'araignée rouge. Sa main qui se lève, son appel à l'aide étouffé. Sa marche arrière, la lumière rouge et blanche quand il recule, s'approche. Le sursaut de la voiture quand il lui roule dessus, deux fois, le dernier le plus violent. Il ne peut vivre avec cela.

5

L'accès à la Trouée de Rome est barré au niveau du stade. Un seul agent fait signe aux gens de reculer d'un mouvement de bras impatient, de faire demi-tour, personne ne peut aller plus loin. Elle doit passer par la rue Helligkildevej. Leonora repart dans l'autre sens mais se gare le plus vite possible. Elle avait l'intention d'aller voir Zenia, d'aller à Aarhus dans l'espoir de la trouver à son bureau, elle avait juste le temps avant d'aller au lycée. Mais elle reste là, elle ne sait pas pourquoi. Elle doit voir.

Le sentier forestier le long de la Trouée de Rome n'est pas barré, elle peut peut-être y accéder par là ? Elle n'a jamais fait cela avant, suivre les pompiers et les ambulances, jamais eu envie d'être le témoin des malheurs des autres. Elle sait que ce n'est pas le cas de tout le monde. Un jour, leur mère a demandé à Leonora et à sa sœur si elles voulaient l'accompagner sur le port voir l'entrepôt en flammes. Sa sœur avait dit oui, Leonora, non. Elle était restée à la maison, les flammes de la musique lui suffisaient, *L'Oiseau de feu* par exemple, le morceau avec lequel elle avait gagné le concours des jeunes talents. Mais elle l'avait vu le lendemain. Elle n'avait jamais prêté attention à l'entrepôt avant qu'il ne brûle, se souvenait à peine de son aspect avant qu'il ne soit transformé en un squelette noir.

Leonora ferme la voiture, traverse la route, voit des gens passer en voiture, leurs regards fixés sur la Trouée de Rome, ils cherchent à voir derrière le barrage. Là-bas, là-bas, la mort a saisi une proie cette nuit, c'est ce que disent leurs regards, remplis de curiosité, presque d'excitation, de cet extravagant sentiment irrépressible qui pousse à sourire quand on apprend une nouvelle affreuse.

Le sous-bois est encore mouillé sous ses pieds après le déluge de la veille, elle devra laver ses sneakers blancs si elle continue. Elle ne sait pas pourquoi elle continue, si, parce que ç'aurait pu être elle. Les morts qui nous touchent le plus sont celles qui auraient pu nous arriver. Les gens qui meurent parce que leur parachute ne s'est pas ouvert ou qui se noient lors d'une régate dans le golfe d'Alaska, Leonora s'y intéresse moins. Mais là, ça s'est passé chez elle. Une femme qui court en suivant l'itinéraire que Leonora suit tous les jours. Une femme qui aime comme elle les chemins taillés à travers la nature. Comme ici, mais ce n'est pas le cas partout. À Sjælland par exemple, il y a des routes tracées simplement au milieu de prés et de champs, mais ici les routes sont taillées dans les arbres, on a lutté pour ouvrir un petit passage à travers la végétation, c'est ce qui plaît à Leonora. Et ce qui plaisait à cette femme.

La police n'a pas éteint ses lumières bleues qui clignotent. On les distingue vaguement dans le soleil du matin, déjà haut dans le ciel, aussi haut qu'il peut l'être dans ce coin. Ils ont installé un barrage côté forêt, il y a d'autres spectateurs comme Leonora. Des locaux qui ne peuvent croire ce qu'ils ont appris. Quatre voitures de police, une camionnette noire et environ vingt policiers. Elle n'a jamais vu autant de policiers sur les lieux d'un accident.

« La police dit qu'ils se sont enfuis », chuchote l'une des femmes devant elle, tout près du ruban adhésif rouge et blanc tendu entre les vieux hêtres bien droits. Leonora ne voit pas pourquoi la femme parle tout bas, les policiers sont trop loin pour entendre, en plus il n'est pas interdit de parler. Comment sait-elle qu'ils étaient plusieurs ? Ils ?

« Qu'est-ce qui se passe dans la tête de quelqu'un comme ça ? murmure cette femme maintenant.

– Ça aurait pu être moi, dit Leonora en les prenant tous par surprise, tout comme elle d'ailleurs.

– Ou moi, dit la femme devant, les cheveux mi-longs, mais avec une couleur qui date, elle a des racines noires de deux centimètres.

– Je cours souvent ici, précise Leonora.

– Moi aussi, dit la femme très vite, comme s'il s'agissait d'un concours pour savoir laquelle des deux aurait pu être tuée, laquelle des deux se sentait la plus touchée personnellement par cet accident mortel. Mais qui est capable de ça, prendre la fuite ? demande-t-elle ; son mari la tient par l'épaule, il jette un coup d'œil à Leonora qui recule d'un pas, le mari a eu l'air de vouloir la réconforter, elle aussi.

– On ne s'enfuit pas quand on a causé un accident, dit-elle.

– *Hit and run* », répond-il, pensant qu'une expression anglaise donne une meilleure explication.

Des hommes en combinaisons blanches sont agenouillés sur la route. Leonora le sait d'après les films, ce sont des techniciens qui cherchent des traces. Elle ne les avait jamais vus en vrai. N'y a-t-il pas un... enquêteur ? Quelqu'un de la police criminelle, comment dit-on ? Leonora est certaine que, parmi tous ces hommes et ces deux femmes, le chef est cet homme âgé qui marche avec une canne. De temps en temps il pointe quelque chose avec sa canne et les autres lui obéissent, font des allers-retours pour faire passer des messages en suivant ses ordres.

« Il faut repérer quelqu'un du voisinage qui a des vitres cassées et des bosses sur son radiateur, glisse le mari à sa femme, suffisamment haut pour que tout le monde entende.

– Est-on sûr que la voiture a été endommagée ? demande un autre.

– Absolument certain. Si vous rentrez dans un petit chevreuil qui fait la moitié de la taille d'un homme à cinquante kilomètres-heure, vous risquez de bousiller complètement votre voiture », dit l'homme avec une assurance typiquement masculine. Les hommes parlent avec la conviction qu'ils savent ce qu'ils disent.

Leonora observe le vieil homme à la canne. Il se dirige vers l'endroit où les hommes en blanc sont agenouillés sur l'asphalte. Elle se met sur la pointe des pieds pour mieux voir. Il y a du sang ? Une trace du forfait, elle n'arrive pas à voir, n'est pas non plus certaine que les techniciens le puissent, en tous cas l'un d'eux secoue la tête en réponse à une question que le vieux lui a posée. Soudain, ce dernier se retourne. Capte le regard de Leonora. Comme s'il la connaissait ou savait qu'elle était là. Il maintient son regard fixé sur elle, jusqu'à ce qu'un technicien lui pose une question. Leonora saisit cette chance pour s'éloigner. Le regard de cet homme l'a transpercée. Elle regarde par-dessus son épaule. Le vieux policier la cherche dans la foule, s'approche du barrage.

6

Josefine regarde Holger avec une intense concentration, comme quand il lui lisait une histoire dans son lit, quand elle était petite, au milieu de tout ce merveilleux que Karen avait créé pour ses filles. La grotte d'Aladin, c'était l'univers des deux petites filles jusqu'à ce qu'elles aient grandi et aient leurs propres idées sur l'esthétique.

« Tu l'as vue ? demande Josefine.

– On doit toujours repérer ceux qui regardent la scène de crime.

– Ah, papa. Tu es capable de renifler un meurtrier à distance, c'est ce que tu essaies de me dire ? »

Holger rit.

« D'abord, Leonora n'était pas une meurtrière, du moins pas à ce moment-là, ensuite… »

Josefine l'interrompt :

« Pas à ce moment-là ? Qu'est-ce que tu veux dire ?

– Sois un peu patiente et écoute la suite. Bien sûr qu'on ne peut pas voir qui est coupable ou innocent. Mais on doit toujours observer ceux qui viennent se poster là et ne perdent pas une miette du spectacle. La scène de crime attire souvent les personnages principaux. On doit donc chercher à imprimer dans sa mémoire les visages présents. Parce que soudain, à un autre moment de l'enquête, tu vas peut-être sonner à une porte et un des spectateurs va t'ouvrir.

– Et ça peut être le meurtrier ?

– Ça peut être quelqu'un qui sait quelque chose. C'est comme un puzzle, Josefine, comme ceux que nous faisions ensemble quand tu étais petite.

– Tu détestais les puzzles, dit-elle.

– Peut-être parce que j'en faisais tous les jours dans mon travail en cherchant à trouver les morceaux qui allaient ensemble.

– Et dans cette affaire, tu ne les as jamais trouvés ?

– J'en étais loin, c'était tellement inimaginable. On avait beaucoup d'autres scénarios possibles. »

Holger explique comment ils ont classé ces scénarios selon leur vraisemblance. Ils ont bien sûr commencé par la victime. Qui était-elle ? Nanna, trente-huit ans, mère de trois enfants, professeure d'allemand et de SVT au lycée. Avait-elle eu une liaison avec un de ses collègues ? Les techniciens ont trouvé des SMS après un déjeuner de Noël de l'année précédente. Un amoureux évincé ? Holger et son équipe avaient interrogé un collègue masculin de Nanna qui s'était effondré au poste de police, ils avaient eu du mal à le relever. Il sanglotait, peut-être à cause de sa mauvaise conscience par rapport à sa petite femme à la maison, peut-être était-il amoureux de Nanna. En tout cas il avait un solide alibi, il était chez lui toute la soirée avec sa femme et ses enfants, malheureusement Holger avait dû entendre les enfants pour être sûr que son alibi tenait la route. L'enquête avait fait irruption dans cette petite famille et l'avait déchirée, mais comment faire autrement ? Il était le principal suspect.

Nanna avait eu des amants avant d'avoir ses enfants et de s'installer à Vejle. Vejle est l'endroit idéal pour se retirer. Un endroit où se fixer quand on se sent prêt à laisser la vie perturbante d'une grande ville derrière soi. Nanna avait fait ses études à l'université de Copenhague, Holger n'aurait pas qualifié sa jeunesse de débridée, mais pas non plus d'ennuyeuse. C'était une jolie fille blonde, bien faite, trois amoureux et une demi-douzaine d'histoires d'une nuit, tel avait été son lot pendant quinze ans dans la grande ville. Ils avaient dû vérifier tous les hommes. Et surtout le mari de Nanna, bien sûr, sauf qu'il avait très vite fallu l'éliminer.

L'autre partie de l'enquête s'était concentrée sur un scénario relativement vraisemblable. L'accident. Un automobiliste ivre qui conduit trop vite. Il heurte par hasard une fille. Il sort de la voiture, voit qu'elle vit encore, qu'elle l'a vu, qu'elle va pouvoir le décrire, l'identifier. Il va perdre son permis et végéter un an ou deux en prison – sans compter un tas de conséquences imprévisibles sur sa vie personnelle. Ivre et désespéré, il se remet au volant, passe la marche arrière et franchit la ligne qui d'un con malchanceux fait de lui en une poignée de secondes un meurtrier impardonnable.

Cette théorie était la préférée d'Holger, un grand classique, du déjà-vu, au Danemark et plus encore dans des pays avec des peines plus lourdes et des dommages et intérêts exorbitants. Il y avait chez Nanna quelque chose de correct qui ne collait pas avec des amoureux éconduits. Elle n'était pas le genre de femme à avoir à ses trousses des hommes de son passé en fureur. Cette hypothèse exigeait un type de femme à la sexualité décomplexée. Pas le genre de Nanna.

Les autres n'adhéraient pas totalement à la théorie accidentelle de l'automobiliste en fuite. Après un mois où Holger avait épluché tous les rapports d'emplois du temps, il avait constaté qu'ils avaient passé mille heures de travail à examiner son passé et seulement la moitié à rechercher l'automobiliste fortuit. Cette théorie était plus difficile à prouver, en effet il n'y avait aucune caméra de surveillance le long des routes autour de la forêt, seulement quelques caméras que l'office de protection de la nature du Danemark avait installées à l'intérieur de la forêt pour contrôler le nombre d'animaux et leurs déplacements. Il y avait bien une caméra près d'un distributeur automatique, là où la route passe sous la voie ferrée, mais, à cause de la violence de la pluie ce soir-là, les données étaient impossibles à déchiffrer. Holger avait essayé d'obtenir la permission d'examiner tous les paiements par carte faits dans la ville avant et après le crime, mais il s'était heurté à un refus. Ils avaient alors passé un appel à témoin dans le journal.

C'était avant qu'il n'ait l'idée. L'idée d'une erreur de victime.

Il avait passé du temps à l'hôpital avec Karen. Elle avait eu sa première attaque quelques mois auparavant. Elle souffrait d'oppression, sentait qu'elle ne pouvait plus respirer quand elle dormait. Le diagnostic était évident et attendu, le père de Karen était mort de cette maladie, d'un cœur en mauvais état. C'était chaque pièce qui tombait en panne une par une, la valve de Karen fonctionnait moins bien, le muscle cardiaque gonflait, une artère cérébrale se sclérosait. Comme un vieux moteur, même si les médecins n'avaient pas utilisé ces mots ; ils avaient parlé de médicaments, d'opérations et de nouveaux traitements.

C'était arrivé un lundi qu'il n'oublierait pas. Elle était assise tranquillement sur une chaise. Pas deux jours avant, quand elle avait monté quatre lourds sacs de courses au troisième étage, du céleri, des carottes et des poireaux, et deux poulets en promotion. Elle faisait cuire les poulets et les légumes dans une grande casserole tous les dimanches après-midi, la moitié servait pour la soupe, l'autre servait de fond pour le plat principal pendant la semaine. La soupe de citrouille était désormais sans crème, ils avaient diminué toute graisse, elle avait pris sa retraite. Holger avait six mois de moins qu'elle et faisait toujours la chasse aux meurtriers. Et l'affaire de la mère de famille écrasée l'occupait, plus que toute autre. Karen aurait voulu qu'il s'arrête, ils avaient assez d'argent, elle s'inquiétait aussi pour la santé d'Holger. Un comble. C'était toujours la santé d'Holger le sujet, ses rares pipes du soir dans la maison d'été, ses kilos en trop.

Finalement ce n'était ni les kilos d'Holger, ni sa canne, ni sa pipe, ni une autre raison qui avait entraîné la catastrophe. C'est l'héritage d'un homme qui dès le départ s'était opposé à eux : Erling, le père de Karen. C'était sa vengeance par-delà la tombe, c'est ce qu'avait pensé Holger quand Karen avait parlé aux médecins de son héritage génétique, un cœur à problèmes.

À l'époque, on l'avait envoyée en ville pour qu'elle se trouve un agriculteur qui pourrait reprendre la ferme. Précisément à la fête où elle avait rencontré Holger. Le père de Karen n'avait jamais aimé Holger. Il n'avait rien de particulier contre lui, mais Erling ne supportait pas les policiers, avait-il dit un jour. Leurs yeux, leur façon de dévisager les gens, toujours à la recherche d'une faute ou d'un crime caché.

Il avait peut-être raison, en tout cas Holger lui non plus n'aimait pas Erling et il n'avait pas ressenti beaucoup de chagrin quand le vieux paysan était mort d'une embolie de ce cœur qui l'avait fait souffrir pendant vingt ans. Josefine et Isabella étaient effondrées. Elles adoraient leur grand-père et leur grand-mère, les vacances d'été à la ferme. Erling avait donné sa terre en fermage, il avait gardé un ou deux hectares pour s'occuper. Il y cultivait du fourrage pour les animaux, il se débrouillait avec une seule machine dans la grange, il avait vendu les autres, plein d'amertume.

Ses gendres auraient dû tourner avec les machines et se battre contre la terre sablonneuse, auraient dû herser et épandre de la chaux des Dolomites et du compost sur ces champs impraticables. Mais les gendres n'étaient jamais venus, la sœur de Karen s'était mariée avec un artisan dont elle avait rapidement divorcé. Quant à Holger, il n'avait aucun goût pour le travail de la terre.

Les deux premières années, Erling l'avait courtisé. Il l'avait interrogé sur la vie dans une grande ville, est-ce que les meurtres et les crimes ne faisaient pas peur à Josefine ? Ça, c'était avant qu'Isabella ne vienne au monde. À la moindre occasion, Erling cherchait à faire monter Holger sur une machine, à l'entraîner dans le champ. Holger le faisait, il était jeune et Erling était intimidant. Grand, coléreux, certain de tout savoir, à l'image de tous les paysans. Un étrange savoir, avait pensé Holger, un savoir qui ne reposait pas sur une connaissance réelle, mais sur l'intuition, sur la météo et sur mille ans d'expérience que tout est de la merde et va devenir pire. Pourquoi voulait-il si ardemment transmettre cette façon de vivre à Holger et Karen, il ne l'avait jamais expliqué. Peut-être parce que l'agriculture est essentielle à l'humanité. On doit cultiver. Mais on doit aussi attraper les criminels, sinon rien n'irait plus dans la société.

Pour la même raison, Holger ne pouvait abandonner l'affaire de Nanna. Même après plusieurs mois sans l'ombre d'une piste, il se passait rarement cinq minutes sans qu'il pense à elle, Nanna, trente-huit ans. Mère de trois enfants. Écrasée un peu après 22 heures, deux jours avant le solstice d'été.

« À quoi penses-tu ? avait demandé Karen alors qu'ils attendaient le diagnostic dans le bureau du médecin en chef.

– Au meurtre de Nanna », avait répondu Holger.

En d'autres circonstances il aurait dit « à rien » ou « à ce qu'on va manger ce soir ». Mais pas là, pas à ce moment-là, il était trop désespéré, trop démuni. Ils avaient attendu que le médecin en chef arrive avec le résultat des examens de Karen. Quand il s'était enfin montré, il s'était excusé à plusieurs reprises, avait affirmé que les résultats avaient été échangés et qu'il fallait refaire les examens.

Holger avait attendu dans le couloir pendant qu'on faisait à Karen de nouvelles prises de sang pour trouver comment lutter contre ce cœur en mauvais état qu'Erling lui avait si généreusement légué. Soudain l'idée lui était venue : *erreur sur la victime.* Et si elle n'avait pas été renversée par hasard et pas du tout par un amoureux éconduit ? Et si c'était une autre qui devait être frappée par-derrière ? Si c'était un meurtre prémédité, mais à l'encontre d'une autre femme ?

Et si la victime avait été « échangée » avec une autre ?

La pluie de ce soir-là avait dû tout obscurcir, même avec des essuie-glaces battant à pleine vitesse, cela devait manquer de visibilité sur la route, tous les contours devaient être flous, impossible d'y voir dans la pluie et le noir.

La direction avait réduit le nombre d'heures de travail réclamées par Holger pour son équipe. C'est la règle pour toute enquête : après quelques mois, l'espoir d'élucider le crime s'amenuise, la direction a besoin de personnel pour résoudre d'autres affaires criminelles tout aussi importantes. Holger travaillait également sur deux autres affaires. Mais celle-là le tourmentait particulièrement. Une brutalité hors du commun, une victime innocente. Il avait élargi la liste des suspects. Et si c'était l'un des autres hommes de Vejle désireux de se débarrasser de son épouse ? Une épouse qui courait dans la forêt comme Nanna, sur toutes les vieilles routes, Skyttehusvej, Helligkilde, Lille Grund Hulvejn et la Trouée de Rome ? Il y a beaucoup de trouées dans la forêt et dans le coin, des places où des assassins, des voleurs et les Polonais frappés par la peste ont pu se cacher autrefois. Et aujourd'hui des hommes mariés. Un homme marié qui se tient à l'affût et guette sa femme dans la Trouée de Rome. Était-ce ce qui s'était passé ?

La théorie d'Holger était tirée par les cheveux, beaucoup le lui avaient dit. Pour cette raison, Holger avait malheureusement perdu beaucoup de temps avant de focaliser son attention sur le garage de Bo. Le numéro de téléphone était ressorti de la liste des appels parmi les noms qu'Holger avait rassemblés, ceux de cinquante hommes dans un rayon de huit kilomètres autour de la Trouée de Rome dont la femme faisait souvent du jogging. Cela avait été cauchemardesque de rassembler toutes ces données, Holger s'était disputé âprement avec la direction pour obtenir quelques heures supplémentaires. Ils avaient requis les listes des membres des différents clubs de jogging du coin, sorti celle d'environ mille femmes de Vejle, de Bybæk et de Bredballe qui couraient souvent dans la forêt de Nørreskov, et dont la forme physique et la silhouette correspondaient. Le défi suivant était de trouver l'homme. Un homme avec un alibi fragile, ou pas d'alibi du tout pour ce soir-là. Ou un homme qui avait fait ce soir-là quelque chose de bizarre, d'inhabituel.

Christian Holm était l'un de ceux qui étaient dans ce cas. Il avait téléphoné à son garagiste ce même soir, à peine une demi-heure après le crime. Qui téléphone si tard à son garagiste ? Mais quand Holger s'est présenté un jour chez Bo's Auto, quelques mois après la mort de la pauvre Nanna, Bo avait passé l'arme à gauche.

7

Avait-il l'air trop agité ? Trop nerveux ? Une fois de plus, Christian rejoue l'appel dans sa tête, les mots qu'il a dits au garagiste Bo quand il a téléphoné la veille. Il était paniqué. À cause du pare-brise cassé. Il n'avait pas prévu qu'elle serait balancée dans les airs de cette façon. Pare-brise cassé, forêt, animal, oui, Christian avait heurté un daim. Ensuite il avait proposé à son garagiste double paie s'il finissait la voiture dès le lendemain matin.

Christian traverse la ville à pied, il a garé sa voiture près du chantier, il n'a pas osé appeler un taxi, mieux vaut mettre vingt minutes à pied pour se rendre au garage. Mieux vaut éviter de laisser plus de traces. Si seulement il pouvait tout reprendre à zéro. C'est impossible, il est obligé d'assumer, c'est ce qu'il ne cesse de se répéter. De la concentration ! Il a laissé son téléphone au bureau. Il l'a déposé au bureau ce matin, c'est la première chose qu'il ait faite. Même un téléphone éteint peut donner des indices, il en est sûr. Il ne pouvait pas l'emporter en allant chercher la camionnette. La police s'étonnerait, ferait le tracé des déplacements de Christian. Et soudain trouverait un garagiste qui leur parlerait de pare-brise cassé et de sang sous la voiture. C'est pourquoi il a préféré laisser le téléphone dans un tiroir à son travail, dans le tiroir du bas, en mode silencieux.

L'atelier se trouve entre une casse sinistre et les restes affligeants d'une fabrique de levure chimique. Tout ce qui disparaît, les filatures, les fabriques, les mariages, tout tombe à l'abandon, même l'asphalte de ce petit bout de route qui conduit à l'atelier, craquelée comme de la peau sèche. Christian est essoufflé, il a pas mal marché le long du fjord et maintenant à travers la ville. La porte du garage est ouverte, Christian entre, la chaleur se mêle à l'odeur de l'huile. Un souvenir l'assaille : l'Interrail, une mobylette louée sur une île grecque, la jeunesse, tous les possibles.

« Vous étiez où ? »

Christian le regarde, Bo. Une tête de moins que lui, déjà crasseux, enduit d'huile et de saleté. Est-ce qu'il a cette allure tous les matins ? Est-ce que ça vaut vraiment le coup de s'enlever au white spirit la soude et la graisse de moteur, le sang venant des voitures, le sang innocent, de cette femme innocente. Pauvre femme.

« Je vous attendais ce matin.

– Je suis venu aussi vite que j'ai pu », dit Christian qui cherche à se concentrer.

C'est impossible, il ne peut pas, tout en lui est à vif. Il est en train de craquer, c'est tout, Bo sera celui qui va lui tenir la main en attendant que la police ne vienne l'arrêter.

« Ça a dû être un sacré choc. Un chevreuil ?

– Oui », dit Christian.

Il cherche à se rappeler ce qu'il lui a dit à propos du sang et du pare-brise détruit. Un animal ? Un daim ? Ou un chevreuil ou un cerf ?

« Le pare-brise a reçu une sacrée bosse, et la vitre bien sûr. Pas de mal ?

– C'était violent, dit Christian. Vous savez ce que c'est, on conduit plongé dans ses pensées, et brutalement quelque chose sort de l'obscurité.

– Où est-ce que ça s'est passé ? Dans la forêt de Nørreskov ? » demande Bo, qui s'intéresse à ce foutu animal.

Christian n'a pas l'intention de donner trop de détails.

« C'est une vieille Fiat 500 ? demande Christian en montrant les restes d'une voiture dans un coin, plus de roues, plus de sièges, elle est entièrement dépecée.

– La Fiat 500, cette merde italienne ! Vous m'avez déjà posé la question la dernière fois. C'est une Morris Minor. Mon projet pour ma retraite », dit le garagiste, pris d'une terrible quinte de toux.

Il devrait peut-être éviter de prononcer le mot « retraite », pense Christian. Cela le rapproche trop de la mort. Tel est le pouvoir d'un mot, il le sait à présent. Un mot ou une phrase peut déclencher la mort – comme, par exemple : Je te dénonce à la police si tu me quittes.

« Moi aussi je suis rentré dans un animal, il y a quelques années, dans la forêt de Nørreskov. Ils devraient mettre une clôture. »

Un chien surgit dans le garage, un petit tout ébouriffé, qui lutte contre la lumière crue du néon.

« La voiture est prête ?

– Elle était déjà prête ce matin ! » dit Bo d'un ton offensé en se dirigeant vers le bureau.

Le chien au pelage miteux le suit, Christian hésite, jette un coup d'œil par-dessus son épaule puis suit la petite troupe. Il doit baisser la tête pour passer sous la porte du bureau au fond du garage. L'inévitable dame nue sur le calendrier accroché au mur, Sussi, qui adore juillet, l'été et s'étendre entièrement nue sur la plage. Un transistor antédiluvien diffuse la radio locale, on entend un jingle qui annonce l'ouverture en ville d'un nouveau bar à burgers pour les gourmets.

« J'ai dû me lever un peu plus tôt, dit Bo. Mémère et moi, on a démarré à 6 heures du matin. Mémère n'était pas très contente.

– C'est clair, dit Christian, conscient des intentions de Bo. Je vous remercie beaucoup. Comptez un petit extra sur la facture, bien sûr. C'est la politique de l'entreprise, les voitures restent sur place le soir. Pas de sortie pour raison personnelle. »

Bo lève les mains. Pas besoin d'explication, essaie-t-il de dire avant l'arrivée d'une nouvelle quinte de toux. Christian approuve. Bo est un homme qui comprend les comptabilités un peu fantaisistes.

« OK, dit le garagiste en se dirigeant vers un petit bureau branlant avant d'ouvrir un tiroir. On se met donc d'accord sur cinquante pour cent de supplément… Où est passé ce foutu stylo ? »

Christian observe le petit homme en train de fouiller dans les grandes poches de sa combinaison pour finir par y trouver un vieux stylo usé. Le carnet jaune gît dans l'un des tiroirs du bureau. À la radio, les publicités s'arrêtent pour faire place à un journaliste surexcité qui annonce de nouvelles informations. Christian entend le ton, pas les mots, l'animateur parle avec une énergie et un enthousiasme dignes d'un commentateur de football. « … Une femme a été heurtée par une voiture hier soir vers 22 heures, la police recherche des témoins susceptibles d'avoir vu l'automobiliste qui a pris la fuite… »

Tout devient vrai. Son crime, annoncé à la radio par un journaliste. Maintenant tout le monde sait que c'est lui. Non, reprends-toi, pense-t-il. Il est là, Bo griffonne sur un bout de papier et le chien reprend sa position favorite sur les pieds de son maître.

« OK… » Le garagiste pense tout haut. « Un pare-brise neuf, du verre en lamelles, les bords en caoutchouc, les bosses du pare-brise, réparation, peinture… badam, badam. On arrive à dix mille », dit-il tandis que l'attention de Christian est dirigée vers tout autre chose, vers la voix du journaliste, vers la radio :

« L'enquête se concentre particulièrement sur une camionnette blanche de la marque… »

Le bouton du son dépasse sur le côté. Il le tourne à fond pour éteindre.

« Vous pouvez répéter, Bo ? Je n'ai pas entendu ce que vous avez dit.

– Je dis que nous arrivons à environ dix mille couronnes. Avec en plus le droit de gratter Mémère derrière les oreilles. Qu'est-ce que vous en dites ?

– Non merci pour cette dernière proposition, Bo. Pour le reste, c'est d'accord. »

Christian approuve, il sent la sueur lui couler dans le dos et sous les aisselles.

8

Leonora n'arrive pas à se débarrasser de cette obsession. Cela aurait pu être elle. Cette femme gisant morte sous la pluie au bout de la Trouée de Rome.

« On peut aussi prendre un peu de champagne rosé. Du champagne ou du mousseux ? »

Le vendeur du rayon des vins à Føtex la regarde. Leonora l'avait oublié, oublié pourquoi elle était là.

« Je ne sais pas », dit Leonora en pensant à ce qu'elle a appris sur le lieu du crime, que l'on doit ouvrir l'œil sur quelque chose.

Sur quoi ?

« Si c'est juste pour les jeunes bacheliers, prenez seulement des bulles, dit le vendeur. Ils ne verront pas la différence. Mais les parents vont peut-être s'offrir une petite coupe ?

– Oui. »

Le vendeur poursuit. Ça y est, elle s'en souvient. Il faut ouvrir l'œil sur les vitres brisées et les bosses d'une voiture. Impossible de rouler sur quelqu'un sans abîmer la voiture.

« Vous prendrez du demi-sec ou du brut ? »

Leonora scrute les yeux du vendeur. Peut-être va-t-elle découvrir une explication aux mots auxquels elle n'arrive pas à trouver du sens. De l'extra-brut ? Parle-t-il de l'averse d'hier soir ? Elle finit par choisir six bouteilles, un peu de chaque, dit le vendeur, il l'a bien percée à jour, elle est absente. Elle traverse le supermarché à moitié en transe, à moitié les yeux fixés sur sa liste de courses. C'est sûrement le manque de sommeil. Elle a tellement mal dormi.

Agneau tendre découpé en morceaux. Citron vert.

C'est Christian qui a fait la liste. Il veut faire des brochettes quand les jeunes passeront le soir avec la carriole. C'est tout lui, de ne pas mettre les articles par catégories sur la liste. Il n'imagine pas à quel point la boucherie est loin des légumes.

Chorizo. Poivron rouge.

Encore, pense-t-elle. Elle met les légumes dans le chariot, parcourt rapidement le reste des courses, essaie de répartir les articles en divers groupes. *Sauce barbecue.* Elle se rappelle la recette, de la purée de tomates, de la cassonade et des épices, du sang. *Cela aurait pu être elle.*

Et si c'était vrai ? Que cela aurait pu être elle ?

Cette pensée s'infiltre en elle. Christian a pris la voiture hier, après qu'elle l'a chassé. Et il est revenu une heure et demie à deux heures plus tard. Leonora avait mis du temps à sortir après leur dispute. Elle était restée sur le canapé à pleurer, à se dire qu'elle pouvait tout aussi bien mourir. Peut-être que Christian s'était dit la même chose, que Leonora pouvait aussi bien disparaître. Cela se passe comme ça quand on chasse une mère seule de plus de cinquante ans. Elle ne sert plus à rien.

Leonora abandonne le chariot près des concombres et des pommes de terre nouvelles du Danemark, elle va vers la sortie. C'est simple. Christian avait la voiture de Leonora. Et la voiture est là dehors.

« Excusez-moi. » Leonora bute contre la file de retraités avec leurs déambulateurs et leurs courses encombrantes, il y a même une pleine caisse de bières. Pourquoi bordel acheter une caisse de bières quand on a du mal à marcher ? Pourquoi ne pas les acheter une par une tous les jours ? Le vieux la regarde de travers, en colère, l'exaspération entre les générations n'est jamais bien loin. Entre ces satanés jeunes et ces vieux bornés. Les inutiles, les abandonnés... Leonora. C'est ce qu'elle est pour Christian. Johan se débrouille, il est presque sorti d'affaire et il a presque quitté le nid. Christian s'est servi de Leonora jusqu'à ce qu'elle ne serve plus à rien. Voici venu le temps des jeunes femmes. Christian a jeté sur Leonora le même regard que celui qu'elle a jeté sur le vieil alcoolo à la caisse.

Leonora est sur le parking, dans la chaleur de l'été. Qu'est-ce qu'elle fait là ?

Ah oui, la voiture. Il faut qu'elle sache. Est-ce elle qui aurait dû être étendue là-bas, dans la Trouée de Rome, toute tordue et démantibulée ?

Bien sûr que non. Elle s'approche pourtant de la voiture par-derrière, comme si elle présentait un danger, était un animal qui ne doit pas la découvrir. Le toit et les vitres sont constellés de pluie, de pollen et de feuilles, de tout ce qui flotte dans l'air en été. Elle va devoir la faire laver bientôt. Elle ne doit pas y penser maintenant, mais penser à quoi alors ? Elle doit penser à l'impensable. Est-ce elle qui aurait dû être écrasée ? Doit-elle chercher à savoir ? Les conséquences seront imprévisibles. La vie de Johan détruite à nouveau. Ses dix-huit premières années ont été brisées par la maladie et les vingt prochaines seront brisées par le crime de son père. Pourtant elle vérifie le radiateur. Pour l'instant, rien. De la main, elle en enlève les feuilles, ôte la poussière de la peinture, inspecte chaque centimètre. Rien. Pas la moindre égratignure.

Elle soupire de soulagement. Bien sûr que Christian ne ferait pas cela. Maintenant c'est clair, c'est elle qui est en train de devenir folle. Les derniers jours ont été trop durs. Les plus durs depuis ceux où Johan avait été abandonné par la médecine danoise.

Elle retourne au supermarché, ressort la liste de courses de sa poche, se demande si elle aura le temps de faire laver la voiture aujourd'hui. Demain peut-être, ce serait bien.

Tout s'éclaire un peu. Elle pense à repartir à zéro. Son plan d'aller voir Zenia semble idiot à présent. Il faut aller de l'avant. Champagne. C'est toujours un bon point de départ : porter un toast à la vie. À la vie de Johan. À leur vie.

9

Il ne peut pas vivre avec ça. Il le sait. Il ne le savait pas hier. Hier, il s'est passé quelque chose d'inexplicable. Il est devenu fou. À cause du manque de sommeil.

Christian roule vers le chantier. Il lui faut absolument garer la camionnette à côté des autres sans que personne ne le voie. Il remarque la voiture de Peter, ce dernier est arrivé depuis longtemps. Christian n'avait pas pensé à ce détail dans son plan. Et il ne peut expliquer pourquoi il pense encore échapper à ce qu'il a fait. Il sait pourtant qu'il ne pourra pas vivre avec ça. C'est trop affreux. Désormais il n'est plus un être humain, mais un monstre. Il doit mourir.

Il enregistre pourtant une petite montée sur le baromètre de l'espoir quand arrive un camion chargé des fenêtres pour l'auditorium, d'énormes pentagones de six mètres de diagonale. Quand elles seront installées, les douze fenêtres formeront une demi-coupole au-dessus de l'auditorium. Zenia s'est inspirée du Panthéon de Rome. En été, les fenêtres du dessus et du milieu pourront glisser sur le côté électroniquement, ce qui fera une ouverture vers le ciel, et s'il pleut, la pluie arrosera les plantes qui poussent au milieu de l'auditorium.

De tous les éléments exceptionnels de l'édifice, celui-ci a été le plus difficile à réaliser. Pas à construire, mais il a fallu convaincre les gens importants de la mairie. Une cascade au centre de l'auditorium. Le maire pensait que ce n'était pas pratique et que cela gâcherait la vue. S'il y avait des plantes au milieu, couronnées d'une petite fontaine qui récupérerait l'eau de pluie, est-ce que cela ne prendrait pas trop de place ? Si on abandonnait l'idée, cela ferait trente chaises de plus dans la salle. C'est ce qu'il avait dit lors de la dernière réunion. Zenia et Christian avaient lutté ensemble, expliqué que les gens viendraient de partout rien que pour admirer le Panthéon danois. Que la cathédrale du futur ne serait ni une église ni un temple, mais ce lieu du Danemark voué à l'apprentissage des professeurs. Ils avaient employé de grands mots. Le soir, de chez lui, il lui avait envoyé un message. *Vous avez été fantastique. Dormez bien.* Le message qui avait tout déclenché.

Le camion entre sur le chantier. Christian se dépêche, le camion remplit toute la place, les ouvriers le regardent, observent les énormes fenêtres posées sur la plate-forme, et du coup ne voient pas Christian. C'est maintenant. Il entre à côté du camion, et de là, à toute vitesse, il va se garer près des deux autres camionnettes. Quelqu'un l'a-t-il vu ? Non. De toute façon, qui s'en souviendra dans deux jours ou une semaine quand la police viendra ? Lui-même, Christian, se souvient-il de ceux qui sont entrés ou sortis du chantier hier ? Non.

Mais qu'est-ce que ça peut lui faire ? Quoi qu'il en soit, il ne s'en sortira pas. Cela ne sera pas possible, même si la police ne résout pas le crime, il ne se supportera pas. L'espoir sombre à nouveau. Il est détruit. Il a tout détruit.

« Salut, frangin, dit Peter au moment où Christian s'extrait du véhicule.

– Salut.

– Tu es sorti avec la camionnette ? demande Peter.

– Non, je l'ai juste changée de place… pour que le camion puisse entrer. »

Peter regarde le camion, un rapide coup d'œil, puis la voiture de Christian. Christian lit en lui qu'il ne comprend pas.

« Tu as été là tout le temps ?

– À l'intérieur, dit Christian. Je voulais voir comment la lumière du matin tombe sur l'auditorium.

– Il est trop tard pour changer, dit Peter très vite. Maintenant que les fenêtres sont là.

– Mais elle tombe heureusement divinement bien, affirme Christian en se dirigeant vers leur bureau, la petite baraque de chantier, tandis que Peter le suit.

– C'est le grand jour aujourd'hui, non ? » dit-il, hésitant à poser la main sur l'épaule de Christian.

Christian voit que l'éclat et la poussée de violence de la veille planent toujours entre eux. Tout n'est pas réglé.

« Si. Je suis obligé de partir. Je dois être au lycée dans peu de temps », dit Christian.

Il s'entend lui-même trembler de l'intérieur. Peter le remarque. Il pense peut-être que c'est pour une autre raison, parce qu'il est fier de Johan, en tout cas il demande :

« À quelle heure les jeunes arrivent chez vous ? Vous m'invitez toujours, n'est-ce pas ? »

*

Il dispose d'un peu de temps avant d'aller au lycée. Christian lève les yeux vers un cube de béton. Le magasin de bricolage. C'est là que les pères de famille vont tous les samedis après-midi à la recherche d'un marteau perforateur ou de bougies neuves pour le motoculteur. Christian s'y était rendu si souvent, seul la plupart du temps, mais aussi avec Johan. Le magasin de bricolage est le domaine des hommes, le dernier vestige du travail manuel dans le monde moderne. Touchscreen, MacBook et les connexions Bluetooth n'aident pas beaucoup quand il faut aménager la cave ou refaire la terrasse dans la maison d'été. C'est un moment de liberté, perceptible sur les visages des hommes qui sortent de Berlingo garnis de sièges enfants à l'arrière et qui entrent pleins d'attentes dans le magasin. Tout comme lui-même l'a fait, prêt à construire sa vie. Mais plus maintenant. Il a tout ravagé en une seconde. Il n'y a qu'une chose que ce magasin de bricolage peut lui offrir : une mort à bricoler soi-même.

Les portes coulissantes le happent. Il ne peut regarder personne en face, ne veut pas croiser le regard des autres. On recouvre souvent d'un capuchon la tête des condamnés à mort. Christian devrait en porter un. Ainsi il ne serait pas obligé de supporter le regard des autres, il pourrait être seul.

Rayon peinture, petit outillage, les étagères pour produits de jardin, de quoi lutter contre les mauvaises herbes et les petites bêtes, des préparations pour attraper les fourmis et les souris.

Là. Sur le mur du fond. Les cordes. Les ficelles. Les cordelettes. Les fils. Plus de deux douzaines de variétés au choix. Une corde orange ? Ou la classique, de couleur naturelle, une nuance entre sable et terre. *Pour amarres*, c'est écrit sur un paquet de trente mètres de corde. Cela évoque en lui de façon effrayante l'idée de s'amarrer à la mort, de se pendre à l'oubli. Combien de temps avant qu'on ne l'oublie ? Au début, on y pense tout le temps. Que papa s'est pendu. Qui viendra à l'enterrement ? Qui vient à l'enterrement d'un meurtrier ? Johan va faire une dépression. Leonora et lui vont partir, il en est sûr. Déménager ailleurs. Deux ou trois ans ? Johan aura-t-il fait son deuil au bout de deux ou trois ans ? Avec le temps, l'histoire deviendra-t-elle un récit distrayant raconté par Johan aux autres, comme font les jeunes gens quand ils se racontent des histoires de leur enfance. *Mon père a essayé de tuer ma mère, mais il en a écrasé une autre par erreur, il a volé la vie d'une femme innocente. Alors il s'est pendu.* Non. Cette fois-ci, le besoin de sincérité caractéristique de la jeunesse ne fonctionnera pas, Johan cachera cette histoire. Jusqu'à ce qu'il rencontre une fille, la bonne. Il ne pourra pas lui dévoiler ce secret dès le premier rendez-vous. Il devra attendre, mais pas trop longtemps, elle devra être suffisamment amoureuse mais ne devra pas se sentir trahie.

« C'est assez robuste pour tracter une voiture ? »

Christian regarde l'homme qui vient de lui poser cette question.

« Je ne sais pas.

– OK. »

L'homme part sans acheter la corde. Est-ce la voie à suivre ? Ne rien acheter, ne pas le faire ? Pour Johan.

Il caresse un instant cette idée. Mais non. Il ne peut pas vivre avec ce qu'il a fait. Il ne mérite pas d'être en vie, autant en rester là. C'est mieux d'éviter la honte. Christian en est sûr. Le seul point rationnel qui émerge du marécage qu'est devenue sa vie est de devoir assumer les conséquences de son acte. L'ultime conséquence.

Il a d'abord pensé à prendre des cachets. Des somnifères ou des antidouleurs puissants avec un verre d'eau. Mais où les trouver ? Et est-ce suffisamment sûr ? Le gaz d'échappement est aussi une possibilité. Il y a songé un instant. Jusqu'à ce qu'il débusque au fond de sa mémoire une histoire de son enfance. La secrétaire de la petite école communale où il allait. Annelise. Toute ronde et toute douce, Annelise, incapable de se mettre en colère, même pas quand ils lui avaient lancé des boules de neige un jour d'hiver. Des amis de Christian avaient su qu'Annelise avait été trouvée un soir dans une clairière dans la forêt, sa voiture tournait et un tuyau d'arrosage diffusait le gaz d'échappement à l'intérieur en passant par la petite ouverture d'une vitre latérale. D'après les souvenirs de Christian, elle était inconsciente quand les ambulanciers l'avaient sortie. Il se rappelait que ses amis croyaient qu'elle était morte. Mais le lundi matin, Annelise était de retour au travail, assise à sa place à l'accueil, derrière son bureau et le petit bocal de verre où tournait en rond inutilement un poisson rouge, comme si rien ne s'était passé. Personne n'en avait parlé, personne ne savait pourquoi elle avait essayé de s'asphyxier avec ce gaz meurtrier. Des histoires avaient circulé, bien sûr. À propos d'un amour malheureux, d'un professeur qui ne voulait pas d'elle. Henri, un élève d'une autre classe, croyait qu'elle était vraiment morte et qu'elle était revenue sous l'apparence d'un zombie.

Non, la corde, c'est mieux, pense Christian. C'est rapide. C'est sûr. Le cou qui craque. Cela prend une seconde, surtout si on saute de haut. Ce qu'il redoute le plus, c'est que ce soit Johan qui le trouve. Cela détruirait le garçon de trouver son père pendu. Mais si Christian va loin, plus loin que les terrains de jeux, au fin fond de la forêt, dans Ulvedalen, qui va le trouver ? Un forestier ? En tout cas pas Johan.

*

Où ? Comment ? Quand ? Il connaît déjà deux des réponses. Dans la forêt avec une corde. C'est assez simple, se dit-il en se garant devant le lycée Rødkilde. Il a tout ce qu'il lui faut. Plus le courage et la volonté de mourir. Mais le troisième point est le plus délicat. Le moment, le bon moment pour mourir. Quand ? Christian ne sait pas. Mais il sait qu'il va le trouver, le bon moment pour mourir. Tout vient en son temps. Se marier en été ou en hiver ? À quel moment de la journée annoncer le divorce à ses enfants ? Est-ce mieux de renvoyer les gens quand ils se présentent le matin ? Ou quand ils rentrent chez eux ? Le moment n'est jamais indifférent, et celui de mourir non plus. Selon Christian. Tout comme il sait que ce ne sera pas ce soir. Aujourd'hui est un grand jour pour Johan. Alors demain peut-être ? Ou dans quelques jours ? Quelques semaines ?

Un SMS de Leonora. *Qu'est-ce que tu deviens ?*

Je suis là, répond Christian avant de sortir de la voiture.

Le parking est plein, il y a les parents qui ont pris un jour de congé et les grands-parents qui ont traversé la moitié du pays pour voir leurs petits-enfants recevoir la casquette.

Le drapeau danois pend mollement de son poteau sur la place devant le lycée, comme Christian pendra bientôt d'un arbre. Il devrait peut-être se pendre à l'endroit où il l'a écrasée ? Tous pourraient voir que c'est une pénitence, qu'il paie comme il peut son acte horrible.

Un rapide coup d'œil sur la bannière en l'honneur de ce grand jour, *On assure au lycée Rødkilde*. Il a du mal à respirer, voudrait être loin, rapidement, il faut qu'on l'oublie, qu'on le raie de l'histoire. La corde est dans le coffre. Avant de fermer le hayon, il a placé dessus une vieille couverture en tricot toute trouée, qui est là depuis l'hiver dernier, depuis le jour où Leonora avait eu peur de rester bloquée dans une congère. Cela ne s'est pas produit, la tempête de neige n'a pas été au rendez-vous, mais la couverture est restée là.

La façade du lycée est tapissée de citations connues, écrites en gros caractères arrondis qui forment des mots que Christian aurait dû écouter. *Less is more*. Moins, c'est plus, oui, il a souhaité avoir trop : être avec celle qu'il aime, chercher l'amour, c'était trop. Il aurait dû se contenter de ce qu'il avait. On crie derrière le lycée. Christian peut voir ceux qui sont déjà devenus bacheliers, certains lancent des frisbees, prêts pour la vie, prêts pour le jeu. C'est comme ça, certains se trouvent sur le seuil de la vie, d'autres la quittent. En entrant dans le lycée, il remarque des monceaux de fleurs à gauche de l'entrée. Des tulipes. Des roses.

Dans le hall, Christian cherche à s'orienter. Il y a foule, tout le monde est joyeux.

« Excusez-moi ? »

Le professeur d'un certain âge lève les yeux.

« Terminale S 3 ?

– Il y a un plan là-bas, dit le professeur en montrant un tableau d'informations dans le hall.

– Merci. »

Où ? pense Christian, inquiet et angoissé. Il repense à la corde. À la mort. Peut-être vaudrait-il mieux le faire ce soir ? En finir ? En quoi cela aide-t-il Johan de repousser l'échéance ? Christian croit-il vraiment que Johan vivra mieux s'il attend quarante-huit heures avant de se balancer au bout d'une corde et de dire adieu pour toujours ? C'est là. Entre Hedegaard et Hussein, Holm Johan. Salle 212. Christian suit le flux des parents. Ils ont sorti leurs beaux habits, leurs chemises sont bien repassées, il y a des jupes, les coiffeurs de la ville n'ont pas chômé. Christian trouve soudain les jeunes beaux.

Il aperçoit enfin Leonora. Elle est debout près de la porte, les bras croisés.

« Pourquoi tu arrives seulement maintenant ?

– À cause… de la circulation, dit Christian en évitant son regard. Depuis combien de temps il planche ?

– Depuis longtemps. Vingt minutes. » Leonora ouvre le sac en cuir brun qui pend à son épaule. « Tu es prêt à ouvrir la bouteille ? »

Elle lui tend le champagne, sort des verres de son sac, entortillés précautionneusement un par un dans des serviettes en papier. Christian voit la fille seulement maintenant. Il est plongé dans son propre monde auquel les autres n'ont pas accès. Marta. C'est bien Marta ?

« Salut. Alors c'est le grand jour ? Tu as passé le dernier oral ? » lui demande-t-il en souriant, sans savoir s'il dit une bêtise.

Elle ne porte pas la casquette, c'est peut-être revenu à la mode de ne plus la mettre ?

« Je passe après Johan », dit-elle en tentant de sourire.

Leonora lit en lui. C'est sûr. Christian n'a jamais été très bon pour cacher ses sentiments. Le théâtre ne lui correspond pas. Enfant, on ne le choisissait jamais en premier quand on distribuait les rôles pour la pièce de théâtre de fin d'année. Il manquait de capacité d'empathie. Il ne réussissait pas à jouer le joyeux s'il ne l'était pas, ni à pleurer ou être triste sur commande.

« Elle était professeure dans ce lycée.

– Qui ? » demande Christian.

Le champagne lui pose problème. Il vient enfin d'attraper le petit anneau de métal qui maintient en place le bouchon de liège. Il le dévisse.

« La femme qui s'est fait écraser. Tu n'as pas vu les fleurs dans l'entrée ? »

Christian a le ventre et la gorge qui se nouent.

« Si. »

Il n'arrive pas à en dire plus, la porte s'ouvre. Johan sort dans le couloir, les yeux fixés sur le sol, aucun sourire, aucun signe de soulagement. Leonora va vers lui, l'entoure de ses bras :

« Comment ça s'est passé ?

– J'ai eu… » Johan semble accablé, il lève enfin les yeux, puis lève les bras en l'air. « 12/12. »

La note est un cri, un cri de jubilation.

« C'est vrai ? » s'exclame Leonora.

Elle l'étreint longtemps, fermement. Puis c'est le tour de Marta, elle reçoit elle aussi un baiser. Christian attend avec le champagne. Johan lui donne brièvement l'accolade, c'est un peu gauche entre père et fils, bientôt Johan n'aura plus de père, sera obligé de vivre avec la honte du forfait de ce père.

« Félicitations », dit Christian qui ne peut retenir ses larmes. Il verse le champagne, cela déborde partout. « J'essuie, excuse-moi.

– Tu pleures ? demande Johan en riant.

– Non, c'est tout l'ensemble, dit Christian.

– Il y a quelque chose qui ne va pas ?

– Non, pas du tout. Au contraire, je suis juste si… »

Christian est en train de craquer, de perdre pied, le sol se dérobe sous lui. Mais Leonora est là, elle passe son bras sous le sien.

« Allez, Christian », chuchote-t-elle.

Christian sourit, étreint Johan à nouveau, capte le regard de Johan par-dessus l'épaule du garçon. Il murmure à Johan :

« Pour toi, mon fils, pour toi l'avenir est lumineux. J'en suis sûr. »

*

Ils crient tous en l'honneur de Johan, en cadence et en chœur. Ceux qui ont eu 12/12 à l'examen final doivent courir derrière la carriole, Johan court avec deux filles, le reste de la classe est entassé sur la carriole, leur fait une ola, surtout à Johan.

Personne ne le dit, mais la situation a ceci de particulier que Johan peine un peu. Christian n'a jamais bien su ce que Johan avait dit de sa maladie à ses camarades de classe. Ils étaient au courant, naturellement. Et là, on peut voir qu'il a du mal à rattraper la carriole, même si celle-ci est très lente. *Train express du sexe*, c'est écrit sur une bannière suspendue sur le côté. Suivi d'un smiley.

« Pousse-toi, dit Leonora. Il faut que j'aie la carriole en arrière-plan. »

Elle a sorti son appareil photo. Un vrai appareil photo. Le vieux reflex de Christian, rangé au fond du secrétaire de leur chambre.

« Mets-toi un peu plus loin. »

La carriole s'est arrêtée. Deux des garçons aident Johan à grimper sur la plate-forme. C'est un peu difficile mais ils rient tous.

« Regarde-le », dit Leonora. Elle a rangé l'appareil photo. Son émotion s'entend dans sa voix. « Après toutes ces années, tous ces combats. Et maintenant ? Mission accomplie. Il m'est arrivé de penser que c'était mission impossible.

– Tu as fait du bon travail, affirme Christian en regardant la carriole s'éloigner, tourner au coin et laisser les parents dans un bruit de fête, de jeunesse, de futur. Je le pense vraiment, c'est pour beaucoup dû à ton mérite.

– Merci, répond Leonora en lui donnant un rapide baiser sur la joue. J'ai parlé avec le proviseur. Il était bouleversé par l'horreur qui s'est produite.

– C'est sûr.

– Ils ont eu l'autorisation de faire la fête aujourd'hui, c'est leur grand jour, mais le proviseur tient à ce qu'ils aillent à l'enterrement samedi. Il veut montrer la solidarité du lycée face à cet événement horrible. C'est ton téléphone qui sonne ?

– Quoi ? dit Christian qui l'entend seulement maintenant sonner au fond de sa poche. Je ne réponds pas maintenant.

– Tu peux, ils sont partis.

– C'est Peter, ça peut attendre.

– Ou c'est Zenia ?

– Leonora, arrête, dit Christian en essayant de trouver le bon équilibre entre le sérieux et la conciliation.

– Alors réponds, décrète Leonora tandis que le téléphone continue à sonner. Christian, je veux que tu répondes, tu comprends ? »

Christian s'exécute d'un geste rapide, il attend un instant avant de dire :

« Oui Peter. »

Zenia est sidérée, il l'entend à sa voix.

« Peter ? Qu'est-ce que tu dis ? C'est moi, Zenia. »

Christian écoute une seconde, sent sur lui le regard de Leonora qui le brûle autant qu'une marche à travers des orties.

« Calme-toi, Peter, tu y seras à temps, ils viennent juste de partir. Ils seront chez nous… Attends une minute. »

Christian sourit à Leonora.

« Peter veut savoir à quelle heure les jeunes passent chez nous.

– À 19 heures, on a réussi à changer l'heure. Mais ils seront sûrement en retard, dit Leonora alors que Zenia comprend enfin ce qui se passe.

– Mais bordel, Christian, tu es toujours avec elle, tu ne l'as pas quittée.

– Je suis curieux de savoir dans quel état ils seront, poursuit Christian avec un petit rire. Mais on était bien comme eux à notre époque.

– Christian ! » Zenia hausse le ton. Il perçoit chez elle une vulnérabilité qu'il n'avait encore jamais sentie. « Qu'est-ce qui se passe ?

– À tout de suite, Peter », dit Christian en mettant fin à la conversation. Il glisse la main dans sa poche et appuie sur le petit bouton qui met l'appareil en mode silencieux. Au cas où elle rappelle. Puis il regarde Leonora de l'air le plus naturel possible. « Il est content, c'est aussi un grand jour pour lui.

– C'est génial. Tu l'as vu ? Tu l'as vu courir derrière la carriole ? J'espère qu'ils ne boiront pas trop.

– Oui », dit Christian en essayant d'occulter l'image d'une Zenia furieuse et déçue.

L'image de la femme, du sang, du daim. Oui, il a heurté un daim. Il doit s'en persuader.

« À propos de cette thalasso, évoque Leonora. Tu t'en souviens ? À l'hôtel du Fjord ?

– Oui. »

Il regarde sa femme, remarque ses yeux un peu injectés de sang.

« Je trouve qu'une seule nuit, c'est bien. Qu'en dis-tu ?

– Une nuit, c'est bien, dit Christian.

– N'est-ce pas ? C'est ce qu'on va faire. »

Elle donne un rapide baiser à Christian, les yeux fermés. Et pourtant – d'une façon inexplicable – il a l'impression qu'elle lit tout au fond de lui.

10

Le normal contre l'anormal. C'est un combat sans fin chez Christian, sa petite guerre mondiale personnelle, l'issue est indécise, tantôt l'un triomphe, tantôt l'autre. Forcément rien n'est normal. Il a tué une femme innocente. Il vient d'acheter dix-huit mètres de corde en nylon dans un magasin de bricolage, parce qu'il doit mourir. Mais au milieu de tout cela – au milieu de la souffrance, de la folie, de l'angoisse, de la culpabilité – on trouve la normalité. Le quotidien, les conversations avec Leonora, les repas à partager, l'organisation de la fête de Johan. Et c'est la normalité qui le fait monter dans le grenier. C'est l'idée de Leonora que ce serait drôle qu'ils portent tous deux sur la tête leurs propres casquettes de bacheliers quand les jeunes arriveraient à la maison. Drôle, c'est le mot qu'elle a employé.

Christian ne monte presque jamais au grenier, seulement à Noël pour aller chercher les décorations que Leonora range de plus en plus soigneusement au fil des années. La trappe est au-dessus de la chaudière. Il faut apporter une chaise dans la buanderie pour en atteindre la poignée, la soulever et la pousser un peu sur le côté jusqu'à ce qu'on puisse enfin tirer l'échelle. De vieux barreaux, on croirait que l'échelle est plus vieille que la maison, que c'était la chose la plus importante à installer quand on l'a construite, pas les fondations en ciment, pas les murs porteurs, mais l'échelle pour monter au grenier. Du crépi et de la poussière dégringolent avec l'échelle, Christian ferme les yeux. Monte à l'aveugle les deux premiers barreaux.

La chaleur qui règne dans le grenier l'agresse. C'est ici que l'été reste emmagasiné, caché. Cela sent le sec et le renfermé. Le soleil, la poussière, la vieille laine de verre, les caisses en bois pleines de bric-à-brac qui sont dans le grenier depuis qu'ils ont emménagé. Christian allume, la lumière vient d'une simple poire qui pend d'une poutre. Leonora pensait que les casquettes étaient dans un sac plastique dans une caisse de vieilles robes. Christian fouille. Les vieux patins de Leonora. La lame est un peu rouillée. Des carnets, des casseroles, une machine à faire des sodas, des tasses et des assiettes qui ont plu autrefois mais qui sont victimes de l'époque, devenues soudain démodées. Plein de vieux jouets de Johan. Enfance, jeunesse, vie adulte, tout se trouve dans le grenier. Christian reconnaît un de ses anciens disques de Slade. Celui avec *Far, Far Away*, celui qu'il mettait dans sa chambre d'enfant au milieu des années 1970 et écoutait en boucle, en pensant que tout cela était bien loin, la vie, l'amour, le bonheur.

Il voit la corde devant lui. Elle recouvre tout. Depuis qu'il en a déroulé dix-huit mètres dans le magasin de bricolage, a traversé la boutique avec, l'a posée sur le tapis roulant et a payé. Elle est dans le coffre de la voiture sous une couverture bariolée. Devrait-il se pendre ici ? La poutre est solide, elle supportera ses quatre-vingt-six kilos. Il pourra entasser des caisses. Johan ne vient jamais là. Il pourra envoyer un SMS à Leonora juste avant de sauter. Lui écrire qu'il en a assez de tout. Que ce n'est pas la faute des autres mais la sienne. Qu'elle ne doit sous aucun prétexte laisser Johan monter au grenier. Puis le faire. D'une certaine façon, c'est logique, pense-t-il. Le grenier est l'endroit idéal pour les vieux débris. Pour les choses qui ne méritent plus une place en ce monde. Comme lui.

L'idée s'insinue lentement dans son esprit quand soudain il les trouve, les deux casquettes, la preuve palpable de leurs années d'études, à Leonora et à lui, lui au lycée technique, Leonora en lettres au lycée de Nykøbing.

La poutre de nouveau. Non, pas maintenant. Il a autre chose à faire que mourir aujourd'hui. Mais bientôt…

« Tu les as trouvées ? »

Leonora l'appelle de la buanderie.

« Oui », lance Christian, la voix brisée.

*

La nervosité physique de Christian peut se lire dans les tranches inégales de citron vert qu'il est en train de couper. Il y en a des trop épaisses, et des trop minces qui se désagrègent presque, se réduisent à un peu de vert, à des peluches juteuses sur la planche à découper blanche. Dans l'après-midi, c'était surtout son ventre qui n'allait pas, maintenant ce sont ses doigts, ses mains. Le vent apporte une odeur de grillade qui provient du barbecue adossé à la maison, une odeur de viande grillée qui entre à l'intérieur.

« Ils arrivent, je les vois au bout de la route.

– Déjà ? » Christian lève la tête. Il se dépêche. « Tout est prêt dehors ?

– Impeccable, dit Leonora qui l'aide à disposer les tranches de citron près des bouteilles. On en a fait beaucoup trop. Ils sont sûrement si saouls qu'on aurait pu se contenter de leur servir des hot-dogs. Mais je trouve… c'est tout de même un grand jour.

– Oui », approuve Christian en goûtant le vin rouge.

Ses doigts sentent la tomate et la cassonade de la marinade, cela lui rappelle un souvenir, quand sa mère, le premier jour de Noël, faisait de l'irish-coffee pour l'ancien, le père de Christian et Peter et ses grandes mains endurcies qui levaient haut son verre. Une chance que le vieux ne puisse pas le voir maintenant, voir comme son fils a tout détruit, a apporté la honte sur son nom. Bizarre, ces souvenirs de Noël au milieu de l'été. Ce sont sûrement les vieilles caisses du grenier avec les boules de Noël de Leonora pour le sapin, vert émeraude, ou dorées et décorées de baies rouges gelées, qu'elle a achetées à Noël dernier, les plus jolies qu'elle ait jamais vues, avait-elle dit.

« Merde.

– Quoi ? »

Christian lève le doigt, le sang coule de la chair de son pouce sur la planche, rouge vif sur les citrons verts.

« Les pansements sont dans la salle de bains », indique Leonora avant de disparaître. En un éclair elle est de retour. « Dis-moi, est-ce que ma tête a grossi ? »

Christian lève les yeux. La casquette sur la tête de Leonora a effectivement l'air un peu bizarre, ne veut pas se placer correctement.

« Ou c'est seulement moi ? Je vais t'aider.

– Merci, dit-il en lui tendant le doigt.

– Essaie la tienne, l'encourage-t-elle en lui apportant sa vieille casquette.

– Ce n'est pas une vraie casquette de bachelier », constate Christian en regardant la vieille casquette fanée et le bandeau bleu marine presque invisible qui en fait le tour.

Il s'en moquait à cette époque, mais les élèves du lycée technique voulaient en avoir une et Christian ne voulait pas se faire remarquer.

« Aucune importance, essaie-la, dit-elle tout en lui mettant un pansement sur le doigt. C'est trop serré ? »

Ils peuvent entendre les jeunes chanter dehors, Johan a conduit les fêtards directement dans le jardin. Christian se met sa vieille casquette sur la tête.

« La tienne tient mieux, mais elle a l'air un peu… dépenaillée.

– Peut-être », murmure Christian en cherchant à se voir dans le miroir.

Ils se font face un instant. Les jeunes font sans doute une pause, en effet Christian perçoit le silence dans la cuisine. Ils se trouvent dans un cocon où, l'espace d'une seconde, toutes les années passées se rassemblent, tout ce temps passé ensemble. On sonne à la porte, ils se sentent un peu soulagés par cette interruption. Christian enlève sa casquette.

« C'est Peter. Tu peux ouvrir ? Je vais terminer ici.

– Sans casquette, n'est-ce pas ? » dit-elle en souriant.

Elle disparaît dans l'entrée.

Christian dispose les bières sur un plateau avec l'huile d'olive, la tapenade et la marinade à l'ail. Il verse les chips et les cacahuètes dans deux coupes.

« Christian ?

– Dis à Peter d'aller directement dans le jardin.

– Ce n'est pas Peter, c'est la police.

– La police ? » dit Christian.

Tout s'envole, l'air, sa capacité à sentir. Si seulement ils avaient pu attendre un peu. Doit-il les supplier de lui accorder une demi-heure de plus ? Juste le temps que son fils s'éloigne, il promettra de coopérer à l'enquête, de ne pas la freiner, de reconnaître sa culpabilité.

« Christian ? Tu m'entends ?

– Oui.

– C'est la police.

– Qu'est-ce qu'ils veulent ?

– Il n'y a qu'un policier.

– D'accord », dit Christian en observant le policier qui entre dans la cuisine.

Un homme âgé qui s'appuie sur une canne, qui ressemble de corpulence et d'allure à Churchill.

« Holger Andreasen, dit le vieux en tendant la main à Christian. Quelle belle soirée, avec tous ces jeunes si heureux. »

Christian se présente, seulement son prénom, il ressent le désir d'en dire le moins possible.

« Comme vous le voyez, je fais du porte-à-porte en clopinant dans l'espoir de trouver de l'aide, explique le policier.

– De l'aide pour quoi ? demande Christian, un peu trop vite, il a l'air nerveux.

– À propos de la femme qui a été écrasée, dit Leonora.

– J'aurais peut-être dû vous le dire ? s'enquiert le vieux.

– Non, dit Christian. C'est si horrible ce qui s'est passé. » Et il le pense, personne ne peut savoir autant que lui à quel point ce qui s'est passé est horrible, à part la famille de cette femme, ses pauvres enfants. « Nous sommes tous bouleversés, ajoute-t-il.

– Elle était professeure dans le lycée de notre fils, précise Leonora. Nous ne la connaissions pas, mais… c'est vraiment horrible.

– Vous avez sûrement entendu parler de la camionnette blanche ? On l'a mentionnée dans la presse.

– Oui », dit Christian en essayant de rester calme.

Dehors les jeunes ont recommencé à chanter. *The Final Countdown*. Le dernier compte à rebours. Est-ce qu'ils chantent pour lui ?

« J'emporte tout ça dans le jardin, dit Leonora en prenant le plateau rempli de chips et de la marinade d'ail et d'aneth frais.

– Vous voulez vous asseoir ? demande Christian.

– J'ai ma canne, répond le policier en clopinant vers la fenêtre qui donne sur le jardin et le fjord. Les jeunes sont mignons, dit-il, comme pour lui-même. Ils sont l'avenir. »

Christian cherche une remarque appropriée, normale.

« Vous avez des enfants ?

– Deux. Des filles, dit le vieil homme en lui tournant le dos. Mais elles sont plus âgées. »

Christian perçoit dans son intonation comme un regret.

Leonora revient, le policier sourit.

« Bon, je ne vais pas abuser de votre temps, dit-il en s'éloignant un peu de la fenêtre. Avez-vous vu quelque chose ce soir-là ?

– J'étais dehors en train de courir », indique Leonora.

Christian peut voir dans l'œil du policier un éclair d'intérêt.

« Vraiment ? Dans cette pluie ?

– Je cours le plus souvent près de la voie ferrée, pas loin d'ici. Vous connaissez cette vieille voie ferrée près d'Ulvedalen ? »

Le policier porte maintenant son attention sur Christian.

« Et vous ? »

Christian remarque à quel point le policier l'observe. Ou bien est-ce son imagination ? De la paranoïa ?

« Je crois que je suis resté sur mon chantier assez tard. On est en train de construire le nouvel institut de formation, ou plutôt campus comme on dit de nos jours. Et il y a de quoi faire. »

Un coup d'œil à Leonora, il cherche son approbation, la manifestation de son accord.

« À quelle heure êtes-vous rentré ?

– Je pense qu'il était… » Christian fixe la table de la cuisine. Le minuscule anneau laissé par un verre de vin impossible à enlever bien qu'ils aient essayé deux fois ce mois-ci avec de l'huile d'olive. « Quand suis-je rentré à la maison ? »

Il cherche encore de l'aide auprès de Leonora, elle se contente de le regarder.

« Tard, vers 22 heures, je crois.

– Vous n'avez rien remarqué d'inhabituel ? Une voiture un peu trop pressée, ce genre de détail ?

– Non, je ne crois pas. J'ai vu les ambulances sur la route de la plage en rentrant », dit Christian en secouant la tête.

La porte d'entrée s'ouvre, Peter entre, une bouteille de champagne à la main.

« Qu'est-ce qui se passe ici ?

– On arrive tout de suite », dit Leonora.

Peter reste sur le seuil, frappé par l'atmosphère lourde qui règne dans la cuisine.

« On arrive, Peter, tu peux y aller », renchérit Christian.

Holger attend qu'ils soient seuls à nouveau.

« Vous avez combien d'enfants ?

– Seulement un fils, dit Leonora. Qui est devenu bachelier aujourd'hui. C'est la raison pour laquelle nous sommes un peu… occupés.

– Puis-je lui parler ?

– Ça ne peut pas attendre ? » Leonora consulte Christian du regard. « Comme vous vous en doutez, ils n'ont pas marché au jus d'orange. Nous vous serions reconnaissants si vous pouviez repousser à demain. C'est leur soirée.

– Bien sûr, consent le vieux policier en souriant et en sortant sa carte. Je peux ? » demande-t-il, et il colle sa carte sur la porte du réfrigérateur avec un des aimants magnétiques rouges disponibles, ceux qui ne maintiennent pas en place l'agenda de jogging de Leonora.

Christian regarde par la fenêtre le dos du vieux policier qui remonte l'allée en direction de la maison voisine. Il sent la présence de Leonora derrière lui. Pourquoi a-t-elle dit ce qu'elle a dit, qu'elle courait la plupart du temps près de la voie ferrée, pas près de la Trouée de Rome ? Elle a laissé entendre qu'elle courait toujours près du stade, loin de la Trouée. Pourquoi aurait-elle fait cela si ce n'est parce qu'elle a un pressentiment ? À propos de ce soir-là.

« Où étais-tu, Christian ? »

Il se tourne, la regarde, elle a une expression bizarre dans les yeux. Qui lui fait peur.

« J'étais au bureau.

– Tu mens. Je le vois sur ton visage. »

Il doit absolument dire quelque chose, de quoi apaiser sa méfiance.

« Je suis passée voir Zenia avant de rentrer à la maison.

– Pourquoi… » Leonora s'arrête. Il peut constater à quel point elle lutte contre les sentiments qui l'envahissent, jalousie, haine, soupçon de quelque chose d'encore pire, elle ne sait lequel de ces affreux sentiments elle doit éprouver.

« Pourquoi tu ne l'as pas dit à la police ? Pourquoi as-tu menti ? dit-elle en se précipitant vers lui.

– Il se serait mis à creuser. La police le fait toujours. Il aurait demandé où j'étais allé, et pourquoi. Il m'aurait posé vingt autres questions. Et j'aurais été obligé de répondre. Les réponses auraient entraîné d'autres questions. Et pour finir ils auraient interrogé Zenia. »

Christian constate combien elle lutte de toutes ses forces. Sa voix est empreinte de jalousie et de haine.

« Tu étais avec elle ? »

Leonora attrape son verre de vin, en avale une longue gorgée.

« J'ai rompu avec elle et je suis rentré à la maison. Je ne pouvais pas le dire à la police.

– On repart. »

La voix de Johan est sourde et nasale. Il est sur le seuil de la cuisine, sa casquette est de travers. Marta est derrière lui.

« Non, vous êtes seulement restés deux minutes, dit Leonora qui prend la main de Christian. On arrive. C'est ta soirée, mon amour. »

11

C'est jour de lavage chez Vejle Taxi. Quatre taxis font la queue devant l'espace de lavage, les chauffeurs sont sortis, l'un d'eux propose du café de sa thermos gris acier aux autres.

Leonora s'arrête. Elle a un peu trop bu hier. C'est plutôt rare, ces dernières années elle a choisi de vivre le plus sainement possible, exercice quotidien, nourriture saine, presque pas d'alcool. Elle a remplacé les pâtes par les lentilles, une petite portion de *skyr* lui suffit pour le déjeuner. Elle tient à se maintenir en forme et en bonne santé. C'est sa décision. Pour Johan.

Mais hier elle a laissé tomber. Le soulagement de voir Johan briller, devenir un jeune garçon qui tourne résolument le dos à la mort, qui se jette dans la vie. Cette menace écartée. Cette torture. La visite du policier n'a pas pu ternir sa joie. Elle a pu reparler avec Christian. Hier soir, les mots ont jailli, un peu de leur vieille entente s'est réinstallée.

Après le départ des bacheliers, Peter est resté un moment, il s'est saoulé, comme toujours. Mais c'était bien d'avoir de la compagnie, il leur a donné un coup de main, ils ont tout rangé dans le jardin, ramassé les verres et les assiettes pour les rentrer, vidé les cendriers, replié les chaises pliantes qu'ils ont remisées dans le garage. Peter était d'humeur bavarde, très chaleureux, tellement content pour Johan. Leonora ne sait pas dans quelle mesure Christian lui avait parlé de Zenia. Même si les deux frères partagent beaucoup de choses, les finances, l'entreprise, le passé et le futur, ils tiennent à protéger leur vie privée. Il y a certaines choses que Christian ne tient pas à ce que Peter sache. Par exemple quand ils ont voulu acheter une voiture, Leonora n'a pas eu le droit d'en parler à Peter avant que l'affaire ne soit conclue, avant que l'énorme Volvo neuve ne soit achetée et leur vieille Audi vendue. C'est souvent à propos de détails inattendus et sans importance que Christian ne veut pas que son frère soit au courant, elle a renoncé à en comprendre la raison.

La soirée s'était terminée sur le canapé, tous les trois assis l'un près de l'autre comme au cinéma. Peter a parlé de sa jeunesse. D'une aventure à la caserne quand il était soldat. Leonora n'avait pas tout bien écouté, mais elle avait compris qu'il s'agissait d'un jeune appelé tué par balle le soir du Nouvel An parce que en état d'ébriété il avait sauté par-dessus le mur et refusé de donner son nom. Leonora avait tenu Christian par la main. En écoutant l'histoire tragique racontée par Peter, elle s'était demandé si c'était le bon choix de tenir la main de Christian.

Le soleil du matin ne peut pas grand-chose pour une station-service, ce n'est pas comme près du fjord où tout semble plus beau, ou en haut de Kirkebakken d'où l'on a vue sur tous les toits. Leonora porte des lunettes de soleil, à l'extérieur c'est bon pour sa gueule de bois et ses yeux gonflés, mais à l'intérieur cela ne l'aide pas. Elle aurait dû prendre des cachets antidouleur avant de quitter la maison. Un taxi quitte l'aire de lavage. De petites gouttes d'eau coulent de ses pare-chocs et de ses jantes gris argent, laissant une trace humide sur l'asphalte. Leonora avance un peu. Regarde les panneaux dans la vitrine. *C'était un meurtre*, dit la manchette. Il y a une photo de la femme. Leonora ressent le mot dans tout son corps. Un meurtre ?

À l'intérieur de la boutique, elle reconnaît le même jeune gars, ses cheveux n'ont toujours pas été lavés ou alors il a mis trop de gel. Elle le voit de profil, en train de ranger des magazines sur un présentoir à journaux.

« Deux secondes, j'arrive, dit-il.

– OK », répond Leonora.

Elle prend un exemplaire des quotidiens *Ekstra Bladet* et *BT. Adieu, maman,* est-il écrit au-dessus de la photo d'une femme au visage amical typiquement danois. Nanna. Cette femme était sortie courir ce soir fatal. Peut-être se sont-elles rencontrées au lycée quand elle y déposait Johan ? Ou se sont-elles vues sur les petits sentiers de la forêt, le soir ? Leurs vies se sont sûrement croisées. À un moment donné – quelques secondes peut-être – elles ont couru côte à côte dans le maillage délicat de routes et de sentiers du destin. Elle est morte. Assassinée, d'après la presse. Nanna, trente-huit ans. Écrasée par une voiture au fond de la Trouée de Rome. Et elle, Leonora, attend tranquillement que l'aire de lavage soit disponible.

« À nous », dit le vendeur avec un sourire un peu gêné. Il scanne les deux journaux : « De la lecture pour le week-end. »

Ta gueule, pense Leonora, cette réaction vulgaire est contraire à ses habitudes, elle doit être épuisée.

Dehors, un taxi de plus a dégagé. Leonora remonte dans sa voiture, avance de deux mètres, ouvre *Ekstra Bladet. Un crime.* Elle passe la série de dames nues et de conseils pour réussir à la perfection son repas de la Saint-Jean avant de trouver l'article. Nanna n'a pas seulement été heurtée par-derrière par un automobiliste qui a pris la fuite, la voiture est revenue l'écraser une deuxième fois en marche arrière. C'est une source policière anonyme qui a révélé ce détail morbide, officiellement la police ne commente pas l'affaire dans le cadre de l'enquête. Mais d'après les renseignements obtenus par le journal, Nanna n'a pas seulement été heurtée par la voiture, elle a été écrasée alors qu'elle était encore en vie, plusieurs fois de suite, un acte que l'on ne peut que qualifier de meurtre prémédité. La première fois, la voiture l'a touchée à soixante-dix kilomètres-heure. Mais elle a survécu. C'est ensuite, quand l'automobiliste a reculé sur sa tête, qu'elle est morte.

Leonora se représente l'horrible tableau. D'une jeune professeure de lycée, blessée mortellement, désespérée. Et elle voit la voiture qui s'arrête un peu plus loin, puis qui recule soudain pour l'écraser une deuxième fois.

BT accorde encore plus de place à l'affaire. On se concentre davantage sur Nanna en tant que mère et collègue. Il y a plusieurs photos. Sur l'une d'elles, Nanna est avec ses enfants sur le pont d'un ferry. On voit la mer en arrière-plan. La dernière enfant est toute petite, elle la tient dans ses bras ; derrière, au loin, sur la mer, on voit deux mouettes, et encore un peu plus loin on aperçoit des éoliennes. Une amie témoigne combien Nanna aimait la vie et transmettait sa bonne humeur à tout son entourage. En marge de son travail au lycée, elle militait à la protection de la nature du Danemark. Elle allait laisser un terrible vide, déclare l'amie.

Leonora doit détourner les yeux, la gorge soudain sèche. Elle poursuit sa lecture, se force à continuer à lire, cela aurait pu être elle. Cela aurait pu être un article sur elle que les gens liraient tranquillement dans les journaux du matin, comme elle le fait en ce moment. Qui parlerait d'elle ? Petra ? Que pourrait-elle bien dire ? Que Leonora l'a laissée tomber, a été une amie détestable ? Les journalistes dénicheraient peut-être quelqu'un du conservatoire qui dirait des choses flatteuses. Elle aurait un enterrement modeste. Les amis et les collègues comme ont les autres gens, elle avait dû y renoncer. Pour Johan.

Leonora pose le journal sur le siège passager, c'est vraiment trop déprimant. D'ailleurs c'est son tour. Elle avance jusqu'au poste de lavage. La carte se trouve où elle l'a laissée, dans le petit espace près du levier de vitesses. Leonora baisse la vitre, insère la carte dans l'appareil automatique.

Une voix électronique artificielle lui dit : « Insuffisance de provision ».

« Quoi ? » dit Leonora tout bas en essayant une deuxième fois. Même résultat, même voix : « Insuffisance de provision ». « Qu'est-ce que c'est que cette histoire ? »

Cette fois-ci, elle le dit à voix haute, elle a du mal à contenir son irritation. Elle sort de la voiture.

« La machine ne marche pas ? hurle l'homme qui la suit dans la queue, vitre baissée.

– Non », répond Leonora, elle l'informe qu'elle revient dans une minute.

Dans la boutique, elle jette sa carte sur le comptoir.

« C'est encore moi. Vous vous souvenez de m'avoir vendu cette carte ?

– Oui, répond le vendeur avec hésitation. C'est bien vous, la forte en maths. » Il accompagne ces mots d'un sourire prudent, pour ne pas sembler insolent.

« Vous rappelez-vous que j'ai mis deux cents couronnes sur la carte et que j'ai payé pour un simple lavage de soixante-dix-neuf couronnes ? Il devrait donc rester cent vingt et une couronnes.

– Voyons cela », dit le vendeur en passant la carte dans l'appareil devant lui. La lecture de la carte provoque un petit bip. « Vous l'avez utilisée deux fois, dit-il.

– Non, dit Leonora en secouant la tête. Ce n'est pas possible.

– La première fois, mercredi à 9 h 27, et deux jours après, à 21 h 54.

– Deux jours après, dit Leonora que l'inquiétude envahit. Donc avant-hier… Ça ne colle pas, je n'ai utilisé la carte qu'une seule fois. J'en suis sûre. Et certainement pas à 21 heures…

– 21 h 54. C'est inscrit. D'ailleurs c'était la totale, à ce que je vois. Le bas de caisse et tout le reste. » Il hausse les épaules et en vient à la seule conclusion logique : « C'est peut-être quelqu'un d'autre qui a utilisé la carte ? »

12

L'injustice. À quoi est-elle due ? pense Christian en s'arrêtant sur le côté. Il perçoit un petit choc quand la roue avant monte sur le trottoir. Il laisse le moteur en marche, il n'a pas l'intention de rester longtemps.

Injustice. La maladie de Johan. Leonora qui refuse de le laisser partir. L'atroce acte ce soir-là dans la forêt. C'est une réaction en chaîne, une injustice en entraîne une autre, un flot d'injustices qui avec une force impétueuse emporte tout sur son passage, l'honnêteté, la droiture, l'amour. Quand enfin le courant atteint l'embouchure, il se déverse dans la mer, une mer d'injustice où Christian se débat maintenant, démuni, juste avant de se noyer.

Ses yeux le brûlent, son corps n'aspire qu'au sommeil. Mais le sommeil ne veut pas de lui. Il est sur le point de se casser en deux. À l'intérieur.

Les fleurs sont posées sur le siège à côté de lui. Des roses. Des fleurs qui expriment la vie. C'est le sommet de l'absurde. Il doit pourtant le faire. Il sort de voiture, tient le bouquet avec précaution par les longues tiges. Les enfants ont tracé une marelle sur le chemin. Une raquette de badminton gît sur le trottoir. C'est un quartier agréable, les maisons n'y sont pas aussi chères que près du fjord. Un quartier pour ceux qui veulent le meilleur pour leurs enfants, qui ne veulent pas qu'ils grandissent dans les petits appartements de grandes villes comme Aarhus ou Copenhague juste parce que c'est plus sympa pour les parents. Ici vivent des adultes capables de faire abstraction de leurs propres désirs, pas comme lui, Christian, non, ici vivait Nanna, une mère qui voulait de l'espace et un cadre sécurisant pour ses enfants. Jusqu'à ce que Christian, son égoïsme et sa folie ne la rattrapent.

« Vous auriez pu économiser votre argent. »

Christian la voit seulement maintenant. Elle se tient sur le trottoir devant la maison voisine de celle de Nanna, deux sacs de courses dans les mains. L'allée est déjà recouverte de fleurs, de bouquets, quelqu'un a simplement déposé une rose. Deux grosses bougies sont allumées dans des petits photophores rouges, il y a des lettres, des messages, recouverts de plastique pour protéger de la pluie ce dernier adieu des amis.

« Vous êtes journaliste ?

– Non… mon fils est dans son lycée », dit brièvement Christian.

Il ajoute quelques mots qu'il n'entend pas bien lui-même, mais il parvient à discerner ce que la commère lui distille comme un secret, que le père est parti avec les trois enfants chez ses parents. La presse ne doit en aucun cas en être avertie, les journalistes se sont beaucoup trop incrustés, dans leur folie d'annoncer au monde entier la nouvelle de la terrible tragédie.

« Ils ont manqué de respect », estime la voisine.

Christian marmonne quelques mots qui lui donnent raison. Elle part enfin et laisse Christian avec sa douleur devant la maison désertée, le lieu où habitait autrefois une famille heureuse. Les roses lui semblent encore plus dérisoires que quand il les a achetées. Il les dépose à côté des autres fleurs, reste un moment là, les yeux fermés, sent le soleil lui brûler le visage. Il pense à Zenia. Elle a téléphoné douze fois. Il devrait la rappeler, lui dire combien il l'aime. Elle et Johan. Il a fait tout cela pour eux. Magouillé. Tué. Tout détruit.

*

Le bâtiment ne paie pas de mine. Des murs en briques rouges, on croirait un bâtiment administratif, un centre social ou un centre de formation. Il y a même un porte-vélos près de l'entrée du poste de police de Vejle.

Le terminus. Cela ressemble à ça. C'est bien suffisant, non ? pense Christian. Le terminus de Nanna a été la Trouée de Rome sous la pluie, la roue arrière d'une camionnette blanche. Le terminus pour Christian sera un triste bâtiment en briques rouges construit à une époque où l'esthétique n'était pas la préoccupation première des architectes, mais bien l'aspect fonctionnel, le budget, pas toutes ces conneries.

La corde est toujours dans le coffre. Quand donc a disparu l'option de la corde ? Christian ne sait pas. La solution du suicide. De la potence faite maison, quelque part dans la forêt ou dans le grenier. Il s'est soudain senti incapable de l'accomplir. À cause de Johan ? L'idée que Johan puisse se représenter son père pendu à un arbre, le cou brisé, dans la puanteur de ses intestins vidés ? Cette pensée lui est devenue de plus en plus insupportable au cours de ces dernières vingt-quatre heures. Ce tableau – même si c'était obligatoirement une pure vision de son imagination – poursuivra le garçon le reste de sa vie. Son père. Pendu à un arbre. Non, il vaut mieux renoncer à ce projet, pense Christian. Vivre en acceptant que Johan sache la vérité. Que le monde découvre ce que Christian a fait. Il doit assumer son châtiment.

Christian observe les deux policiers qui sortent du poste. L'un rit d'une plaisanterie de l'autre, un jour ordinaire pour eux, un jour à passer avant de rentrer à la maison retrouver leur femme et les fricadelles puis regarder un peu de foot à la télé.

« Allez, vas-y, se murmure Christian à lui-même. Sors de la voiture, entre et dénonce-toi. »

Il reste assis. Son corps se cramponne à ses dernières minutes d'homme libre. Tout va changer. Il va devenir Christian l'assassin. Son visage va apparaître en première page, les gens vont se détourner de lui avec dégoût. Il va devenir le plus bas des misérables, un pur déchet de la société, coupable d'un meurtre qui, dans d'autres pays, lui vaudrait une balle dans la tête ou d'être électrocuté.

Il ouvre la portière, essaie de garder son calme. Il ne doit plus se poser de questions. Faire ce qui est juste. Il ne sait même pas ce que ce mot signifie. Ce qui est juste en fonction de quoi ? De Johan. Oui, c'est d'abord à lui qu'il doit penser. Son fils unique, le garçon qui a triomphé d'une terrible maladie. Va-t-il voir son père mort ? Ou en prison ?

Christian dépasse une policière dans l'entrée, s'approche de l'accueil. Il n'est pas entré dans un poste de police depuis la fois où il avait fait refaire son passeport en urgence, il avait perdu l'ancien et il ne restait qu'une demi-journée avant de s'envoler pour les Carpates. Quatre-vingts kilos, yeux gris-vert, un mètre quatre-vingt-neuf, hop, paraphé. Les chiffres seraient différents aujourd'hui. Pas seulement son poids, mais l'ensemble, il est un autre homme désormais, les derniers jours ont tout changé.

L'homme âgé assis derrière le comptoir est au téléphone. Il lève une main pour demander à Christian d'attendre une seconde. Une seconde, c'est une éternité, les pensées de Christian ne le laissent pas en paix, pas même maintenant qu'il se tient là, prêt à expier son crime. Pour l'instant ses pensées tournent autour de la maison de Nanna, du bref aperçu de leur vie, du grand trampoline dans le jardin derrière, ils n'ont jamais pu en avoir un comme ça pour Johan, c'était beaucoup trop dangereux.

« Je suis à vous, que puis-je faire pour vous ? demande enfin le policier de l'accueil.

– Je voudrais... »

Christian s'arrête. Il voit devant lui le visage de Johan. Ils ont tellement lutté pour qu'il s'en sorte. Christian se souvient de l'ouverture dans son dos, juste au-dessus du rein, il avait seulement eu une anesthésie locale. À cette époque, il s'était dit que c'était comme lui donner la vie une deuxième fois. La première quand ils avaient fait l'amour, Leonora et lui, quand sa semence avait trouvé l'ovule de Leonora. La deuxième à Seattle, quand les médecins avaient extrait sa moelle pour la donner à Johan. Cela lui avait fait horriblement mal les jours suivants, les douleurs s'étendaient jusque dans ses jambes, mais pour rien au monde il ne l'aurait dit, ni à Leonora, ni aux docteurs.

Christian se voit. Il se tient là, au poste de police, en face d'un policier qui l'observe avec curiosité.

«Je suis venu au sujet de la femme qui a été écrasée dans la Trouée de Rome.»

Le policier se penche vers lui.

«Oui?

– J'ai quelques informations.

– Vous vous appelez?

– Christian Holm.

– D'accord, monsieur. Il faut d'abord remplir un petit formulaire.»

Christian fixe le papier, des petites cases à remplir, il ne s'y était pas attendu. Un formulaire. Cette fois-ci, ce n'est pas pour connaître sa taille ni la couleur de ses yeux. Son nom, son adresse, son numéro de téléphone. La nervosité a envahi ses doigts. Il écrit mal, son huit ressemble à un trois et il doit barrer et recommencer.

«Voilà, dit-il en poussant le papier sur le comptoir.

– Parfait. Veuillez attendre un instant.»

Le policier disparaît par une porte. Christian attend. De nouveau une pensée s'insinue. S'en tirer. De nouveau il pense à Johan. Non, c'est mieux d'avouer. De se mettre à table, reconnaître qu'il a commis une faute impardonnable. Il n'était pas dans son état normal, plus lui-même, il n'était plus lui-même. Il n'avait pas dormi depuis trois jours, il était une épave humaine, il avait craqué, tout ça, la menace… Leonora qui hurlait, qui l'avait griffé, la menace de la prison. En plus : quelle liberté aurait-il s'il n'était pas jugé ? Une liberté où il serait enfermé dans sa propre prison personnelle.

Non, la seule façon d'être libre, c'est d'être jugé. C'est comme ça. Ce n'est pas non plus impossible qu'on le comprenne, s'il s'explique. Qui ne magouillerait pas un peu ses comptes pour sauver son enfant ? Et la menace de Leonora, le manque de sommeil, l'été, le désir de se reproduire, partout, dans l'air, dans le chant des oiseaux. Cela l'aiderait-il devant un tribunal ? Une perception neuve de l'effet sur les êtres humains de la pollinisation des fleurs et du rut des animaux. L'été est une saison dangereuse, parcourue par le désir, ce n'est pas lui, Christian, qui a agi, c'était un accident. C'était un accident. Il y a des accidents partout, la malchance de Christian s'est poursuivie sur de nombreuses années, de la maladie de Johan jusqu'à ce qu'il perde le contrôle dans la Trouée de Rome.

Une femme vient le chercher et interrompt ainsi son questionnement intime. Elle a l'air gentille.

« Bonjour, monsieur, dit-elle en lui tendant la main. Je m'appelle Merete. Si vous voulez bien me suivre.

– Oui », dit Christian.

Ils traversent l'accueil puis il la suit dans un couloir.

« Mettons-nous ici », indique Merete en ouvrant une porte.

Merete allume son ordinateur, s'assoit et attend que l'appareil IBM hors d'âge accepte de démarrer.

« Le soleil vous gêne ? Je peux tirer les rideaux.

– C'est parfait », dit Christian.

Il réfléchit à ce qu'il va dire pour commencer. Comment va-t-il en arriver à son aveu ? Pourquoi ne pas aller droit au but, tout avouer sans détours. Je suis coupable du meurtre de Nanna. Cette mère de trois enfants, cette épouse, cette femme, cette fille de quelqu'un, cette citoyenne, cette Danoise, cette habitante de Vejle, cette amoureuse de la nature, nous sommes chacun tant de personnages, et Christian a tout massacré. Il va bientôt s'effondrer, elle ira chercher du renfort, son ton va changer. On lui passera peut-être les menottes.

« Bon, je crois qu'on peut commencer, dit Merete. Parfois cela lui prend un siècle avant de s'ouvrir. »

Christian entend des voix dans le couloir, des voix lointaines qui se rapprochent, des voix d'hommes :

« Mais est-ce que ça tient la route ? Cette histoire de Roumains ? »

Un autre répond :

« Pourquoi pas ? Une camionnette blanche, des plaques roumaines.

– Merde. » C'est le plus jeune qui jure. Ils passent près de la porte ouverte, avec du café et des bouteilles d'eau. « Mais ils ne doivent pas savoir qu'on est après eux. Sinon ils se sépareront de leur véhicule.

– Ils sont déjà loin en Suède.

– Pourquoi la Suède ? Tu veux dire à Bucarest ? »

Les voix s'éloignent.

« Bon, dit Merete en souriant. On y va.

– Oui, répond Christian, sentant qu'il transpire des mains. Je voudrais… »

Me dénoncer. La dernière partie de sa phrase n'est pas exprimée, les mots refusent de sortir. Ils se mêlent à une question dans sa tête : pourquoi se dénoncer si la police croit que c'est l'œuvre de gens de l'Est ?

« Oui ? » dit la policière, avec peut-être un soupçon d'impatience.

Christian a lu des choses sur leur cas. Sur les fous qui se précipitent à la police chaque fois qu'un crime est commis en criant : « C'est moi le coupable, c'est moi. » Merete le prend-elle pour l'un d'eux ? *Pourquoi se dénoncer si la police croit que c'est l'œuvre de gens de l'Est ?*

Pour échapper à son châtiment ? Il pourrait le faire pour Johan. Il a tant fait pour Johan. Triché, trahi. Ne pourrait-il pas aussi faire cela ? Porter sa faute indicible toutes les années qui lui restent ? Il pourrait essayer, seulement quelques années. Jusqu'à ce que Johan soit vraiment autonome. Voir comment cela se passe, il aura toujours la possibilité de revenir sur sa décision et d'aller se dénoncer ou de se pendre.

« Oui ? » répète Merete.

Elle n'observe plus l'écran, son regard est tourné vers Christian, qui bizarrement trouve la force de la fixer droit dans les yeux.

« L'accident près de la Trouée de Rome, dit Christian, à qui il est subitement impossible de parler de “meurtre”. Alors que je rentrais du travail quelques heures avant ce malheur, j'ai vu un véhicule là où on passe sous la voie ferrée.

– Près de la rue Langelinie ? demande Merete.

– Oui. Une camionnette blanchc. Ils s'étaient garés sur la piste cyclable sous la voie ferrée. Il pleuvait si fort que je n'ai pas fait le lien avec ce qui s'est passé.

– Non, bien sûr.

– Je crois que c'était des Roms, je pense que je les avais déjà vus avant, vers la rue Kirkebakken », dit Christian, qui remarque combien il ment avec facilité.

Non, ce n'est pas un mensonge, c'est la vérité. C'est désormais la vérité, pense-t-il tout en expliquant qu'il est allé sur le chantier ce soir-là, proposant le nom d'Ender comme témoin ; il le glisse discrètement, que la police peut aussi demander au vigile s'il a vu quelque chose quand il est allé leur chercher de quoi manger au grill-bar. Mais plus tard, bien plus tard, après que cette pauvre femme a été renversée, Christian rentre à la maison. Et là il la revoit. La camionnette blanche, elle est garée dans un coin sous la voie ferrée. Et il raconte qu'il a vu les deux hommes dehors en train de fumer. Ils portaient des vêtements de sport noirs, des capuches, des gens de l'Est, dit-il. Il les a à l'œil depuis le cambriolage d'il y a deux ans. Ensuite il n'y a plus pensé.

Jusqu'à maintenant, depuis que les détails sur cet horrible accident ont été diffusés dans les médias. Christian souligne qu'il ne peut bien sûr rien affirmer avec certitude. Et non, il l'assure à Merete, il ne pourrait pas les identifier, il pleuvait trop fort.

*

Dehors, le soleil est devenu plus intense, une muraille de lumière. Christian retourne à sa voiture. Il ne sait pas vraiment s'il se sent mieux que quand il est entré dans le poste. Peut-être un petit peu. Il reste un instant assis au volant avant de partir. Il peut voir les policiers par les fenêtres, il les imagine en train de parler de l'Europe de l'Est. Des Roumains, de leur fuite à travers l'Europe, des autoroutes allemandes, du passage de la frontière de Tchéquie, de la traversée de l'Autriche ou de la Slovaquie jusqu'à ce qu'ils gagnent la Hongrie, franchissent les Carpates et atteignent enfin la Roumanie.

13

Un homme libre ? Non, c'est faux, pense Christian. De toute sa vie il n'éprouvera plus jamais le sentiment de liberté. Il l'a perdu le soir où il a tué Nanna. Quand sa roue arrière gauche a roulé sur son crâne, l'a écrasé comme un casse-noix écrase une coquille de noix. Il s'est alors enfermé lui-même dans une prison de culpabilité et de souffrance. Il n'aura pas droit à la libération conditionnelle, plus jamais, plus jamais il ne pourra retrouver la lumière du soleil. Il est condamné à la nuit pour l'éternité.

Mais peut-être seulement à une nuit intérieure.

La corde est toujours dans le coffre et elle y restera. La police est sur une fausse piste. Au lieu de regarder à seulement quelques centaines de mètres du lieu du crime, un peu plus bas sur la route, vers les belles maisons du bord du fjord, elle a concentré son attention sur l'Europe de l'Est et surtout la Roumanie, un trou noir mythique, l'explication simpliste de l'Ouest concernant le mal qui s'étend sur le monde.

Il peut peut-être s'en sortir. Cette idée est profondément irrationnelle. Bien sûr il ne peut pas s'en sortir, puisqu'il a volé la vie d'une autre, mais, en un sens, il n'est pas le seul à avoir commis des actes horribles. Les soldats lors d'une guerre par exemple, ils ne tirent pas seulement sur l'ennemi, ils deviennent fous et se livrent à la torture, ils frappent des innocents, le président américain et son staff, ils envoient de leurs sièges des drones sur Beyrouth ou Damas, bombardent indifféremment coupables et innocents. C'est comme ça. Depuis toujours. Arrivera-t-il à considérer les choses de cette façon ?

Dans la guerre qui est la plus violente de toutes, la guerre de l'amour, Christian a frappé une innocente. C'est une guerre incroyable, qui se livre dans chaque café, à chaque coin de rue, des gens qui cherchent à se voler mutuellement épouses et maris, à détruire les autres uniquement pour apparaître plus séduisants. La guerre de l'amour se tient sur de si nombreux fronts que l'on a renoncé à légiférer, sinon les tribunaux passeraient leur temps à juger des hommes et des femmes pour vol réciproque de petits amis, d'épouses et de maris. Mais on a renoncé, même s'il n'y a pas plus cruel larcin que celui qui vous arrache la personne que vous aimez. Le cambriolage d'une maison de vacances n'est rien à côté, ni le vol d'une voiture ou d'un bateau, rien ne peut être aussi abominable ni briser autant le cœur. On ne peut aller se plaindre nulle part, aucune société d'assurances ne peut vous dédommager d'un cœur brisé. Les gens en sont marqués pour la vie, la plupart ne s'en remettent jamais, la souffrance dure, dès lors que l'on a été abandonné au milieu de tout, au milieu de la vie.

C'est se faire voler ce qu'on a de plus précieux. C'est ce que Leonora ne comprend pas. Ce n'est pas Zenia qui vole Christian à Leonora. On ne possède pas une personne, on a le droit de tomber amoureux, de rencontrer de nouveau l'amour. C'est Leonora qui voudrait voler Zenia à Christian. Et c'est ce qui a envoyé Christian sur le front d'une guerre implacable. Nous sommes presque tous dans cette guerre, quand nous sommes assis à la cantine au travail et que nous draguons cette femme ou cet homme bien qu'il ou elle porte une alliance. Mais cet anneau ne les protège pas, arrivent les fêtes de Noël qui coïncident avec des disputes à la maison. D'un seul coup, on ressent le manque d'amour à une stupide fête de Nouvel An, entouré d'inconnus, et sans l'avoir prévu on se retrouve à côté d'un partenaire qui n'est pas le sien, sur le lit d'une chambre inconnue, pendant que les feux d'artifice explosent dehors. Comment en arrive-t-on là ? Comment Christian en est-il arrivé là ? L'occasion d'un amour plus fort et plus beau peut surgir n'importe quand, un mercredi ou un vendredi, ou un dimanche matin à la boulangerie, un sourire inattendu de cette fille encore ébouriffée qui s'achète pour trois cents couronnes de viennoiseries. J'espère qu'on se reverra, dit-elle en sortant. Vous dites : Moi aussi, en espérant plus. Vous vous mettez à courir, faire de la musculation, vous rendre séduisant, suivre des formations pour des postes ennuyeux ou passionnants, juste pour gagner plus, ce sont les positions que nous nous créons qui décident quel partenaire nous trouverons. Comme les animaux qui développent de magnifiques fourrures ou des plumages somptueux, ou d'énormes défenses ou de belles rayures, nous faisons tout pour le sexe opposé.

Christian, devenu vieux, se sentira peut-être un jour capable d'envoyer une lettre aux enfants de Nanna pour leur expliquer ce qui s'est passé, qu'il a été entraîné sur le champ de bataille des cœurs brisés, que le temps était détestable et réclamait une victime innocente dans la guerre de l'amour, que c'était une perte collatérale dans la guerre pour être aimé, vu et aimé encore. *Pardon.*

Il voit Leonora dans la maison, elle est dans la cuisine, penchée, puis elle se redresse, elle doit être en train de vider le lave-vaisselle. Tout est normal en apparence. Un jour tout à fait ordinaire. Christian rentre à la maison, comme tous les hommes depuis des siècles.

*

Elle l'attend. Cela frappe Christian quand il voit la posture de Leonora. Elle est appuyée contre l'îlot central. Ses cheveux sont remontés en chignon, Christian distingue du rouge sous ses yeux, elle a peut-être pleuré, ou plutôt comme lui n'a pas dormi.

« Hello, dit Christian, en quête de quelques secondes de normalité. Où est Johan ?

– En haut avec Marta », répond Leonora.

Elle parle anormalement bas.

« OK », dit Christian en ouvrant le réfrigérateur pour prendre une bouteille d'eau.

La tranche de citron ressemble à un poisson mort, un poisson rouge exotique avec le ventre en l'air.

« Christian ? » dit Leonora en posant son iPad sur la table.

Ses mains tremblent. Il le remarque sans en savoir la cause, mais il comprend que quelque chose ne va pas.

« Oui ?

– Je suis allée faire laver la voiture aujourd'hui.

– Encore ? dit Christian en risquant un petit sourire.

– Je ne comprenais pas pourquoi la carte était vide. Je leur ai dit que c'était sûrement une erreur. C'était impossible qu'elle soit déjà vide.

– D'accord, dit Christian en évitant son regard.

– C'est parce qu'on l'a utilisée avant-hier tard dans la soirée. Qui lave sa voiture à une heure pareille ? Pas moi. »

Pendant un court instant, Christian a l'impression d'inhaler la question en respirant. *Qui lave sa voiture à une heure pareille ?*

« Et tu sais ce que j'ai fait ? » Leonora a un rire bref, presque un éclat, mais Christian connaît ce rire, c'est le prélude à un effondrement. « Je peux être très obstinée. Et j'ai effectivement été si entêtée et si casse-pieds que j'ai obligé le vendeur à retrouver l'enregistrement de leur caméra de surveillance. Tu le sais, tout est filmé de nos jours. Même quand on se trouve à l'aire de lavage dans une station-service. Tu veux le voir ?

– Voir quoi ? » l'interroge Christian en essayant de clarifier ses pensées.

Doit-il filer ? Tout de suite ?

«Je pense que tu devrais regarder l'enregistrement. De toute façon, tu seras bien obligé de le voir quand il sera visionné au tribunal.»

Christian jette un coup d'œil à sa voiture. Jusqu'où pourra-t-il aller avant d'être arrêté ? L'Allemagne ?

«Je l'ai payé pour qu'il m'envoie la vidéo, deux cent cinquante couronnes de dessous de table. J'ai été obligée d'acheter un Mars pour faire de la monnaie, mais je ne trouve pas que ce soit cher payé pour la preuve de ton crime. C'était la meilleure solution pour que nous puissions la visionner ensemble, dit Leonora. On peut la regarder ensemble.»

Christian l'entend à sa voix, l'effondrement est proche.

«Regarde bien de près, Christian. Là, le véhicule arrive.»

Leonora met en route la vidéo sur son iPad.

Christian voit la camionnette arriver à l'aire de lavage. On se croirait dans un film.

«Le pare-brise est cassé. Et maintenant la vitre descend, dit Leonora. Et une main sort.»

Leonora a raison. C'est une description exacte des faits.

«Et regarde, là», poursuit-elle.

Elle met sur pause, un état qui atteint Christian lui aussi, une sorte de paralysie quand il voit, parfaitement distinct, son propre visage derrière le volant, presque en dehors de la voiture, le pare-brise est cassé là où la malheureuse femme l'a heurté.

«Il était prévu que le dessous de la voiture soit lavé, l'appareil a pu indiquer quel lavage tu as choisi.» Leonora murmure, elle détourne son regard de l'écran pour regarder Christian droit dans les yeux. «C'était pour enlever le sang, Christian ?

– Leonora, dit Christian, entendant alors du bruit dans l'escalier.

– Il y avait du sang ? Quand tu as roulé sur elle une deuxième fois. Il fallait donc le laver pour le faire disparaître.

– Leonora...»

Elle l'interrompt :

« Cela aurait dû être moi », dit-elle calmement. Comme Christian ne répond pas, elle le répète, cette fois plus bas, elle le chuchote. « Cela aurait dû être moi. C'est moi qui aurais dû être morte.

– Hello, papa. »

Johan arrive dans la pièce, il est plus grand que dans le souvenir de Christian, presque un homme adulte.

« Johan, dit Christian qui cherche ses mots.

– Qu'est-ce qui se passe ici ? Vous avez des têtes d'enterrement. Ça sent le mensonge. »

Mensonge. Christian se raccroche à ce mot, refuse de le lâcher. Il doit inventer un mensonge. Maintenant. Tout de suite. N'importe quoi qui peut…

« Ce n'est pas le bon moment, Johan. Ta mère et moi sommes au milieu d'une discussion importante.

– On a téléphoné ? À mon sujet ? » demande le garçon.

Sa voix a changé, c'est la voix d'un gamin qui a peur, d'un gamin qui a grandi trop vite, qui a dû affronter les inquiétudes des adultes, les visages des médecins, l'idée que sa vie ne tenait peut-être qu'à un fil. Elle frappe Christian, cette voix qu'il avait presque oubliée, mais qui est d'un seul coup de retour. Il secoue vite la tête pour le rassurer.

« Non, pas du tout, dit-il trop fort, osant pour la première fois depuis plusieurs secondes regarder Leonora, affronter son regard.

– Vous allez divorcer ? » Johan interroge Leonora. D'abord une question à son père, une autre à sa mère, c'est équitable. « Maman, tu vas bien ?

– Nous envisageons de…

– Vendre la voiture de ta mère », dit Christian en ressentant un soulagement inexplicable dans tout le corps. Pendant une seconde, c'est comme s'il disait la vérité. « On pourrait très bien se contenter d'une seule voiture. »

Marta descend l'escalier. Les pas de la mince jeune fille ne font quasiment pas de bruit sur les marches.

« Bonjour », dit-elle.

Christian lui sourit, Leonora ne dit pas un mot.

« Bon, en fait, je venais vous prévenir que nous nous sauvons, dit Johan. Je pense être là pour manger.

– OK, dit Christian, il se force à regarder à nouveau Leonora, il voudrait la mêler à la conversation, normaliser la situation.

– Ça ne pose pas de problème si Marta vient manger aussi ? demande Johan.

– Bien sûr que non », répond Christian.

Le garçon fait quelques pas vers lui, Christian est intimidé, il n'est pas en état d'approcher de trop près un autre être humain. Johan lui donne une tape sur l'épaule.

« À plus ! »

Christian envisage un instant de partir avec eux. Leonora reste derrière l'îlot, s'en sert de rempart contre Christian, de forteresse, de douve pour éloigner l'ennemi. Ils entendent la porte claquer, Johan et Marta rire entre eux. Christian se tourne vers elle.

« Ne t'approche pas. Kim est sur sa terrasse, j'appellerai au secours, lui dit-elle dès qu'ils sont seuls.

– Leonora... »

Elle l'interrompt :

« Tu as essayé de me tuer. Tu as assassiné une femme innocente.

– Non, dit Christian sans savoir réellement d'où sort le mot.

– Non ? »

Christian perçoit sa propre respiration, on croirait un vieil homme. Il fait un geste de dénégation. Répète le non absurde. Non, non, non. Il n'a pas tué une femme innocente. Il n'est pas un monstre qui a essayé d'assassiner sa femme.

« Tu nies, Christian. Très bien », dit Leonora, son ton a changé. L'assurance s'y mêle à l'angoisse. Elle en devient plus dangereuse. «J'appelle tout de suite la police. On va éclaircir tout ça.»

Elle a son téléphone en main. Christian ne sait pas d'où elle l'a sorti, si elle l'a eu tout le temps. La carte du policier sur le réfrigérateur… Leonora l'a dans l'autre main, l'aimant roule sur le sol.

«Leonora. Arrête. Au nom du ciel, réfléchis, pense à Johan, dit Christian, il ne sait pas si c'est ce qu'il faut dire, les mots sont sortis tout seuls.

– Allô ?» dit Leonora. Elle parle fort maintenant. Christian enregistre la présence de Kim dehors. Il est dans son jardin, en train de ficeler quelque chose à un bouleau, un hamac ? Leonora élève encore la voix, elle crie presque : «C'est Leonora Holm. Vous êtes passé nous voir l'autre jour. Au sujet de la femme qui a été tuée par une voiture au bout de la Trouée de Rome.

– Leonora, bon Dieu», s'entend dire Christian. Il vient seulement de comprendre le danger. Il est prêt à agir. Il fonce sur elle à toute vitesse et lui dit tout bas : «Leonora, attends, je t'en supplie. Pense à Johan.

– Oui, est en train de dire Leonora. Ceux avec la fête des bacheliers.

– Attends un peu», murmure Christian.

Il tend la main et lui arrache le téléphone. La scène a quelque chose de déjà-vu, elle reproduit leur dispute dans la chambre à coucher quelques jours plus tôt. La lutte pour le téléphone. Elle craque vite, elle a peur de lui.

«Oui, excusez-nous, dit Christian. C'est ma femme qui pensait qu'il fallait vous appeler. Mais elle ne savait pas que j'étais déjà passé au poste de police pour signaler la camionnette que j'ai vue ce soir-là.»

Il peut entendre un allô dans le téléphone, mais il l'ignore. Quelqu'un fait du bruit en marchant, c'est Leonora qui traverse le séjour en courant, c'est bizarre, pense Christian en l'observant. On ne court pas dans une salle de séjour, une salle de séjour est l'endroit sacré de la famille, un lieu pour se détendre et pour bavarder, pour regarder un peu la télévision, peut-être, pour prendre un bon repas, pour se relaxer après une longue journée de travail. La porte d'entrée claque. Brutalement.

« Oui, dit Christian au vieux policier toujours au bout du fil. Comme je l'ai signalé au poste, je les ai vus près de Langelinie, là où la route passe sous la voie. Des plaques étrangères, je crois. Je n'en suis pas certain. » Il la voit par la fenêtre, Leonora, elle monte dans sa voiture. « Non, je n'en suis pas tout à fait sûr, mais presque. Des plaques étrangères. Roumaines, je crois. Est-ce que je peux vous rappeler ? »

*

Leonora est rapide, plus rapide que lui. Quand il sort de la maison, elle est déjà dans sa voiture.

« Leo, hurle-t-il, plusieurs fois, sentant le désespoir dans sa propre voix. Écoute-moi. » Il aperçoit à nouveau Kim, par-dessus la haie, qui rentre chez lui. « On doit parler. »

La seule réponse qu'il obtient est le petit bruit de la portière que Leonora vient de verrouiller. Il frappe de la main sur la vitre, fort. Leonora lui dit quelque chose que Christian n'entend pas, la voiture étouffe le son.

« Je ne t'entends pas », dit-il, faisant de grands gestes avec les mains pour lui demander de baisser la vitre.

Enfin apparaît une petite ouverture d'un centimètre ou deux, assez pour des mots, pas assez pour une arme ou des mains.

« On peut rentrer ? » demande Christian, d'une voix plus basse.

Kim est toujours dehors et Christian a peur d'attirer des regards curieux de passants.

« Rends-moi mon téléphone. » La voix de Leonora est étonnamment calme. Cela rend les choses pires pour Christian, cela la rend plus dangereuse, plus rationnelle.

« Tu m'as entendue ? Rends-moi mon téléphone. Tout de suite ! »

Christian obéit, glisse le portable par la fente.

« Leonora, poursuit Christian. Je t'en supplie. Rentrons. On peut parler.

– Tu es un monstre. » Le mot disparaît dans un sanglot. « Un… enculé de monstre. Tu as voulu me tuer.

– Pense à Johan, dit Christian en rapprochant la bouche de la fente. Pense à notre fils. Qu'est-ce qu'il va devenir ?

– Oui, qu'est-ce qu'il va devenir, à ton avis, Christian ? » Elle hurle ces derniers mots agressivement, la bouche sur la fente, elle crache un peu de salive qui s'étale sur la vitre. « Comme si tu avais pensé à lui quand tu as essayé de me tuer !

– Calme-toi », dit Christian.

Son regard croise un instant celui de Kim à travers la haie. Il baisse la voix. Essaie de dire quelque chose mais elle l'interrompt.

« As-tu pensé à Johan quand tu as essayé de me tuer ? As-tu pensé qu'il allait devoir vivre sans mère ? » Elle crie à présent. « Qu'il devrait vivre avec un seul parent ? Un meurtrier ? »

Christian pose les mains sur la fente, il essaie comme un fou d'étouffer le torrent de mots. Kim est rentré, mais la fenêtre de sa cuisine est ouverte, et à plusieurs reprises, quand ils faisaient des grillades en été ou plus tard lors de la fête des voisins, l'an dernier, ils avaient plaisanté sur le fait qu'on entend tout dans le quartier. Kim avait dit : « Impossible d'avoir une petite séquence amoureuse sans que tout le quartier entende. »

Leonora fait marche arrière. Vite, violemment. Christian se met en face de la voiture, comme l'étudiant en révolte de la place Tian'anmen face à un char qui marche contre lui, qui va l'anéantir à moins qu'il ne réussisse à l'arrêter. Leonora s'en fiche, elle veut peut-être l'imiter, en tout cas elle fonce sur lui. Christian fait un saut sur le côté, tombe, quelque chose le blesse, un rosier ou des graviers qui s'enfoncent dans sa peau. Il la regarde descendre le petit chemin, clignoter d'un côté puis de l'autre, mais rester à l'arrêt. Christian peut presque déchiffrer ses pensées dans l'indécision que marque la voiture, où aller ? Rouler loin de tout, se sauver, le dénoncer, mourir ? Il sait ce qu'elle éprouve, il l'a aussi éprouvé au fil des derniers jours. Elle ne s'attarde pas trop longtemps à réfléchir, elle part sur la gauche, en direction de la ville. Et du poste de police.

14

Le silence règne dans la maison, qui bientôt ne sera plus sa maison, ce ne sera plus sa vie non plus. Il va aller vivre ailleurs, dans une prison, peut-être sur Sjælland, loin d'ici. Ou dans la nouvelle prison sur l'île de Falster, Peter et Christian avaient envisagé de répondre à l'appel d'offres, mais ils y ont renoncé, trop de béton et trop peu de vie dans le projet, en outre construire une prison ne convenait pas à leur image.

Maintenant il y sera quand même. Christian, debout dans la salle de séjour, écoute sa respiration. Tout s'écroule autour de lui, sa vie, son monde. Et pourtant il règne ce foutu silence dans la pièce, c'est un tremblement de terre qui ne fait pas de bruit, comme si elle avait emporté tous les sons avec elle en partant. L'iPad est toujours sur la table. L'image de l'aire de lavage est fixe, l'image du malheur de Christian : la main, la carte de lavage, la maudite machine. C'est la photo d'un assassin, pense-t-il. Comme celles que la police diffuse quand ils recherchent quelqu'un de dangereux. Qui connaît cet homme ? Pas moi, pense Christian. Il se peut qu'il me ressemble, il se peut qu'il ait le même numéro d'identité, le même nom, le même ADN, mais je ne le connais pas. Cette réponse ne serait pas un mensonge. Il ne connaît pas cet homme qui, le soir, à une heure tardive, tue des gens et essaie ensuite de le cacher. Cet homme n'a rien à voir avec lui, avec le vrai Christian. Avec le bon mari, le père affectueux, l'entrepreneur et le promoteur Christian

Holm. Un homme qui, l'an dernier, figurait en première page d'une revue professionnelle et que l'on qualifiait d'innovant dans un article intérieur. Oui, c'est bien lui, va affirmer Leonora, pense-t-il. C'est pourquoi il doit absolument la joindre au téléphone. Pas pour lui dire qu'elle ne doit pas aller au poste de police, mais pour la convaincre que ce n'est pas le vrai Christian qui a commis cet acte. Il tient le téléphone tout près de son oreille.

« Réponds, chuchote-t-il. S'il te plaît, réponds.

– Hello, papa. »

Christian pense une seconde s'être trompé de numéro et que c'est Johan qui répond. Il s'imagine avoir renoncé à joindre Leonora, c'est Johan le plus important, c'est avec lui qu'il doit parler. Mais le garçon est sur le seuil, Marta derrière lui.

« On a préféré revenir ici, explique Johan. Ça ne te dérange pas ?

– Pas du tout, dit Christian sans rien trouver à rajouter.

– Il y a quelque chose qui ne va pas ? Tu as l'air tout…

– Une seconde », dit Christian en les contournant dans l'entrée.

Il se trouve à nouveau dans le jardin, heureusement Kim n'est plus là. Christian peut voir les jeunes à l'intérieur de la maison. Il s'en veut de ne pas avoir emporté l'iPad avec lui, mais se réjouit que Johan et Marta n'aient d'yeux que pour eux-mêmes. De plus, même s'ils voient la vidéo de Christian à l'aire de lavage, ils ne feront jamais le lien avec un crime.

Christian téléphone de nouveau. De longues et pénibles secondes s'écoulent, puis la voix de Leonora résonne sur la messagerie.

« Leonora, dit Christian. Si tu entends ce message… Avant que tu téléphones à quelqu'un… Ne veux-tu pas m'écouter deux minutes ? C'est la seule chose que je te demande. Deux minutes avant que toute notre vie ne soit dévastée. »

Il la voit quand elle tourne au coin, en haut de la colline, elle roule très lentement vers le fjord, vers les maisons les plus chères du coin. La voiture de police. C'est fini, il sent ses larmes monter, il a envie de pleurer comme on pleure, enfant, quand on a fait quelque chose que l'on n'aurait pas dû faire, mais qu'on a quand même fait. *Qu'on a fait.* C'est vrai, il l'a fait. Ce n'était pas exprès, il ne voulait pas ça, c'était dû à la fatigue, pour ramener cette femme à la vie il donnerait la sienne. Mais cela ne servirait à rien, il ne peut pas la ramener à la vie. Il va être arrêté, jugé, condamné, mis à l'écart de longues, longues années.

Il s'appuie contre la porte. Johan. Zenia. Et Peter ? Tous vont le regarder avec dégoût. Kim, son voisin, le procès. Johan, son adorable fils. Comme il aime Johan. Si inconditionnellement qu'il a commis une escroquerie pour le sauver.

Christian les repère, à la porte du jardin. Cette fois-ci, ils sont deux. Il rentre dans la maison, il devrait se sauver, sauter par-dessus la haie. Mais il les voit par la fenêtre de la cuisine, le moment est venu, tout va s'arrêter. La dernière fois, il n'y avait que le vieux. Christian appartenait alors à une autre catégorie : celle du témoin possible. Un citoyen respectueux des lois qui ne fait que son devoir, qui converse avec la police. Maintenant il est le coupable. C'est pour ça que le vieux a pris quelqu'un avec lui. Quelqu'un qui tirera s'il y a danger. Il est après tout un meurtrier désespéré qui deux jours avant n'a pas hésité à tuer une mère de famille, à rouler de sang-froid sur son corps et sa tête avec une lourde camionnette. Pourquoi ne tuerait-il pas une nouvelle fois ?

« Papa ? »

Il est là, son fils, né de la rencontre entre un homme et une femme, mis au monde par Leonora et ressuscité plus tard par son père, par la vie arrachée à la moelle épinière de Christian au pire moment de sa maladie.

« Ça va, papa ?

– Johan, dit Christian en mettant les deux mains sur les épaules de son fils pour l'empêcher de voir par la fenêtre les policiers qui se rapprochent, ils sont la porte refermée du destin de Christian.

– Qu'est-ce qui se passe ?

– Je t'aime, Johan. Tu le sais ?

– Qu'est-ce qui ne va pas, papa ? »

On frappe à la porte. Fort, trois coups rapides à la suite. Christian serre Johan dans ses bras, il sait que cela inquiète le garçon. Mais cela n'a plus d'importance. C'est leur dernier moment ensemble, la dernière seconde d'une vie normale pour Johan. D'une bonne vie. Dans une minute, lui, Christian, va devenir un meurtrier, Leonora et Johan vont devoir déménager. Peter va peut-être servir de père à Johan. Ils devront aller à Copenhague. Essayer d'oublier Christian. Lui-même sera libéré un jour. Il sera retraité à ce moment-là, les cheveux gris, les yeux creux, dévasté par son acte et les longues années derrière les barreaux. Il ira trouver Johan qui ne voudra pas le voir. Johan aura peut-être lui-même des enfants. Christian pourra se poster sur le trottoir d'en face pour regarder en pleurant sa famille, la famille qu'il a détruite.

« On frappe à la porte. Qui c'est ?

– Rends-moi un service, dit Christian.

– Lequel ?

– Monte à l'étage. Reste dans ta chambre. Il faut que je règle quelque chose. »

On frappe à nouveau, cette fois-ci plus fort.

« Pourquoi, qu'est-ce qui se passe, demande Johan, il n'a pas l'air de vouloir partir.

– Je t'en prie. Fais ce que je te dis, Johan. »

Johan finit par obéir. Christian attend d'entendre les pas du garçon dans l'escalier, marche par marche, la porte qui s'ouvre à l'étage, la voix de Marta, vague, innocente : « Qu'est-ce qu'il y a ? » Et enfin la porte qui se ferme, le silence qui s'installe, provisoirement.

Christian ouvre la porte. Ça se passe comme ça doit se passer. C'est un soulagement. Il reconnaît tout de suite le vieux policier. L'autre, en uniforme, il ne l'a jamais vu avant.

« Christian Holm ? » dit le vieux qui s'appuie sur sa canne.

Sa voix est moins joviale que l'autre jour. Le plus jeune s'est poussé respectueusement sur le côté pour faire place à l'expérience.

« Oui », dit Christian.

Un mot prononcé faiblement, mécaniquement, comme une bête qui capitule. Un souvenir émerge, de l'enfance, de l'époque où ils avaient une marte dans le grenier.

Le vieux grommelle.

« Pouvons-nous entrer ? »

Christian entend la question, pense à la marte, à la façon dont ils pouvaient entendre ses petits pas, ses courses folles dans le grenier. Le matin ils pouvaient voir ses traces : des excréments et des caisses pleines de bric-à-brac mordillées, des tuyaux troués, l'œil mâchonné d'un vieil ours en peluche.

« Monsieur Holm ?

– Pouvons-nous aller dehors ? demande Christian. Mon fils dort. »

Le maître et l'apprenti haussent les épaules en chœur.

« Sans problème.

– Un moment. »

Christian décroche le premier manteau qui lui tombe sous la main. C'est celui de Johan. Un épais coupe-vent à capuche muni de grandes poches et imprégné de l'odeur du garçon que Christian espère protéger encore un peu, une bonne odeur de son garçon qui le protège lui aussi, quelque chose de beau et tendre dont il aura besoin dans les minutes à venir. Il sort, les policiers attendent patiemment. Christian ferme soigneusement la porte. Ils sont en haut de l'escalier.

« Votre femme a téléphoné », dit le plus vieux en regardant Christian. Il attend quelque chose. Quoi ? « Vous dites que la voiture que vous avez vue a des plaques étrangères.

– Oui.

– À mes collègues, vous avez déclaré que vous avez vu la voiture sous la voie ferrée. Mais à ce moment-là, vous n'avez pas dit que vous aviez vu le numéro des plaques. »

Christian cherche à comprendre. Vont-ils l'arrêter ou pas ? Peut-être lui suffit-il de demander.

« C'est un détail important pour nous, indique le vieux en grimpant une marche pour se rapprocher de Christian. Vous avez parlé de gens de l'Est à mes collègues. C'est vague, et le numéro pourrait nous aider.

– C'est sûr », dit Christian, étonné. Quelque chose commence à se faire jour en lui. Un espoir ? « Je ne sais pas si ça a de l'importance, mais je crois que j'ai remarqué les plaques sans m'en rendre compte. Il y a eu tellement de cambriolages dans le quartier dernièrement que l'on est tenu d'être un peu plus attentif. C'est évident qu'une voiture étrangère arrêtée sous un pont, on la remarque. »

Christian observe Holger qui note tout ce qu'il dit dans un petit carnet. Il a mis des lunettes avec des verres ronds sur une monture argentée mince et fine. Elles lui tombent sur le nez, et le vieux policier ne fait pas mine de les remonter.

« Et d'où venait la voiture ?

– Je n'en suis pas sûr à cent pour cent, dit Christian. La seule chose dont je sois sûr, c'est que ce n'était pas des plaques danoises. Je crois qu'ils venaient de Roumanie.

– Qu'est-ce qui vous a amené à penser à la Roumanie ? »

C'est la première fois que le jeune policier intervient. Il a l'air plus soupçonneux qu'Holger, il n'a pas la sérénité ni l'indulgence du policier chevronné.

« Comme je l'ai dit, le numéro des plaques », répond Christian, il entend le léger bruit d'un SMS au fond de sa poche.

Le vieux policier lève le nez de ses notes et regarde Christian par-dessus ses lunettes de lecture.

« Qu'y a-t-il de spécial sur une plaque roumaine ?

– Il y a… » Christian réfléchit. Bordel, qu'est-ce qu'il peut bien y avoir sur une plaque d'immatriculation roumaine ? « Un moment », dit-il en sortant son téléphone de sa poche, principalement pour gagner du temps, comme si quelques secondes supplémentaires pouvaient lui donner la réponse, les lettres sur les voitures des Roumains ?

Il lit le message de Leonora. Court, précis : *Rendez-vous à 19 heures au Poséidon.* Rien d'autre. Un ordre, pas une question ni une invitation. Mais cela veut aussi dire autre chose : qu'elle n'a pas téléphoné à la police. Si elle l'avait fait, il ne pourrait pas se rendre au Poséidon, arriver tranquillement à 19 heures comme si rien ne s'était passé, comme si Nanna était toujours en vie, occupée à corriger des copies de sciences naturelles pendant que ses trois enfants sautent sur le trampoline.

« Monsieur Holm ?

– R… O, dit Christian. Il y avait RO, je n'en suis pas absolument sûr. Mais je me souviens d'avoir pensé à l'Europe de l'Est et à la Roumanie quand j'ai vu la voiture. À cause de tous ces cambriolages.

– D'accord, acquiesce le vieux policier. Vous avez mon numéro.

– Oui, dit Christian en souriant. Bien sûr. Sur le réfrigérateur. »

Deux poignées de main en haut de l'escalier. Christian reste dehors jusqu'à ce qu'ils soient assis dans leur voiture. Il les voit s'éloigner, suit la voiture de police des yeux jusqu'au bout de la route, jusqu'à ce qu'elle tourne, pense toujours à cette foutue imbécile de marte, au piège qu'ils lui avaient tendu. Son père avait veillé une nuit, assis dans la cuisine devant une tasse de thé et un journal, et il avait attendu. Christian n'a jamais su pourquoi. Il craignait peut-être que l'animal ne s'arrache au piège et ne file. Christian avait été réveillé par un cri qui venait du grenier, le bruit d'un animal qui souffrait, combat perdu d'avance pour essayer de dégager son arrière-train blessé de la grille tranchante en métal qui était retombée sur lui par un mécanisme à ressort. Et soudain le silence. « Elle est morte », avait dit son père quand Christian était entré dans la cuisine. Pas un mot sur la raison qui avait fait se lever un petit garçon au milieu de la nuit, seulement ce constat effrayant : « Elle est morte. »

En fait, ce n'était pas vrai. C'est ce qu'avait pu constater Christian quand il était monté au grenier avec son père. Au contraire, ses yeux étaient largement ouverts, la petite bête à fourrure clignait des yeux et les fixait, respirait presque normalement. Mais elle avait abandonné. Elle n'en pouvait plus. Tuez-moi, c'est ce que Christian s'était imaginé qu'elle réclamait. Et c'est ce qu'a fait son père. Avec un marteau. Christian n'a pas eu le temps de détourner la tête.

15

Holger a attrapé sa canne, bien qu'il soit assis. Une mauvaise habitude, ses mains aiment trop ce manche, ce bois poli, comme certains passent leur temps à essuyer leurs lunettes dès qu'ils ne les ont plus sur le nez. La vieillesse transforme en manies tous les petits gestes, des manies qui deviennent aussi personnelles et uniques que les empreintes digitales.

« Alors, papa, est-ce que tu as pu le voir sur lui ? demande Josefine.

– Sur Christian ? Non. Il avait l'air stressé. Mais c'est normal, les gens sont angoissés quand la police frappe à leur porte ou à la portière de leur voiture. Tout le monde se sent coupable de quelque chose, et quand on arrive, ils y pensent. Sur ce point ton grand-père avait parfaitement raison.

– Grand-père ? » Josefine est surprise, Holger le voit bien. « Qu'est-ce que grand-père vient faire là-dedans ?

– Il détestait les policiers », dit Holger.

Il se souvient du jour où il devait lui être présenté. Karen et lui avaient pris le train de Copenhague à Hjørring, au nord du Jutland. Ils étaient ensuite allés en taxi jusqu'à Skallerup Klit. C'était l'hiver et il faisait noir quand ils étaient arrivés à la ferme. Holger n'avait plus mis les pieds dans une ferme depuis son enfance, et encore, c'était pour une colonie de vacances à la fin des années 1950. Il y avait été malheureux, sa mère lui manquait. Dire qu'on envoyait les enfants en dehors des villes dans des fermes chez de parfaits étrangers. Juste pour qu'ils engraissent un peu et absorbent de l'air pur dans leurs poumons. Holger avait été sur Fyn, l'endroit était très bien, c'était lui qui ne s'y plaisait pas. C'était trop différent, ses amis lui manquaient, il n'avait jamais pensé que la ville était mauvaise pour lui, si mauvaise qu'il fallait en partir pour survivre.

Cet attachement à la ville, il l'a expliqué à Karen quand il a remarqué sa fierté. Même si elle ne voulait pas vivre là, reprendre la vie de ses parents, la fierté était puissante chez elle, fierté de survivre aux défis de la nature, la mer du Nord, la terre sablonneuse, les mauvaises récoltes.

Holger avait depuis reconnu ce même sentiment de fierté chez les autres paysans. La conscience de leur valeur, la certitude de leur propre fierté, que c'est eux qui font tourner le monde, que le monde leur appartient. Que sans eux il n'y aurait rien. On peut se passer de beaucoup de choses, particulièrement de la profession qu'avait choisie Karen avec enthousiasme. Des costumes pour des acteurs ! Erling les mettait dans le même sac que les jouets en plastique, le porno, les socialistes et la poésie pour les placer au top 5 des choses inutiles à la société. C'est peut-être ce qui avait poussé Karen à choisir cette voie, par protestation. Elle avait rejeté cette analyse ; elle adorait les habits, les couleurs, les tissus, adorait palper le monde, s'en sentir proche. La première fois qu'Holger était allé dans l'étable parce que Karen devait lui apprendre à traire, il avait pensé que peut-être tout se tenait – une sorte de colle invisible qui reliait le travail à la ferme à celui de la couture. La sensualité. Elle se trouve dans la peau des bêtes, le cuir, le travail manuel, les pis des vaches, la précision des doigts. Et le résultat immédiat du travail.

« Hou, hou, il y a quelqu'un ? demande Josefine.

– Leonora n'y était pas, en tout cas, le soir où je suis venu sonner à leur porte, dit Holger en repoussant sa canne. Elle était partie en voiture. Plus tard… bien plus tard, quand j'ai commencé à enquêter sur Christian et Leonora, j'ai vu le SMS qu'elle a envoyé à Christian pendant que je l'interrogeais devant sa porte.

– Interrogeais ? Ce ne sont pas les suspects qu'on interroge ? »

Holger hausse les épaules. Pour un policier, tout le monde est suspect jusqu'à ce qu'on ait prouvé son innocence. Ce n'est qu'au tribunal que c'est tout le contraire. Il n'a pas envie de le dire à Josefine, cela ne correspond pas à sa vision du monde. C'est peut-être pour ça qu'elle s'entendait si bien avec Erling. Au fond d'eux-mêmes, ils étaient tous les deux contre toute autorité.

Holger poursuit :

« Quoi qu'il en soit, Leonora a donné rendez-vous à Christian au Poséidon.

– Pourquoi n'as-tu rien remarqué ? dit Josefine, soudain critique.

– Remarqué quoi ? Ça ne se passe pas comme ça, Josefine. Les impressions ne comptent pas. »

Josefine reprend :

« Les impressions ne comptent pas. On est bien d'accord, papa. »

Holger ravale sa salive, et aussi son énervement, il se sent un instant injustement traité. D'abord par Erling, puis par le reste de la population, tous ceux qu'il a dû interroger, et maintenant par sa propre fille.

« Tu sais très bien ce que je veux dire, Josefine. Les impressions ne comptent pas dans le travail d'enquête. On est obligé de chercher des faits précis qui se tiennent. Je l'ai déjà vécu, d'être convaincu, de sentir que j'avais trouvé le bon numéro, le meurtrier. Je pouvais presque le sentir sur lui.

– Et ce n'était pas lui ?

– Et ce n'était pas lui. Après, on ne procède plus jamais de cette façon. Je croyais que ça parlerait à ton sens de la justice ? Que nous ne choisissons pas quelqu'un seulement parce qu'il a une tête de criminel. Mais pour être franc, j'essaie de ne pas accorder trop d'importance à ce genre d'impressions, par exemple que Christian ouvre la porte avec l'air bouleversé. Nous ne savons pas ce qui vient juste de se passer. Peut-être sort-il d'une dispute ? Comme celles que toi et moi nous avions quand tu étais au comble de la colère. »

Josefine sourit, il ne s'y attendait pas, elle tend la main vers celle de son père, il ne la prend pas, lui non plus n'a pas un caractère facile. Elle l'accuse d'être insensible, et après il faudrait qu'il lui prenne la main !

« Mais, papa, est-ce que c'est vraiment Christian qui a écrasé cette femme ? Comment peux-tu en être si sûr ?

– Certain », dit Holger en soupirant.

Il a repensé à ce soir-là, devant la porte. Par la fenêtre, il avait vu Christian dans la maison, il avait vu la façon dont il étreignait son fils.

« En tout cas, je suis sûr du contenu du SMS que Leonora lui a envoyé pendant que nous parlions en haut de son escalier.

– Rendez-vous au Poséidon à 19 heures.

– Oui. Je l'ai lu.

– Cela ressemble à une invitation romantique, papa. Une femme n'écrirait jamais ces mots à son mari alors qu'elle vient juste de découvrir qu'il a essayé de la tuer.

– Pourquoi pas ? demande Holger. Elle craint pour sa vie et elle ne veut le rencontrer que dans un lieu plein de monde. C'est sa seule façon de se sentir à l'abri. En plus il lui a téléphoné quatorze fois avant que nous ne frappions à sa porte. Qui téléphone quatorze fois ? Un homme au désespoir.

– Je le fais aussi avec Mark, dit Josefine. Et d'ailleurs pourquoi accepte-t-elle de le rencontrer ? Jamais personne… » Josefine y songe, puis répète : « Jamais ! Personne ne voudrait. En tant que femme ? Jamais. Ton histoire ne tient pas. J'en ai enfin trouvé la preuve, papa. Ça ne tient pas. Sorry. Cold case», dit-elle.

Josefine la juge, le petit dictateur en jupons, la fille du diable, c'est le genre de discussions qu'ils avaient déjà autrefois. Quand elle s'était inscrite sur la liste des radicaux du parti d'extrême gauche Enheds-listen, ou la première fois qu'elle était arrivée avec son amoureux, Mark.

Mark avait grandi à Christiania, «le soi-disant État libre», comme Holger l'avait toujours appelé. Holger avait fait partie des policiers qui avaient été envoyés à vélo dans cette ancienne caserne, en 1969. Les premiers hippies s'étaient installés dans les bâtiments vides. Les policiers avaient reçu un ordre sans équivoque de leur direction : les hippies devaient partir. Ce n'est pas Holger qui avait parlé, mais l'un des policiers plus âgés. Il avait cherché à leur faire entendre raison : on n'a pas le droit de s'installer dans une maison dont on n'est pas le propriétaire. Les hippies avaient une approche différente, une logique qu'Holger ne comprenait pas : aucun État ne doit avoir de bâtiments vides quand des jeunes ne savent pas où dormir. C'était l'époque où Karen s'était vu proposer un poste de costumière au théâtre d'Aarhus. Elle serait ainsi un peu plus proche de ses parents, elle souhaitait aussi que ses filles grandissent en humant l'air de Skallerup Klit. Holger n'avait rien contre quitter Copenhague. Déjà à cette époque on avait pu observer, à l'occasion de la manifestation contre la Banque mondiale devant l'hôtel d'Angleterre, que la violence était trop présente, que les jeunes étaient très en colère et que l'abîme s'était creusé. Le travail de policier ne consistait plus à arrêter les quelques personnes malveillantes envers la communauté, il consistait désormais à faire tampon, écran entre différentes fractions de la société, entre ceux d'en haut et ceux d'en bas, entre le fond et le sommet. Aarhus leur était apparu comme une délivrance, de temps en temps il y avait naturellement aussi à Aarhus une manifestation ici ou là mais, Dieu soit loué, ce n'était que l'occupation d'une simple maison rue Mindegade, juste parce qu'ils voulaient faire comme à Copenhague. Il n'y avait pas de bagarres, il n'y avait pas un quartier entier qui faisait sécession de la société.

Lorsque Josefine était venue pour la première fois avec Mark dans leur maison de vacances près de Mols Bjerge, ils l'avaient vécu comme une forme de provocation. Une sorte de rejet de tout ce que Karen et Holger avaient construit. Du cadre qu'ils avaient créé. De la sécurité, de la stabilité, une enfance magique, Karen emmenait les petites au théâtre pour ses répétitions, elles se mettaient derrière la scène, elles pouvaient observer le jeu des câbles, la façon dont on faisait tomber le rideau, dont on baissait la lumière. Et la voilà qui débarquait, Josefine, avec un anneau dans le nez et un tatouage du globe terrestre dans le cou. En compagnie de Mark, un individu qui avait grandi dans ce foutu État libre.

Karen avait lu la fureur sur le visage d'Holger, elle avait compris à quel point il avait envie de les mettre dehors. De leur demander de prendre leurs affaires et de ne plus jamais revenir. Elle avait attrapé la main d'Holger, y avait planté ses ongles, ce qu'elle n'avait jamais fait auparavant. Et elle avait traîné Holger à l'arrière du jardin, là où des fils étaient tendus entre deux poteaux qu'Holger avait enfoncés dans le sol, là où on étendait toujours les couettes en été.

« C'est comme une pièce de théâtre », avait dit Karen. Holger avait protesté, Mark ressemblait peut-être à un clown, mais c'était malheureusement la pure réalité. « Holger, mon amour, c'est exactement ce qu'on voit toujours au théâtre ou au cinéma. Tu te souviens de Roméo et Juliette ? »

Holger s'en souvenait bien, Karen avait confectionné de magnifiques costumes pour ce spectacle, la robe que porte Juliette quand elle meurt, elle s'était presque tuée au travail pour la finir à temps. En brocart de soie blanc immaculé avec de ravissants motifs de fleurs de lilas. Et Karen avait peut-être raison, quand on assiste à cette pièce, on est furieux contre les pères. Qui tombent dans le piège, qui condamnent trop vite.

Elle avait supplié Holger au moins d'attendre un peu. Il serait toujours possible de se mettre en colère et de les chasser le lendemain, avait-elle dit. Ou bien le jour suivant. Il est toujours possible de se débarrasser des gens que l'on aime. Mais pouvoir les retenir… Ne pas les repousser loin de soi, ce n'est possible qu'à un moment crucial, avait-elle dit. Elle avait ajouté que de l'autre côté de la baie d'Aarhus se trouvait un public invisible, les yeux du destin. Qu'ils le regardaient intensément à cette heure où Holger était en pleine lumière dans le théâtre de la vie, au moment où sa fille aînée le provoquait, démontrait par le choix de son amoureux ce qu'elle pensait de ses valeurs.

Les marques des ongles de Karen étaient encore visibles le lendemain. Mais Mark et Josefine étaient toujours là. Ils avaient évité le sujet de Christiania, enfin presque. Holger n'avait pas pu se retenir après le repas, alors qu'il se trouvait seul sur la terrasse avec Mark et que Josefine et Karen avaient débarrassé la table et préparaient le café. Holger avait demandé si le temps n'avait pas eu raison de Christiania. Mark avait répondu que le temps n'aurait jamais raison de Christiania, que l'État libre était tourné vers le progrès et que c'était du reste du monde que le temps avait eu raison. Ensuite ils n'avaient plus abordé le sujet. Il s'était par ailleurs avéré que Mark fumait la pipe comme Holger, et pas seulement un drôle de tabac.

Il y avait aussi d'autres points communs entre eux. De l'intérêt pour l'acte de bâtir. Pour les bons livres. Et surtout tous les deux adoraient Josefine. N'aimaient pas aller à la pêche comme les autres gens du coin. Préféraient la viande aux légumes. Ils n'avaient à peu près rien d'autre en commun… ou alors si, peut-être. Mais ils avaient évité de parler politique.

« Tu es en panne ? demande Josefine. Et le restaurant Poséidon ?

– J'ai pu voir sur la carte bancaire qu'ils avaient dépensé quatre-vingt-dix-neuf couronnes. Alors qu'ils avaient réservé une table. Qu'est-ce que tu en déduis ? »

Josefine hausse les épaules.

« Que… la nourriture ne leur plaisait pas ?

– Ils ont payé vingt minutes après leur arrivée. Pour un verre de vin blanc et une eau minérale.

– Ils ont peut-être changé d'avis ? »

Holger secoue la tête, voit que Josefine est sérieuse, qu'elle croit que tout cela ne colle pas, qu'ils doivent être innocents, mais les preuves, les SMS, les trajets dans deux voitures jusqu'à Hanklit, la vieille histoire, tout concorde, les pièces du puzzle s'assemblent et cela ne renvoie pas à une image d'Épinal.

« Leonora avait découvert ce que Christian avait fait, dit Holger, et maintenant elle exigeait son dû. »

16

« Je crois que ma femme a réservé une table, dit Christian à la jeune serveuse du restaurant. Leonora Holm. »

Une pensée soudaine le frappe pendant qu'elle cherche le nom de Leonora parmi les réservations. Est-ce un piège ? Comme pour la marte du grenier. Est-ce ici qu'on va l'arrêter ? Leonora a pu penser à Johan, ne pas vouloir qu'il soit témoin de l'arrestation. Elle n'aurait jamais permis que Christian soit traîné dehors avec les menottes quand Johan était à la maison.

« Donc, dit la jeune fille sans quitter l'écran du regard. Leonora Harding ?

– Oui, dit Christian. Leonora Harding. »

Il cherche ses mots, comment expliquer qu'il ne connaît pas le nom de sa femme ou qu'elle a soudain repris son nom de jeune fille ? Il pourrait essayer de faire croire à la serveuse qu'il est atteint de démence.

« Si vous voulez bien me suivre ? »

Christian la suit à travers le restaurant qui arbore le nouveau style nordique, froid, un peu neutre, le style minimaliste dont les Danois ne se lassent pas ces dernières années. Aucun policier ne l'attend. Il n'y a que Leonora, assise à la table la plus proche du mur du fond, un énorme aquarium qui va du sol au plafond, avec des espèces exotiques, un petit bout de Caraïbes en plein cœur de

Vejle. N'est-ce pas un petit requin qui nage dans la foule des poissons rouges et jaunes ?

« Hello », murmure-t-il à Leonora.

Elle lui sourit, d'une façon bizarre. Elle répond « hello » tout bas en l'honneur de la serveuse. Christian bredouille quelques mots à la jeune femme, à propos d'un verre de vin. Leonora a commandé un Perrier avec des glaçons.

Christian s'assoit et lui lance un bref coup d'œil. Elle a un air différent. Elle ne ressemble plus à une femme sur le point de s'effondrer. La vulnérabilité a disparu, remplacée par une violence, une hostilité qui le terrifient. C'est peut-être dû aux poissons, au manque de sommeil, aux couleurs ambiantes.

« Tu as repris ton nom de jeune fille, observe Christian.

– Christian, dit-elle, elle s'arrête, met les mains sur la table, se penche en avant. Tu peux sûrement comprendre pourquoi on doit se voir ici ? »

Christian ne répond pas. Il se tourne. Il n'y a pas beaucoup de clients dans le restaurant. Un couple âgé près de la porte, un couple plus jeune à quelques tables de là. Ces derniers se tiennent les mains sur la table, il a l'air amoureux d'elle, lui glisse quelques mots qui la font rire. Les plus âgés sont silencieux. Ils s'observent, les années leur ont enlevé ce qu'ils avaient à dire. Christian se tourne à nouveau vers Leonora.

« Tu peux comprendre ? »

Leonora réclame une réponse.

Il hausse les épaules.

« Parce que tu as peur ?

– J'ai beaucoup réfléchi depuis quelques heures.

– J'espère que tu as pensé à Johan.

– Ne prononce plus son nom, dit-elle. Sa voix est glaciale. Plus jamais. Pas dans ce contexte. Tu as compris ?

– Oui », dit Christian qui se sent mal.

Son malaise grandit à cause de l'hostilité du ton de Leonora, mais elle s'est maintenant renforcée. Elle lui parle comme s'ils ne se connaissaient pas, elle efface les vingt-cinq dernières années. Et Christian comprend que c'est la vérité : tout ce qu'ils avaient en commun, les sentiments, le vécu, la vie – plus rien n'existe à présent. Cela a été rayé le soir de la station-service. Quand Christian a lavé la voiture, essayé d'effacer la moindre goutte de sang des pneus et du radiateur, il a alors effacé aussi le couple Christian et Leonora, il a détruit le passé, les souvenirs, laissé tout partir avec le torrent d'eau dans la vieille grille de l'aire de lavage. Seul reste l'instant présent. Un présent glacial et insupportable dont Christian ne sait pas quoi faire.

« J'ai vraiment beaucoup réfléchi, Christian. Tu me connais. Je ne fais jamais rien sur un coup de tête. J'ai une nature rationnelle, dit Leonora en tripotant la fourchette disposée près de l'assiette. J'ai par conséquent pesé chaque aspect de ton crime à l'aune de ce qu'on peut appeler le poids de la justice.

– Leonora, dit Christian, mais il n'a pas l'énergie de l'arrêter.

– Il n'y a aucun doute, dit Leonora et sa voix fléchit un peu, que pour ces trois enfants qui ont perdu leur mère le mieux serait que tu passes le reste de ta vie en prison. Cela ne leur rendrait pas leur mère, j'en ai bien conscience, mais cela leur donnerait une impression de… oui, de justice. »

Une nouvelle pause. Elle se verse de l'eau. Elle étudie le visage de Christian. Il regarde les poissons dans l'aquarium, ne se déplacent-ils pas plus vite maintenant ? Cela lui donne une subite envie de vomir, comme avec le mal des transports. Trop de mouvements. Tout va ensemble, ils se meuvent dans un monde souterrain, un monde de jalousie, de haine, de sang et de mort. Poissons de merde.

« Mais je ne suis pas un juge, poursuit Leonora. Je ne suis pas neutre. Je suis avant tout la mère d'un fils, Johan, la seule bonne chose qui me soit arrivée dans la vie. La seule dont je sois vraiment fière. Est-ce que tu comprends ?

– Oui.

– Il va avoir une belle vie. J'y ai travaillé toute ma vie. J'ai tout sacrifié pour ça. Et si tu vas en prison, condamné pour meurtre et escroquerie… Cela va le dévaster, il ne s'en remettra pas et tout va être gâché.

– C'était un accident, dit-il tout bas. J'étais malade dans ma tête ce soir-là. »

Elle continue comme s'il n'était pas là, elle parle dans le vide.

« Passons au problème suivant. Ma vie est-elle en danger ? » dit Leonora en levant une main. Christian ne doit pas l'interrompre, il doit l'écouter. « Tu as commis un horrible meurtre. Il n'y a aucune prescription pour le meurtre, on peut être condamné à tout moment, et je suis la seule qui soit au courant. Mais j'ai trouvé la solution. Tu devines laquelle ?

– Non, admet Christian qui se dit que le moment est venu, que les policiers vont jaillir de la porte des toilettes, maintenant qu'il a avoué le meurtre ; peut-être même que Leonora a tout enregistré ?

– J'ai laissé une enveloppe chez l'avocat. Une lettre à ouvrir si je meurs brutalement ou si je disparais. L'enregistrement de l'aire de lavage est dans l'enveloppe avec une déclaration adressée à la police où je désigne l'auteur du meurtre de Nanna.

– Je te le promets, Leonora. Je ne te ferai jamais aucun mal. Je le pense vraiment. C'était un autre, ce soir-là, ce n'était pas moi.

– Ta parole n'a aucune valeur.

– Que… » Christian s'arrête. Il ne sait pas comment terminer sa phrase. « Que puis-je faire ? » dit-il finalement en redoutant déjà la réponse.

Leonora tripote son cou, le touche du bout des doigts.

« Écoute-moi bien maintenant, Christian, dit-elle enfin, et pendant un instant sa tête se confond avec la foule des poissons derrière elle. Tu dois lui faire ce que tu m'as fait. Voulu me faire. »

Christian voudrait parler, ses lèvres bougent mais aucun son ne sort.

« Zenia », dit Leonora.

Elle fait signe au serveur qu'ils ne sont pas prêts à commander, avec un sourire de circonstance.

« Leonora, écoute. Ce que tu dis est impensable. Je ne sais pas ce qui m'a pris ce soir-là, J'étais hors de moi. Ta menace de me dénoncer m'avait rendu fou. Je sais bien que cela semble pitoyable, mais tu dois me croire, ça ne tournait pas rond dans ma caboche. Pendant quelques minutes seulement. Crois-moi. Je t'en supplie. Je ferai tout mon possible. »

Leonora se penche en avant, une posture que l'on pourrait interpréter comme le prélude à un baiser. Deux amoureux en sortie dans un des meilleurs restaurants de Vejle.

« Tu veux faire tout ce que tu peux ? Eh bien fais-le, Christian. Fais à Zenia ce que tu as voulu me faire. C'est le prix de mon silence. »

Christian a un geste de dénégation. La signification des mots est entrée en lui, il les entend et les comprend, mais il refuse de les accepter.

« Tu veux que je fasse quoi ? dit-il. Je ne comprends pas. Tu veux que je… il murmure : que je tue Zenia ? »

Pas de réponse, elle se contente de le regarder droit dans les yeux avec une expression qu'il ne lui a jamais vue auparavant.

« Dis-moi, Leonora, es-tu devenue complètement… »

Christian ne peut pas conclure sa phrase. Folle. Oui, elle est devenue complètement folle, elle a l'air folle d'ailleurs. C'est lui qui a créé cette nouvelle version de Leonora, il le sait. Mais Zenia morte ? Cela n'a aucun sens. Zenia est le contraire de la mort. Elle est la vie, elle est l'amour. Christian jette un rapide regard autour de lui. Non, personne ne les a entendus.

« Tu ne le penses pas vraiment, Leonora, tu dis ça comme ça. Cela va passer. Ce n'est pas une bonne idée.

Je te le promets, dans une semaine ou deux, tu verras les choses autrement.

– Nous n'avons pas une semaine ou deux devant nous.

– Pourquoi pas ? On a tout le temps. Je te le promets, je ne la verrai plus jamais. C'était un accident. Pensons à Johan.

– Tu as encore prononcé son nom, Christian. Sur ce ton-là, comme si c'était moi qui ne pensais pas à lui. Tout a un prix, Christian. Une vie contre une autre vie. C'est la loi depuis toujours. Soit ça te coûte ta vie, en prison, soit cela coûte sa vie. Elle le mérite, elle a voulu détruire la mienne », dit Leonora en penchant un peu la tête. Christian la regarde, ce sont bien ses pensées qui sortent de sa bouche, sans filtre, tout ce qui lui tourne dans la tête. « D'abord, c'est elle qui a voulu me détruire, ensuite toi. Vous avez tous les deux échoué. C'est mon tour maintenant. Nous repartons à zéro, mon petit Christian. Je commence par elle. Cette femme qui a voulu briser une famille, me détruire. Je m'occuperai de toi après.

– Réfléchis bien, dit-il. Un meurtre de plus ? Cela va augmenter le risque que tout soit découvert. Cela retomberait sur Johan. Tu l'as dit toi-même : sa vie serait détruite.

– Tu aurais dû y penser avant de tuer sa maman, siffle-t-elle. C'est une question de planning. Tu as démontré que tu étais bon en planning. Il faut un bon alibi, comme j'en avais un ce soir-là. »

Leonora fait une courte pause pour laisser à Christian le temps d'assimiler ses mots, de les digérer.

« Que veux-tu dire ? reprend-il.

– Le soir où Mick est tombé de la falaise, dit-elle en se reculant comme pour laisser à Christian de la place pour se souvenir. Hanklit, Sonja qui a entendu le cri, la chute de Mick, les vagues et le courant qui a entraîné le jeune homme dans les profondeurs. »

Christian a envie de partir en courant, de fuir loin de tout ça. Se pendre, se dénoncer, tout sauf ça, mais il ne bouge pas, il reste à sa place, comme paralysé. Leonora se lève, installe sa chaise de l'autre côté de la table, ils ne sont plus face à face, mais l'un à côté de l'autre. Cela fait peur à Christian. Elle profite de cet instant pour parcourir des yeux le restaurant. À la recherche de témoins ?

Elle ne chuchote plus mais parle bas, sa bouche est tout près de son oreille.

« Tu y es allé, Christian. En haut de la falaise. Mais cela ne s'est pas passé comme Sonja l'a cru. Je ne l'ai pas poussé. »

Christian l'observe. Cherche un indice qu'il pourrait reconnaître, un peu de l'ancienne Leonora, celle dont il était tombé amoureux, celle qu'il connaît si bien. Mais cette Leonora-là a disparu.

« Je le savais. Je l'avais senti. Qu'il se passait quelque chose derrière mon dos. Une femme sait ce genre de chose, même si elle n'est qu'une très jeune fille », dit Leonora, qui raconte cette soirée.

Comment les autres étaient partis tard de l'école, avaient pédalé jusqu'à Hanklit. Mick avait demandé à Leonora de venir avec eux, mais il savait qu'elle ne pourrait pas. Qu'elle devait s'entraîner toute la soirée, la professeure de musique était venue exprès de Nykøbing pour donner des cours du soir, le concours était dans une semaine, il offrait la chance de quitter l'île. Elle était donc là, Leonora, toute seule dans une des salles de l'école, dans la seule compagnie d'un gramophone et de *L'Oiseau de feu* de Stravinski. Elle avait pris une décision, elle voulait en avoir le cœur net. Elle voulait savoir s'il lui préférait Sonja. Elle avait mis en route Stravinski, elle savait que la première face durait trente-cinq minutes. Elle pouvait pédaler jusqu'à Hanklit en dix minutes, peut-être un peu moins si elle se donnait à fond. Elle avait filé par la fenêtre, en espérant que la professeure de musique passerait du temps avec les élèves de piano qui avaient davantage besoin d'aide que Leonora. Pour tout dire, elle n'avait plus qu'à se préparer pour le concours en répétant sans cesse le morceau, écouter l'enregistrement, jouer en le suivant, essayer de trouver la tonalité la plus exacte possible, un perroquet qui se contente d'imiter. Ce n'est pas ce qu'elle pensait à l'époque, mais c'est ce qu'elle pense aujourd'hui. Quand elle est partie à vélo vers la falaise, elle n'a pas pris son manteau, il était trop lourd, l'air était frais, mais elle a très vite eu chaud.

« Tu y es allé toi-même, lui chuchote-t-elle à l'oreille. Sur la falaise d'Hanklit. »

Le serveur les interroge du regard depuis le fond de la salle. Vont-ils se décider à commander ? Leonora continue à parler, sa voix résonne dans son oreille, les poissons dans l'aquarium, leurs déambulations, tout cela donne le vertige à Christian, il ne supporte pas cette histoire. Qu'est-ce que tout ça veut dire ? Que Leonora a jeté son vélo près de la clôture, a traversé en courant les hautes herbes. Et elle les a vus. Mick et Sonja. Son petit ami et sa meilleure amie. Ensemble. Leur jouissance.

« Sonja avait raison, dit Christian. Tu étais là-bas.

– J'y étais. Je les ai vus.

– Personne ne l'a crue.

– Plein de gens l'ont crue, mais personne ne pouvait le prouver. Tu connais cette situation, n'est-ce pas, Christian ?

– Vous avez choisi ? »

Christian sursaute. Il ne s'y attendait pas, il regarde le serveur.

« Pas tout à fait. »

Le serveur hésite, il a bien envie de dire quelque chose, mais quoi ? Qu'ils doivent se décider à commander, qu'un restaurant ne peut pas s'en sortir avec des gens qui restent assis à se parler tout bas sans rien dépenser. Mais il repart, et Leonora continue son récit, toujours la même voix dans son oreille, cette voix odieuse. Elle raconte comment elle les a vus, à moitié dissimulée, aidée par l'obscurité du soir. Mais elle est retombée sur la barrière quand elle est passée par-dessus. Un grincement, Sonja l'entend, cela l'angoisse, elle essaie de se rhabiller. Mick se lève, allume une cigarette. Que veut Leonora quand elle le suit ? Il est debout, torse nu, la lune éclaire l'eau, on voit le feu et les autres en bas sur la plage, l'un d'eux joue de la guitare, Bob Dylan. Elle veut dire quelque chose à Mick, lui crier quelque chose, à lui, là debout, en jean. Il se retourne, la découvre avec stupéfaction. « Leo », dit-il à voix basse, il cherche ses mots. Il va peut-être mentir, dire qu'il ne s'est rien passé. Mais elle frappe. Elle frappe pour de bon. Et cela ne suffit pas. La douleur causée par la trahison réclame davantage, elle veut frapper encore, mais cette fois-ci il est prêt, il fait un pas en arrière pour éviter la violence de son coup. Et alors cela arrive, il n'y a pas d'appui derrière lui, il n'y a que l'abîme. Elle se souvient avec une extraordinaire clarté du moment où il a compris, elle revoit son regard quand il a essayé de se retenir à elle. Mais elle a reculé. La dernière chose qu'elle ait entendue, c'est le cri qu'il a poussé. Son nom. Il a crié Leonora. Comme pour se raccrocher à quelque chose, comme si son nom pouvait le sauver. Elle est restée une seconde. Elle a regardé en bas, l'a vu s'écraser et rouler pour finir fracassé contre les gros rochers.

« Alors j'ai couru, Christian. J'ai filé. Comme toi, le soir où tu as cru avoir écrasé ta femme. Avoir roulé sur elle.

– J'étais malade, j'avais l'esprit malade, murmure Christian.

– Pas moi. J'étais juste une adolescente jalouse. Je n'ai jamais voulu le tuer. Ce n'était qu'une gifle, je n'étais qu'une petite fille en colère. Pour dire la vérité, j'étais plus bouleversée par la trahison de Sonja.

– Je… »

Christian voudrait trouver les mots, la convaincre que lui non plus ne voulait pas commettre une mauvaise action. C'était dû à l'épuisement, au désespoir, au manque de sommeil depuis trois jours, à sa menace, il était totalement dévasté, il n'était plus lui-même.

Mais Leonora prend la parole avant lui. Elle raconte son retour. Elle a couru jusqu'à la barrière, a vu Sonja qui arrivait en courant, avec ses habits en boule devant sa poitrine nue. Leonora pensait bien que Sonja l'avait vue. Mais le cri de Mick l'a conduite directement au bord de la falaise. Leonora a rampé par-dessus la barrière, a couru vers son vélo qui se trouvait au bout du chemin. Elle a pédalé encore plus vite qu'à l'aller, elle n'avait jamais pédalé à ce point-là comme une folle avant. Il n'y avait pas de voitures, elles étaient rares le soir, il n'y avait nulle part où aller pour les voitures en 1980 à cette heure-là sur Mors, rien n'était ouvert à 9 heures du soir.

Elle a posé son vélo à l'école, certaine que la professeure avait découvert son absence. Mais la fenêtre était restée ouverte exactement comme elle l'avait laissée, Tchaïkovski atteignait les derniers sillons du disque noir. Elle est rentrée par la fenêtre. Elle s'est coupée à la poignée, s'est fait une égratignure qui allait du poignet jusqu'au coude. Elle s'est dépêchée de prendre son violon.

« Mes mains tremblaient, Christian, dit Leonora. Cela a dû te faire le même effet, après m'avoir écrasée, avoir roulé sur ma tête. »

Christian cherche à la regarder en face. Elle est devenue folle. Elle a l'air folle, elle a l'expression d'une folle, il ne l'a jamais vue dans cet état avant. C'est lui qui a créé cette nouvelle Leonora. Et c'est elle qui a créé le Christian assis dans la camionnette ce soir-là.

« Est-ce que tes mains tremblaient, mon amour, quand tu m'as écrasée ?

– Leonora… »

Elle l'interrompt :

« Tu es obligé de me répondre, ou je crie. En plein milieu du restaurant. Je crie que c'était toi ce soir-là. Il y a sûrement des clients qui la connaissaient. Regarde cette dame mûre derrière toi. Elle a l'air triste, peut-être qu'elles se connaissaient, tu ne crois pas ? »

Christian regarde la femme. C'est vrai qu'elle a l'air triste, mais seulement jusqu'à l'arrivée de son mari ou de son rendez-vous. Elle n'était donc pas toute seule abandonnée.

« Mes mains n'ont pas tremblé, dit Christian. Parce que j'étais fou.

– Non ? Moi, si. Jusqu'à ce que le disque s'arrête. Alors j'ai placé l'archet contre les cordes et j'ai commencé à jouer. Toute ma nervosité a disparu. Et à cette seconde, j'ai su.

– Quoi ?

– Que j'allais gagner. »

Elle sourit. Christian se dit qu'il peut lire en elle le souvenir lointain d'avoir découvert sa force, quelques minutes après la mort d'un jeune homme. La force de tout refouler, de canaliser toute son angoisse intérieure, le chaos, la nervosité dans une simple strophe, de laisser une tonalité, un son frémir et résumer tout ce qui était en elle.

« Alors la porte s'est ouverte, très peu de temps après. La professeure m'a regardée. Mlle Søndergaard. Dans sa jeunesse, elle avait joué dans l'orchestre symphonique de Sjælland. Elle s'est assise, Christian, pour m'écouter jouer. Un sans-faute. Sais-tu ce qu'elle m'a dit ?

– Non.

– Tu vas devenir quelqu'un de grand. Et c'est ce que j'ai fait. Je suis devenue la mère de Johan. Et cela, tu n'auras pas le droit de le détruire. Tu comprends ? Je me suis relevée comme un oiseau de feu, j'ai ressurgi des cendres de mon enfance. J'ai survécu à un premier abandon, puis à un deuxième. Ensuite j'ai vaincu la mort, Christian. Aucune autre mère au monde n'aurait pu en faire autant. Tout le monde avait abandonné Johan, et toi aussi. »

Un seul échange de regards confirme à Christian qu'elle le pense vraiment, qu'il a abandonné, qu'elle était seule face aux médecins, face au monde entier, face à l'adversaire le plus puissant et le plus invincible de toutes les vies humaines.

« La mort, Christian. J'ai vaincu la mort. Deux fois. La première fois avec Johan. La deuxième fois dans la Trouée de Rome. Alors tu vas te poser cette question : que faire pour survivre ? Réfléchis bien, dit-elle en se levant. Tu as jusqu'à demain matin. »

3
Le bûcher de l’amour

Promettez-vous de vous aimer et de vous honorer
pour le meilleur et pour le pire,
jusqu'à ce que la mort vous sépare ?

Vœux de mariage dans l'Église danoise

1

Holger tient la porte à Josefine, le soleil est apparu subitement et avec lui les gens du coin. Le parking sera bientôt rempli de voitures poussiéreuses et d'une foule d'enfants.

« Les météorologues avaient tout de même raison », dit Josefine.

Le soleil l'a mise de bonne humeur.

«Je te l'avais dit, non ? Que le soleil finirait bien par percer.

– Tu dis tellement de choses, papa. Tu dis que le soleil va percer et qu'il va pleuvoir. Comme ça, tu es paré et tu peux avoir toujours raison. C'est bien ton genre ?

– Oui, ce genre-là est juste à côté de moi, réplique Holger en désignant sa fille de sa canne. On s'assoit ? »

Josefine aide Holger à s'asseoir sur un fauteuil en plastique blanc et elle tire vers elle la moins sale des chaises.

« Alors, et ton affreuse histoire ? dit-elle en s'asseyant avec précaution pour ne pas trop chiffonner sa robe. Est-ce que Christian a tué sa maîtresse ? Quelle est la morale de l'histoire ?

– La morale. Je ne suis pas sûr qu'elle va te plaire.

– Raconte-moi la fin, on va bientôt venir nous chercher. Je veux ne plus penser à cette histoire à ce moment-là. »

Holger soupire.

« Le reste de l'histoire prouve que Christian et Leonora ont été plus malins que la police. Plus malins que moi. »

D'une manière étonnante, avouer soulage, Holger l'a constaté dans les crimes et les meurtres. Au début, au cours des premiers interrogatoires, tous nient comme un seul homme. Malgré des preuves irréfutables, du sang sur leurs habits au moment de leur interpellation ou l'arme du crime dans le coffre de leur voiture. La première impulsion est toujours de nier. C'est le travail d'Holger et de ses collègues de leur indiquer la seule voie raisonnable. Avouer. Comme Holger vient de le faire.

«J'ai échoué», dit-il.

Josefine lui prend aussitôt la main et la caresse légèrement, ce qu'il ne ressent pas comme de la condescendance. Au contraire, cela le touche.

« On ne peut pas arrêter tous les criminels. C'est toi qui l'as toujours dit, papa. On ne peut pas toujours tout réussir », dit-elle.

Elle se penche et fait quelque chose d'inattendu, elle l'embrasse sur le front. Le baiser d'un parent qui console. C'est peut-être normal, ce changement de rôles. On ne peut pas toujours tout réussir. Quelquefois peut-être. Autrefois Holger réussissait toujours tout. Karen et ses filles. Quand ils se sont mariés, il pensait que ça comptait pour lui d'avoir des garçons. Mais ça comptait beaucoup plus pour le père de Karen, Erling, qui a cru jusqu'à sa mort que sa famille pourrait reprendre la ferme de Skallerup.

Holger n'avait jamais compris l'importance des racines dans la famille de Karen. Il ne faisait que suivre. Karen voulait se marier dans l'église où ses parents s'étaient mariés, et leurs parents avant eux, depuis des temps immémoriaux. Holger était orthodoxe et sa famille n'avait pas d'église particulière.

Est-ce que ça a été le jour le plus heureux de sa vie ? Quand il est entré dans l'église de Mårup tout au bord de la mer ? À l'époque où elle avait été construite, il y a sept cents ans, plusieurs centaines de mètres la séparaient de la mer.

Et puis la mer a grignoté chaque année un peu de terrain jusqu'à atteindre l'église.

La mer a d'abord pris le cimetière, les crânes et les os ont dévalé la pente et ont atterri sur la plage. Finalement, il y a deux ans, on a décidé de déplacer l'église. Est-ce que ça a fait de la peine à Holger ? Non. C'était le jour de la mort de Karen. Mais lorsque, un ou deux ans plus tard, le Nationalmuseum a démonté et enlevé l'église avant que les gens sur la plage ne la reçoivent sur la tête, il l'a ressenti comme le début d'une ère de démantèlement. Une chose est que l'on doive mourir, une autre que toute trace doive être effacée. Les traces de leur amour, les traces de ce jour-là.

Ce jour-là. Holger avait attendu à l'intérieur de l'église, comme il se doit. Le temps passait et pendant un court instant il a eu peur que Karen n'ait changé d'avis. Mais on a enfin entendu le bedeau ouvrir les grandes portes extérieures. Tout le monde s'est levé en même temps, Holger se souvient qu'il en a eu les larmes aux yeux. Ses larmes ont vite disparu quand il a vu le visage d'Erling, qui conduisait Karen à l'autel, il a compris que ce n'était pas du tout ce que le vieil homme avait espéré. Donner Karen à un flic, à quelqu'un qui n'y connaissait rien au travail de la terre à Skallerup, qui ne comprenait pas pourquoi on ne pouvait pas semer du blé après du blé, qui ne savait pas que la récolte devait changer d'une année sur l'autre pour laisser reposer la terre, qu'un champ n'est pas qu'un champ, qu'un terrain est un organisme vivant et que la terre ne donne quelque chose en retour que si on la comprend et la respecte.

Peut-être est-ce à partir de lui que Josefine s'est construit son monde ? D'Erling, ce vieil obstiné d'Erling, il avait quand même souri un peu quand, devant l'autel, il avait donné sa fille cadette à ce flic de Sjælland, même s'il aurait préféré Søren de Skallerup, l'amoureux d'enfance de Karen qui était assis au fond de l'église en compagnie d'une fille un peu moins belle. Søren, lui, a toujours sa femme, et Karen a disparu – et Holger ne s'en remet pas. Il ne veut pas l'accepter, c'est trop absurde, on a le droit de se révolter. Combien de fois a-t-il marché aux côtés de manifestants, veillé sur eux et protégé leur droit de manifester reconnu par la constitution ? Pourquoi lui n'aurait-il pas le droit de défiler en colère contre les conditions fondamentales de la vie, que l'on meure trop tôt ? Que l'on perde celui ou celle que l'on aime ? Que les souvenirs soient effacés physiquement, que l'église soit enlevée ; qu'est-ce que la vie va encore lui prendre d'autre ?

« Papa ? Tu me dois la fin de l'histoire, dit Josefine en enlevant du sable de sa robe.

– Une sacrée fin, dit-il en respirant profondément. Accroche-toi. »

2

Le matin de la Saint-Jean. Cela sonne plus beau que cela ne l'est, c'est à peu près ce que Christian se dit en courant le long de l'eau. Il n'a pas couru depuis longtemps. Mais cela a semblé une bonne idée, en fait l'idée de Leonora. Que ce petit trajet se fasse en courant, sans que trop de gens du coin ne le voient, sans GPS et portable qui puissent tracer son déplacement. Un simple petit jogging, un aller-retour entre les églantiers.

Il rencontre d'autres gens mais les évite, il en voit deux de loin qui s'affairent à mettre à l'eau un ou deux kayaks. Christian courbe la tête, rien d'exagéré, comme un espion, la tête baissée, le dos penché de façon à passer inaperçu. Il court derrière les hangars plutôt que devant. Il continue, abandonne le bord de l'eau, emprunte l'un des petits sentiers entre les villas, jusqu'à la route Strandvej, attend qu'il n'y ait pas de voiture ni à droite ni à gauche. Alors il traverse en courant, saute par-dessus le mur de pierre, se bat contre la pente escarpée et entre enfin dans la forêt de Nørreskov. Les cerfs sont debout. Quand ne sont-ils pas debout ? Leur arrive-t-il de dormir ? Il pense brièvement au sommeil, cette nuit il ne l'a pas trouvé non plus, il pourrait se coucher là dans ce sous-bois sec, sur les aiguilles de pin marron de l'année dernière, et dormir pour ne jamais se réveiller.

Il s'arrête, la pente l'a essoufflé. Pourquoi ne pas le faire ? Se suicider ? Il a toujours la corde dans la voiture. C'est difficile maintenant. Avec Johan si heureux et la police envoyée sur une fausse piste. Son alibi est solide, impossible à réfuter. Est-ce pour cela qu'il continue à courir dans ce coin malcommode de la forêt le long de la clôture ? Il ne passe personne ici, tout le monde préfère se déplacer plus haut sur la route et de préférence en voiture. Ils craignent les daims et leurs énormes ramures. Avant même d'être arrivé au sommet, Christian entend le train. C'est le train à grande vitesse en provenance de Copenhague, le train du sud vers le nord. Et là – devant la voie ferrée – le lotissement de jardins de Zenia, comme un éclat de rouge typique des maisons suédoises au milieu du vert de l'été.

*

Elle ouvre la porte et lui lance un regard furieux et blessé.

« Que viens-tu faire ici ? » Elle est enroulée dans une serviette. L'eau a dessiné des lignes sombres dans ses cheveux mouillés. Ses bras bronzés tombent le long de son corps comme un signe de renoncement.

« Calme-toi, Zenia.

– Me calmer ? Nous avons eu une liaison en cachette pendant plus de six mois. Je ne t'ai pas demandé de quitter ta femme, Christian. Je t'ai demandé de choisir. Tu t'en souviens ?

– Zenia, écoute-moi. Johan est devenu bachelier hier. Franchement, tu as téléphoné juste au moment où la carriole démarrait. Ce n'était pas le bon moment.

– Alors pourquoi tu as répondu ? »

Christian ressent comme un besoin physique le manque de mots et d'une bonne explication, c'est presque semblable à la faim.

« C'est à cause d'elle. N'est-ce pas ? C'est elle qui a insisté pour que tu répondes. J'ai beaucoup réfléchi à la situation, Christian. Tu n'es qu'un enculé, tu m'as menti. »

Christian jette un coup d'œil autour de lui. Les fenêtres à petits croisillons donnent sur le sentier. Les gens peuvent voir à l'intérieur. L'une des fenêtres est entrouverte et les rideaux ondulent.

« Il faudrait peut-être que tu te dépêches d'inventer une bonne explication, Christian. J'ai rendez-vous au bureau d'études dans une demi-heure.

– Tu exagères. J'ai répondu parce que…

– Parce qu'elle t'a dit de le faire, hurle Zenia. Tu aurais pu me rappeler plus tard. Mais c'est elle qui décide. Pour toi. Pour nous. Elle a toujours la même emprise sur toi. Qu'est-ce que tu es en train de faire ? »

Christian passe devant elle et entre.

« Je ne veux pas de toi chez moi.

– Ce n'est pas ce que tu crois, dit Christian. Je ne savais pas que c'était toi. Mon téléphone est cassé. Tu as vu celui que j'ai. Tous mes contacts sont effacés. J'étais avec Johan quand tu as appelé, juste au moment où il devenait bachelier, où le bouchon du champagne sautait. »

Christian remarque un peu plus de douceur dans ses yeux, maintenant il s'agit de s'accrocher, c'est ce qu'il fait, il raconte qu'il croyait que c'était le livreur des dernières fenêtres du haut et qu'on les avait livrées avec de mauvaises dimensions. Cela va un peu mieux, il le constate, le mélange de son histoire de portable, de technique, de sentiments et d'une réelle inquiétude par rapport à ce bâtiment qui les passionne tous les deux fonctionne. Cela trouble son intuition, la fait douter de ses certitudes.

« C'était quand même idiot de répondre, dit-elle, mais plus gentiment.

– J'étais obsédé par le travail. Et il fallait que je fasse l'imbécile, je pensais… je pensais que tu comprendrais », dit Christian.

Il n'a pas besoin d'en dire plus, il lit sur son visage. Quelques instants avant, ses yeux étaient rétrécis comme une lentille d'appareil photo, cherchaient à détecter ses moindres petits mensonges, à saisir la moindre nuance de ses paroles et de ses actes. Maintenant elle le croit. Elle lève sa défense, il fait un pas vers elle. Il y a encore de la défiance en elle, mais il s'approche, l'embrasse jusqu'à ce qu'elle ouvre la bouche, le laisse trouver sa langue. Toutes ces pensées, cette idée odieuse de Leonora, c'est lui, Christian, qui en est la cause, cette idée que Zenia soit sacrifiée pour expier son propre crime. Comme si tuer les autres pouvait apurer un compte. Ce que les États essaient de faire constamment, des Palestiniens doivent être tués, emprisonnés et mourir pour payer pour les camps de concentration, les innocents du World Trade Center mêlés aux décombres et à l'acier, devenus de la poussière dans les rues de New York pour expier toutes les exactions des États-Unis. Cela n'aide en rien, l'ardoise reste intacte, cela ne fait que créer de nouvelles dettes. Christian aurait préféré se rendre à la police. C'est la seule voie juste, mais ce n'est pas possible, il ne peut pas détruire son fils.

Christian cesse de l'embrasser, ferme le rideau. Il va faire la même chose à l'autre fenêtre avant de la fermer et de la bloquer.

« Qu'est-ce que tu fais ? »

Christian revient vers elle, ils sont tout proches. Il sent le parfum de sa peau. Une odeur de chaleur, d'été et de shampoing. La voix de Leonora. Elle résonne soudain dans sa tête, en invitée inopportune, dangereuse. *Tu dois lui faire ce que tu as voulu me faire.*

Il embrasse Zenia, son souffle, toute cette folie. Pourquoi ? Il entend un léger changement dans la respiration de Zenia, de la colère et un autre sentiment qui prend le dessus. Il a déjà tué. La première fois est toujours la plus difficile, c'est toujours comme ça. Quand on franchit les limites pour la première fois… Est-ce ce que Leonora pense ? Que la folie s'est emparée de Christian ? C'est aussi la faute du merle, s'il ne lui avait pas volé son sommeil, rien ne serait arrivé, il ne serait pas devenu fou. Non, ce n'est pas juste, il le sait bien. C'est sa propre faute, il a recherché l'amour, cherché plus et mieux, tout comme l'oiseau derrière la fenêtre.

Cette nuit, il a encore dormi sur le canapé. Ils n'en ont pas parlé. Leonora avait préparé sa couette en évidence dans la salle de séjour quand il est rentré à la maison. Il a réfléchi toute la nuit. Il s'est répété que c'est impossible, qu'il ne peut pas tuer, qu'il n'a jamais pu. Il ne peut pas. Il ne peut pas. Il n'en peut plus. Johan devra payer. Il le faudra ? Non, cela ne va pas non plus. Il y a la corde, dans le coffre. Mais Johan paierait quand même. C'est impossible d'arracher sa joie de vivre à ce garçon, ce garçon à qui Christian a donné la vie. Deux fois. En dépit de ce que pense Leonora, Christian lui a aussi donné la vie deux fois. On lui a enlevé une partie de son corps pour le propulser dans Johan. Il ne pourra jamais lui faire mal, pas une fois de plus ; ce soir-là, dans la pluie, il avait l'esprit malade, maintenant ce n'est plus le cas.

Les lèvres de Zenia contre son cou, ses lèvres à lui contre les siennes.

« Putain, j'ai trop envie de toi », dit-elle en levant la tête pour l'embrasser.

Ses mains s'insinuent sous son vieux tee-shirt gris tout délavé, sans le nom de l'entreprise inscrit dessus. En plus il est trempé de sueur. Elle le lui enlève.

« Viens, toi. »

Elle prend sa main, l'entraîne avec douceur vers le canapé. Elle fait tomber les gros coussins à fleurs sur le sol et se couche, la serviette fait encore partie du jeu. Christian ne l'a pas dénouée, elle met en valeur les parties dénudées de son corps, au-dessus des seins, en dessous des genoux, son cou, ses épaules qui portent les traces légères de taches de rousseur.

« Christian », dit-elle.

Ce mot seulement, seulement son nom, elle l'aide à la pénétrer, il éprouve en s'enfonçant en elle un sentiment qu'il n'avait encore jamais ressenti. Jamais, jamais aussi fort.

« Qu'est-ce qui ne va pas ? »

C'est elle qui découvre ses larmes la première, qui découvre qu'il pleure.

«Je t'aime», dit-il en restant en elle.

Il met les mains sur ses joues, il lui prend le visage des deux mains, comme pour soulever quelque chose de lourd. Et c'est lourd… Tout l'ensemble, pense-t-il. Insupportable. Affreux. Il appuie plus fort maintenant, il l'embrasse avec violence, pendant une seconde leurs dents s'entrechoquent. Il pleure toujours, les mains posées sur son cou. Les yeux de Zenia sont fermés, elle a un petit grain de beauté au coin de l'œil. Il se retire un peu. Un petit mouvement subit, un mouvement qui signe un adieu.

«N'arrête pas maintenant, dit-elle en relevant la tête et en voulant recommencer à l'embrasser. Prends-moi.

– Pardon, murmure Christian. Pardon.»

Il se retire. La recouvre un peu avec la serviette. Seul un sein est encore dénudé.

«Pardon, répète-t-il en se levant. Je n'y arrive pas. Je peux venir ce soir ?»

Zenia ne cherche pas à cacher sa déception.

«Christian, qu'est-ce qui se passe ? Il faut me parler.

– Ce n'est rien. C'est seulement, tu le sais, que c'est difficile. Cela prend du temps. Mais je pourrai venir ? À… 21 heures ? J'ai vraiment envie de te voir.»

Elle hésite. Un peu de sa colère réapparaît. Ajoutée à la déception.

«Je serai là», dit-elle.

3

Toutes ces couleurs. La palette de la forêt en été, des milliers de nuances de vert, les constructions jaunes du siècle dernier, les toits rouges. À son époque, l'hôtel du Fjord a été le premier sanatorium du pays. Les malades y venaient de tout le Danemark, avec leur toux et leurs poumons abîmés, ils descendaient à la gare de Vejle et étaient transportés en carriole ou en fiacre sur les petites routes en lacets le long de l'eau. Au sanatorium, ils laissaient l'odeur des hêtres et le brouillard paisible du fjord emplir leurs poumons. Ils passaient de longues journées en silence, en espérant de la vie une promesse autre que la maladie et la mort. Leonora comprend ce sentiment. Peut-être est-ce toujours la même chose aujourd'hui, les gens viennent dans l'espoir d'y trouver quelque chose. La survie, l'oxygène pour réparer un couple malade. Ils en ont bien l'air, l'autre couple qui arrive devant l'hôtel pendant que Christian tourne en rond pour trouver une place libre.

C'est la première fois que Leonora y vient. Le spa et la nudité en compagnie d'autres gens ne l'ont jamais tentée. Elle se souvient encore de la dernière fois où elle s'est aventurée dans un sauna. C'était il y a longtemps, il fallait dormir à Copenhague à cause d'un des examens approfondis que Johan devait subir à l'hôpital Riget. Johan se reposait dans la chambre d'hôtel, Leonora s'ennuyait. Elle avait fini par décider d'aller à la piscine de l'hôtel. Elle s'est ensuite installée dans le sauna, tout allait bien, elle comptait juste rester un petit moment. Elle était seule. Jusqu'à ce que la porte s'ouvre et qu'un homme nu, âgé, entre et se mette à côté d'elle. Il n'a pas dit un mot, l'a à peine regardée, mais Leonora se rappelle encore le sentiment de malaise qui l'a envahie. Il aurait pu attendre à l'extérieur, a-t-elle pensé. Ce n'était pas bien, cela semblait étrange d'être nue si près d'un homme qui n'était pas Christian.

Le soleil du soir éclaire les champs. Bientôt ce sera le plus long jour de l'année, puis on repartira dans l'autre sens, pense Leonora. Les couleurs changeront, tout deviendra marron et rouge. Comme l'intérieur d'un être humain, comme la chair, le sang et les intestins de Nanna, répandus sur la route ce soir-là. Et après tout deviendra noir, pour Nanna et pour tout le Danemark.

Leonora abaisse le pare-soleil, capte son propre regard dans le petit miroir. Elle semble différente, c'est évident. Pas forcément folle, mais peut-être un peu malade, elle peut le constater, la couleur a déserté son visage, remplacée par un ton blanc-gris, un peu mat, ses yeux se sont rétrécis, ils sont plus durs. Non, elle n'est pas folle, conclut-elle. Elle reconnaît cependant le sentiment qu'elle a déjà éprouvé à Hanklit les jours suivant la mort de Mick. Quand elle a été interrogée, elle était dans un autre état d'esprit. Mais les jours ont passé, Mick a été enterré. Les gens l'ont oublié. Et elle a oublié ou refoulé ce terrible soir. Il va se passer la même chose maintenant. Pour tous ces événements horribles qui se sont passés. Ou qui vont se passer. Un jour on finit par oublier, il suffit d'être patient.

*

Le porte-clés doré avec le numéro de la chambre inscrit en noir au dos est un objet lourd, il pend lourdement, comme les testicules d'un vieil homme, après que le garçon a ouvert la porte et laissé la clé dans la serrure.

« Bonne nouvelle, déclare le jeune homme. Vous avez été surclassés et vous avez une chambre qui donne sur le fjord.

– Super », dit Leonora.

Elle regarde toujours l'appendice doré de la clé qui se balance. Peut-être parce qu'ils vont aller au sauna, elle a des visions, ou bien elle est tout simplement fatiguée et ne maîtrise plus ses associations d'idées.

« C'est bien, dit Christian. C'est vraiment charmant.

– Le petit déjeuner est servi de 7 heures du matin à 10 heures, le restaurant se trouve à côté de la réception. Vous avez besoin d'autre chose ?

– Non, dit Leonora. Si, jusqu'à quelle heure le spa est-il ouvert ?

– Il ferme à 22 h 30. Vous avez du temps. »

Quand ils se retrouvent seuls dans la chambre, Leonora s'assoit sur le bord du lit. Il est un peu trop mou, il y a trop d'oreillers. Christian se tient près de la fenêtre. Des taches de l'eau bleue du fjord apparaissent entre les hauts sapins. Derrière – une impression encore seulement –, l'obscurité attend son tour.

Leonora se rend compte que ce n'est pas facile pour elle de voir Christian dans cet état. Bouleversé, silencieux. Il a toujours été fort. Un vrai homme, masculin, entreprenant. Un homme qui a l'habitude d'agir. Tout ce qu'elle a admiré chez lui. Et maintenant, il est là, il n'est plus lui-même. Elle non plus n'est plus elle-même. Elle s'en rend bien compte. Mais c'est à cause de ce qu'il lui a fait.

« Christian ? dit-elle, assez haut, parce qu'il est dans son propre monde. Tu contrôles ? »

Il se retourne, un être humain ratatiné, près de pleurer.

« Ce n'est pas le moment, Christian, dit-elle. Pas maintenant. »

Il se tait.

Elle s'éclaircit la voix et le regarde droit dans les yeux.

« Le plus important est que l'on ne te voie pas quand tu partiras d'ici.

– Oui.

– Et, Christian ? ajoute-t-elle en se levant, convaincue qu'il faut prendre les choses une par une, morceau par morceau, pour être sûre qu'il comprend bien.

– Quoi ?

– Viens. »

Elle lui prend la main. Ils s'assoient tous les deux au bord du lit.

« Le moment. Au même moment, j'envoie un SMS de ta part. Cela devra ressembler à un cambriolage. Ou tu préférerais l'autre solution ?

– Qu'est-ce que tu veux dire ?

– Que nous fassions ce qui est juste », interroge Leonora.

Elle y a pensé plusieurs fois. Comme une possibilité. Mais elle sait bien que Christian n'en est pas capable. Pourtant, elle aussi est dans le doute par rapport à ses propres sentiments. Ce qui est juste ne lui apportera pas de revanche, ne fermera pas le trou béant dans son cœur.

« Ce qui est juste ?

– Tu t'en doutes, Christian.

– Peut-être pas, répond-il.

– Non, vraiment ? C'est ce qu'il y a de bien chez la plupart des gens, Christian. » Leonora fait une courte pause. Elle attend qu'il s'exprime. Mais Christian est muet. « Tout bien considéré, nous savons parfaitement ce qui est juste et ce qui ne l'est pas. »

Christian cherche les mots qui conviennent, une voie de salut, c'est évident.

« Ce qui est juste, c'est que tu te suicides. » Leonora remarque que Christian y a déjà pensé, il n'y a en effet aucune surprise dans son regard, aucun choc. « Si c'est ce que tu choisis, Christian, il faut que tu fasses en sorte que cela ressemble à un accident. Pour Johan. Peut-être peux-tu foncer dans quelque chose en voiture ? On peut survivre à la mort d'un parent dans un accident. Tu l'as pensé aussi, n'est-ce pas ? Que Johan s'en tirerait bien, quand tu m'as écrasée ?

– Leonora, ne dis plus rien. Ne dis rien de plus. »

Elle le regarde. Un homme à court d'arguments. Plus rien ne sort. Ni un oui, ni un non, juste une faible répétition du nom que la mère de Leonora a choisi pour elle un dimanche après-midi, en 1965, dans l'église Saint-Clément à Mors, un nom pour lequel Leonora n'a jamais eu d'explication satisfaisante, qui était peut-être une tentative désespérée pour sortir de cette classe inférieure à laquelle ils appartenaient, pour apporter un peu de lustre dans une enfance par ailleurs sans espoir.

« Mais cela doit ressembler à un accident. Fonce dans un arbre. Quelque chose de ce genre. En tout cas, tu peux y réfléchir, Christian. Il est encore temps. »

4

Les bains thermaux. Une réussite architecturale. Pour des raisons qui lui échappent, il est capable de se faire ce type de réflexion. Plutôt que de penser à la réalité présente. Il admire le plafond, les mosaïques, les couleurs, dans le style de ce que les empereurs romains se faisaient construire, le tout désormais ouvert au public pour mille deux cents couronnes par personne, peignoir de bain et café compris. Christian ne voudrait pas d'une telle tâche en tant qu'entrepreneur. Il y a des spécialistes pour ce type de bâtiment. De nos jours tout le monde réclame des spas – dans tous les hôtels. C'est bon pour l'économie, les touristes viennent de loin pour profiter d'un spa, se prendre pour César et Cléopâtre le temps d'une journée.

Il suit Leonora dans l'eau et l'observe de derrière quand elle se laisse recouvrir. Elle fait la planche, les bras écartés, le cou en arrière, une imitation de Jésus. Est-elle devenue folle ? Christian n'en est pas sûr, mais peut-être, comme lui, le soir où il est devenu enragé tel un vieux taureau. Un effondrement, le cerveau qui court-circuite brutalement.

Il nage à quelques mètres de distance. Il la fixe, ses orteils dépassent de l'eau, ses genoux aussi, seule émerge sa gorge. Un peu plus loin, un homme sort de l'eau, il clopine sur ses jambes glabres toutes blanches. Bientôt Christian et Leonora sont seuls dans l'eau. Soudain, une pensée l'assaille, lui paraît évidente pendant quelques secondes. Et s'il la noyait, l'attrapait par la tête, la lui tordait sous l'eau, la maintenait de force. Avait-elle vraiment laissé chez son avocat une lettre à remettre à la police en cas de mort soudaine ? Elle a peut-être menti. C'était peut-être juste une menace de destruction générale ; si elle devait tomber, Christian tomberait aussi. Comme pour la bombe atomique, tout le monde l'a, personne n'ose l'utiliser. Doit-il parier ? Bluffe-t-elle ? Combien de temps lui faudrait-il ? Une minute ? Deux ? Personne ne le verra. Personne ne pourra le juger. Il avait simplement nagé, occupé par ses pensées, elle n'avait pas appelé au secours, avait peut-être fait un malaise dans l'eau. Et la voilà noyée. Cela peut arriver. Christian est tout près d'elle maintenant. Il peut atteindre sa tête juste en s'étirant.

« Qu'est-ce que tu en penses ? dit Leonora en le scrutant.

– Mouais », répond Christian.

Il ne sait pas quoi dire. Une femme âgée est entrée dans l'eau de l'autre côté, elle sort du bassin d'eau salée. Son corps est rougi par l'eau chaude, elle ressemble à un homard.

Leonora lui prend le bras et l'attire vers elle.

« Embrasse-moi », dit-elle.

Christian remarque à quel point son corps s'insurge, il veut échapper à son étreinte, partir loin de ce monstre qui autrefois a été sa femme.

« Ça ne nous aide pas, Christian, lui dit-elle tout bas. Tu ne dois pas m'ignorer. Tu dois parler et agir de façon naturelle.

– Vous avez essayé le sauna ? demande la femme. C'est fantastique. Et il va y avoir une séance d'aromathérapie.

– Qu'en dis-tu, Christian ? De l'aromathérapie dans un sauna ? »

*

Ils quittent vite le bassin rempli d'une eau aussi salée que la mer Morte. C'était désagréable, avec le sel qui s'infiltrait dans les moindres ouvertures du corps. Ils suivent le plan fou de Leonora qui consiste à être vus par le maximum de gens, à avoir l'air heureux et naturels ensemble. Il ne peut pas, sa joie est aussi asséchée que le sauna dont ils viennent de sortir, celui équipé d'une grosse salière, qui lui a fait penser à Sodome, à Dieu qui anéantit les bons comme les mauvais, qui change la femme de Loth en statue de sel, une rage biblique de désir et de destruction, qui s'abat aussi maintenant sur Vejle.

On a cherché à recréer une forêt vierge à partir de la nature danoise. La passerelle, depuis la sortie du côté du spa, traverse les arbres de la forêt et transforme le sauna, quand on le voit du bout de la passerelle, en une hutte dans la jungle.

« Tu me suis ? » demande Leonora en repoussant une fougère.

Christian ne répond pas. Il se contente de marcher derrière elle ; elle est devenue trop maigre, elle n'a plus de formes sous la serviette, ses omoplates saillent à l'œil nu sous sa peau blême, comme si elles voulaient la percer.

Christian tient la porte à un vieux couple, Leonora s'installe sur la plus haute des trois banquettes du sauna.

« Je n'ai pas l'habitude d'aller dans les saunas », dit Leonora en étendant sa serviette pour s'y asseoir, totalement nue.

Christian n'arrive pas à s'habituer à la vue de son sexe nu épilé, cela va bien à Zenia, pas à Leonora. Christian garde sa serviette autour de sa taille, s'assoit près de Leonora qui lui prend aussitôt la main. Six autres couples sont répartis dans le sauna. Il n'y a que des couples, personne ne vient seul pour un séjour de thalasso, cela n'étonnerait pas Christian que bientôt les gens fêtent leur mariage dans un spa partout dans le monde. Il a du mal à respirer. Les deux dernières heures, il a senti une oppression dans la poitrine. Il a l'impression que son corps n'absorbe pas assez d'oxygène. La chaleur a aggravé le problème. Presque quatre-vingt-cinq degrés. Le thermomètre se trouve juste au-dessus du couple qui a l'air le plus amoureux. Ce sont aussi les plus jeunes, dans le milieu de la vingtaine, ils sont tout près l'un de l'autre et se murmurent des mots doux.

« Leonora ? »

La voix est celle d'une femme assise en haut vers la gauche.

Christian se retourne. Quelle est cette voix ? Il l'a déjà entendue. C'est celle de Bolette, une des mères de l'école de Kirkebakken. Du temps où les parents parlaient avec les autres parents, l'époque des découpages de Noël, des torsades de pain grillées au feu de bois et des jeux de thèque.

Christian ne la connaît pas très bien, ils ont seulement échangé un « bonjour » ou un « bonsoir », pas plus, peut-être un « comment ça va ? » s'ils étaient coincés l'un à côté de l'autre lors d'un des innombrables concerts des enfants. Bolette bavarde avec Leonora. Le type qui est à côté d'elle – plein de muscles et de tatouages – doit être ce jeune mec avec lequel elle a filé quand elle en a eu assez de son expert en informatique, Rune ? Quelque chose comme ça. Ils ont dix-neuf ans de différence, Leonora en a beaucoup parlé, à l'époque, Christian n'a jamais compris si elle était admirative ou scandalisée.

« Alors tu as déménagé à Viborg ? »

Leonora parle avec la voix qu'elle adopte pour faire la conversation, elle se moque de la réponse, mais elles sont assises là, à cinquante centimètres l'une de l'autre dans un sauna à quatre-vingt-cinq degrés et c'est impossible de ne pas bavarder.

Christian regarde ailleurs. Il ne veut pas participer à la conversation, il en est incapable, l'image de Zenia vient de lui apparaître. Il va bientôt partir, laisser l'hôtel en passant inaperçu. Trouver la voiture qu'ils ont garée dans la forêt. Se rendre au lotissement de jardins. Frapper à la porte et…

« Maintenant c'est le moment, dit Bolette. Enfin.

– L'aromathérapie, murmure Leonora à Christian. À ce qu'il paraît, c'est bon pour la peau et la respiration. »

Christian sent la colère qui monte en lui. Et l'impuissance. Il a envie de hurler des insultes à Leonora. De lui dire qu'elle est complètement cinglée. Qu'elle devrait revenir à la raison. Mais il n'en a pas la force. Il n'arrive pas à trouver la force en lui. Un jeune homme avec une serviette nouée autour de la taille se présente à eux comme le maître d'aromathérapie, il leur promet un trip dans les odeurs, le chaud et le froid, de l'huile de cactus à la lavande et au romarin, du Sahara à l'Italie, jusqu'à un dernier parfum exprimé à partir de feuilles de hêtre, potion locale qu'il faudra inhaler en longues bouffées avides d'air chaud.

La sueur inonde Christian. Il a envie de vomir. Il perçoit les chuchotements de Bolette et du maître du sauna qui évoquent les huiles essentielles. Ce dernier met de la musique, un morceau new age, des accords et des sons un peu asiatiques, tandis que l'odeur de cactus se répand. Leonora pose la main de Christian sur sa cuisse, la serre doucement, Christian se concentre sur les nombreuses perles sur sa peau, des centaines, sa sueur.

Le maître d'aromathérapie agite un petit mouchoir violet pour assurer une expérience parfaite à Christian et Leonora, à Bolette, Rune et à tous les autres couples qui sont venus à l'hôtel profiter de cette soirée spa. Pour se déconnecter un peu. Se retrouver et se considérer avec un regard neuf. Un couple de deux femmes entre, des lesbiennes ? Ou bien seulement des amies ?

Christian les observe tandis qu'elles débarquent au milieu du show, s'installent au premier rang, pas très intéressées par le voyage sensuel du maître. Il voit combien Rune regarde les deux jeunes filles, elles ont environ cinq ans de moins que lui, et Christian voit surtout combien il n'ose pas les regarder, mais se penche en avant, pose ses bras sur ses genoux, garde les yeux baissés, un regard vide pour ne pas éveiller les soupçons de Bolette. Ils remarquent tous cet accord naturel entre amour et âge. Que Rune avec ses tatouages a sa place naturelle au premier rang en compagnie des deux jeunes femmes.

« Est-ce que les yeux te brûlent ? lui murmure Leonora.

– Oui. »

Il essuie ses larmes, il voudrait sortir. À cause de cette suave odeur de cannelle ? De Leonora qui n'arrête pas de le toucher ? C'en est trop pour lui. Le maître verse de l'eau sur les pierres bouillantes. La chaleur devient insoutenable, ce n'est sûrement pas bon pour la santé, de tuer ce que l'on aime. Il sent ses larmes couler. Il est incapable de les retenir.

« Cela peut vous faire un peu mal aux yeux », informe le maître d'aromathérapie.

Christian sourit à l'homme en face de lui qui agite une serviette. Rune a toujours les yeux baissés, appliqué à éviter la jalousie de Bolette. Christian a fait juste le contraire, il a levé les yeux. Quand l'amour entre Leonora et lui est parti en fumée, il a choisi de lever la tête. De lever les yeux. Vivre tout court ne lui suffisait plus, a-t-il pensé. Sans amour, se lever le matin, respirer, aller travailler. Non, il a tout fait pour trouver l'amour, pour rendre le bonheur possible. Et il l'a trouvée, elle, Zenia. Soudain elle était là, devant lui. À portée de main. Baisser les yeux ou lever les yeux. Est-ce le dilemme ? Deux possibilités, deux points sur le différentiel de l'amour. Ou peut-être le séjour dans le spa est-il juste au milieu de ces deux possibilités ? Le lieu où tout est difficile, où l'on n'a pas abandonné, où l'on continue à lutter ? Tout ce que Leonora et lui ont oublié de faire.

« Bien, maintenant nous allons sortir nous rafraîchir un peu, dit le maître d'aromathérapie. Ensuite nous reprendrons notre voyage avec un petit saut au Brésil. Vous allez vous amuser, j'ai ici quelque chose de magique à vous proposer. »

*

Leonora est dans la salle de bains, il entend le bruit du séchoir à cheveux. Christian dispose son peignoir mouillé sur le dos d'une chaise. Il s'habille.

Il l'a déjà fait. Il a déjà tué, c'est ce que pense Leonora. Mais ce n'est pas la vérité. Il était fou quand il l'a fait. Et il la haïssait. Il aime Zenia. C'est plus facile la deuxième fois, à ce qu'on dit. Le sexe, les baisers. Un des directeurs de travaux a divorcé trois fois, la dernière fois a été la plus facile, il l'a souvent dit avec amusement. Mais pour Christian… c'est une autre histoire. La première fois il s'était allié à la colère, à la haine, à sa noirceur intérieure. Une noirceur qu'il ignorait renfermer en lui.

Son téléphone est sur la table de chevet, un petit bip et l'écran s'allume. *Où en es-tu,* c'est écrit sans point d'interrogation, c'est une sommation, c'est l'ordre de venir chez elle comme ils en sont convenus. Christian attend un instant, enfile d'abord sa chemise puis le reste de ses vêtements. Ils lui collent à la peau à cause de la sueur. Il s'assoit sur le bord du lit, entend Leonora arrêter le séchoir, ouvrir le robinet. *La soirée tombe à l'eau, je n'aurai pas le temps de venir, je t'appelle demain,* écrit-il, puis il appuie sur Envoyer. Il attend quelques secondes avant de se lever. Il se représente Zenia dans son canapé, ses belles jambes bronzées en hauteur, un verre de vin rouge posé sur la petite table qu'elle a faite elle-même à partir de bois de récupération, qu'elle a teintée avec du goudron et recouverte d'un vernis ultrabrillant. Il la voit en train de lire son message, se représente sa déception, pressent sa colère.

Christian se lève du lit, s'approche de la fenêtre. Le jour n'a pas abandonné la partie, c'est le plus long jour de l'été. Ou bien est-ce seulement demain ? Ce n'est pas encore la Saint-Jean, autant qu'il puisse se souvenir.

Il doit faire attention à ne pas être vu. À cette heure, la plupart des gens sont au restaurant. Christian ouvre davantage la fenêtre. Il y a deux mètres de hauteur par rapport à la terrasse. S'il saute un peu sur le côté, il peut atterrir dans un des petits massifs de fleurs qui seront plus doux que le carrelage. Un regard rapide derrière lui, sur la chambre, ses affaires, son téléphone sur le bord de la table de nuit. Leonora est à la porte de la salle de bains. Ils se regardent dans les yeux sans dire un mot. Christian monte sur le lit et, de là, il pose le pied sur la fenêtre, se hisse, sent le vent. Il a pris sa décision.

*

Un saut encore. Cette fois du mur de la terrasse, un mètre plus bas. L'herbe folle est haute, elle descend vers la forêt, un petit chemin naturel peine à traverser les arbres. Derrière les arbres : le sable, la bruyère, la roche, l'odeur de la mer. Il longe l'eau, peut apercevoir au loin les voitures sur le pont, le train vers Sjælland, comme un serpent doré dans le rougeoiement du soir. Le vent est plus fort près de la mer, Christian se met à courir. Une pensée folle l'assaille soudain : s'il court assez vite, tout disparaîtra. Tout le mal, tout le noir, le cauchemar qu'est devenue sa vie.

Un petit chemin caillouteux part du fjord et traverse la forêt. Jusqu'à ce qu'il atteigne la route nationale. Et là, au bord de la route, à moitié cachée sous les plus basses branches des arbres, il y a la camionnette blanche qu'il a garée ici hier. Christian monte dedans. Elle sent le liquide du lave-glace. Il voit les phares d'une autre voiture, attend qu'elle se soit éloignée avant de sortir en direction de la ville. Il entend dans sa tête les mots de Leonora. Sur la possibilité de se suicider. Une possibilité qu'il avait repoussée, elle se présente à nouveau. Lumineuse. Limpide. Elle le séduit, le tente. Tous les problèmes, ce cauchemar, tout pourrait être réglé en quelques secondes.

« Oui, dit-il tout bas. Oui. »

Il freine brusquement, une canette de Coca à moitié vide qui se trouvait sur le siège passager roule sur le sol. Il entend sa propre respiration. Il est soudain essoufflé.

Le terminus.

Devant lui, la route tourne à angle aigu vers la gauche. S'il quitte la courbe de la route, s'il continue tout droit ? Il foncera dans ce vieux hêtre ? Il sort. Marche sur la route de la mort, le long des lignes sur l'asphalte puis vers l'arbre. Il pose une main sur l'écorce. Oui, l'arbre conviendra, cela suffira pour le tuer, comme Leonora l'a suggéré. Un accident. Il roulait trop vite, c'est ce qu'on dira, il n'a pas pu tourner à temps.

Quelle vitesse doit-il prendre ? De retour dans la voiture, il regarde le compteur de vitesse. Quand la mort survient-elle ? À soixante kilomètres-heure ? À quatre-vingts kilomètres-heure ? Il met le moteur en marche, la radio le fait sursauter. Il ne se souvient pas de l'avoir allumée. On parle de la Saint-Jean le lendemain soir, de sorcières et de joie de vivre. C'est fini pour Christian, plus de chants en chœur, plus de discours devant les feux. Tout s'arrête ici. Il recule un peu, s'arrête à une centaine de mètres de l'arbre, puis prend le plus de vitesse possible. Il respire profondément, ferme les yeux. Johan qui venait de naître. Leonora qui jouait du violon pour lui autrefois, il y a bien longtemps. Peter, quand ils étaient petits, la fois où son frère l'avait enfermé dans la salle de bains la moitié d'un samedi pendant que leurs parents étaient à Aarhus. La vie.

Il ouvre les yeux. Enclenche une vitesse, appuie à fond sur l'accélérateur, une voix mécanique et froide l'avertit.

« Veuillez attacher votre ceinture. »

Il pleure. Sa vie se délite. Johan lui manque déjà tellement. Il adore ce garçon. Il l'aime plus que tout. Il aurait été si heureux de l'accompagner. Juste encore un peu.

« Veuillez attacher votre ceinture. »

5

Leonora est assise sur le bord de la baignoire, rien n'incite davantage à la réflexion que le bruit du jet puissant qui frappe l'eau. Quelle heure est-il ? Christian devrait y arriver bientôt. Peut-être y est-il déjà ?

Elle s'imagine l'état de Christian. Son désespoir. Un homme dévasté qui arrive au lotissement de jardins pour marquer le point final. Elle pense au jardin de Zenia, aux parents de Zenia. Dire qu'elle a cru qu'elle pouvait voler le mari d'une autre femme, cette maudite sorcière. Christian ne serait pas Christian sans Leonora, ils se sont construits mutuellement, elle l'a soutenu, elle l'a encouragé à croire en lui-même. Les gens peuvent se tourner vers beaucoup de domaines différents, c'est ce que Zenia ne peut pas comprendre. Nous avons le choix entre beaucoup de voies différentes. Et les routes de la vie que nous prenons dépendent des gens que nous rencontrons. Ceux qui nous inspirent sont les outils et les gardiens de notre destin. Si Leonora n'avait pas rencontré Mlle Søndergaard, elle ne serait jamais devenue violoniste, elle n'aurait peut-être jamais échappé à son île. Si Christian n'avait pas rencontré Leonora, il n'aurait pas trouvé en lui la force nécessaire de croire en ses propres capacités. D'une certaine façon, le couple vous façonne, pour le meilleur et pour le pire.

Elle enlève le bouchon de la baignoire, le pose sur le bord et regarde l'eau s'évacuer. Ce n'est que la répétition générale de la pièce qu'elle va jouer dans peu de temps.

Leonora retourne dans la chambre, s'assoit sur le lit, tend la main vers le téléphone de l'hôtel. Elle trouve le numéro du room service dans un petit carnet à couverture de cuir posé près du téléphone. Elle attend un peu. Vérifie l'heure. Oui, c'est le moment, maintenant Christian doit être là-bas. C'est maintenant qu'il doit le faire.

Leonora appelle :

« Oui, bonjour, nous sommes à la chambre 112. Nous préférons manger dans la chambre ce soir, nous sommes un peu fatigués, aussi… » Leonora écoute la voix dans le récepteur, pleine de professionnalisme et de bonne volonté, tout est possible. C'est la fête des couples, tout ce qui rappelle le quotidien est exclu, les difficultés, les problèmes pratiques, tout ce qui s'oppose à nos désirs, tout ce qu'on doit donner avant de recevoir, on le laisse à la porte de l'hôtel. « Nous avions pensé à des crevettes du fjord en entrée, et… un moment, mon mari m'appelle de la salle de bains. Qu'est-ce que tu dis, mon chéri ? » Leonora couvre le téléphone de la main, attend deux minutes. « Bon, il a changé d'avis, dit-elle à la jeune fille de la réception. Je crois que nous prendrons plutôt le gaspacho froid en entrée, et ensuite deux parts de chevreau de lait et une bouteille de chardonnay. C'est possible ? »

La réponse à l'autre bout est : bien sûr, tout est possible, le cuisinier a du travail, mais tout arrivera au maximum dans une petite heure.

« Parfait, merci », dit Leonora en raccrochant.

La première partie du plan est réalisée. Ou alors… quel sera le plan ? Leonora ne s'est jamais considérée comme la spécialiste des plans imaginaires. Si, autrefois, peut-être. Entrer au conservatoire, c'était le plan. Surtout pas une vie comme celle de sa mère ou de sa sœur. C'était ça l'objectif. Elle le connaissait. Tout comme elle connaissait la voie pour le réaliser. C'était le violon. Le don musical qu'elle avait reçu comme bénédiction. Elle devait être la meilleure, elle l'avait vite compris. Elle deviendrait musicienne, ferait partie d'un orchestre symphonique au Danemark ou alors elle serait soliste, à l'opéra de Sydney ou à celui de Berlin, ou même de San Francisco. Elle avait fait un voyage à Vienne avec toute sa classe. Ils étaient assis tous ensemble et écoutaient le *Requiem* de Mozart pendant qu'elle rêvait d'être celle qui se trouvait sur scène. Il y avait ensuite des cocktails dans le hall. C'était la belle vie. C'était mieux dans ces années de jeunesse où le futur est une oasis à l'horizon. Un lieu à atteindre.

Elle n'a jamais joué le *Requiem* de Mozart comme premier violon. Au lieu de cela elle a interprété le requiem de sa propre vie, la symphonie d'une cinquantaine d'années. Un long combat contre la mort.

Elle n'a pas choisi la situation. Surtout pas que Zenia doive disparaître ce soir. C'est Zenia qui l'a choisi elle-même. C'est comme ça. À cause de la façon dont elle a regardé Leonora dans les yeux, dont elle a montré son triomphe dans la quête narcissique de son orgasme. Elle s'est montrée éhontée, destructrice. Leonora n'a jamais choisi la mort, n'a jamais rien fait de mal. Pourquoi le destin a-t-il arrangé les choses de cette façon ?

Le téléphone de Christian est posé à côté de celui de l'hôtel. Elle n'a pas envie de le toucher. Elle lit la réponse de Zenia à Christian. *Tu es un foutu enculé. Tu n'as pas le droit de venir et de repartir quand tu veux.* Et une autre : *Tu te sers de moi, Christian.* Et une autre : *Ça suffit, on arrête là tous les deux. Bonne chance.* Leonora réfléchit, puis elle envoie à Zenia de la part de Christian :

Chère Zenia, non, ça ne va plus, tu as raison. Je suis désolé, mais ma famille, c'est tout pour moi.

Leonora relit ces mots, encore et encore. Si longtemps qu'ils finissent par devenir la vérité, ressent-elle. C'est *vraiment* Christian qui les a écrits. Il a repoussé Zenia, il est revenu à la raison, il a compris qu'il était lié à Leonora, que rien ne devra jamais les séparer. Un dernier regard sur l'heure. C'est maintenant.

6

Christian entend à sa voix à quel point elle est en colère.

« Fous le camp », crie Zenia derrière la porte.

Il essaie d'ouvrir la porte de la maison de jardin mais elle est fermée à clé.

« Appelle demain, je vais me coucher.

– Ouvre-moi. »

Christian chuchote. Il met la bouche contre la porte, il ne peut pas prendre le risque d'être entendu par les voisins, personne ne doit l'entendre, personne ne doit jamais découvrir qu'il est venu là.

« Pourquoi tu parles tout bas ? Je vais me coucher. Je t'ai attendu un siècle.

– Zenia ? »

Le parfum du sapin, le soir humide dans les bois. Un moustique tourbillonne autour de ses oreilles, le petit sifflement persiste dans son conduit auditif, une sorte d'appel à l'aide. À travers les petits carreaux de la porte, Christian voit que la lumière de l'entrée a été éteinte. Puis que celle de la salle de séjour s'est allumée. « Merde », murmure-t-il. Il sent la panique l'envahir. Un regret l'assaille : si seulement il avait foncé dans un arbre tout à l'heure. C'est la seule chose à faire. Disparaître. Mais il a manqué de courage. Parce qu'il a pensé à Johan, son fils adoré.

Christian cherche quelque chose de lourd. La vie, la vie est lourde et rude, mais on ne peut pas s'en servir pour briser une vitre, seulement la joie et la raison. Le manche d'un balai ? Une pierre ? Cela va faire du bruit. Mais c'est la seule solution qui puisse faire croire à un cambriolage. Il se redresse et, sans hésiter, il lance très fort la pierre contre la vitre. Cela ne fait pas beaucoup de bruit, un petit boum suivi du bruit du verre cassé qui tombe sur les dalles. Il craint de se couper et introduit la main à l'intérieur avec précaution. La serrure est bien serrée, il arrive à la débloquer juste au moment où Zenia apparaît à la porte.

« Qu'est-ce que tu es en train de foutre ? » s'écrie-t-elle en essayant de refermer la porte à clé.

Trop tard, Christian a ouvert et entre dans la maison. C'est comme si elle savait ce qui va se produire. Elle met les mains en avant pour repousser l'attaque avant même qu'elle n'ait lieu. Christian lui met une main sur la bouche, vite, fort et en appuyant, et de l'autre il lui attrape le cou.

« Doucement, murmure-t-il. Calme-toi.

– Lâche-moi. Tu es devenu complètement fou ? » essaie-t-elle de dire, mais c'est difficile, la main de Christian l'empêche de parler.

Ils sont tout proches, il peut sentir l'odeur d'alcool dans son haleine.

« Détends-toi », dit-il, il l'aime tant, à la folie, il aime son odeur.

Il la pousse en arrière, dans le petit salon. Une couverture est jetée à moitié sur le canapé, à moitié par terre. Un des coussins est installé dans un coin, posé contre le bras du canapé. C'est là qu'elle l'a attendu. Il y a une bouteille de vin rouge sur la table, elle est presque vide, deux verres sont disposés l'un à côté de l'autre. Elle a fumé, trois cigarettes, ce qu'elle ne fait que quand elle est triste ou très joyeuse.

« Mais merde, qu'est-ce que tu es en train de faire, Christian ?

– Zenia... »

Mais Christian n'a pas le temps de répondre, on frappe à la porte. Fort. On entend dehors la voix d'un homme âgé.

« Zenia, tu es là ? »

Christian soutient son regard.

« Je t'aime, lui dit-il tout bas.

– Zenia ? » L'homme derrière la porte élève la voix. « Tout va bien ? »

Christian est tout proche, les lèvres contre l'oreille de Zenia.

« Je n'ai jamais aimé quelqu'un aussi fort que toi. Tu le sais ? »

La main de Christian sur sa bouche empêche Zenia de répondre. Christian fait glisser son autre main entre ses jambes nues. Entre ses cuisses, un peu plus loin, dans sa culotte. Elle a peur, il le voit dans ses yeux. Mais elle ressent aussi autre chose. De l'excitation ?

« Zenia, tu es là ? crie le voisin.

– J'ai envie de toi », murmure Christian en lui enfonçant un doigt dans le sexe.

Puis il relâche la pression sur sa bouche.

« Carl ? Tout va bien, dit Zenia. Pas de problème. »

Elle hésite un instant, cherche à respirer. Puis elle va dans l'entrée. Christian reste dans la salle de séjour, il entend leur conversation.

« Je partais, dit l'homme dehors, quand j'ai entendu un bruit de vitre cassée.

– C'est seulement moi et ma maladresse. J'ai fait un courant d'air, et tu sais que… mais merci beaucoup de t'inquiéter de moi, Carl. Je passerai demain avec ta cisaille à haie. »

Zenia revient, prend une cigarette dans le paquet, se penche pour l'allumer à la mèche de la bougie. L'alcool modifie ses mouvements, un peu trop accentués. Et sa parole est un peu confuse.

« Putain, où étais-tu ?

– Tu m'offres un verre ? » demande-t-il.

Elle hésite, puis propose :

« Il me reste du mousseux de la fête. » Elle se dirige vers la cuisine. « As-tu bu tout le tien ? » Le réfrigérateur n'est pas très grand, il est presque de la taille d'un minibar d'hôtel. « Mis de côté pour une occasion spéciale, dit-elle en ouvrant le réfrigérateur. Une bouteille de vin blanc et une barquette de fraises. »

Christian l'observe, il la voit de dos, il voit sa chevelure relevée qui révèle son cou.

« À ton avis, c'est une occasion spéciale ? »

Elle pose la question en indiquant le réfrigérateur de la tête. Le regard de Christian s'attarde sur le mortier qui se trouve sur la table de la cuisine. Le pilon, en granit gris clair, est lourd, il sert à écraser les graines. Il le prend, il est froid et dur, encore plus lourd qu'il ne l'avait pensé, il est fait pour écraser. Il ferme les yeux. Il va pénétrer dans l'ombre. Il n'y a qu'à abattre ce lourd pilon sur la tête de Zenia. Il faut frapper fort l'arrière de sa tête, de toute la force dont il dispose. Un seul coup suffira. C'est ce qu'il se dit. Peut-être deux ou trois de plus. Et tout sera accompli.

Le bruit du téléphone est fort et entêtant. C'est Leonora, qui envoie le SMS comme convenu. Un SMS de Christian, Christian qui n'est en aucun cas ici, mais à l'hôtel avec son épouse. Leonora, qui a commandé un repas tardif en room service.

Christian réagit très vite, c'est le plan, il doit le faire au moment où le SMS arrive, ce sera l'alibi parfait, elle meurt juste au moment où, lui, il crie sa commande au serveur depuis la salle de bains, et où il envoie un SMS à Zenia, de bien loin, il n'est pas du tout dans le voisinage, tout le prouve, la téléphonie, le serveur, les employés de l'hôtel. Il remet le pilon dans la petite coupe. Zenia se retourne. Le téléphone est sur la table de la cuisine près des casiers à bouteilles et des petits pots de terre qui contiennent les fines herbes. Elle tend la main pour le prendre, mais Christian s'avance et l'attrape avant elle.

« Qu'est-ce que tu fais ? »

Il l'embrasse, avec violence et frénésie, il pose le téléphone derrière lui sur la table et l'enlace.

« Christian ? »

Il la pousse, ils avancent comme s'ils étaient en train de danser, il la dirige sur le sol. La danse de la mort, pense-t-il, il avance le pied et pousse la porte de la chambre à coucher.

7

Des voix proviennent de la chambre voisine. Peut-être passent-elles par le système de ventilation au-dessus de la porte de la salle de bains. La voix d'une femme qui pouffe de rire en disant quelque chose. Leonora n'en est pas sûre mais il lui semble bien avoir déjà entendu cette voix avant. Au sauna ? Le jeune couple installé dans le fond, entièrement absorbé par eux-mêmes ?

Leonora détaille son visage dans le miroir. Qui est-elle ? Se connaît-elle vraiment ? A-t-elle laissé défiler sa vie entière sans soupçonner qui elle était au fond d'elle-même ? Le sait-on tant qu'on n'a pas été soumis à une pression maximum ? Nous nous arrangeons pour ne pas être exposés à des choses horribles, nous n'apprenons donc jamais à nous connaître, à savoir de quoi nous sommes vraiment capables. Elle avait un jour voyagé en avion de Francfort à Tel Aviv, assise près d'un pilote de combat israélien, pour aller passer trois mois dans un kibboutz. Il lui avait dit que les jeunes hommes et femmes israéliens devenaient très vite adultes. Que c'est ce qui se passe quand on est en guerre. Il avait ajouté que les jeunes hommes et femmes européens ne devenaient jamais adultes, il ne lui avait pas plu, elle avait trouvé qu'il la regardait avec condescendance.

Et il se trompait. Leonora est devenue adulte quand Johan est tombé malade. Mais Zenia, elle, n'est pas adulte, c'est une enfant malade, Leonora la hait, elle n'a jamais haï quelqu'un aussi fort. Elle repense à la façon dont Zenia l'a regardée pendant que Christian la prenait par-derrière, à la façon dont son regard s'est détourné ensuite, à la façon dont elle a décidé que non seulement Leonora devait perdre son mari, mais qu'elle devait aussi être humiliée. Il fallait qu'elle sache que Zenia ne se donnait même pas la peine d'arrêter de faire l'amour, qu'elle n'avait pas honte d'être découverte. Non, cette garce, ça lui était égal, elle avait refermé les yeux, était retournée à son orgasme.

C'est une soirée horrible, mais une soirée nécessaire. Il y a un obstacle sur la route dont elle doit triompher pour pouvoir avancer. Les voix de la chambre voisine changent de tonalité. La femme rit. Et maintenant… est-ce qu'elle jouit ? Leonora le sent dans tout le corps, quelque chose lui fait mal, pour toujours sur cette terre, l'amour sera lié à ce soir-là, la symphonie secrète de coups, de gémissements et de petits cris qui vont crescendo lui rappellera toujours le visage de Zenia qui lève les yeux. Qui sourit.

Le téléphone est sur le bord du lavabo, quelques gouttes ont mouillé l'écran. Leonora le fixe, suit les minutes, cherche à être sécurisée par le temps qui passe, à croire que le plan va fonctionner. L'inquiétude traverse tout son corps. Christian doit être là-bas maintenant. Chez Zenia. Il doit y être. Si le plan tient, personne ne l'a vu quitter l'hôtel, personne ne l'a vu arriver dans le lotissement de maisons de jardins ouvriers.

On frappe à la porte.

« Une minute, je suis dans la salle de bains », s'écrie Leonora.

Le bouchon de la baignoire est en place, elle ouvre l'eau en grand, la représentation peut commencer.

Elle attend un peu avant de sortir de la salle de bains, marche pieds nus sur le sol froid. C'est le même jeune homme, il pousse une table roulante. Des assiettes, des verres à vin, des couteaux spéciaux pour découper la viande y sont disposés. Le vin blanc est dans un seau à glace. Le plat principal est maintenu au chaud par un couvercle en verre, une pellicule de vapeur entoure le bord mais Leonora peut distinguer nettement les fines tranches roses de viande au fond.

« Entrez, dit Leonora, elle sourit en ouvrant la porte en grand. Sors du bain, Christian, crie-t-elle vers la porte à moitié ouverte de la salle de bains. Le repas est arrivé.

– Je dépose tout ici ?

– Parfait.

– Puis-je vous demander une petite signature ?

– Bien sûr », répond Leonora.

Elle retourne dans la chambre, pose le reçu sur la table pour le signer. Christian a toujours trouvé qu'elle avait une belle écriture. Il pense que ses talents musicaux peuvent être décelés dans son écriture.

« Attendez, votre pourboire. »

Le serveur porte le plateau dans la chambre.

« Il n'en est pas question. Ne laissez pas le plat refroidir.

– D'accord, dit Leonora. Mais j'y tiens. Attendez une minute. » Elle va dans la salle de bains, regarde le jet d'eau solitaire. « Chéri, tu as de l'argent liquide ? »

Vite, elle ouvre le téléphone, le met en position Micro, trouve l'enregistrement, appuie sur Play.

« Je crois qu'il y en a un peu dans la poche de mon pantalon », dit la voix enregistrée de Christian. Le son se mêle au bruit de l'eau, le résultat paraît vraisemblable, ils ont déjà répété à la maison. « Le gris. Je l'ai rangé dans le placard, dit Christian à haute voix.

– Je vais trouver », dit Leonora.

Elle repose le téléphone sur le bord du lavabo. L'enregistrement continue à tourner. Elle sort de la salle de bains.

« Ce n'est pas la peine, dit le serveur.

– Si, si, je le prends tout de suite », insiste Leonora.

Elle ouvre le placard, regarde d'abord dans les poches de derrière, elles sont vides. Elle pêche un billet de cinquante couronnes chiffonné dans une des poches de devant. Voilà. Elle tend l'argent au serveur en souriant.

« Demande au serveur si on pourra boire une bière après au bar, crie la voix enregistrée de Christian tandis que l'eau continue à couler.

– Le bar est ouvert jusqu'à minuit, indique le serveur, merci pour le pourboire.

– De rien. Je mets la table dans le couloir quand nous aurons fini de manger, d'accord ? dit Leonora.

– Parfait, répond le serveur. »

Il quitte la pièce.

Tout redevient silencieux. Une partie de plus du plan réalisée, pense Leonora. Elle s'assoit avec précaution sur le lit trop mou. Un petit pas ajouté à un autre petit pas, tous ces petits pas la conduisent à son objectif final : récupérer Christian. Et l'avoir pour elle toute seule.

Une odeur de nourriture flotte dans la pièce. Une odeur d'ail et de viande. Elle n'a pas du tout faim. Peut-être un verre de vin ? Pour se calmer les nerfs. Comme elle se verse du vin, un pressentiment la frappe. Quelque chose ne va pas. Elle ne peut pas l'expliquer. Mais elle le sait.

8

Depuis combien de temps dorment-ils ? Christian se lève et regarde par la fenêtre. Il fait encore sombre, aussi sombre que cela peut l'être à la Saint-Jean. Zenia est dans les vapes, elle a beaucoup bu. Christian s'étonne d'avoir pu sombrer dans le sommeil. Mais il voulait le faire, dormir avec elle, même pour peu de temps. Ils n'avaient jamais pu le faire avant, ils avaient toujours été séparés pour des raisons pratiques et à cause du mensonge.

Christian était venu pour la tuer. Pour accomplir l'exigence cinglée de Leonora. Et il avait cru qu'il le pourrait. Il était décidé à le faire. Pour l'amour de Johan. À commettre cet acte affreux, parce que ce serait l'unique chance de sauvegarder son fils.

Il avait pris sa décision alors qu'ils étaient étendus dans la chambre à coucher. Le bras de Zenia sur son corps à lui. Sa bouche contre son cou, leurs corps si proches qu'ils ne faisaient presque plus qu'un, une entité d'amour. Il l'avait alors compris. Il aurait dû l'avoir compris depuis longtemps. Depuis le moment au restaurant où Leonora avait pour la première fois formulé sa demande folle, révélé son esprit malade. Il aurait dû affirmer qu'en aucun cas il n'accepterait de tuer Zenia, qu'il ne tuerait personne, inutile de discuter, que la folie devait s'arrêter, que rien de la logique humaine ne pouvait prétendre qu'un acte de folie devait être expié par un acte encore plus fou.

Il avait alors pris la décision de dormir. Il s'autorisait pour une seule fois le droit d'être tout contre Zenia. Le lendemain, il irait se dénoncer. C'est vrai, cela dévasterait Johan. C'est vrai, le crime de Christian serait su, sa vie serait détruite. Mais il allait le faire, accepter de passer de nombreuses années en prison, peut-être la peine ne serait-elle pas si lourde, peut-être pourrait-il prouver qu'il ne disposait pas de toutes ses facultés au moment du crime. Il serait un jour libéré. Il n'aurait plus beaucoup à vivre, il prendrait un petit appartement dans un coin de la ville, il lui resterait la retraite minimale et un fils qui refuserait de le voir. Mais c'est comme ça. Et malgré tout, ce serait mieux que de s'associer à la folie de Leonora. Et cela avait été depuis le début la seule décision valable, Christian n'en doutait plus, il n'en *doute* plus maintenant.

« Tu es réveillé ? » Zenia le regarde. « J'ai senti que tu me regardais.

– Tu es si belle. »

Christian se penche sur elle. Ses lèvres, il pense que c'est la vie elle-même qu'il embrasse. La dernière chose qu'il laisse derrière lui. Elle s'assoit sur le lit, se plaint d'avoir mal à la tête.

« Est-ce qu'on a beaucoup bu hier soir ? Je ne supporte plus l'alcool.

– C'est l'effet de l'âge », dit Christian.

Il songe au lendemain, à la police, au poste, aux menottes, il ne doit pas y penser pour le moment. Pour le moment, il doit jouir de cette unique nuit d'amour, qui aurait dû pouvoir se répéter à l'infini.

Zenia pose les pieds par terre. Elle se lève et se dirige vers la porte.

« D'ailleurs je n'en ai pas fini avec toi. Il n'est pas question que tu te sauves quelque part.

– Dépêche-toi », dit Christian.

Il entend ses pas légers sur le sol. Dans le salon, puis dans la salle de bains. Il regarde le plafond, les poutres claires, les murs peints en blanc. Elle va revenir vite, ils feront l'amour, ce sera tendre et beau, peut-être aussi un peu violent. Et ce sera la dernière fois. Il va aller se dénoncer. Et à partir de ce moment-là, plus rien ne sera pareil. À partir de ce moment-là, il l'aura perdue.

Il se redresse. Pense à tout ce qu'il va perdre. Il sort du lit. Le sol est frais, le soleil va bientôt surplomber le fjord, les rayons vont traverser la fenêtre et former comme un tapis tiède sur le vieux plancher. Il va à la fenêtre, repousse le rideau. Des nuances de bleu et de vert émergent du noir du petit matin. Le dernier matin, pense-t-il. Son dernier matin d'homme libre.

Il sort de la chambre, se rend dans la salle de séjour, cela sent le tabac. Un bruit le fait sursauter. Il vient de la salle de bains.

« Zenia ? » appelle-t-il. Il ne sait pas pourquoi mais il se précipite vers la porte. « Zenia ? »

Il tend l'oreille, peut entendre l'eau couler, puis que l'on ferme l'eau, puis un autre bruit, quelque chose de lourd qui tombe.

« Ça va ? » demande-t-il en frappant à la porte.

Pas de réponse, il tourne la poignée. La porte est fermée à clé.

« Zenia ? Ouvre la porte ! »

Il se jette sur la porte, l'attaque avec son épaule, il ressent un étrange sentiment, quelque chose ne va pas, s'est-elle fait du mal ? L'a-t-il poussée à bout ?

La porte s'ouvre. Pas parce que Christian a réussi à la pousser, mais parce que Leonora l'a ouverte. Un moment, il ne comprend plus rien à rien, Leonora n'est pas ici. Est-ce que Christian a tout faux ? A-t-il rêvé être avec Zenia alors qu'en réalité il était chez lui ou à l'hôtel ?

« Je savais que tu n'y arriverais pas », dit Leonora.

Christian recule. Il veut fuir, fuir ce cauchemar. Il le remarque maintenant, les habits de Leonora sont humides, il baisse les yeux vers le corps tordu qui repose à moitié sur les toilettes, à moitié sur le sol. Il voit le couteau dans la main de Leonora, le sang sur ses mains.

«Je savais que tu n'y arriverais pas, répète-t-elle.

– Non, murmure-t-il, il la pousse sur le côté, cette femme qui est sa femme, un geste violent, urgent, la tête de Zenia, il la redresse, la scrute. Zenia ? dit-il, puis il se tourne vers Leonora. Appelle une ambulance, elle n'est pas morte. »

Leonora ne réagit pas, se contente de rester là debout. Christian cherche le pouls de Zenia, il n'y en a plus, il le sait, pourtant il continue, lui tient la tête, cherche à voir la blessure, l'endroit où Leonora a frappé avec le couteau, le trouve enfin. Dans le dos, là où il y a tellement de sang.

« Non, mon Dieu, je t'en supplie. »

Il pleure, le visage contre celui de Zenia, elle est encore tiède, elle est encore pleine d'amour, il l'aime, elle l'aime.

9

Josefine a la bouche ouverte, elle bouge les lèvres mais aucun son ne sort, elle est sous le choc, cherche ses mots. Holger la regarde, ne se comprend pas lui-même. Pourquoi lui raconter ça, cette histoire horrible, aujourd'hui ? Pendant toute sa vie il a protégé Josefine et Isabella, cherché à éloigner de ses filles tout le mal que contient le monde. Josefine ne sait pas comment réagir à son récit, elle hoche la tête, de l'autre côté des falaises on entend les cris de joie et de froid des enfants ; ils se jettent dans la mer de l'Ouest qui reste toujours froide.

« Mais… dit Josefine, s'interrompant. Papa ?

– Oui.

– C'est vraiment abominable.

– Je suis bien d'accord, dit Holger. Nous sommes arrivés le lendemain. On m'a envoyé là parce qu'on soupçonnait une affaire inquiétante. Un cambriolage, la disparition de Zenia. Dès qu'il y a soupçon de meurtre ou d'assassinat, c'est mieux de nous convoquer en même temps. Sinon des indices importants pourraient disparaître par la faute des policiers locaux ou de la famille et des voisins qui piétinent la scène de crime. C'est le voisin qui nous a téléphoné. Celui qui avait entendu le bruit de verre cassé ce soir-là. Le lendemain il est retourné voir Zenia, peut-être était-il un peu amoureux d'elle avec la fixation d'un vieil homme. Mais il avait compris tout de suite : cela ressemblait bien à un cambriolage. On avait volé les choses habituelles : son

Mac, son portefeuille, des objets de valeur faciles à écouler. Et puis Zenia avait disparu. »

Josefine l'interrompt :

« Attends une seconde. » Elle lève une main impérieuse pour l'arrêter. Elle aurait dû entrer dans la police, pense Holger. Josefine est capable de commander et de diriger tout comme personne. « Tu viens de dire que Leonora l'a tuée, dit-elle avec colère.

– C'est ma théorie. Vu que Zenia avait disparu.

– Disparu ?

– Elle avait disparu. Nous avons constaté que la salle de bains avait été nettoyée, on pouvait encore sentir l'odeur d'eau de javel quand on est arrivés. Le reste de la maison n'était pas très propre, ce n'était donc pas une maniaque de la propreté. Et généralement les cambrioleurs ne volent pas les femmes. Nous avons diffusé un avis de recherche. »

Josefine l'interrompt :

« Et elle est toujours disparue ?

– Dans le cas contraire, je ne serais pas assis là à 11 heures du matin sur la plage à te raconter cette histoire.

– Donc tu ne peux pas être sûr que Leonora l'a tuée. Est-ce que ce n'est pas un peu bizarre de faire une séance de spa dans un hôtel quand on a l'intention de commettre un meurtre ? Personne ne ferait jamais ça, papa.

– Se procurer un alibi solide est très important si tu as l'intention d'ôter la vie à une autre personne et de t'en tirer. J'ai interrogé le jeune serveur de l'hôtel quelque temps plus tard », dit Holger, qui continue à raconter son enquête.

Il était évident qu'ils avaient dû chercher ce qui se cachait derrière tous ces SMS que la police avait pu lire, toute cette correspondance amoureuse que Christian et Zenia avaient partagée. C'est Holger lui-même qui s'était rendu à l'hôtel du Fjord. Il avait parlé avec le serveur qui s'était occupé de Leonora et de Christian ce soir-là. Leur alibi avait semblé solide, de plus le voisin du lotissement avait entendu le bruit de vitre brisée à l'instant même où le serveur arrivait avec leur gaspacho, leur chevreau de lait et leur chardonnay, l'heure exacte apparaissait sur la facture que Leonora avait signée.

« L'alibi parfait, dit Holger.

– Ou tout simplement la vérité ? Qu'ils n'avaient tout simplement rien à voir avec cette affaire ? » glisse Josefine.

Il prend sa respiration.

« Te souviens-tu de ce que je t'ai raconté au sujet de Leonora quand elle était à l'école, quand le garçon...

– Mick, précise Josefine, qui connaît l'histoire presque mieux qu'Holger.

– Le jour où Mick est tombé de la falaise d'Hanklit, Sonja a dit qu'il avait crié “Leonora”. Alors comment a-t-elle échappé aux soupçons ?

– La professeure l'avait entendue jouer toute la soirée, dit Josefine.

– Oui. Le son. Le son comme alibi », explique Holger.

Il lui raconte le soir où, alors qu'il était seul dans l'appartement, cela l'avait frappé. Que Leonora avait déjà utilisé une fois le son comme alibi. Le serveur se souvenait d'eux, il se souvenait que l'homme, Christian, avait crié depuis la salle de bains. C'était presque trop beau pour être vrai.

« Parce que ce n'est pas vrai, papa. Ça ne colle pas... Et comment Leonora serait-elle allée au lotissement sans voiture ? Sans être vue ? »

Holger hésite, il sait que Josefine ne va pas être d'accord. Peut-être vaut-il mieux présenter son raisonnement sous forme de question, la laisser découvrir toute seule la lumière.

« À quoi est-ce que Leonora était particulièrement bonne ?

– À jouer du violon ? Est-ce qu'elle s'est envolée dans son étui à violon ?

– Le violon avait été vendu depuis longtemps pour avoir de l'argent et payer les opérations de Johan. Qu'avait-elle fait tous les jours ces dernières vingt années pour supporter sa vie ? »

Josefine le regarde, lui, son père, avec un mélange d'admiration et de méfiance.

« Elle courait.

– Elle courait, répète Holger. C'était la nuit. Pas de voitures sur les routes, elle a peut-être couru le long de l'eau. Elle savait que Christian ne serait pas capable de le faire et qu'il ne reviendrait pas tout de suite à l'hôtel. Elle a couru aussi vite qu'elle a pu, couru comme jamais avant. »

Un petit bip du téléphone de Josefine les interrompt. Un bip comme la nuit où tout a commencé.

« C'est Mark. On vient nous chercher dans cinq minutes. Tu me raconteras le reste un autre jour, je n'en peux plus. Et le corps ? Papa ? Tu as pensé au corps ? Le corps ? Où est le corps… Non, je n'en peux plus, vraiment », dit Josefine en secouant la tête. Elle se cache le visage dans les mains mais pense soudain à son joli maquillage et les enlève immédiatement. « Toute ton histoire est vraiment atroce, murmure-t-elle.

– J'ai bien réfléchi au problème du corps, dit Holger. Je n'arrête pas d'y réfléchir. J'ai cherché partout, mais ils ont été malins.

– Ou innocents. »

Holger approuve.

« C'est une possibilité. Sauf que j'ai remarqué quelque chose. Quand je suis retourné les voir, Leonora et Christian. Chez eux.

– Tu es allé les voir ? Quand ? Qu'est-ce que tu as remarqué ?

– J'y suis allé le lendemain de la disparition de Zenia. Le soir de la Saint-Jean. Le téléphone de Zenia avait disparu avec elle, mais nous avons quand même pu lire ses SMS. Avec une simple réquisition, l'opérateur doit nous les transmettre. Christian était un des derniers à l'avoir vue. C'était normal d'aller le voir. Les parents, les amants ou les petits amis, les collègues de travail, nous les voyons le premier jour de l'enquête. Mais quelque chose m'a étonné. Je l'appelle "la minute de Cendrillon". Tu te souviens de l'histoire de la chaussure ? Celle qui pourra enfiler la chaussure deviendra princesse.

– Bien sûr. Maman a fait les robes de Cendrillon pour le théâtre, j'ai adoré la pièce.

– J'ai vu Christian rendre à Leonora une chaussure à haut talon. Il y a eu un accord tacite entre eux. Quand il lui a donné la chaussure. J'ai observé la façon dont elle l'a prise, leur échange de regards », dit Holger.

Il se souvient s'être assis sur le canapé où Christian avait passé de longues nuits sans sommeil. Ils attendaient que Christian revienne de son bureau. Leonora lui a proposé un café, elle semblait calme et détendue. Jusqu'à ce que Christian arrive et qu'elle l'accueille dans l'entrée. Holger et ses collègues étaient restés dans la salle de séjour mais il les a vus. Le mari et sa femme. A vu le regard qu'ils ont échangé quand Leonora a pris l'unique chaussure. Sur le coup, il n'en a rien déduit. Mais plus tard, quand Holger est allé dans l'entreprise de Christian et a vu comment il était possible de voir d'un bureau à l'autre, c'est là qu'il a compris.

10

Un matin sur le port de Vejle. Un remorqueur arrive, lentement, il laisse derrière lui une fine ligne d'écume. Que laisse Christian derrière lui ? La mort et la dévastation. La souffrance et la tragédie. Telles sont ses pensées tandis qu'il accélère un peu et regarde par la fenêtre. Quelques mouettes font un concours à qui crie le plus fort. L'eau est presque immobile, un peu plus loin dans le port de plaisance on prépare le feu du soir. Christian n'est plus sous le choc, il ne s'explique pas pourquoi. Mais les choses sont devenues plus claires. Ce qui n'était avant qu'une esquisse est devenu un dessin achevé. Le cauchemar est devenu une réalité.

Il se gare, se rappelle la fierté d'avoir une place de parking à son nom devant le local à chaudière. Il sait bien que c'est puéril, que c'est un genre de gaminerie. Sa propre place de parking, une belle voiture, une femme qui l'aime, un verre de vin et un coucher de soleil. Est-ce trop demander ? Apparemment. Il reste un peu à observer les employés, ses employés. Peter est au téléphone, comme d'habitude. N'a-t-il pas l'air agité ? Il aperçoit Christian à travers la vitre et lui fait un signe de bienvenue. Non, il lui indique de venir tout de suite, qu'il a quelque chose à lui dire.

*

Peter est toujours au téléphone quand Christian entre dans le bureau. Il est en train de finir sa conversation, il dit « OK » plusieurs fois, écoute son interlocuteur avec impatience. Christian attrape une chaise et s'assoit devant la table de Peter. Des Post-it jaunes témoignent du nombre élevé d'appels que Peter doit passer. Il lui faut téléphoner au promoteur, à l'avocat. *Trancheuse défectueuse,* est-il écrit sur un des morceaux de papier. Avec un numéro de téléphone et un smiley de la part de la secrétaire.

« Christian ? Ça va ?

– Quoi ? Oui.

– Tu as parlé à Zenia aujourd'hui ?

– Non », dit Christian.

Il sent que sa voix manque de naturel, qu'elle sort d'ailleurs, pas de lui, pas d'ici dans le bureau.

« Je suis un peu inquiet, dit Peter. Sa boîte a téléphoné, ils n'arrivaient pas à la joindre, alors ils sont allés à son lotissement. Elle ne s'est pas rendue à un rendez-vous. »

Christian l'interrompt :

« Dis-moi tout, Peter. Sa boîte a téléphoné ? Qui exactement ? Qu'est-ce qui s'est passé ?

– Il y a eu un cambriolage, Christian. Chez Zenia. Et ils n'arrivent pas à la trouver. Elle avait un rendez-vous ici ce matin avec une commission de planning, mais elle n'est pas venue. Ce n'est pas son genre, n'est-ce pas ?

– Pourvu qu'il ne lui soit rien arrivé. On a prévenu la police ?

– Bien sûr, je me demandais juste si tu avais eu de ses nouvelles ? Ce n'est un secret pour personne que… » Peter s'arrête un peu, tripote ses sandales. « Zenia et toi preniez plaisir à être ensemble.

– Je ne vois pas ce que tu veux dire », réplique Christian.

Son cerveau cherche à répondre à l'une des questions qu'il s'est si souvent posées à lui-même ces derniers mois : que sait Peter ? Ils ont essayé d'être prudents, Christian a insisté sur ce point. Pas seulement par rapport à Leonora.

Il ne voulait pas non plus que Peter soit au courant. Christian avait plusieurs fois évité des réunions auxquelles il savait que Peter et Zenia allaient participer. Parce que Peter remarque tout, même les petits détails. Après un déjeuner avec l'un des comptables, la semaine dernière, Peter avait demandé à Christian s'il avait remarqué que ce comptable ne portait plus son alliance. Non, avait dit Christian, je n'ai rien vu. Pire, même s'il avait passé une semaine avec le comptable dans une pièce de dix mètres carrés, il n'aurait sûrement rien vu.

Christian a été naïf. Il en prend brusquement conscience, bien sûr que Peter est au courant.

« C'est fini, dit Christian en haussant les épaules. Leonora et moi, nous… nous nous sommes retrouvés. On est allés à l'hôtel du Fjord hier. On en avait souvent parlé », explique Christian qui ajoute quelques mots sur l'eau salée du sauna et la brume de cactus. Pour que son mensonge paraisse crédible. Et pour rompre le silence qui s'est installé. « Ont-ils cherché à trouver Zenia dans son appartement ?

– Je crois qu'ils y ont pensé, dit Peter sèchement.

– J'espère qu'il ne lui est rien arrivé.

– Je préfère te le dire moi-même avant que tu ne l'apprennes de la bouche de quelqu'un d'autre, dit Peter qui se lève et prend son grand frère par l'épaule. Ne nous imaginons pas tout de suite le pire. Si ça se trouve, il n'y a rien.

– Ça semble sérieux, quand même. Un cambriolage. Tu as essayé de téléphoner ?

– Plein de fois. » Le portable de Peter sonne. « Je dois répondre », dit-il.

Il prend la communication, sort se chercher un café ou de l'eau, il marche tout en parlant, il est incapable de tenir en place, il déteste perdre une seule minute. Christian reste assis dans le bureau. Il ne se soucie pas d'utiliser la moindre miette du temps, il aimerait mieux l'abréger. Ce qu'il aurait dû faire hier. Il doit agir, mourir ou faire quelque chose d'approchant. Il souffre plus qu'au pire moment de la maladie de Johan, il ressent une culpabilité indicible.

D'abord il ne comprend pas. Cette chaussure à haut talon qui gît près de la vieille fenêtre en fer forgé d'où l'on peut voir dans le bureau de Christian. Qu'est-ce qu'elle fait là ? C'est celle de Leonora ? Elle les a achetées pour la soirée. Parce qu'elle voulait se mettre en valeur. Porter de la lingerie neuve et une nouvelle robe. Quand ils sont rentrés à la maison, elle n'avait plus qu'une chaussure.

Christian se lève, se dirige vers le mur vitré et ramasse la chaussure de Leonora. Il regarde le haut talon, la courbe délicate, le beau cuir, la fermeture avec sa petite boucle en cuivre. Il voit à l'intérieur. De son propre bureau. Alors il comprend. C'est là qu'elle était, Leonora. À cet endroit précis, ce soir-là. *Elle les a vus.* Christian revoit la scène, Zenia voulait qu'il la prenne là, sur la table d'où ils pouvaient se voir en train de faire l'amour dans la vitre du bureau de Peter. Puisque seul le bureau de Christian était allumé, le verre de la fenêtre se transformait en miroir. Ils l'avaient déjà fait de cette façon une fois avant, il y a longtemps, tard, un soir où ils se trouvaient seuls dans les bureaux. Zenia adorait voir Christian lui faire l'amour. Elle disait…

« Non… »

Il l'imagine bien. Comment Leonora a vécu ce spectacle de l'autre côté du mur vitré. Elle a cru que Zenia la regardait en face, directement dans les yeux, souriait, alors qu'en vérité c'était à Christian et à elle-même qu'elle souriait. Ils ne pouvaient pas voir Leonora, ne pouvaient voir qu'eux-mêmes.

La souffrance. Il peut presque la ressentir, la souffrance de Leonora. Qu'on la regarde droit dans les yeux. Cela a dû être tellement dévastateur. Même si ça n'était pas la réalité – pour elle c'était bien la réalité. La pire. La pire des humiliations.

Ils ne pouvaient voir qu'eux-mêmes.

11

Christian tourne dans le petit chemin où l'herbe pousse entre les pistes carrossables. Il la voit immédiatement. Cette voiture devant la maison. C'est écrit *Police* dessus.

*

Christian ouvre la porte, accroche son manteau au portemanteau. Leonora est assise dans la salle de séjour en compagnie de trois policiers. L'un d'eux porte la chemise d'uniforme. Tout semble complètement artificiel. La police. Le canapé. Leonora, leur foyer. Les policiers ont dû attendre longtemps, se dit-il, et ils ont fini par renoncer à rester debout. Il connaît Leonora, elle les a convaincus de s'asseoir. Mais il n'y a pas de café sur la table, ils n'en ont pas voulu. Leonora lève les yeux vers Christian, se lève et le rejoint dans l'entrée.

«Je suis contente que tu sois là, chéri», dit-elle.

Elle parle bas, d'un ton sérieux, en le regardant d'abord dans les yeux, puis elle voit ce qu'il a dans la main. Christian échange un regard avec Leonora.

«J'ai trouvé ça», dit-il.

Il lance un bref coup d'œil dans le salon d'où le vieux policier les observe, capte le regard de Leonora sur la chaussure. Christian tourne son regard vers Leonora, c'est un bref échange muet. Sur la souffrance, le constat, la culpabilité. Christian voudrait lui dire quelque chose, mais il ne peut pas. Ce n'est ni le lieu ni le moment. Peut-être même n'y a-t-il rien à dire. Sans un mot, Leonora pose la chaussure à côté de sa jumelle qui l'attend depuis longtemps dans l'étagère de l'entrée. Puis elle l'embrasse sur la bouche, un baiser prolongé, pas seulement un baiser d'accueil, c'est bon, cela lui apporte une sensation d'espoir.

« Viens, dit-elle. La police est là. »

Le vieux policier, Holger Andreasen, ne lève la tête que lorsque Christian se trouve au milieu de la pièce.

« Vous devez vous dire que vous nous voyez beaucoup en ce moment, dit-il en souriant. Bonjour, monsieur Holm. J'ai amené deux collègues avec moi. »

Christian reconnaît l'un des deux collègues assis sur le canapé. C'est le jeune qui est déjà venu la dernière fois. L'autre est une femme un peu plus jeune que Leonora, une fille à l'allure masculine, avec dans les yeux une expression dure et blessée, un regard qui explique sûrement les raisons qui l'ont poussée à choisir de vivre dans un monde d'hommes et d'uniformes.

« Il y a du nouveau dans votre affaire ? » demande Christian.

Il s'assoit à côté de Leonora sur le petit canapé qui fait face à l'autre.

« Nous sommes venus à propos d'une femme qui travaille avec vous », dit Holger Andreasen en évitant adroitement de répondre à la question de Christian. Le policier lance un regard bref sur Leonora. Christian imagine bien ce qu'il pense. « Peut-être vaudrait-il mieux parler en privé ? propose Holger Andreasen.

– Ce n'est pas nécessaire », répond Christian. Il constate que les mots lui donnent de la force, il sent qu'il est plus sûr de lui maintenant, qu'il est capable de s'adresser à eux, en homme qui n'a rien à cacher, pas même à sa propre femme. « J'en ai entendu parler. C'est bien le cambriolage qui a eu lieu chez Zenia Nor ?

– Chez Zenia ?» dit Leonora, qui semble sincèrement bouleversée.

Peut-être l'est-elle vraiment ? S'est-elle convaincue elle-même qu'il ne s'était rien passé ? Christian devrait l'imiter. Refouler toute l'histoire. Leonora prétend que c'est possible, qu'avec les années elle a réussi à refouler ce qui s'est passé à Hanklit, le cri terrifiant, le malheureux garçon qui a sombré vers la mort. Que ce n'est qu'une question de temps. Après seulement quelques jours les sentiments les plus aigus diminuent, exactement comme pour la douleur physique. C'est exactement le même processus. Et après une année ou deux, viennent des jours où l'on n'y pense presque plus. C'est ce qu'elle lui a expliqué ce matin avant son départ. Elle lui a affirmé que le cerveau laisse de manière automatique les mauvais souvenirs glisser à l'arrière-plan et se dissoudre. C'est faisable. Elle le sait.

« Qu'est-ce qui s'est passé ? demande Leonora en prenant la main de Christian.

– Je ne sais pas. Je sais seulement qu'il y a eu un cambriolage dans sa maison du lotissement de jardins.

– Exact, dit Holger. Nous l'avons appris ce matin. Par le voisin qui a entendu du bruit. Il y a probablement eu une bagarre. La police y est allée, on a découvert une vitre brisée, une effraction, des objets qui ont disparu. Mais avec eux, Zenia aussi. Un avis de recherche est lancé bien sûr. J'étais dans le coin et j'ai pensé donner un coup de main à la police locale. Pour l'instant nous aimerions savoir qui a été en contact avec elle ces dernières heures. »

Un silence court mais intense, engendré par les mots « ces dernières heures ». Ils sonnent si alarmants, si fatals qu'ils planent au-dessus de la pièce.

« Monsieur Holm ? »

Christian regarde Holger Andreasen.

« Oui ?

– Êtes-vous sûr de ne pas vouloir que nous parlions seul à seul ?

– Je ne sais rien sur la disparition de Zenia. »

Le vieux policier hésite.

« Mais vous avez été en contact avec elle hier ?

– Oui, dit Christian. J'ai rompu avec elle. Nous avons eu une liaison. »

Holger s'éclaircit la gorge. Christian remarque que la jeune femme observe Leonora et pense de lui qu'il est un salaud.

« Pendant combien de temps vous… vous êtes vus ? » demande le policier.

Christian regarde Leonora.

« Six mois. Peut-être un peu plus », murmure Christian.

Il lutte contre les larmes.

Leonora vient à son secours :

« Christian et moi sommes ensemble depuis notre jeunesse. Notre fils a été très gravement malade. Pendant plusieurs années, il a été entre la vie et la mort. Nous aussi. Entre espoir et désespoir. Les médecins nous annonçaient de bonnes nouvelles, immédiatement chassées par de mauvaises. Cela a été des années difficiles. Christian et moi avons tous deux eu des liaisons. »

Christian écoute ces paroles, leur force de conviction, leur crédibilité. Il lui vient à l'esprit – et il a presque honte un instant de ne pas y avoir pensé avant – qu'il ne sait pas si Leonora dit la vérité. Il se dit qu'il ne s'est jamais vraiment demandé si Leonora elle aussi avait cherché du réconfort et de l'amour ailleurs qu'auprès de lui. Toutes ces années où elle est restée à la maison. Christian était toujours au travail, à une période il voyageait beaucoup. Cela lui aurait été très facile. Toute la frustration qu'il avait commencé à ressentir quand la maladie de Johan empirait. Le besoin d'intimité, de tendresse, de compassion. Pourquoi n'aurait-elle pas ressenti les mêmes élans ?

« Nous avons éclairci la situation tous les deux, poursuit Leonora. Dans un mariage qui dure depuis longtemps comme le nôtre, il y a bien sûr des hauts et des bas.

– Je le comprends très bien. Je m'excuse d'être indiscret, dit Holger Andreasen du ton de quelqu'un qui en sait long sur les souffrances causées par le mariage. Et comment va votre fils ?

– Il est totalement guéri, répond Leonora. Nous en remercions le ciel.

– Je m'en réjouis », dit le policier en souriant. Il semble soulagé, pense Christian. Il a l'air d'un homme qui a envie de dire : Bon, on y va, et de partir le plus vite possible. Mais il regarde Christian dans les yeux. « Hier, monsieur Holm, vous avez envoyé un message à Zenia tard dans la soirée.

– Oh non, oh non, dit Christian qui se cache le visage dans les mains. J'espère qu'elle ne s'est pas fait du mal parce que… »

Ses larmes sont sincères. C'est toute sa détresse qui jaillit soudainement, violemment, le souvenir de Zenia quand il tenait son corps sans vie dans ses bras hier, son corps encore tiède, il se souvient de son regard vide. Tout ce dont il est responsable, tout le désespoir qu'il a causé. Leonora met le bras sur l'épaule de Christian. Elle l'étreint.

« Et si elle a fait ça à cause de ce que je lui ai fait…

– Fait quoi ? »

C'est la première fois que la femme prend la parole. Sa voix est plus claire que Christian n'aurait cru.

« Rompu avec elle », dit Christian. Il ne regarde qu'Holger Andreasen. « Pourvu qu'elle ne se soit rien fait de terrible parce que j'ai rompu avec elle.

– Et où étiez-vous hier soir ? » demande le policier.

Les larmes affluent à nouveau. Accompagnées de regret. Hier soir quand il se tenait devant l'arbre, si seulement il en avait eu le courage. Mais il n'avait pas osé. Il n'avait pas osé aller à la rencontre de la mort.

« Mon mari et moi, nous étions à l'hôtel du Fjord, dit Leonora. Au spa. Nous y avons passé la nuit. »

Holger ne note pas cette dernière déclaration. Christian remarque à travers ses larmes et son chagrin que le vieil homme a tout simplement rangé son carnet au fond de sa serviette fatiguée et remercie avant de partir. Pas un mot à propos de leur alibi. Pourquoi ? Parce qu'il n'y croit pas ? Ou à cause du contraire ?

*

Christian ne s'est pas encore redressé. Il en est incapable. Il est resté assis pendant qu'il disait au revoir aux policiers, il leur a seulement serré brièvement la main, c'est Leonora qui les a raccompagnés à la porte. Elle est restée derrière la fenêtre de la cuisine, elle les regarde s'éloigner.

« Ils sont partis. »

Leonora se retourne.

« Mais ils reviendront, dit-il.

– Peut-être. »

Leonora hausse les épaules.

Christian entend à sa propre respiration combien le prochain effondrement est imminent. Ce n'était que la première mi-temps, une toute petite partie dans un marathon éternel de deuil et de culpabilité. La prochaine vague approche, il trouve un coussin, y cache son visage, se laisse aller aux larmes. Leonora s'assoit sur le canapé à côté de lui, lui met un bras sur l'épaule.

« Christian ? »

Il la regarde, elle essuie les larmes de son mari.

« Maintenant nous nous en sortons, dit Leonora en le fixant du regard. Nous le faisons ensemble. Nous le faisons pour Johan. Et pour nous. D'accord ? »

Christian finit par faire un signe d'approbation. Et il est sincère. C'est un soulagement que Leonora ait pris les choses en main. Peu importe qui, peu importe quoi, Christian a seulement besoin que quelqu'un lui dise quoi faire, il est lui-même incapable de le savoir. La porte d'entrée s'ouvre.

« Il est là, l'avertit Leonora. Essuie tes larmes.

– Oui », dit Christian en se levant.

Il ne veut plus rester assis sans rien faire. Il traverse la pièce, s'arrête près du vieux porte-journaux en rotin rempli de magazines et de quotidiens. Un gratuit qui date de trois jours, ça ira, pense-t-il. C'est juste pour avoir l'air occupé quand Johan entrera dans le salon. Il ne peut pas rester assis comme un zombie. Leonora est dans la cuisine, il l'entend sortir une plaque du four et la déposer sur la table de la cuisine.

Johan est joyeux, insouciant, il embrasse sa mère.

« Alors, la sorcière ? demande-t-il en allant vers Christian. Je veux bien t'aider.

– Je croyais que tu n'en avais pas envie. » Christian lève la tête du journal. « Du coup je… l'ai faite moi-même. Ta mère m'a aidé.

– Maman ? » Johan rit. Apparemment, il ne croit pas un instant que sa mère ait pu faire une sorcière. « Je peux la voir ?

– Je l'ai mise sur le bûcher. Au milieu de l'eau. Ce matin », dit Christian.

Il s'énerve de donner plus de détails qu'il n'en faut. L'erreur habituelle des menteurs.

« Cool. Marta et moi, on sera là quand vous l'allumerez. »

12

Le miroir ne ment pas. C'est un reflet effrayant qui accueille Christian. Il a tellement pleuré. Ses yeux sont enfoncés, ils semblent appartenir à un animal terrifié. Ses paupières sont rougies et gonflées, son visage est un paysage de chagrin. Un visage dévasté posé sur un être dévasté, pense-t-il en essayant d'affronter la soirée à venir. Il tente de se la représenter. D'où va-t-il tirer la force, le courage, la volonté ? La volonté de faire le pire qui reste à faire.

« Christian ? » Leonora frappe à la porte. « Tu es bientôt prêt ? »

Il ne répond pas. Il ne peut pas.

« Il faut qu'on y aille. Les gens commencent à descendre. »

*

Un orage se prépare, c'était la même chose l'an passé. Il faudrait repousser la Saint-Jean en août, avaient alors dit les gens en courant se mettre à l'abri de la pluie. Mais le temps a passé depuis l'an dernier, et les gens n'ont pas envie de renoncer à la Saint-Jean. Christian observe que les habitants du quartier sortent presque tous en même temps, des jeunes et des vieux, des enfants qui tiennent deux chiens de race identiques en laisse. Ils avancent en petites colonnes sur les étroits sentiers qui mènent au bord de mer. Christian marche à côté de Leonora. Elle lui a pris la main, cela lui fait du bien, il est incapable de s'en sortir tout seul. Les voilà qui marchent, comme tous les autres devant et derrière eux, côte à côte, main dans la main. Des êtres qui se sont choisis. Qui ont choisi de se serrer les coudes, de faire une file indienne, d'opposer l'amour et la sécurité à la solitude. Ou bien est-ce le contraire ? N'est-ce pas plutôt une chaîne qui les attache ensemble ? Johan et Marta marchent devant eux. Leur grand fils tient Marta par la taille, c'est la prochaine génération, un maillon de la chaîne qui relie tous les gens.

Les habitants du quartier se sont rassemblés sur la plage en petits groupes. Quand Christian et Leonora ont emménagé, le bûcher de la Saint-Jean était installé sur la plage même. Tout le monde se tenait là, les habitants de Bredballe, ceux de Bybæk, et ils scrutaient les flammes pour voir la sorcière être dévorée par le feu pendant qu'ils chantaient qu'ils aimaient leur pays, surtout lors du solstice d'été. Depuis, le bûcher a été déplacé sur le fjord, il était bien trop proche des maisons, les cendres y étaient apportées par le vent et se déposaient sur les terrasses, les coussins des sièges et les cuisines d'été, et l'odeur de fumée restait longtemps dans les rideaux. Et puis cela manquait de panache, et les habitants des riches maisons le long du fjord adoraient le genre de projet qui consistait à mettre un grand bûcher sur un ponton et le faire dériver sur le fjord. Comme cela se faisait à Copenhague, nom de Dieu, ils allaient leur montrer qu'ils pouvaient surpasser le bûcher le plus célèbre de la capitale.

« Hello », les appelle Kim.

Il a sorti sa voix joviale et sa nouvelle amoureuse. Christian détourne son regard de cette jeune femme qui porte un imperméable élégant et de grandes bottes en caoutchouc à la mode. Un peu plus grande que Kim ?

« Ce sera super si le temps se maintient, dit Kim. Sinon, il faudra laisser le bûcher jusqu'à l'an prochain. »

Christian fait semblant de ne pas avoir entendu.

« On a annoncé de la pluie. Il vaudrait peut-être mieux l'allumer tout de suite. »

Christian regarde le ponton qui se trouve à assez grande distance sur le fjord. Leonora lui chuchote quelques mots qu'il n'entend pas, il n'arrive pas à se concentrer. Son attention est rivée, plus loin sur la plage près du petit abri à bateaux, sur les policiers et les deux voitures de police. Derrière lui, il entend les voix des voisins qui commentent l'événement. La femme qui a disparu. La police qui interroge les gens, les questionne : Avez-vous vu quelque chose ? Entendu quelque chose ?

Christian reporte ses yeux sur le bûcher, le ponton se balance doucement sur l'eau.

« J'ai senti une goutte, dit Christian, il tend la main, observe le ciel au-dessus d'eux, il est lourd, il va bientôt s'ouvrir.

– Tu devrais peut-être te dépêcher de prendre le bateau pour aller l'allumer, suggère Leonora. Il vaut mieux commencer tout de suite. »

Kim s'en mêle. Christian ne peut plus le supporter, à cet instant, lui et son humeur trop joyeuse.

« C'est peut-être un peu tôt ? Il faut attendre tout le monde. » Kim se retourne vers Johan. « C'est toi qui as mis le point final ? »

Johan regarde Kim sans comprendre.

« La sorcière.

– C'est mon père, répond Johan en riant. Il n'a pas voulu que je l'aide. »

La voix de Leonora trouve l'oreille de Christian.

« Fais-le maintenant, Christian. Va allumer ce bûcher. »

Christian se retourne. Les voitures de police, la recherche de la femme disparue, pourquoi les policiers bavardent-ils tranquillement ? Deux d'entre eux fument, il y en a même un qui rit. Pourquoi ne bougent-ils pas ? Ils devraient trouver la femme disparue, l'amour assassiné.

« Christian ? » Leonora parle tout bas, elle l'entraîne vers l'eau. « Je pense que tu devrais y aller, murmure-t-elle.

– Kim va venir avec moi, impossible de l'en empêcher.

– Tant pis. Fais-le. »

Christian cherche Kim dans la foule, une femme âgée distribue le livret du chant de la Saint-Jean, elle porte une paire de jumelles autour du cou, pourquoi a-t-elle pris ces foutues jumelles ? C'est pourtant dangereux de regarder les flammes de près. Il croise le regard de Leonora. Il a du mal à le reconnaître. La haine en a disparu. La froideur qu'il voyait dans ses yeux ces derniers temps, elle est partie. C'est maintenant une amie qui est à ses côtés. Une partenaire. Ils partagent tous deux quelque chose ; cette impression, il ne se souvient pas de la dernière fois qu'il l'a éprouvée.

« Dépêche-toi », lui dit-elle en regardant le ciel qui semble de plus en plus menaçant.

Christian s'approche du petit appontement, Leonora est derrière lui. Il a participé à sa construction, lui, le grand entrepreneur, sinon qui ? La commune a été difficile à convaincre, presque hystérique au sujet de la protection de la nature autour du fjord. Christian avait bataillé contre eux, démontré qu'il y avait toujours eu un appontement à cet endroit, que c'était un précédent historique, que depuis l'âge de la pierre on y avait amarré des bateaux, fait prouvé par d'innombrables fouilles archéologiques. Au cours des siècles, les gens s'étaient rassemblés près du fjord, de son lieu originel, là où les petites rivières se déversaient, où les voleurs polonais avaient été pendus, où la peste avait fait des ravages, où les femmes étaient écrasées deux fois et disparaissaient, où l'amour n'avait aucune chance.

Non, ce n'est pas le moment d'avoir de telles pensées. Leonora serre très fort sa main, comme si elle devinait que sa détermination faiblit.

« La police. Ils ont des chiens », chuchote-t-elle.

Christian lève les yeux. C'est pour cette raison que les policiers attendaient. Ils attendaient la camionnette avec les chiens. Ceux-ci sont déjà au travail, à quatre, ils tournent frénétiquement sur eux-mêmes. Ils ont déjà découvert quelque chose, on croirait bien, l'un d'eux s'est mis à aboyer.

« Allez, viens, Christian », dit Leonora tout bas.

Elle se tient à l'entrée du ponton.

La yole est amarrée près du petit escalier utilisé par les baigneurs en hiver, c'est certainement l'un des premiers propriétaires qui l'a achetée et ne l'a pas emportée en partant, le bois est à moitié pourri, la pointe d'une des rames est cassée. Ce n'est pas facile de descendre dedans. Il faut sauter. Christian y atterrit lourdement, il craint même de perdre l'équilibre.

« Qu'est-ce que tu fais, Christian ? Je viens avec toi. » Kim a un verre de vin à la main, Christian ne l'a pas entendu arriver. « On a fait le bûcher ensemble, on y met le feu ensemble. Mais, à mon avis, on devrait attendre encore un peu.

– Viens donc », dit Christian. Son ton est rude et pressant. « On le fait maintenant. Il commence à pleuvoir.

– Mais putain, qu'est-ce qui te prend ? »

Christian ne répond pas et saisit les rames. Kim hoche la tête et marmonne en silence un « putain ». Il pose son verre de vin devant lui sur le ponton et descend dans le bateau. En s'aidant d'une rame qu'il pousse contre l'escalier, Christian leur fait prendre du large. Le bateau s'éloigne de quelques mètres, ils se mettent à ramer.

« Ça va commencer ! crie quelqu'un sur le bord.

– Oui, il ne peut plus attendre. » Kim agite le bras en riant, il est à moitié ivre, Christian l'entend à sa voix. « Ce truc à propos de Bloksbjerg, c'est vraiment des conneries, tu le savais ? demande Kim pendant que Christian peine à ramer. J'ai lu sur le sujet. Beaucoup pensent qu'il s'agit de faire sortir le mal en le brûlant. Mais en vérité, c'est le grand soir de fête pour les sorcières. Elles volent jusqu'à Bloksbjerg pour tenir leur sabbat au sommet d'une montagne dans le massif de Harz.

– D'accord, dit Christian qui n'écoute qu'à moitié.

– C'est fou, remarque Kim en pointant du doigt le bord de l'eau. Ça fourmille de policiers. »

Plusieurs voitures de police sont arrivées, un chien semble avoir trouvé une piste, il avance avec détermination.

Christian rame plus vite, regarde par-dessus son épaule, il a un peu dévié, il redresse sa direction et pèse de toute sa force sur les rames.

« On y est. En fait tu avais raison », dit Kim en étendant la main, il sent quelques gouttes.

Christian regarde le chien. Il est au bord de l'eau et aboie agressivement en direction du ponton.

« Tu as pensé à l'essence ? »

Christian confirme, il essaie de ramer encore plus vite. Le chien ne bouge pas, deux policiers sont près de lui et regardent en direction du ponton et du bûcher.

« J'ai un ami, un oto-rhino-laryngologiste, dit Kim. Il affirme que les chiens ont un odorat seize fois plus développé que nous. En plus, ils sont capables de faire la différence entre plusieurs moteurs de voiture, même s'il s'agit du même modèle. Incroyable, non ? J'espère vraiment qu'ils vont retrouver cette femme. » Kim fait des signes vers le bord du fjord, quelqu'un lui répond, sûrement son amoureuse. « Ah, je le sens. » Kim lève les yeux. « La pluie tombe dru maintenant. »

Sur le ponton, le bûcher se dresse au-dessus de l'eau. L'ensemble a quelque chose de terrible avec les grosses branches et les rameaux entremêlés qui dépassent de la sorcière en se déployant comme les tentacules d'un monstre.

« La pluie va peut-être bien tout noyer, dit Kim. Mais c'est vraiment le plus beau bûcher qu'on ait jamais fait. Putain, c'est vraiment une affreuse sorcière... avec sa tête couverte de bandages. On se croirait dans un film d'horreur. Tu as mis dans le mille, cher ami. »

Christian étend le bras. C'est bon. Il touche le ponton, fait parcourir au bateau les derniers mètres.

« Passe-moi l'essence », dit-il.

Il sent son cœur battre, l'angoisse le submerge. Le chien aboie de plus en plus fort, d'autres s'y mettent aussi. Les policiers les observent depuis le bord.

Kim lui tend le bidon, le débouche.

« Vise bien. En hauteur », dit-il en regardant la sorcière, l'énorme chapeau qui lui recouvre presque la tête, les draperies noires qui tombent en plis, le tout à moitié enfoui dans les rameaux et les branches.

Christian se lève dans le bateau, verse l'essence sur les branches qu'il peut atteindre. Il tient le bidon des deux mains, lance le liquide par petits jets puissants.

« J'espère qu'il n'y a pas de hérissons à l'intérieur, dit Kim. Putain, qu'est-ce que ça pue. Qu'est-ce qu'on a bien pu fourrer là-dedans ? »

Christian lance le bidon. Le bruit de la pluie qui frappe le récipient vide ressemble à un solo de trompette. Il cherche des allumettes dans sa poche.

« Attention, ça va faire une explosion », avertit Kim.

Christian essaie de gratter une allumette, qui se casse, il échoue avec une deuxième, le grattoir sur le côté de la boîte est trempé par la pluie.

« Tu as un briquet ?

– Essaie avec plusieurs allumettes à la fois », dit Kim.

Il regarde vers la terre, vers les policiers et les chiens, perçoit l'impatience qui agite les spectateurs s'abritant désormais sous leurs parapluies.

Christian fait ce que Kim lui a suggéré, il prend cinq allumettes, les met ensemble, les gratte d'un coup sec sur la boîte, mais il n'arrive pas à obtenir suffisamment de friction.

« Merde, murmure-t-il.

– Ils nous appellent, dit Kim.

– De qui tu parles ?

– La police, je crois. Ils nous disent de revenir. »

Christian jette un coup d'œil. Il ressent un naufrage intérieur. L'espoir, la dernière chance, tout s'écroule. Les larmes reviennent, elles se mêlent à la pluie, lui coulent sur les joues. Il repère le policier, le vieux, là-bas, au milieu des participants à la fête de la Saint-Jean. Reconnaissable à sa silhouette voûtée et légèrement penchée en avant, sa canne ; il a du mal à marcher sur la plage, dans cet environnement au terrain inégal, envahi de buissons et de toutes sortes de pierres.

« Je crois bien qu'ils nous appellent. On laisse tomber ? » dit Kim.

Les mains de Christian tremblent, à cause du froid, de la pluie, de l'angoisse. Tout son corps est concerné, ses nerfs, tout vibre. Il rassemble deux allumettes, cherche à les protéger de la pluie.

« Allez », dit-il tout bas.

Puis il les gratte le plus fort possible contre le bord de la boîte trempée. Une petite flamme apparaît, Christian pense qu'elle va s'éteindre aussitôt, mais elle grandit.

« Mets le feu », s'écrie Kim.

Christian lâche les deux allumettes, elles se séparent en l'air, deux petites lueurs dans l'obscurité qui s'installe. L'une des deux s'éteint avant de toucher le bûcher. L'autre... l'atteint. L'explosion est immédiate, une flamme s'élève instantanément, la chaleur et le choc provenant du bûcher projettent Christian en arrière dans le bateau.

« Putain ! hurle Kim, un peu effrayé mais avec l'enthousiasme d'un gamin. Ça va ? »

Des voix proviennent du bord du fjord, au milieu du bruit de la pluie et du grésillement du bûcher. On entonne le chant de la Saint-Jean. Christian croit distinguer la voix de Leonora. Elle résonne plus haut que celles des autres, plus claire, plus belle. Christian regarde le bûcher, la sorcière est déjà entourée de flammes, on ne la voit presque plus.

« Et c'est parti ! dit Kim en riant. Rentrons boire un coup. Tu veux que je rame ? »

*

La pluie augmente. On entend des petits claquements quand les gouttes frappent le ponton.

« Ce n'est plus que de l'eau rougie, dit Kim en retrouvant son verre de vin là où il l'avait laissé. Voyons comment ça se passe. » Il se retourne pour surveiller le bûcher, les flammes se reflètent dans l'eau, le fjord semble être en feu. « Il y a quelque chose qui ne va pas ? demande-t-il en donnant une bonne tape sur l'épaule de Christian alors qu'ils marchent sur l'appontement.

– Non, non, je suis juste soulagé qu'on ait pu allumer le bûcher. Avec tous les enfants qui nous regardaient, dit Christian en secouant la tête. Il ne fallait pas les décevoir.

– C'est magnifique, papa. » Johan vient à leur rencontre, il l'étreint. « Vous vous êtes surpassés. »

Le chant de la Saint-Jean retentit toujours quand ils arrivent sur la plage. Christian se glisse sous le parapluie de Leonora. Il tremble, n'arrive pas à arrêter le frémissement de son corps. Il regarde le bûcher. Les flammes le dévorent. On aperçoit encore un peu le chapeau de la sorcière, un point noir au milieu du feu. La police parcourt toujours la plage, les chiens ont cessé d'aboyer, comme s'ils avaient perdu leur piste.

« Christian ? » Leonora chuchote. Elle lui désigne d'un signe de tête la vieille dame qui se tient un peu plus loin, tout au bord de l'eau, les jumelles devant les yeux. « Il y a un problème. »

Christian réagit tout de suite. Il retourne sous la pluie, fait une dizaine de pas décidés, cela suffit, il la rejoint. Il tend la main pour lui demander les jumelles.

« Je peux voir quelque chose ?

– Quoi ? »

Elle le regarde, surprise et plutôt mécontente.

Christian s'empare fermement des jumelles pour l'empêcher de les reprendre.

«Je veux juste voir si le feu a bien pris.»

Elle fait passer la sangle par-dessus sa tête et les lui tend.

«Merci», dit Christian qui s'éloigne un peu.

Il lève les jumelles, tout est noir, il lui faut quelques secondes pour trouver le bûcher. Le chant s'arrête, on applaudit, on bavarde. Quelqu'un débouche une bouteille de vin. D'autres rient.

Le bûcher, là. Soudain, son visage, une brève seconde, un éclair de terreur dans le feu dévastateur, carbonisé, noir, ses yeux, ils brillent, ses cheveux brûlés depuis longtemps, son visage qui se désagrège. Quelque chose tombe, une branche. Elle a sombré à nouveau. Christian tremble de tout son corps. Il éprouve la sensation violente et terrifiante que tout change autour de lui. Qu'en un instant il est devenu un autre. Qu'il est sorti de lui-même. L'image ne partira jamais, elle le hantera pour l'éternité, les yeux, le nez, la bouche, ce visage qu'il connaît si bien, ce visage qu'il a embrassé et aimé, le visage de l'amour.

13

Holger étire son dos le plus possible, mais pas trop, il a depuis de nombreuses années adopté une posture légèrement penchée en avant. Josefine regarde son père avec indignation.

« Ce n'est pas la peine de me regarder comme ça, dit-il. Je n'y suis pour rien.

– Je ne crois pas un mot de ton histoire », décrète Josefine en se levant.

Elle enlève un peu de sable de sa robe blanche. C'est celle que Karen portait quand ils se sont mariés. Isabella l'a reprise un peu, pas beaucoup, elle l'a juste un peu élargie à la poitrine, d'après ce qu'Holger a compris. Il voit la voiture qui approche. Une Toyota vert menthe poussiéreuse qui appartient au petit frère de Mark. Holger leur a proposé de louer une autre voiture, une Mercedes ou une autre marque allemande. Mais Mark et Josefine n'ont pas voulu en entendre parler, ils sont contre la voiture individuelle. Holger n'aurait pas été surpris que Josefine arrive à son mariage sur un triporteur de Christiania. Cela aurait été impossible, les petits sentiers près de la mer de l'Ouest sont bien trop instables, trop ensablés. Le compromis, c'est cette affreuse Toyota avec l'autocollant *Palestine libre* sur la vitre arrière.

« N'est-ce pas ce que la plupart des gens font ? demande Holger, le regard fixé sur la Toyota vert menthe.

– Se brûler les uns les autres ? dit Josefine.

– Au sens figuré, oui. Nous apportons tous les jours du bois à brûler au bûcher de l'amour. Une remarque odieuse de temps en temps, des rejets, on se dispute avec l'autre en société, on perd le désir, toute tendresse disparaît des regards. Pour finir il ne reste que des cendres de l'amour qu'on éprouvait autrefois. »

Josefine secoue la tête.

« Tu racontes des bêtises, papa, dit-elle en l'aidant à se lever à l'approche de la voiture. En plus j'ai souvent fait des bûchers avec les enfants.

– Ah bon, je croyais que tu étais contre le CO_2 ?

– Ne fais pas le malin. Nous faisons des feux de camp, les enfants adorent. Et, un jour, le lendemain d'un feu de camp, sais-tu ce que j'ai trouvé dans les cendres ?

– Quoi ?

– Le petit squelette d'un malheureux hérisson qui s'était égaré dans les branches et les rameaux avant que nous n'allumions. »

Josefine hoche la tête avec satisfaction, comme si elle venait de marquer un point. Le petit frère de Mark fait demi-tour sur le parking.

« Je ne vois pas où tu veux en venir, dit Holger.

– Je veux dire qu'on ne peut pas se contenter de jeter un cadavre dans un bûcher. Les os ne brûleront pas. Sauf à une température extrême. »

Josefine recule pour éviter la poussière sèche que la voiture soulève. Elle sourit au jeune homme derrière le volant, Casper avec un C, comme on l'appelle. Jamais simplement Casper, parce que beaucoup de garçons s'appelaient Kasper à l'époque où ils ont grandi à Christiania.

« Tout le monde est arrivé », crie-t-il par la fenêtre de la voiture, concentré sur sa conduite, un peu stressé.

Holger ouvre la portière pour Josefine.

« Tu veux que je t'aide d'abord à monter, papa ?

– Non. Je vais y arriver.

– Mais ta canne… »

Holger l'interrompt :

« J'y arrive. Je ne veux pas non plus que tu m'aides sur le porche de l'église, je ne veux pas que les gens croient que je suis un invalide », dit-il en faisant de grands gestes avec sa canne que Josefine doit caser dans la voiture.

Josefine obéit et Holger grimpe près d'elle. Casper avec un C se retourne et leur sourit.

« Il y avait un problème avec un ferry qui était un peu en retard, dit-il.

– Mais tout le monde est bien arrivé ? demande Josefine.

– Tout le monde est là, ça roule. »

Josefine sourit, elle prend la main d'Holger.

« Allez, en route, Casper avec un C », dit Holger.

Le garçon obéit, a un peu de mal à enclencher la vitesse, mais il finit par y arriver. Holger observe Josefine, elle regarde pensivement dehors, elle hoche la tête.

« C'est vraiment une sacrée histoire, papa.

– J'y ai bien sûr pensé, aux os, au squelette, dit Holger, remarquant dans le rétroviseur le regard curieux du jeune homme. Ce soir-là, près du fjord, quelque chose me posait problème, les chiens semblaient avoir trouvé une piste, la piste de Zenia. Mais d'un seul coup, plus de piste, dit-il en claquant des doigts.

– Au moment où le bûcher s'est embrasé ?

– Oui. Mais j'y ai pensé seulement après, je ne l'aurais jamais imaginé, c'était tellement inconcevable. Qui est capable de faire une chose pareille ? J'y suis retourné par la suite, le ponton n'était plus là, Christian l'avait déjà récupéré le lendemain.

– Comment tu le sais ?

– J'ai interrogé le voisin, le médecin. Christian y était allé tout seul en bateau très tôt le lendemain matin. Le feu avait traversé la bâche et le ponton était à moitié détruit. C'est ce qu'il a affirmé. Qu'il avait par conséquent ramassé ce qui restait du ponton, l'avait embarqué sur une remorque et conduit à la déchetterie. Il avait même mis la main à la poche pour que l'association des propriétaires acquière un nouveau ponton.

– Et les os ? Ils sont au fond du fjord de Vejle ?

– Non, ils sont bien trop malins pour ça, le fjord n'est pas assez profond. Mais ce qu'il leur fallait dissimuler alors pouvait tenir dans un sac de sport, dit Holger, ignorant Casper qui cherche à se mêler à la conversation et à savoir de quoi ils parlent. Quelques mois plus tard, Leonora a trouvé un poste en Norvège. Ils ont vendu la maison et Christian l'a suivie. Ils ont pris le ferry pour Stavanger. C'est peut-être là ?

– Là que quoi ? demande Josefine à voix basse.

– Là qu'ils se sont débarrassés de ce qui restait du bûcher de l'amour. C'est ce que j'aurais fait à leur place. En pleine mer », dit-il en haussant les épaules.

14

On pourrait croire qu'il pleut. Des gouttes d'eau dessinent des motifs délicats sur le vitrage. Mais c'est la mer, c'est de l'écume, projetée par le puissant vent qui souffle sur la mer du Nord, qui passe par-dessus le bastingage. Christian est le seul passager sur le pont, une silhouette dans le noir. Leonora l'observe. Il porte un sac. Un sac de sport, le seul de la famille, Leonora l'a acheté quand elle a commencé à aller au club de jogging. Johan s'en est servi pour ses vêtements et ses affaires de toilette quand il était hospitalisé. Est-ce qu'ils l'avaient pris pour aller à Seattle ? Leonora n'arrive pas à s'en souvenir. Ces voyages se sont presque estompés dans sa mémoire, le mieux est de les oublier.

Christian est immobile sur le pont. Peut-être lit-il en elle ? C'est facile, à la voir assise ici sous les néons de la cafétéria sans âme, un verre de vin rouge à moitié vide devant elle, en train de penser à ce qui les attend, leur nouvelle vie à Stavanger.

Leonora ne connaît pas bien cette ville. Tant mieux, cela laisse de la place pour tous ses rêves, lui donne la possibilité de la découvrir par elle-même. Peu de temps avant, elle n'aurait jamais imaginé aller vivre en Norvège. Mais elle y a trouvé un job comme enseignante dans une école de musique. Un centre culturel, comme ils disent. Plutôt intéressant, pense Leonora, ils pourront changer un peu les cours selon la demande. Leonora enseignera le violon et la composition, elle va retourner vers ce qu'elle connaît, elle en est capable, sans que cela lui mette trop de pression. Pas de grands concerts, pas de spectateurs, pas de professeurs exigeants. Juste une façon de se rapprocher en douceur de son ancien métier, d'apprendre des choses à des jeunes, de transmettre.

Christian est content lui aussi. Il va ouvrir une filiale en Norvège, une simple antenne pour commencer, cela a l'air de lui plaire de repartir à zéro. Il sait le faire : recommencer, établir des contacts, se créer un réseau, découvrir des solutions qui échappent aux autres. Elle pense souvent à ses qualités. De plus en plus ces derniers temps. Elle le voit comme un homme qui excelle à lancer les choses : démarrer, embarquer des projets et des visions – et les autres attendent sur l'autre rive pour les hisser sur la terre ferme.

Dans quinze jours ils iront voir Johan. On trouve des billets d'avion bon marché de Stavanger à Édimbourg, c'est l'une des premières choses que Leonora a vérifiées quand Johan a été accepté en études de commerce à l'université d'Édimbourg. Elle voulait que ce soit facile d'y aller. Elle s'est dit que finalement ils le verraient peut-être plus, maintenant qu'ils passeront des week-ends entiers ensemble une fois de temps en temps. En août, ils ont décidé d'aller au festival de musiques militaires Tattoo au château d'Édimbourg, c'était l'idée de Christian, un de ses vieux rêves, agrémenté de cornemuse et de bon whisky.

Leonora se lève. Elle a soudain envie de le rejoindre. Son mari, Christian, de le toucher, d'être près de lui dans le noir, dans le vent et l'humidité, de voir les lumières de la côte ouest de la Norvège se rapprocher.

Le vent est froid et fort sur le pont, il la gifle en chantant. Leonora ne trouve pas Christian. Si, il est là, il sort de ce qui doit être l'arrière-pont du ferry. Il a le sac à la main et une expression qu'elle ne lui a encore jamais vue. De soumission ? D'humiliation ? Peut-être de reconnaissance ? Parce qu'ils sont là, Christian et Leonora, en route sur la mer, en route vers une nouvelle vie, ensemble.

Elle regarde le sac. Il semble beaucoup plus léger, vide. Il lui fait un signe de connivence, replie le sac et le jette dans une poubelle sur d'autres déchets, des gobelets en plastique vides et des cartons à pizza.

Il s'installe à côté d'elle. Ils restent là, c'est difficile, pense Leonora, de laisser des choses derrière soi. Mais il faut le faire. Elle sent la main de Christian sur la sienne. Une main tiède, nerveuse. Il a eu beaucoup besoin d'elle ces derniers mois. Il a pleuré, elle l'a laissé pleurer. Ils n'en ont pas parlé, ce n'était pas nécessaire, il y a des situations où les mots n'apportent aucune aide, seul le temps le peut.

« C'est la Norvège ? demande Leonora en montrant du doigt des lumières.

– Pas encore, nous sommes toujours en haute mer. Je crois que c'est un autre ferry. »

Il a raison, les lumières bougent, puis disparaissent.

« Tu as froid ? demande-t-il.

– Un peu. Et toi ?

– Un peu aussi. »

Elle lui sourit, il la prend dans ses bras, la serre contre lui et embrasse son cou. Elle sent son haleine chaude, c'est agréable. Comme autrefois, quand ils venaient juste de se rencontrer et dormaient dans la chambre que Leonora louait dans le vieil appartement glacial. Les radiateurs ne marchaient pas bien, à l'époque ils n'avaient qu'eux-mêmes pour se réchauffer mutuellement.

15

La Toyota gravit les petits sentiers, laisse deux sillages dans le sable, se dirige vers le bord de la falaise. Ils sont tous là, tous les invités, dehors ; Josefine attrape la main d'Holger quand elle les voit. Une petite centaine d'invités, sur leur trente et un. Sur des chaises pliantes installées sur le sable et dans l'herbe haute, là où autrefois se tenait une église, là où la famille de Karen s'est mariée depuis des générations. Les contours des murs de l'église se voient encore, à moitié ensablés. Dans peu de temps tout aura disparu. Les invités au mariage se lèvent quand ils aperçoivent la voiture.

« Papa. »

Holger sourit.

« Je sais.

– C'est magnifique.

– Interdit de pleurer. Cela va faire couler ton mascara », dit-il.

Casper avec un C s'arrête là où il aurait dû y avoir une porte d'église, où il y a du sable, de la bruyère et de l'herbe. Les invités se tournent, le sourire aux lèvres. Au fond de l'église, il l'attend, Mark. Il a belle allure avec son costume, pense Holger. Il devrait le mettre plus souvent, laisser tomber les boucles d'oreilles et les cheveux longs. Il y a un petit orgue portable derrière le pasteur et quelques haut-parleurs noirs un peu usés, c'est sûrement un ami de Mark qui est assis devant les touches, Holger n'a pas pu suivre toute la préparation, c'était un peu trop alternatif à son goût, se marier en plein air, avec des chaises pliantes et un orgue électronique.

Le bedeau ouvre la portière de Josefine.

« Êtes-vous prêts ?

– Mon père n'est pas tout à fait prêt. Il a passé tout le temps qu'on attendait à essayer de me dissuader. Tu es vraiment un grand romantique, papa. »

Holger hoche la tête.

« Dis plutôt un grand réaliste. Les gens croient que le jour du mariage est le début du bonheur. C'est possible, je ne dis pas. Cela arrive souvent. Mais c'est peut-être dans les bras de ton futur pire ennemi que tu te jettes volontairement. »

Josefine rit en secouant la tête.

« Regarde-le, Mark, dit-elle, et elle ajoute en anglais : Sérieusement. Mon pire ennemi ?

– Si tu savais combien de divorces… »

Josefine lui prend le visage dans les mains.

« Papa. Maman te manque. À moi aussi. J'aurais tellement voulu qu'elle soit là aujourd'hui. Plus que tout au monde. Mais je t'ai, toi. C'est pour ça qu'on a deux parents. Pour ça que c'est bien d'être deux. »

Les invités s'impatientent, Mark regarde le pasteur avec nervosité. Pourvu qu'elle n'ait pas changé d'avis.

« Je dis juste que l'amour est plus dangereux que sa bonne réputation. On aime, mais on peut être abandonné. À partir du moment où tu remontes la nef de l'église, tout peut arriver.

– Papa, regarde-moi. »

Holger obéit. Il la regarde, elle est belle, belle et en colère, chaleureuse et pleine de vie.

« Je t'aime. Tu ne perds pas ta fille, tu gagnes un fils. Le fils que tu n'as jamais eu. Mark t'aime. Et tu l'aimes, n'est-ce pas ? »

Holger sent les larmes l'envahir, il a du mal à les retenir. Surtout parce que le bedeau donne le signal du départ à l'organiste ; on entend les premières notes de *Here Comes the Bride.*

« Oui », murmure-t-il.

Il aime plutôt bien ce jeune de Christiania, leurs moments passés sur la terrasse. Karen devrait y être encore avec lui. Maintenant ce sont les filles et Mark, qui discutent de tabac pour pipe, des aménagements de la maison, de l'air qu'elle aura quand ils auront bientôt enlevé ce qui ne va plus et construit un lieu avec plus de place. Pour les petits-enfants, pour la vie.

« Tu es prêt à me conduire à l'autel sur le tapis, ou plutôt sur le sable ?

– Je suis prêt », dit Holger.

Il pense à Karen. À la première fois qu'il l'a vue. Tellement furieuse d'être dans une fête de futurs paysans. Et plus tard, son bonheur quand ils remontaient la nef de l'église, du temps où il y avait encore une église à cet endroit. Du temps où elle était vivante.

Holger descend le premier, il fait le tour de la voiture. Casper tient la portière, Holger prend la main de Josefine et l'aide à sortir. Il se tiennent côte à côte, là où autrefois il y avait la porte du porche. Isabella tend un bouquet à sa grande sœur, des fleurs sauvages d'été cueillies dans la prairie, elle l'a composé elle-même. Les deux sœurs s'étreignent brièvement, Isabella rit de déjà pleurer.

Josefine regarde son père.

« Tout va bien se passer, papa. Il y a des hauts et des bas, on peut être abandonné, on peut vous laisser tomber. Ça ne se passe jamais comme on s'y attendait, mais en même temps… » Elle l'attire à elle, lui chuchote ces derniers mots à l'oreille, elle parle exactement comme sa mère. « Ça ne se passe jamais comme on s'y attendait, mais en même temps cela dépasse toutes nos attentes. C'est comme ça, l'amour entre adultes. »

MIXTE
Papier issu de sources responsables
FSC® C003309

Les papiers utilisés dans cet ouvrage
sont issus de forêts responsablement gérées.

Cet ouvrage a été achevé d'imprimer
dans les ateliers de Normandie Roto Impression s.a.s.
61250 Lonrai
N° d'impression : 1901357

Imprimé en France